AF532881

SPIDER-MAN

SPIDER-VERSE

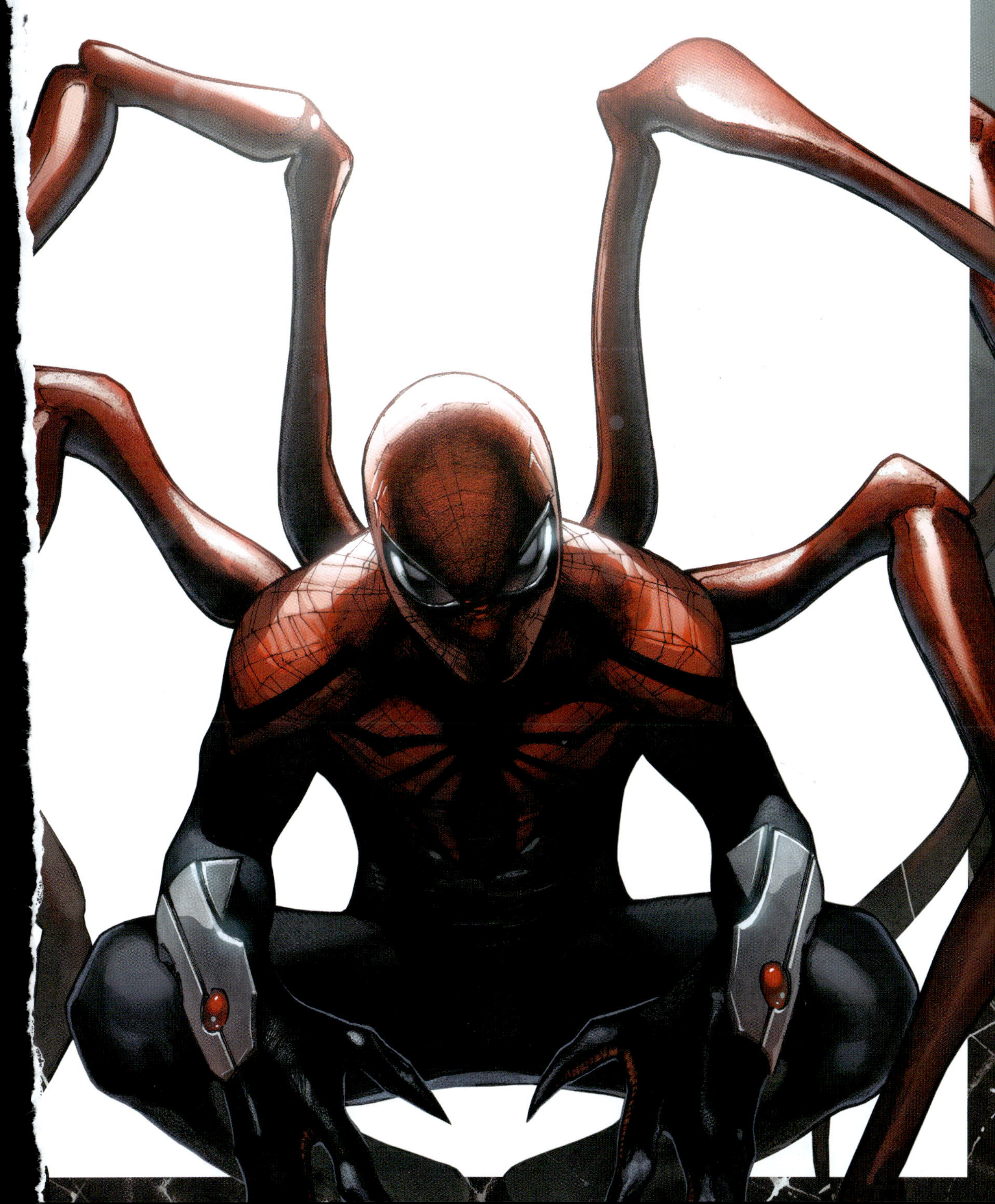

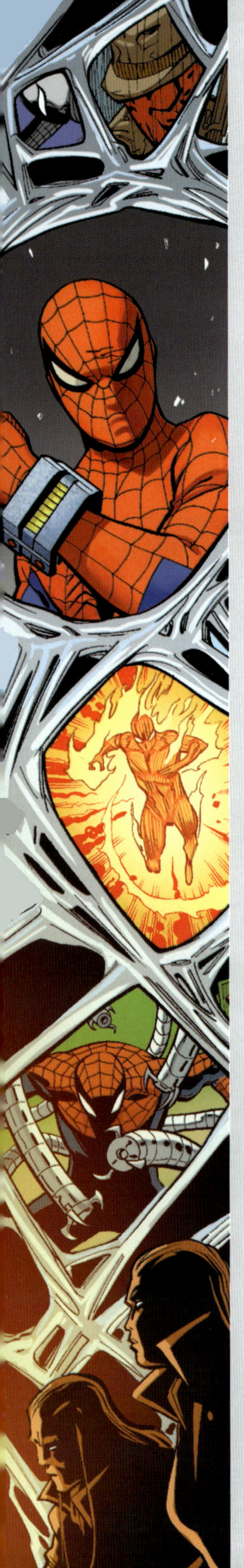

INHALT

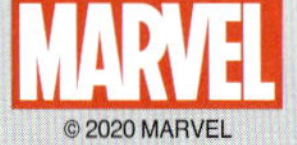

MIX
Paper from responsible sources
FSC
www.fsc.org
FSC® C115044

SPIDER-MAN

SPIDER-VERSE

DAN SLOTT
AUTOR

GIUSEPPE CAMUNCOLI (9, 12-15)
OLIVIER COIPEL (9-11, 14)
ZEICHNER

OLIVIER COIPEL (9, 11)
JOHN LIVESAY (11, 14)
MARK MORALES (11)
VICTOR OLAZABA (11)
ROBERTO POGGI (15)
CAM SMITH (9, 12-15)
WADE VON GRAWBADGER (10-11, 14)
TUSCHE

ANTONIO FABELA (9)
JUSTIN PONSOR
FARBEN

FABIO CIACCI
STUDIO RAM
LETTERING

MICHAEL STRITTMATTER
ÜBERSETZUNG

DEVIN LEWIS
NICK LOWE
ELLIE PYLE
REDAKTION USA

C. B. CEBULSKI
CHEFREDAKTEUR USA

JOE QUESADA
CHIEF CREATIVE OFFICER USA

DAN BUCKLEY
HERAUSGEBER USA

ALAN FINE
PRODUZENT USA

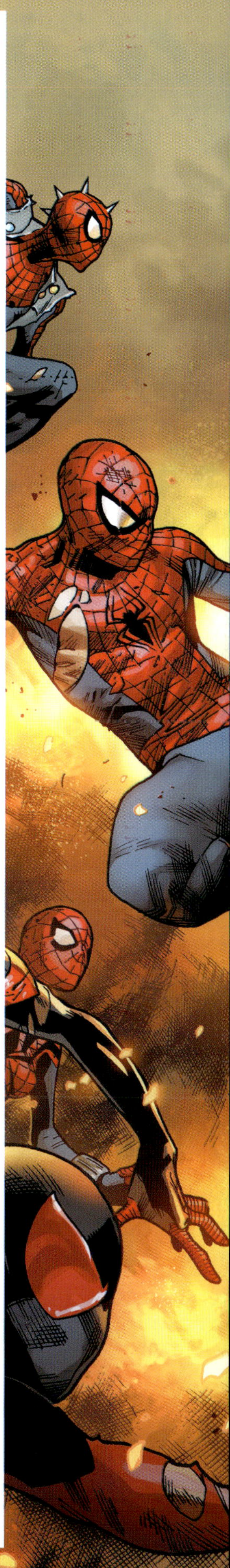

MARVEL MUST-HAVE: SPIDER-MAN – SPIDER-VERSE erscheint bei **PANINI COMICS**, Schloßstraße 76, D-70176 Stuttgart. Druck: Lito Terrazzi Industria Grafica. Pressevertrieb: Stella Distribution GmbH, D-22297 Hamburg. Direkt-Abos auf **www.paninicomics.de.** Anzeigenverkauf: BLAUFEUER VERLAGSVERTRETUNGEN GmbH, info@blaufeuer.com. Es gilt die Anzeigenpreisliste Nr. 17 vom 01.10.2019. Geschäftsführer **Hermann Paul**, Publishing Director Europe **Marco M. Lupoi**, Finanzen **Felix Bauer**, Marketing Director **Holger Wiest**, Marketing **Fabio Cunetto**, Vertrieb **Alexander Bubenheimer**, Logistik **Ronald Schäffer**, PR/Presse **Steffen Volkmer**, Publishing Manager **Lisa Pancaldi**, Redaktion **Christian Endres**, **Harald Gantzberg**, **Matthias Korn**, **Anja Seiffert**, **Kristina Starschinski**, **Ilaria Tavoni**, **Daniela Uhlmann**, Übersetzung **Joachim Körber**, **Michael Strittmatter**, Proofreading **ENZA**, Lettering **Fabio Ciacci**, **Studio RAM**, grafische Gestaltung **Marco Paroli**, **Barbara Sarti**, Art Director **Mario Corticelli**, Redaktion Panini Comics **Annalisa Califano**, **Beatrice Doti**, Prepress **Cristina Bedini**, **Andrea Lusoli**, **Nicola Soressi**, Repro/Packager **Alessandro Nalli** (coordinator), **Mario Da Rin Zanco**, **Valentina Esposito**, **Luca Ficarelli**, **Linda Leporati**. Deutsche Edition bei Panini Verlags-GmbH unter Lizenz von Marvel Characters B.V. Cover von **Olivier Coipel**, *Amazing Spider-Man* (2014) 9.

Bibliografische Information der Deutschen Nationalbibliothek
Die Deutsche Nationalbibliothek verzeichnet diese Publikation in der Deutschen Nationalbibliografie; detaillierte bibliografische Daten sind im Internet über dnb.d-nb.de abrufbar.

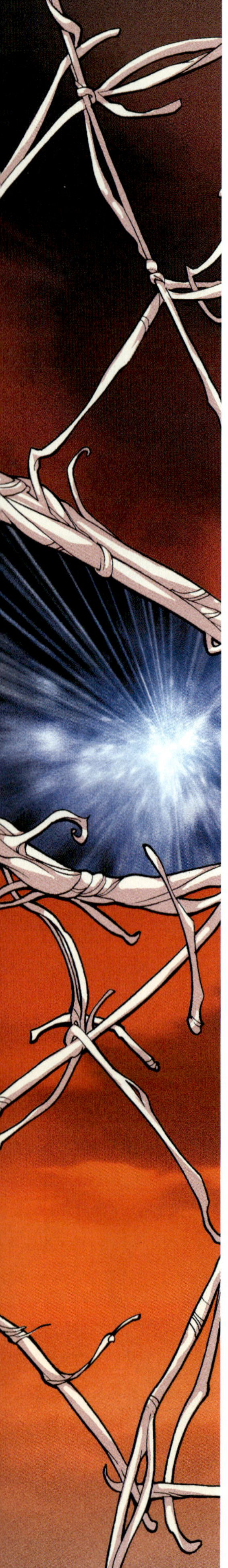

NETZWERK ZWISCHEN DEN WELTEN

Als Teenager wurde **Peter Parker** bei einer wissenschaftlichen Vorführung von einer radioaktiv verstrahlten Spinne gebissen und erhielt auf diese Weise erstaunliche Kräfte. Doch erst nachdem sein **Onkel Ben** bei einem Einbruch von einem Kriminellen umgebracht wurde, den Peter zuvor hätte aufhalten können, verinnerlichte der Junge die Lektion, dass mit großer Kraft große Verantwortung einhergeht, und kämpfte fortan als sensationeller **Spider-Man** für das Gute. So weit der klassische Spider-Man-Mythos. Doch in den vielen parallel existierenden Universen, Welten und Realitäten des Marvel-Multiverse gibt es alle möglichen Varianten und Entwicklungen dieser Geschichte und Mythologie. Deshalb kann die Legende des netzschwingenden Helden in jeder Wirklichkeit und jedem Universum anders aussehen. Das machte Autor **Dan Slott**, der mehr Spidey-Geschichten schrieb als die meisten anderen, 2014 und 2015 zum Aufhänger seiner *Spider-Verse*-Saga, die dieser Sammelband am Stück präsentiert.

Peter war damals Geschäftsführer des globalen Hightech-Konzernriesens **Parker Industries**. Zudem hatte er vor Kurzem **Cindy Moon** aus einem Bunker befreit, die von derselben Spinne gebissen worden war wie Pete. Indem er Cindy aus ihrem sicheren Versteck holte, weckte Spidey die Aufmerksamkeit seines alten Feindes **Morlun**. Der Energievampir und seine als **Inheritors** bekannte Sippe jagten seit geraumer Zeit in den Weiten des Multiverse jene, deren Totem die Spinne ist und die über Spider-Mans Kräfte verfügen. Bei ihren früheren Aufeinandertreffen hatte Spider-Man Morlun kaum besiegen können. Einmal musste er sich selbst radioaktiv überladen, um den Energievampir auszuschalten, ein anderes Mal gab er sich der Mutation durch die wilde Macht des monströsen **Anderen** hin. Und nun sollte es der Netzkopf von der Marvel-Hauptrealität Erde-616 mit Morluns ganzem Clan aufnehmen?

Ja, aber er musste es nicht alleine tun. Denn in *Spider-Verse* kommen zahlreiche Wandkrabbler zusammen und bilden eine schlagkräftige Truppe, die sich den Inheritors stellt: **Mayday Parker**, in einer alternativen Zukunft die Tochter von Peter Parker und **Mary Jane**, das spektakuläre **Spider-Girl** und große Schwester von **Benjy**; Peters erste Liebe **Gwen Stacy**, die in einer Parallelwelt überlebte und als jugendliche Heldin **Spider-Woman** agiert; oder eine Version von Spider-Man, der die gewaltige kosmische Enigma-Kraft von **Captain Universe** niemals aufgab. Aber auch Spinnenhelden aus der Hauptrealität sind dabei: Peters brutaler Klon **Kaine**, der das Andere in sich trägt; Nachwuchsnetzschwinger **Miles Morales** in Schwarz-Rot; die extrem taffe und erfahrene Heldin Spider-Woman **Jessica Drew**; und der geniale, arrogante Schurke **Dr. Octopus** Otto Octavius, der vor einer Weile Peters Körper und Leben übernommen hatte, den Grundstein für Parker Industries legte, als **überlegener Spider-Man** auftrat, als Spidey eine Zeitreise machte und von der Jagd der Inheritors Wind bekam. Dazu kommen Spider-Man-Versionen aus den Realitäten diverser Adaptionen in z. B. Film und Fernsehen …

Viel Vergnügen mit diesem Spidey-Spektakel, dessen Konzept den Animationsfilm *Spider-Man: A New Universe* von 2018 inspirierte, der bekanntlich mit einem Oscar ausgezeichnet wurde.

Christian Endres

SPIDER-VERSE, TEIL 1: DIE VERSAMMLUNG
DAS FESTMAHL

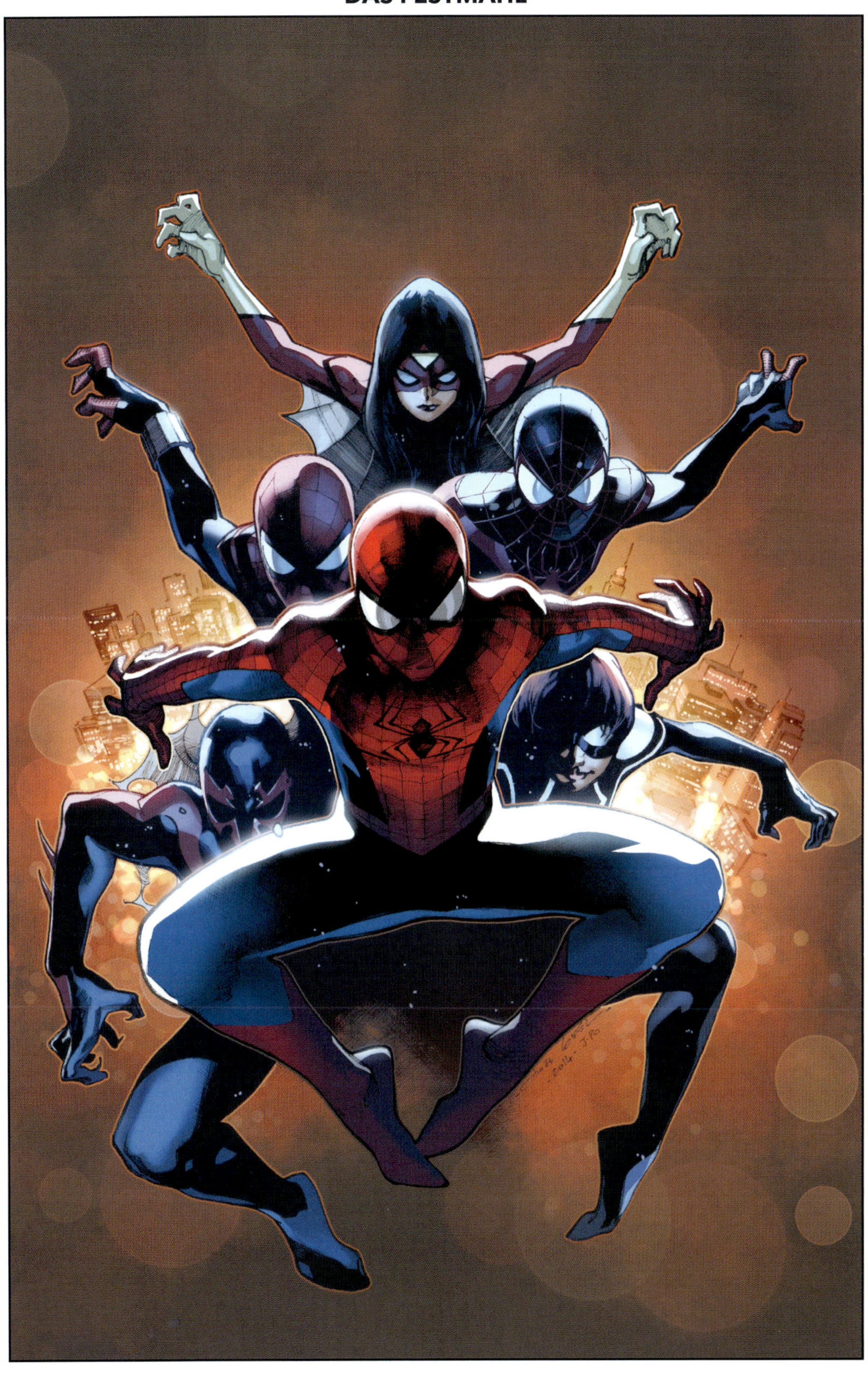

Amazing Spider-Man (2014) 9
Cover von **OLIVIER COIPEL**

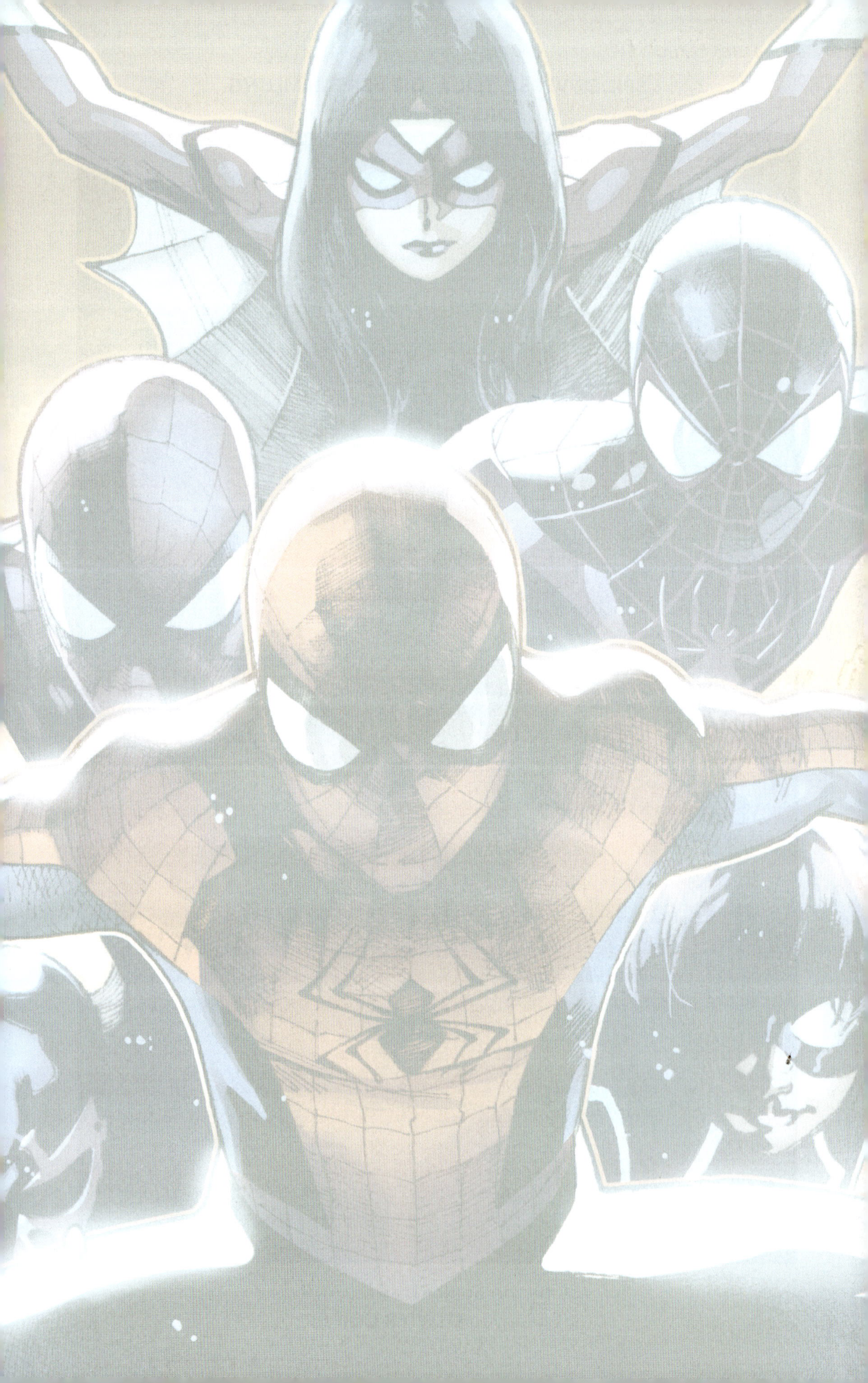

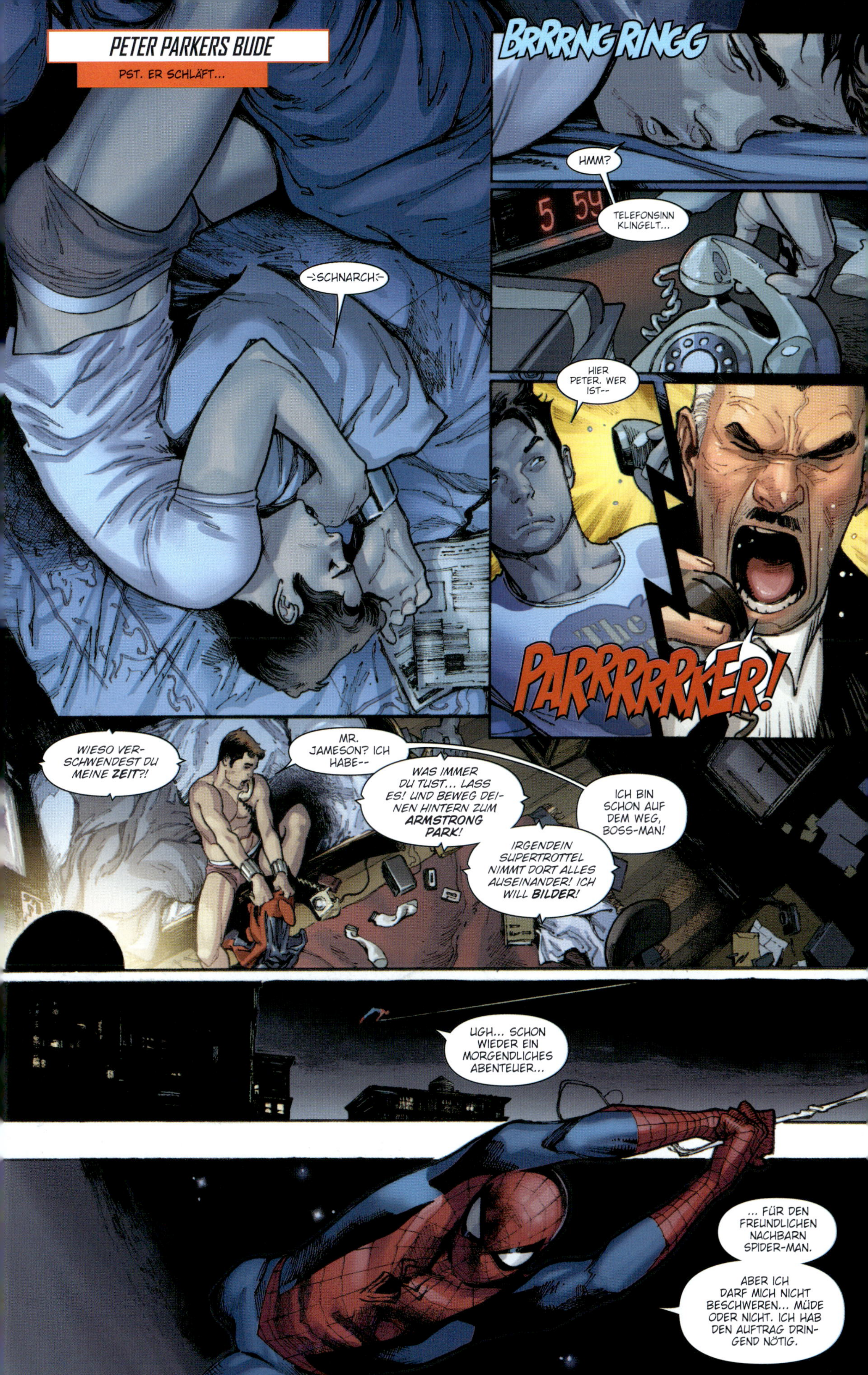

PETER PARKERS BUDE
PST. ER SCHLÄFT...
-:-SCHNARCH-:-
BRRRNG RINGG
HMM?
5 54
TELEFONSINN KLINGELT...
HIER PETER. WER IST--
PARRRRRRKER!
MR. JAMESON? ICH HABE--
WIESO VERSCHWENDEST DU MEINE ZEIT?!
WAS IMMER DU TUST... LASS ES! UND BEWEG DEINEN HINTERN ZUM ARMSTRONG PARK!
IRGENDEIN SUPERTROTTEL NIMMT DORT ALLES AUSEINANDER! ICH WILL BILDER!
ICH BIN SCHON AUF DEM WEG, BOSS-MAN!
UGH... SCHON WIEDER EIN MORGENDLICHES ABENTEUER...
... FÜR DEN FREUNDLICHEN NACHBARN SPIDER-MAN.
ABER ICH DARF MICH NICHT BESCHWEREN... MÜDE ODER NICHT. ICH HAB DEN AUFTRAG DRINGEND NÖTIG.

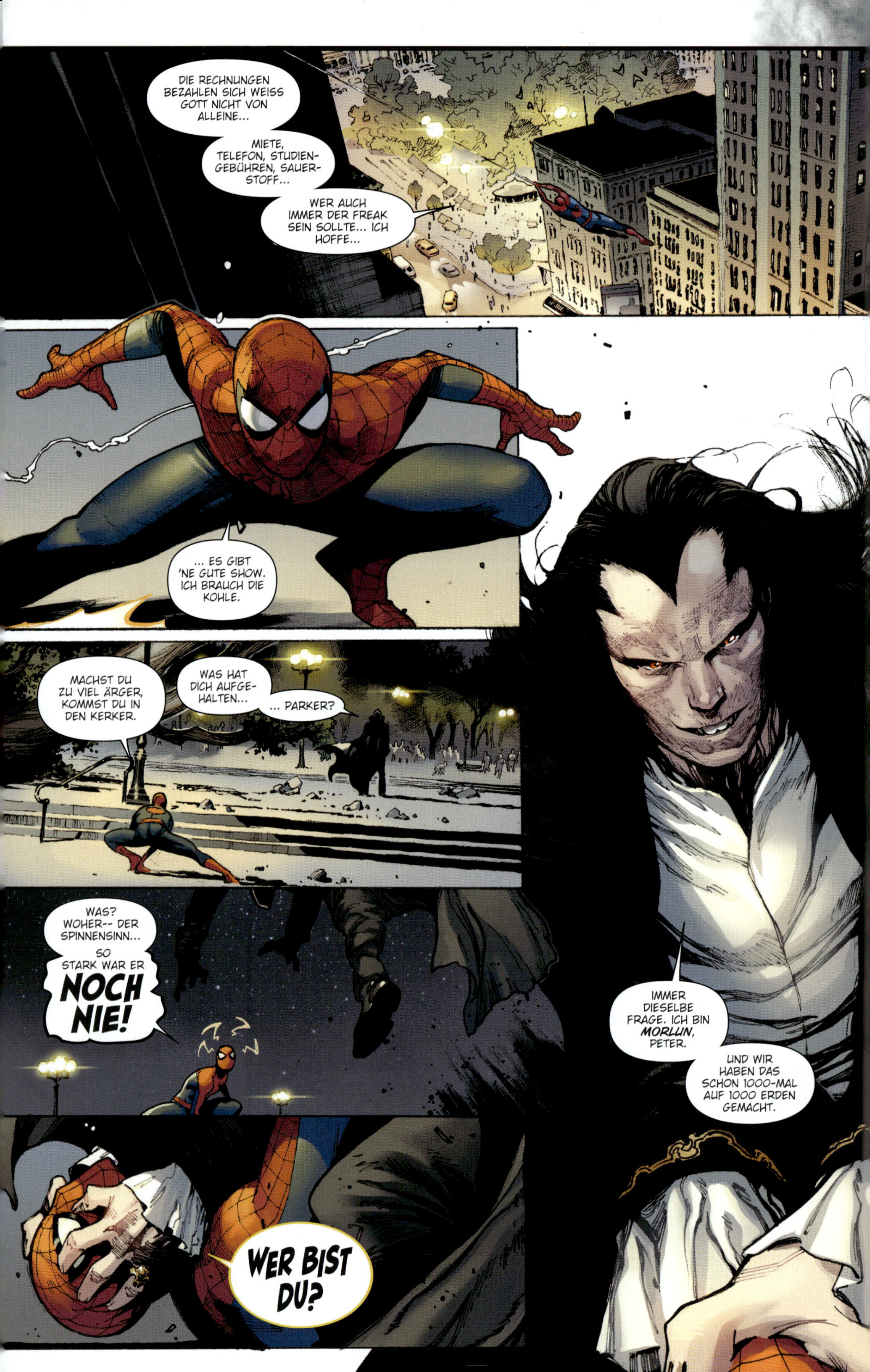
DIE RECHNUNGEN BEZAHLEN SICH WEISS GOTT NICHT VON ALLEINE...
MIETE, TELEFON, STUDIEN-GEBÜHREN, SAUER-STOFF...
WER AUCH IMMER DER FREAK SEIN SOLLTE... ICH HOFFE...
... ES GIBT 'NE GUTE SHOW. ICH BRAUCH DIE KOHLE.
MACHST DU ZU VIEL ÄRGER, KOMMST DU IN DEN KERKER.
WAS HAT DICH AUFGE-HALTEN...
... PARKER?
WAS? WOHER-- DER SPINNENSINN...
SO STARK WAR ER NOCH NIE!
IMMER DIESELBE FRAGE. ICH BIN MORLUN, PETER.
UND WIR HABEN DAS SCHON 1000-MAL AUF 1000 ERDEN GEMACHT.
WER BIST DU?

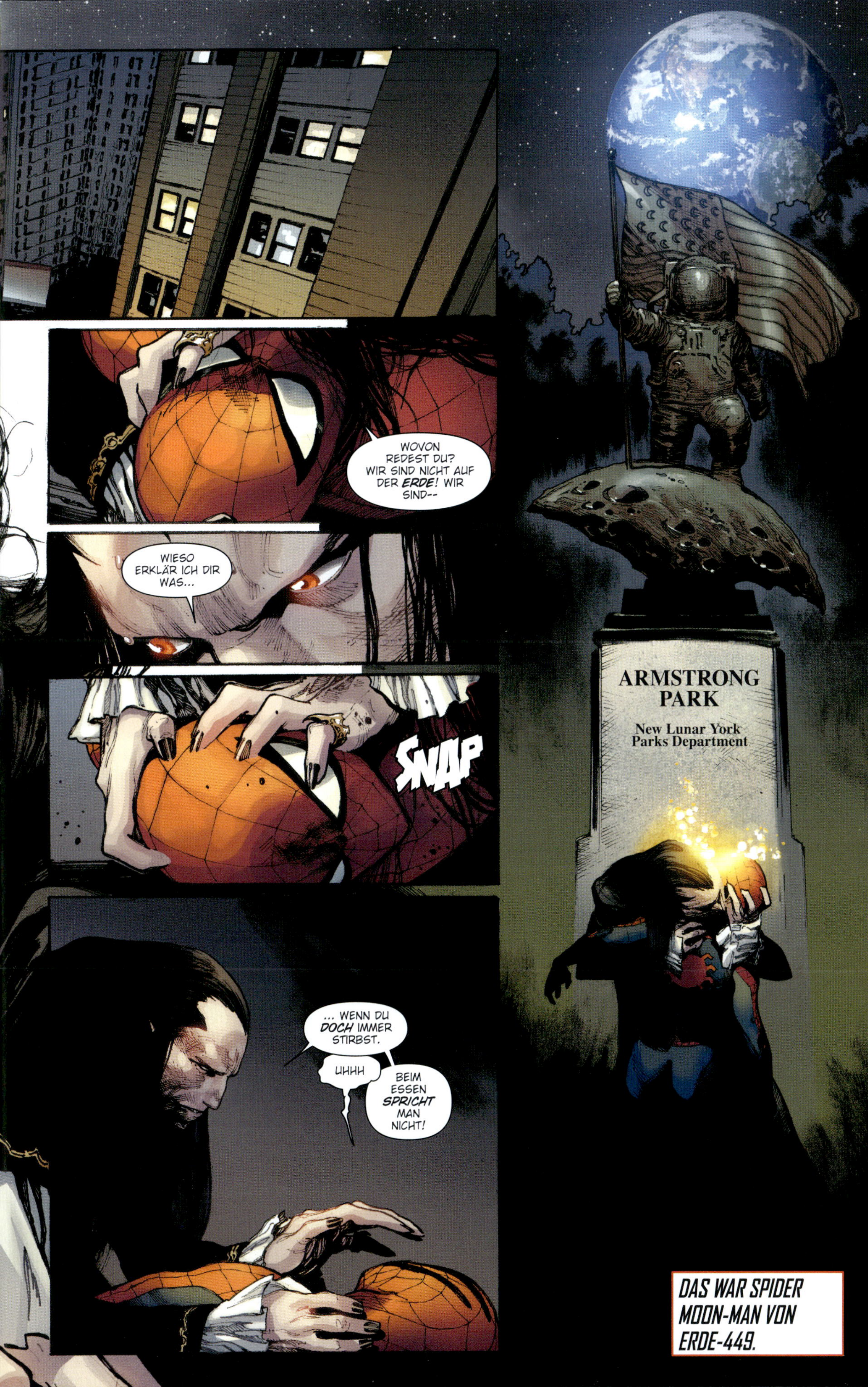
WOVON REDEST DU? WIR SIND NICHT AUF DER ERDE! WIR SIND--
WIESO ERKLÄR ICH DIR WAS...
SNAP
... WENN DU DOCH IMMER STIRBST.
UHHH
BEIM ESSEN SPRICHT MAN NICHT!
ARMSTRONG PARK
New Lunar York Parks Department
DAS WAR SPIDER MOON-MAN VON ERDE-449.

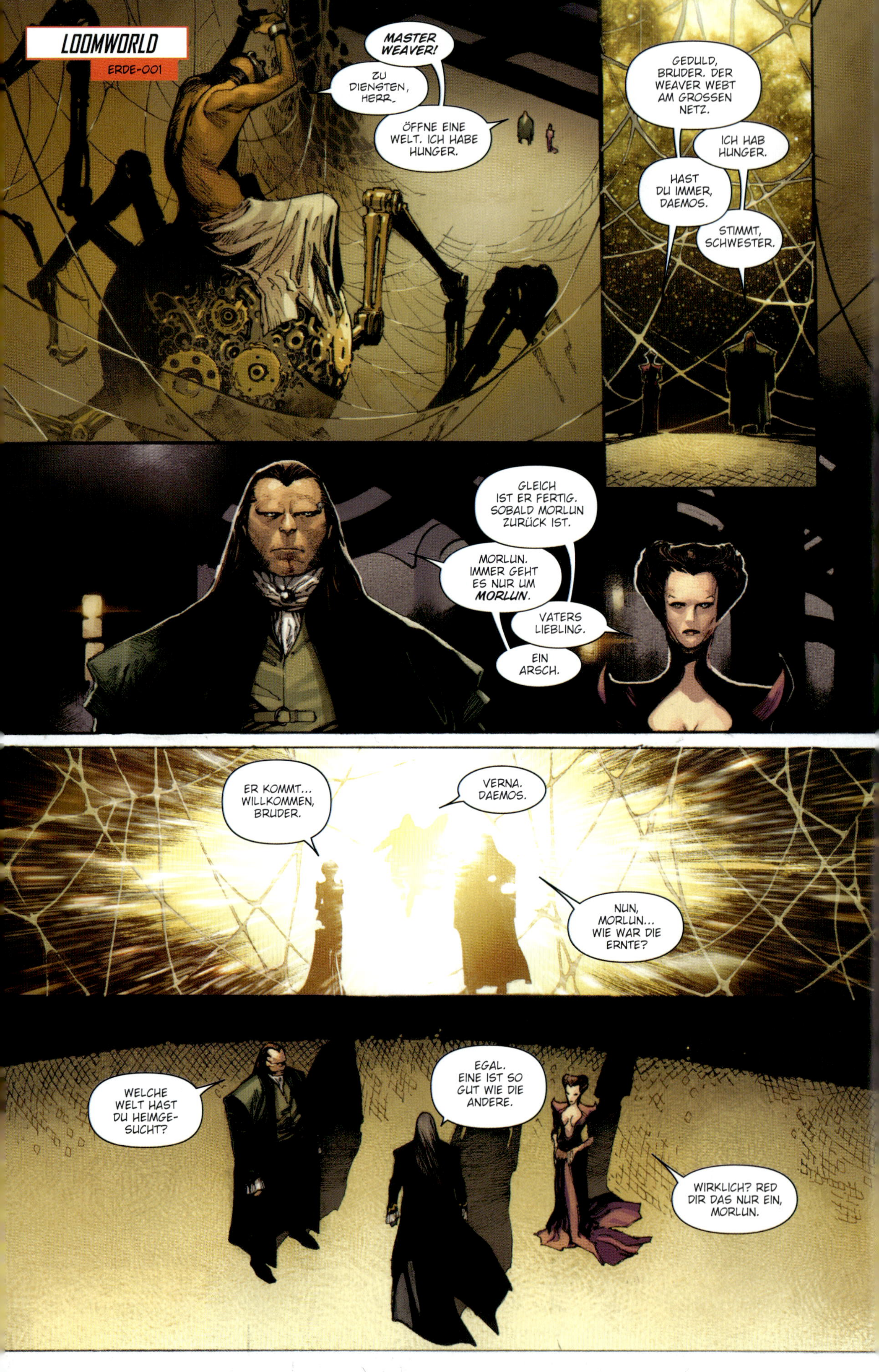
LOOMWORLD
ERDE-001
MASTER WEAVER!
ZU DIENSTEN, HERR.
ÖFFNE EINE WELT. ICH HABE HUNGER.
GEDULD, BRUDER. DER WEAVER WEBT AM GROSSEN NETZ.
ICH HAB HUNGER.
HAST DU IMMER, DAEMOS.
STIMMT, SCHWESTER.
GLEICH IST ER FERTIG. SOBALD MORLUN ZURÜCK IST.
MORLUN. IMMER GEHT ES NUR UM MORLUN.
VATERS LIEBLING.
EIN ARSCH.
ER KOMMT... WILLKOMMEN, BRUDER.
VERNA. DAEMOS.
NUN, MORLUN... WIE WAR DIE ERNTE?
WELCHE WELT HAST DU HEIMGE-SUCHT?
EGAL. EINE IST SO GUT WIE DIE ANDERE.
WIRKLICH? RED DIR DAS NUR EIN, MORLUN.

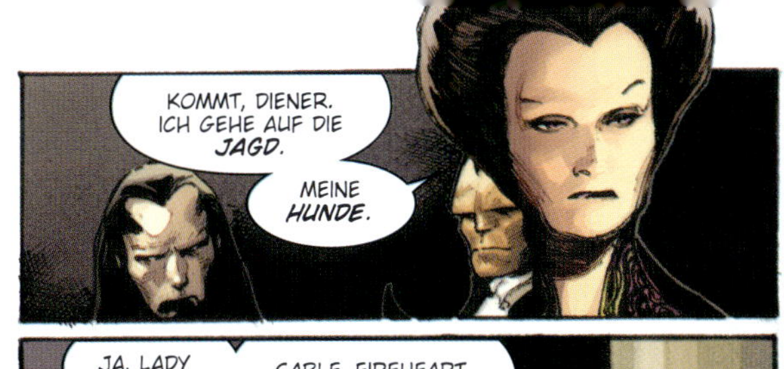
KOMMT, DIENER. ICH GEHE AUF DIE **JAGD**.
MEINE **HUNDE**.

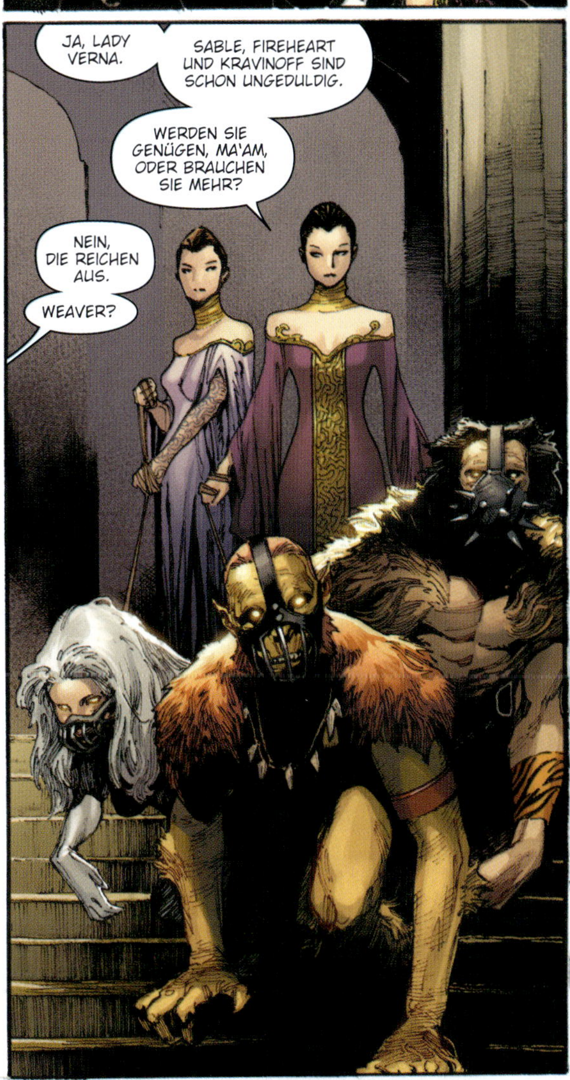
JA, LADY VERNA.
SABLE, FIREHEART UND KRAVINOFF SIND SCHON UNGEDULDIG.
WERDEN SIE GENÜGEN, MA'AM, ODER BRAUCHEN SIE MEHR?
NEIN, DIE REICHEN AUS.
WEAVER?

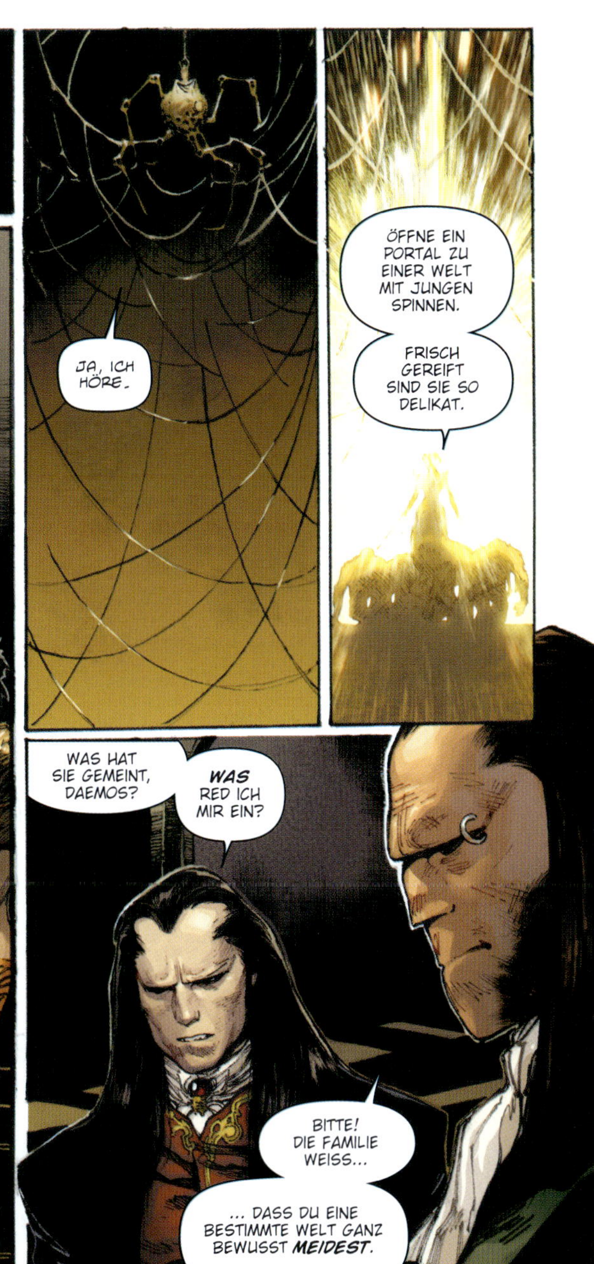
JA, ICH HÖRE.
ÖFFNE EIN PORTAL ZU EINER WELT MIT JUNGEN SPINNEN.
FRISCH GEREIFT SIND SIE SO DELIKAT.
WAS HAT SIE GEMEINT, DAEMOS?
WAS RED ICH MIR EIN?
BITTE! DIE FAMILIE WEISS...
... DASS DU EINE BESTIMMTE WELT GANZ BEWUSST **MEIDEST**.

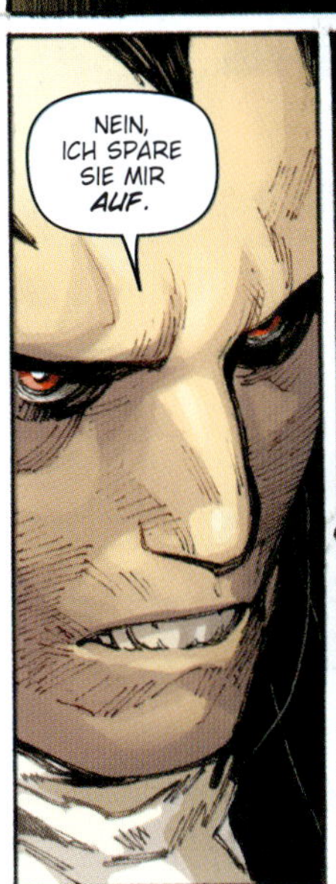
NEIN, ICH SPARE SIE MIR **AUF**.

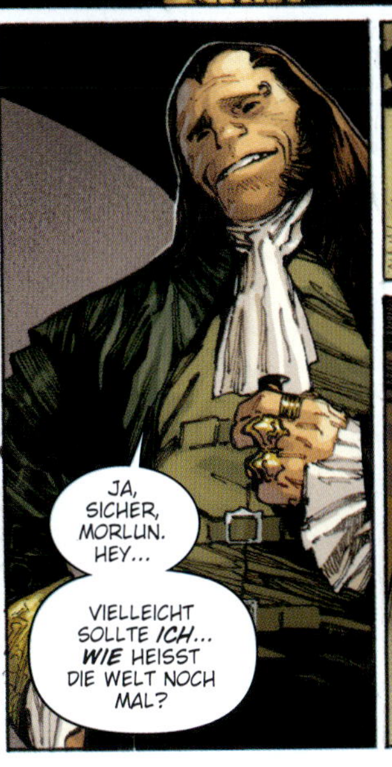
JA, SICHER, MORLUN. HEY...
VIELLEICHT SOLLTE **ICH**... **WIE** HEISST DIE WELT NOCH MAL?

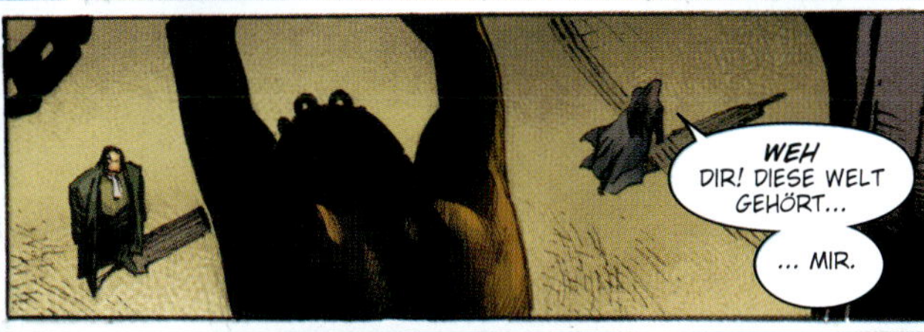
WEH DIR! DIESE WELT GEHÖRT...
... MIR.

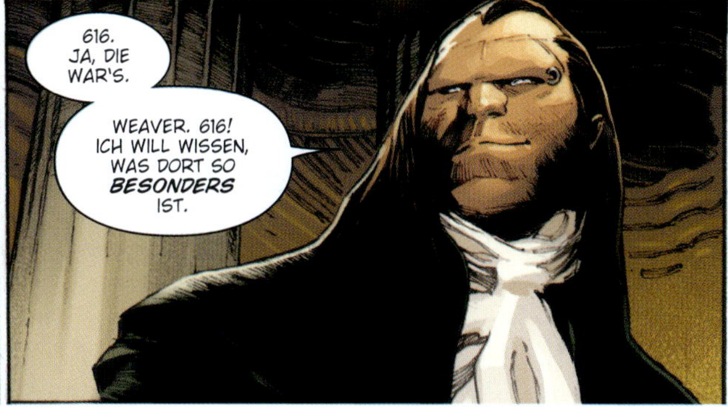
616. JA, DIE WAR'S.
WEAVER. 616! ICH WILL WISSEN, WAS DORT SO **BESONDERS** IST.

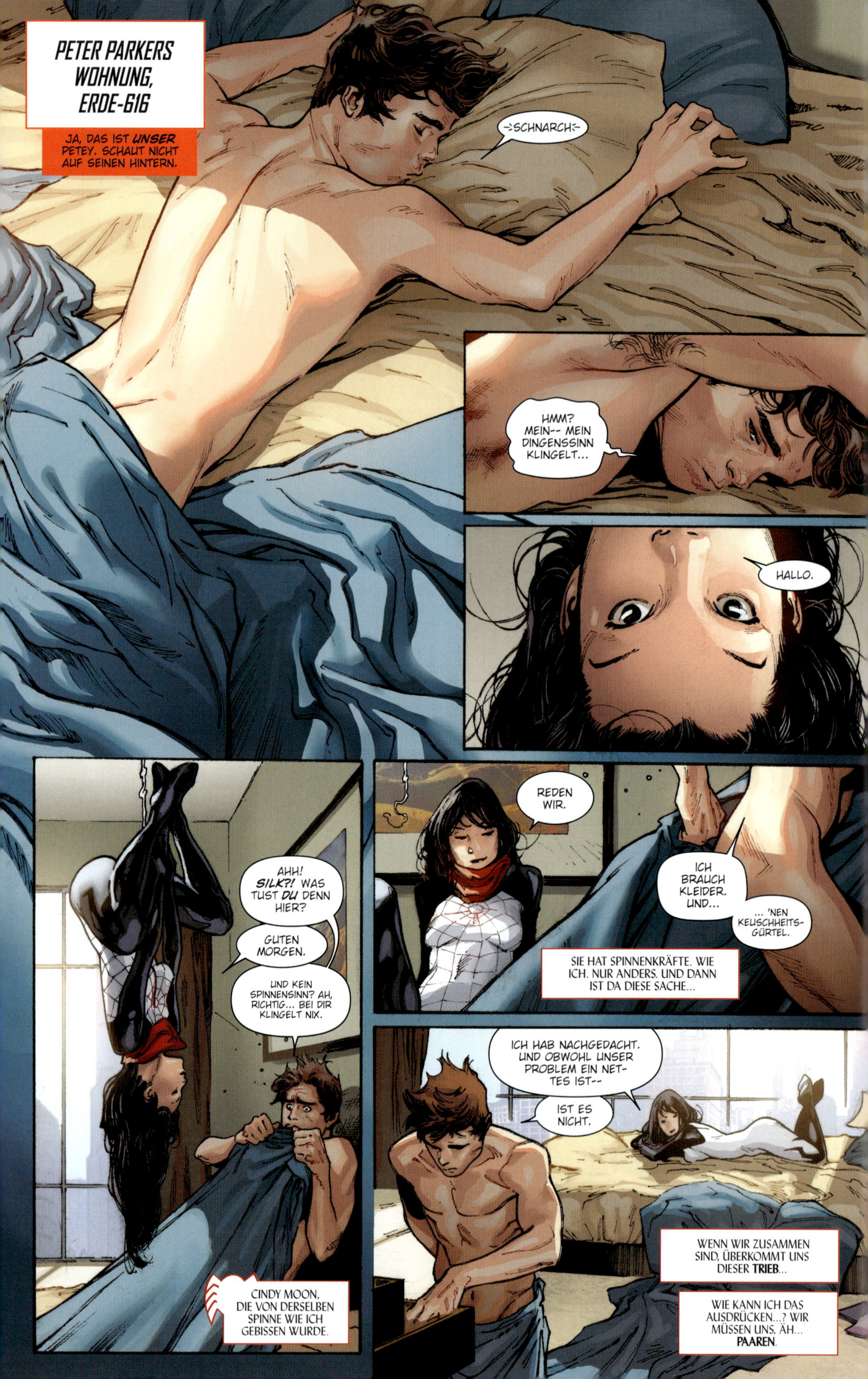
PETER PARKERS WOHNUNG, ERDE-616
JA, DAS IST UNSER PETEY. SCHAUT NICHT AUF SEINEN HINTERN.
SCHNARCH
HMM? MEIN-- MEIN DINGENSSINN KLINGELT...
HALLO.
AHH! SILK?! WAS TUST DU DENN HIER?
GUTEN MORGEN.
UND KEIN SPINNENSINN? AH, RICHTIG... BEI DIR KLINGELT NIX.
CINDY MOON, DIE VON DERSELBEN SPINNE WIE ICH GEBISSEN WURDE.
REDEN WIR.
ICH BRAUCH KLEIDER. UND...
... 'NEN KEUSCHHEITS-GÜRTEL.
SIE HAT SPINNENKRÄFTE. WIE ICH. NUR ANDERS. UND DANN IST DA DIESE SACHE...
ICH HAB NACHGEDACHT. UND OBWOHL UNSER PROBLEM EIN NET-TES IST--
IST ES NICHT.
WENN WIR ZUSAMMEN SIND, ÜBERKOMMT UNS DIESER TRIEB...
WIE KANN ICH DAS AUSDRÜCKEN...? WIR MÜSSEN UNS, ÄH... PAAREN.

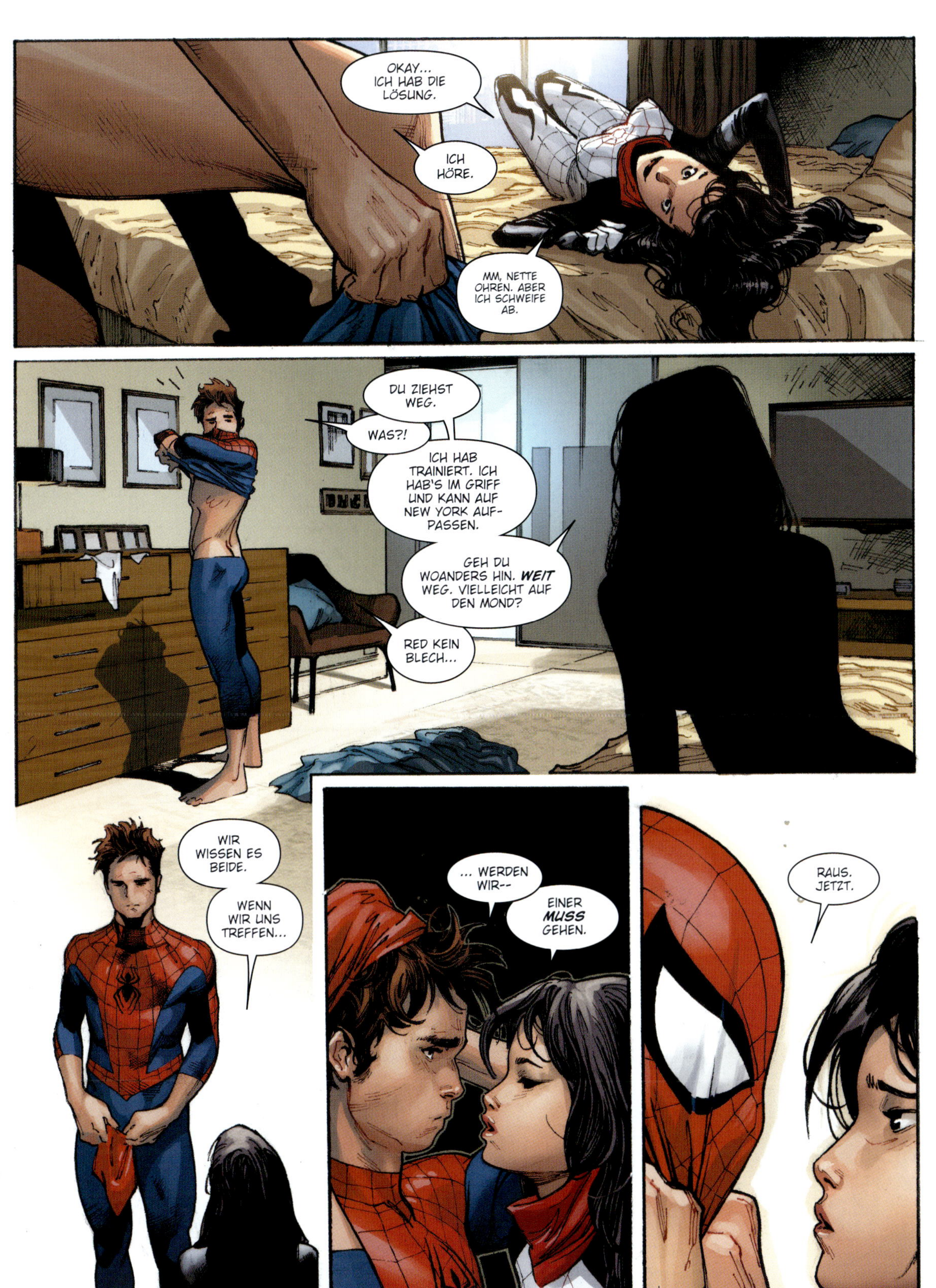
OKAY... ICH HAB DIE LÖSUNG.
ICH HÖRE.
MM, NETTE OHREN. ABER ICH SCHWEIFE AB.
DU ZIEHST WEG.
WAS?!
ICH HAB TRAINIERT. ICH HAB'S IM GRIFF UND KANN AUF NEW YORK AUF-PASSEN.
GEH DU WOANDERS HIN. WEIT WEG. VIELLEICHT AUF DEN MOND?
RED KEIN BLECH...
WIR WISSEN ES BEIDE.
WENN WIR UNS TREFFEN...
... WERDEN WIR--
EINER MUSS GEHEN.
RAUS. JETZT.

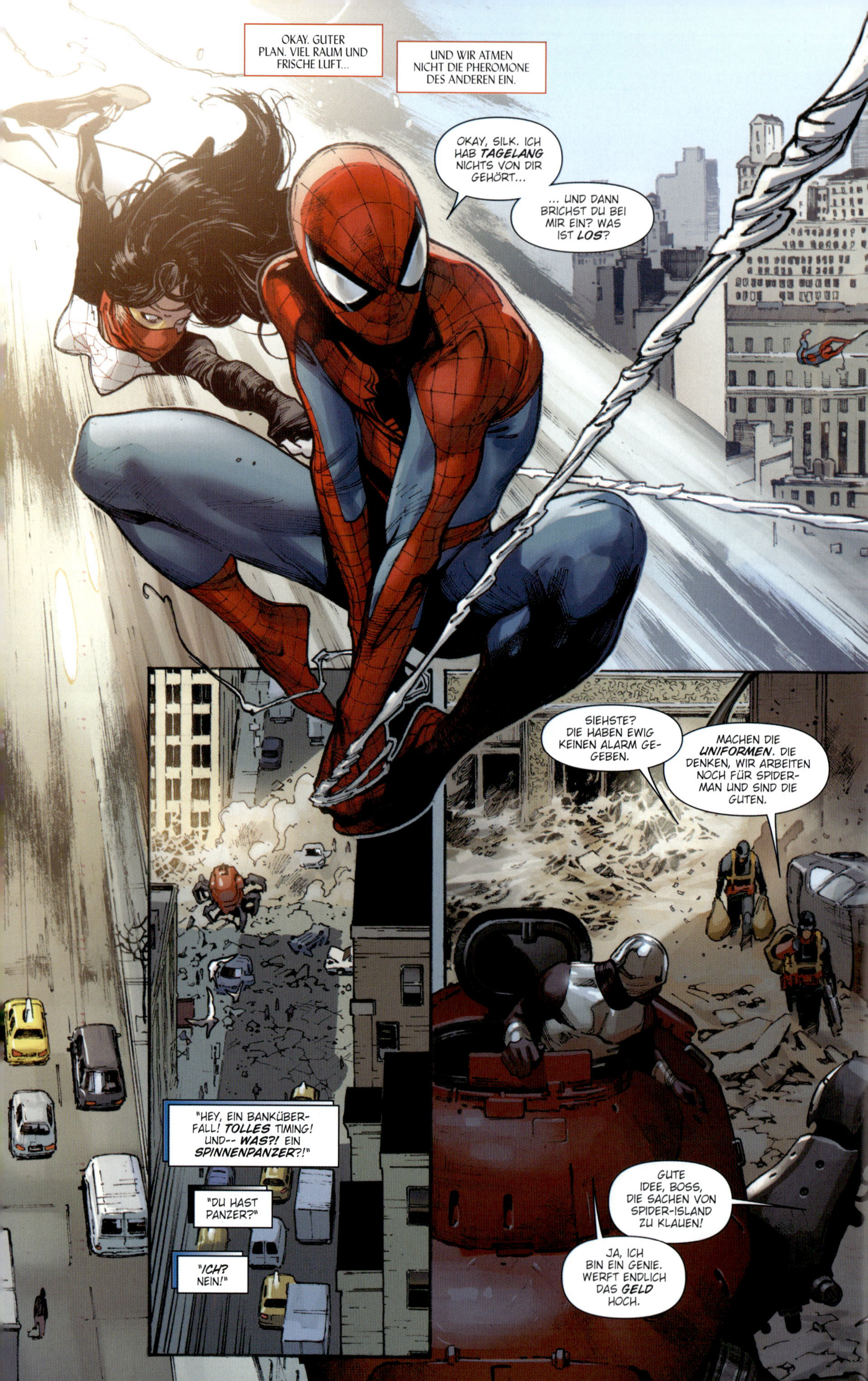

OKAY. GUTER PLAN. VIEL RAUM UND FRISCHE LUFT...
UND WIR ATMEN NICHT DIE PHEROMONE DES ANDEREN EIN.
OKAY, SILK. ICH HAB **TAGELANG** NICHTS VON DIR GEHÖRT...
... UND DANN BRICHST DU BEI MIR EIN? WAS IST **LOS**?
SIEHSTE? DIE HABEN EWIG KEINEN ALARM GEGEBEN.
MACHEN DIE **UNIFORMEN**. DIE DENKEN, WIR ARBEITEN NOCH FÜR SPIDER-MAN UND SIND DIE GUTEN.
"HEY, EIN BANKÜBERFALL! **TOLLES** TIMING! UND-- **WAS?!** EIN **SPINNENPANZER**?!"
"DU HAST PANZER?"
"**ICH?** NEIN!"
GUTE IDEE, BOSS, DIE SACHEN VON SPIDER-ISLAND ZU KLAUEN!
JA, ICH BIN EIN GENIE. WERFT ENDLICH DAS **GELD** HOCH.

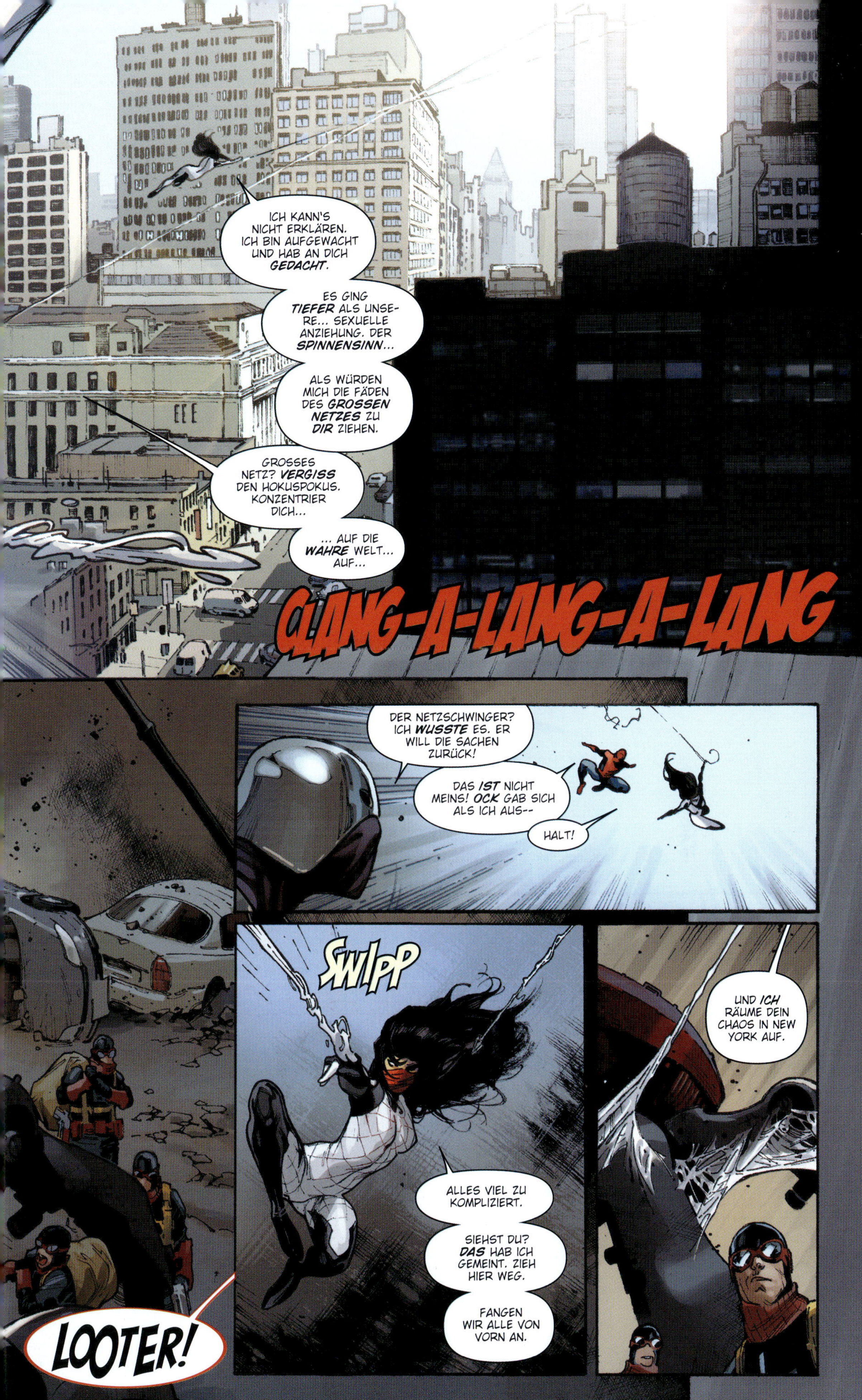
ICH KANN'S NICHT ERKLÄREN. ICH BIN AUFGEWACHT UND HAB AN DICH GEDACHT.
ES GING TIEFER ALS UNSERE... SEXUELLE ANZIEHUNG. DER SPINNENSINN...
ALS WÜRDEN MICH DIE FÄDEN DES GROSSEN NETZES ZU DIR ZIEHEN.
GROSSES NETZ? VERGISS DEN HOKUSPOKUS. KONZENTRIER DICH...
... AUF DIE WAHRE WELT... AUF...
CLANG-A-LANG-A-LANG
DER NETZSCHWINGER? ICH WUSSTE ES. ER WILL DIE SACHEN ZURÜCK!
DAS IST NICHT MEINS! OCK GAB SICH ALS ICH AUS--
HALT!
SWIPP
ALLES VIEL ZU KOMPLIZIERT.
SIEHST DU? DAS HAB ICH GEMEINT. ZIEH HIER WEG.
FANGEN WIR ALLE VON VORN AN.
UND ICH RÄUME DEIN CHAOS IN NEW YORK AUF.
LOOTER!

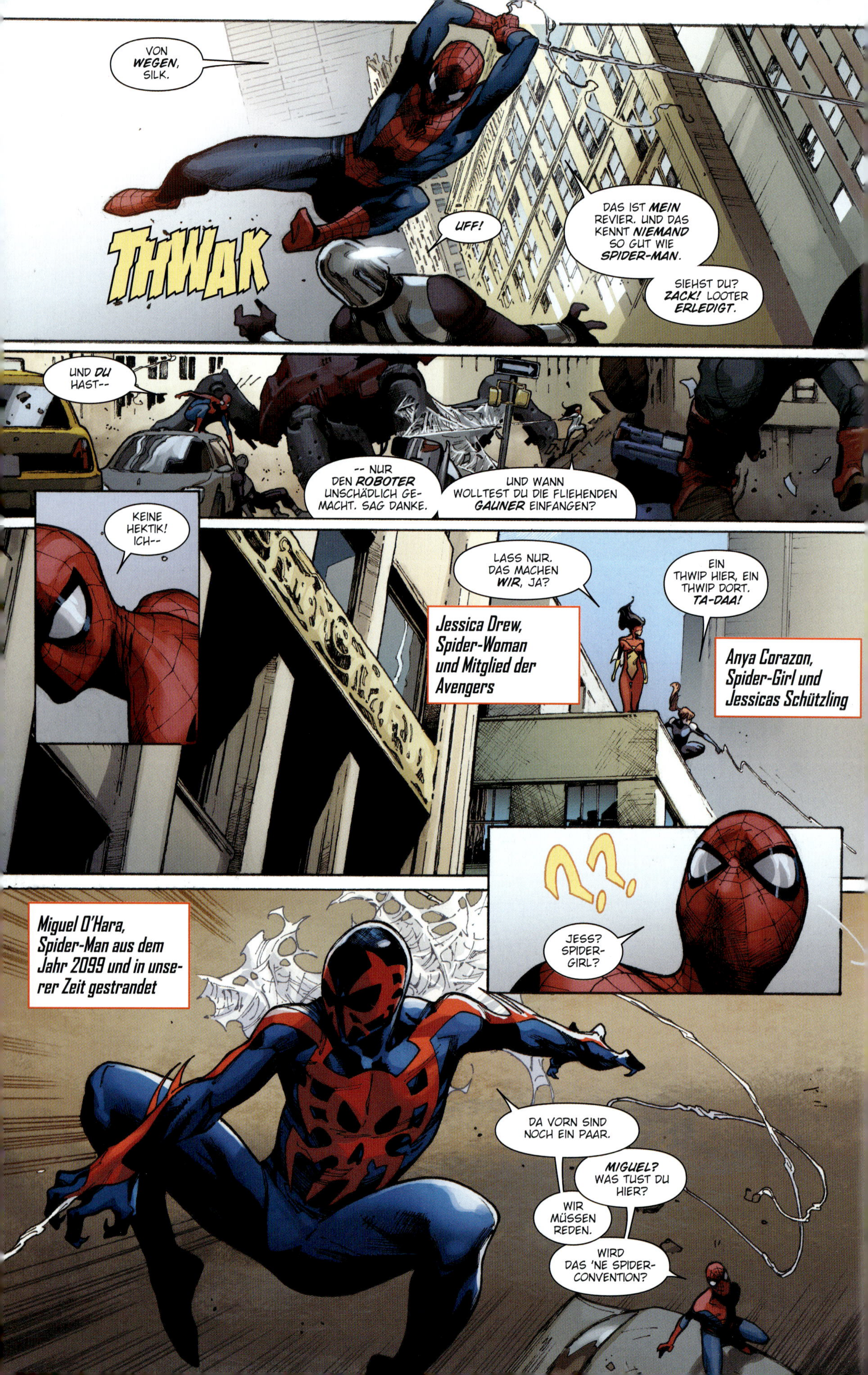
VON WEGEN, SILK.
THWAK
UFF!
DAS IST MEIN REVIER. UND DAS KENNT NIEMAND SO GUT WIE SPIDER-MAN.
SIEHST DU? ZACK! LOOTER ERLEDIGT.
UND DU HAST--
-- NUR DEN ROBOTER UNSCHÄDLICH GEMACHT. SAG DANKE.
UND WANN WOLLTEST DU DIE FLIEHENDEN GAUNER EINFANGEN?
KEINE HEKTIK! ICH--
LASS NUR. DAS MACHEN WIR, JA?
Jessica Drew, Spider-Woman und Mitglied der Avengers
EIN THWIP HIER, EIN THWIP DORT. TA-DAA!
Anya Corazon, Spider-Girl und Jessicas Schützling
??
JESS? SPIDER-GIRL?
Miguel O'Hara, Spider-Man aus dem Jahr 2099 und in unserer Zeit gestrandet
DA VORN SIND NOCH EIN PAAR.
MIGUEL? WAS TUST DU HIER?
WIR MÜSSEN REDEN.
WIRD DAS 'NE SPIDER-CONVENTION?

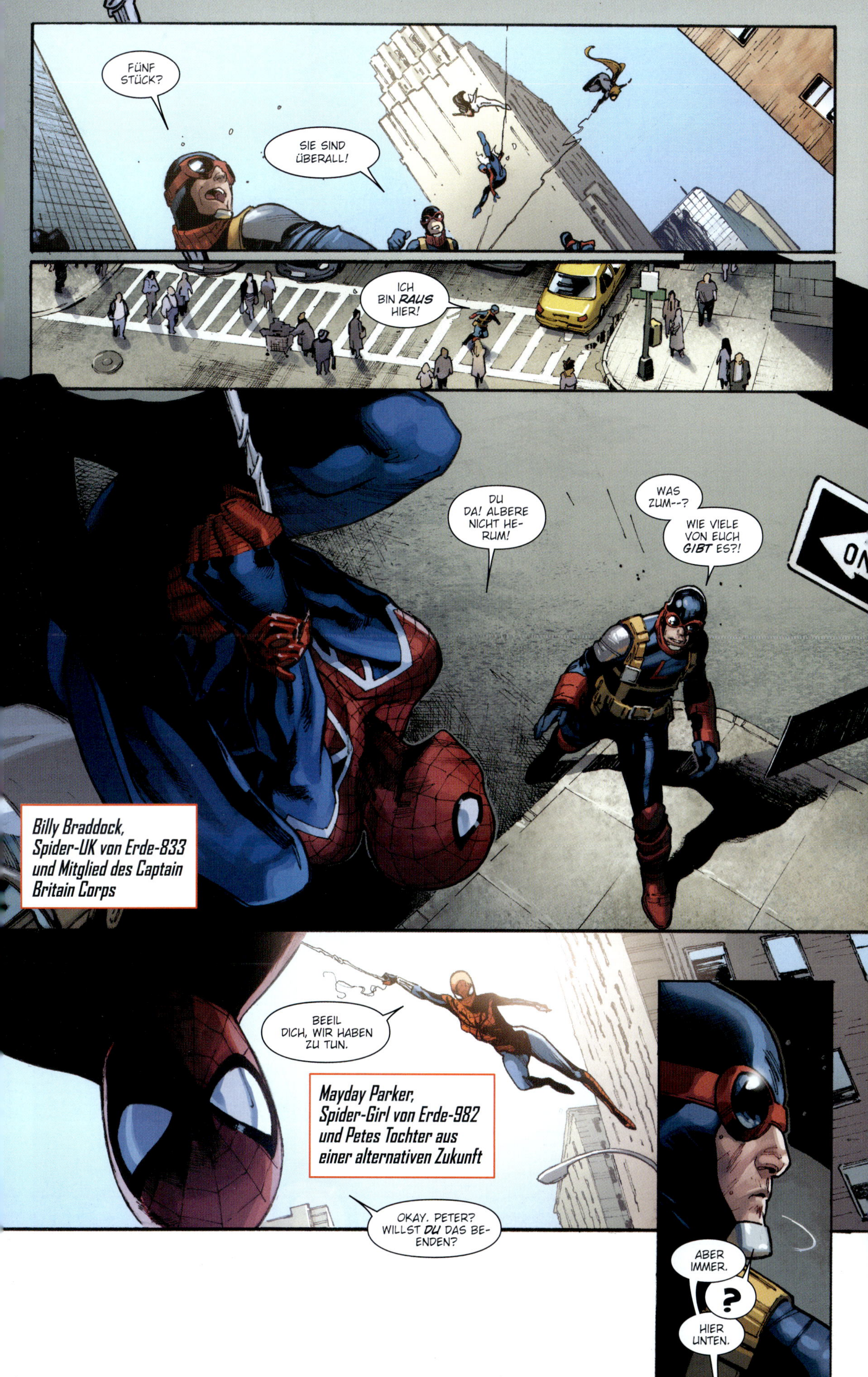
FÜNF STÜCK?
SIE SIND ÜBERALL!
ICH BIN RAUS HIER!
DU DA! ALBERE NICHT HERUM!
WAS ZUM--?
WIE VIELE VON EUCH GIBT ES?!
ON
Billy Braddock, Spider-UK von Erde-833 und Mitglied des Captain Britain Corps
BEEIL DICH, WIR HABEN ZU TUN.
Mayday Parker, Spider-Girl von Erde-982 und Petes Tochter aus einer alternativen Zukunft
OKAY. PETER? WILLST DU DAS BEENDEN?
ABER IMMER.
?
HIER UNTEN.

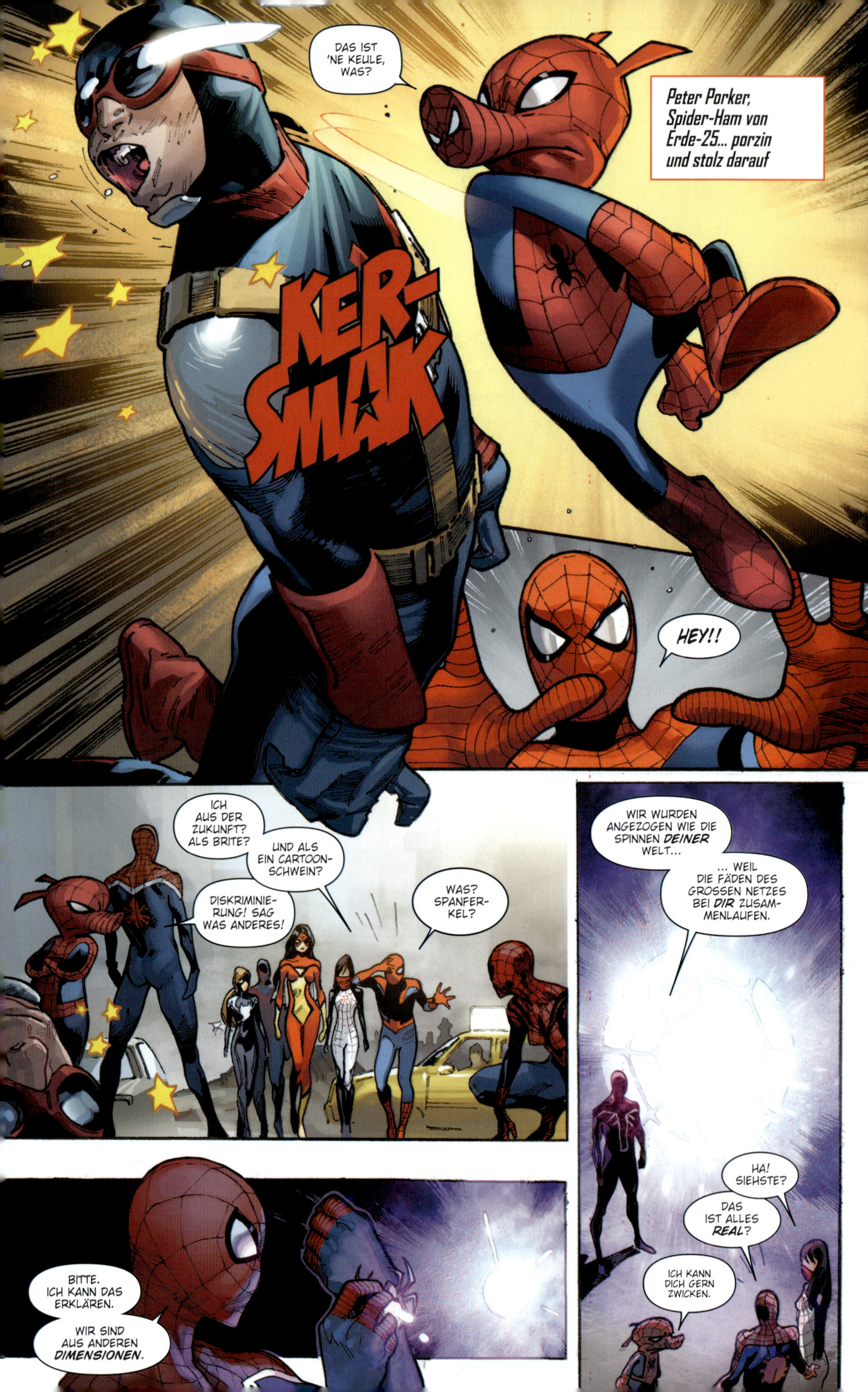
DAS IST 'NE KEULE, WAS?
Peter Porker, Spider-Ham von Erde-25... porzin und stolz darauf
KER-SMAK
HEY!!
ICH AUS DER ZUKUNFT? ALS BRITE?
UND ALS EIN CARTOON-SCHWEIN?
DISKRIMINIE-RUNG! SAG WAS ANDERES!
WAS? SPANFER-KEL?
BITTE. ICH KANN DAS ERKLÄREN.
WIR SIND AUS ANDEREN DIMENSIONEN.
WIR WURDEN ANGEZOGEN WIE DIE SPINNEN DEINER WELT...
... WEIL DIE FÄDEN DES GROSSEN NETZES BEI DIR ZUSAM-MENLAUFEN.
HA! SIEHSTE?
DAS IST ALLES REAL?
ICH KANN DICH GERN ZWICKEN.

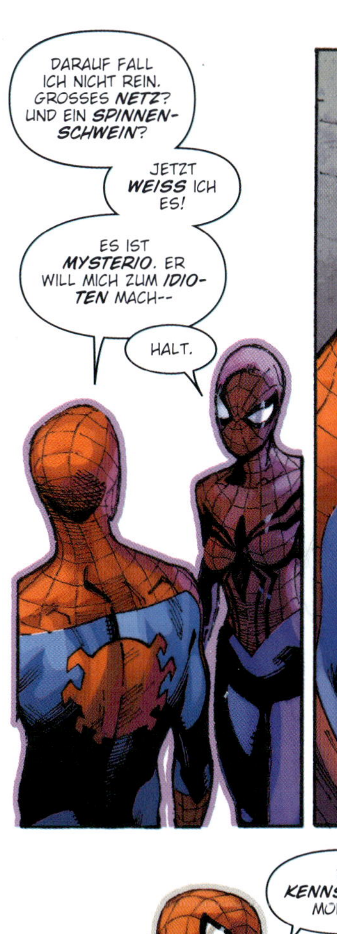
DARAUF FALL ICH NICHT REIN. GROSSES NETZ? UND EIN SPINNEN-SCHWEIN?
JETZT WEISS ICH ES!
ES IST MYSTERIO. ER WILL MICH ZUM IDIOTEN MACH--
HALT.
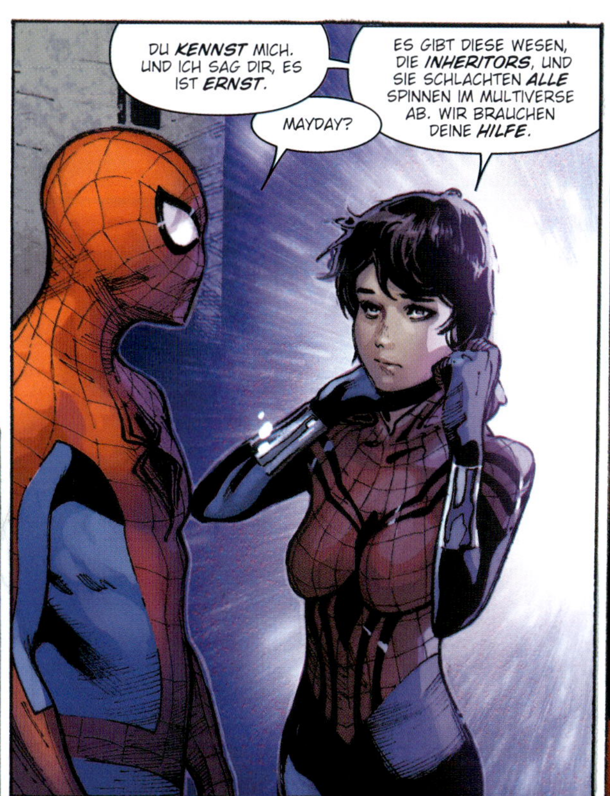
DU KENNST MICH. UND ICH SAG DIR, ES IST ERNST.
MAYDAY?
ES GIBT DIESE WESEN, DIE INHERITORS, UND SIE SCHLACHTEN ALLE SPINNEN IM MULTIVERSE AB. WIR BRAUCHEN DEINE HILFE.
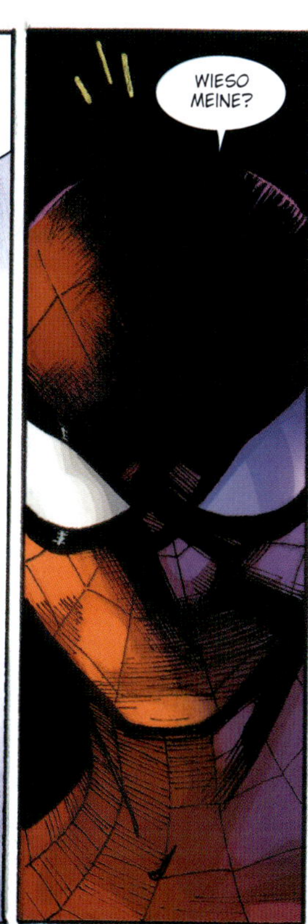
WIESO MEINE?
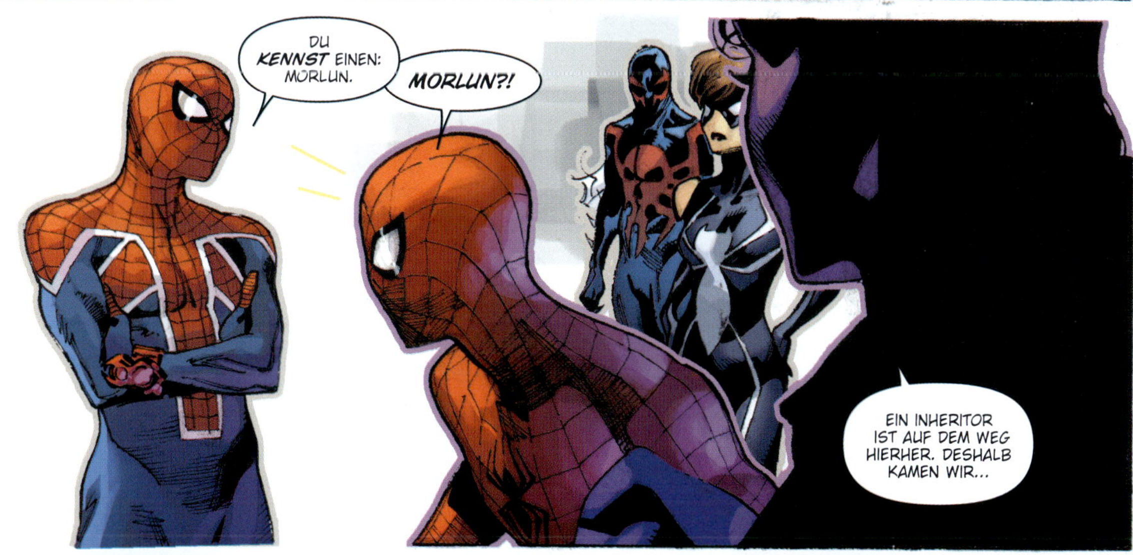
DU KENNST EINEN: MORLUN.
MORLUN?!
EIN INHERITOR IST AUF DEM WEG HIERHER. DESHALB KAMEN WIR...
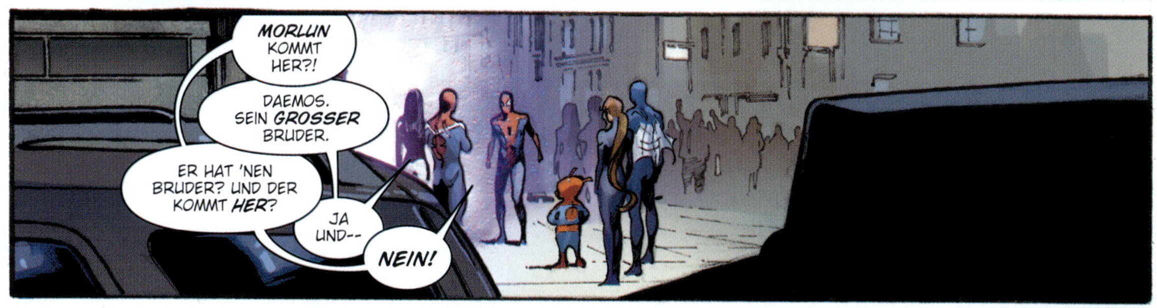
MORLUN KOMMT HER?!
DAEMOS. SEIN GROSSER BRUDER.
ER HAT 'NEN BRUDER? UND DER KOMMT HER?
JA UND--
NEIN!
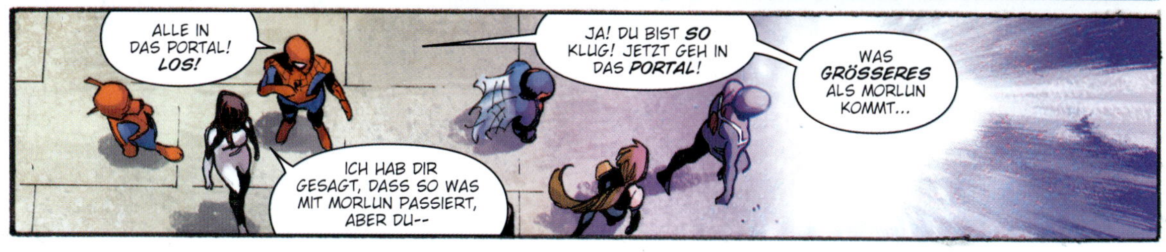
ALLE IN DAS PORTAL! LOS!
ICH HAB DIR GESAGT, DASS SO WAS MIT MORLUN PASSIERT, ABER DU--
JA! DU BIST SO KLUG! JETZT GEH IN DAS PORTAL!
WAS GRÖSSERES ALS MORLUN KOMMT...

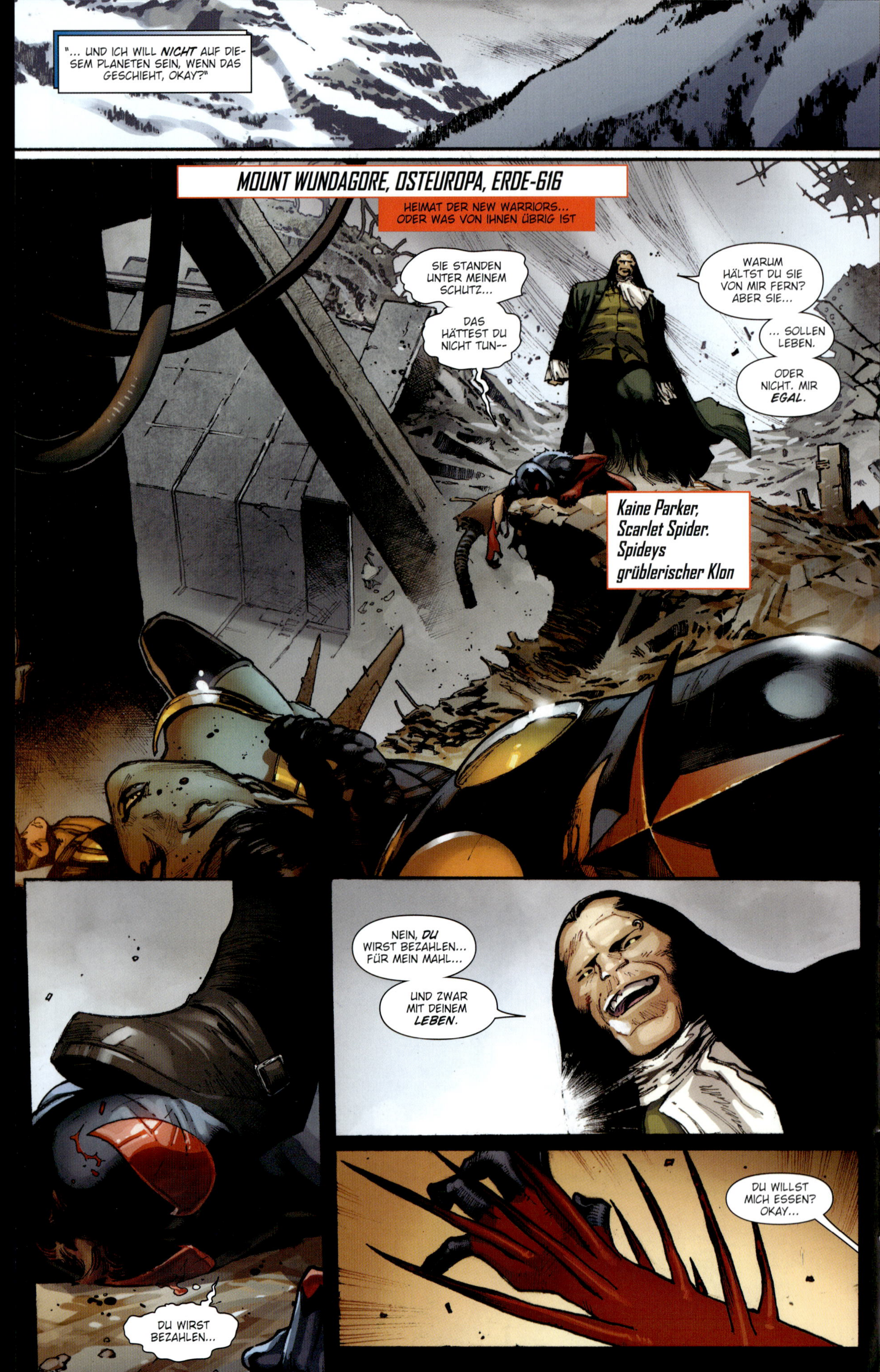
"... UND ICH WILL NICHT AUF DIESEM PLANETEN SEIN, WENN DAS GESCHIEHT, OKAY?"
MOUNT WUNDAGORE, OSTEUROPA, ERDE-616
HEIMAT DER NEW WARRIORS... ODER WAS VON IHNEN ÜBRIG IST
SIE STANDEN UNTER MEINEM SCHUTZ...
DAS HÄTTEST DU NICHT TUN--
WARUM HÄLTST DU SIE VON MIR FERN? ABER SIE...
... SOLLEN LEBEN.
ODER NICHT. MIR EGAL.
Kaine Parker, Scarlet Spider. Spideys grüblerischer Klon
DU WIRST BEZAHLEN...
NEIN, DU WIRST BEZAHLEN... FÜR MEIN MAHL...
UND ZWAR MIT DEINEM LEBEN.
DU WILLST MICH ESSEN? OKAY...

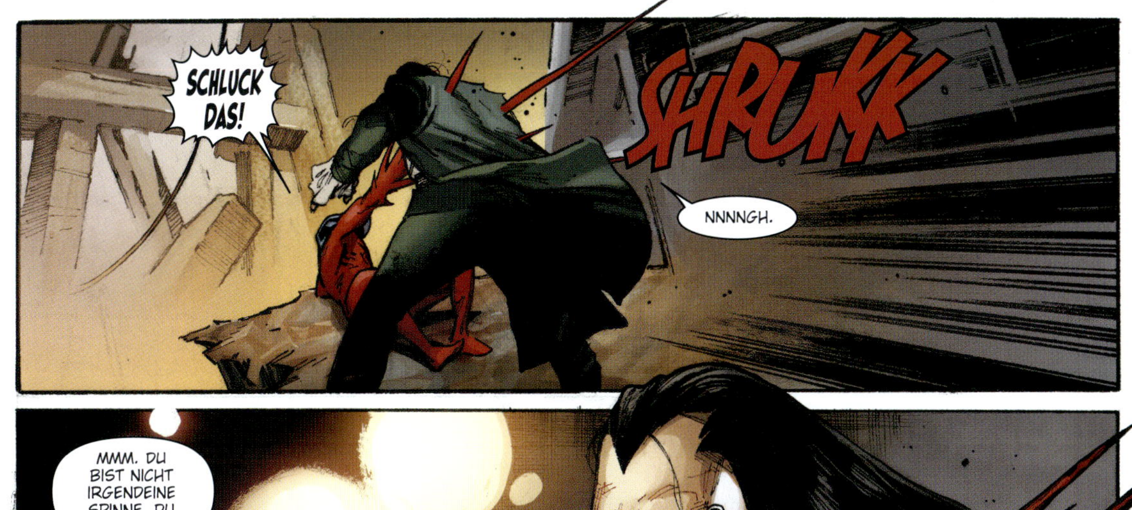
SCHLUCK DAS!
SHRUKK
NNNNGH.

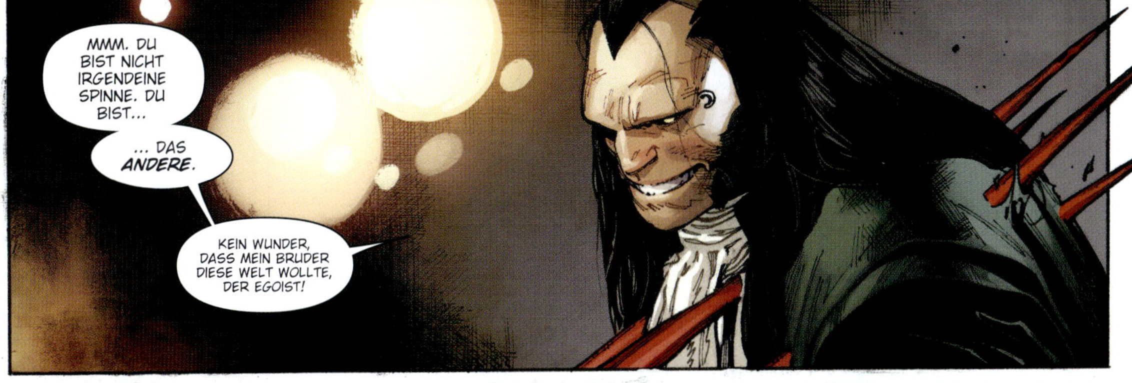
MMM. DU BIST NICHT IRGENDEINE SPINNE. DU BIST...
... DAS *ANDERE*.
KEIN WUNDER, DASS MEIN BRUDER DIESE WELT WOLLTE, DER EGOIST!

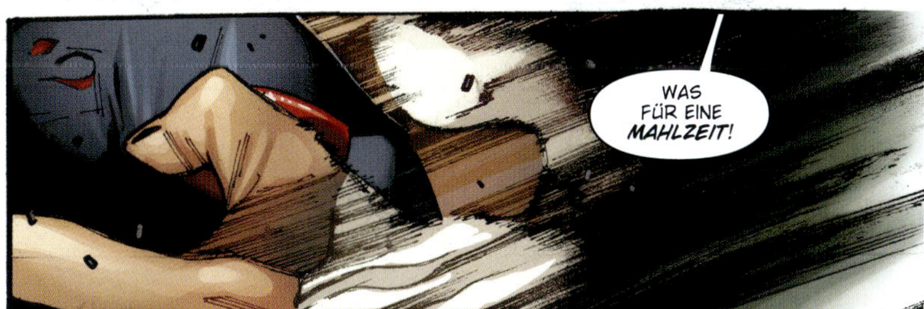
WAS FÜR EINE *MAHLZEIT*!

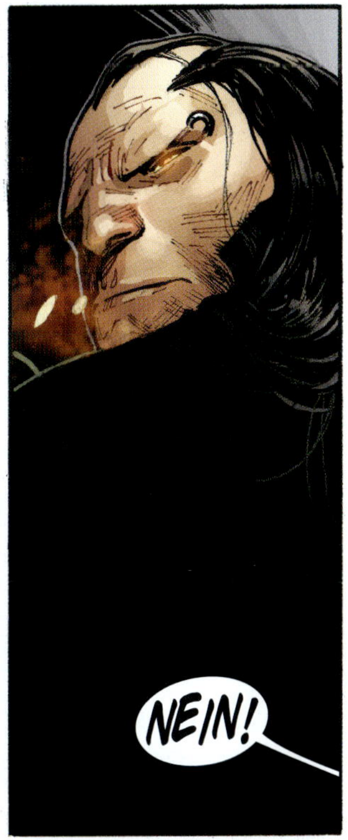

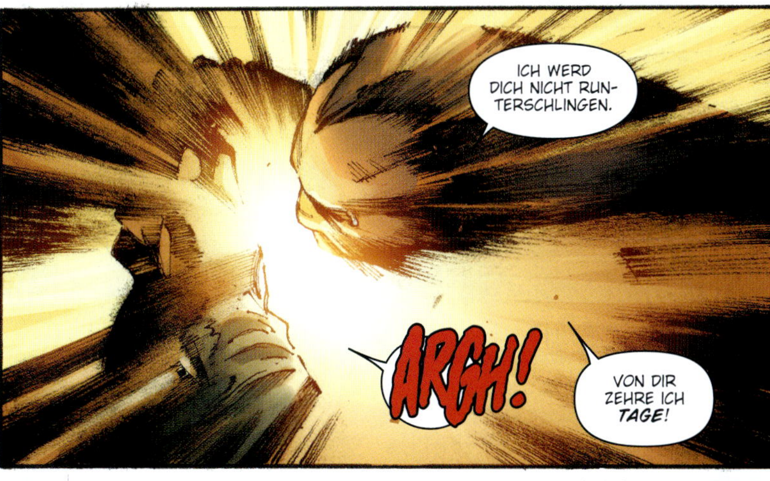
ICH WERD DICH NICHT RUNTERSCHLINGEN.
ARGH!
VON DIR ZEHRE ICH *TAGE*!

NEIN!

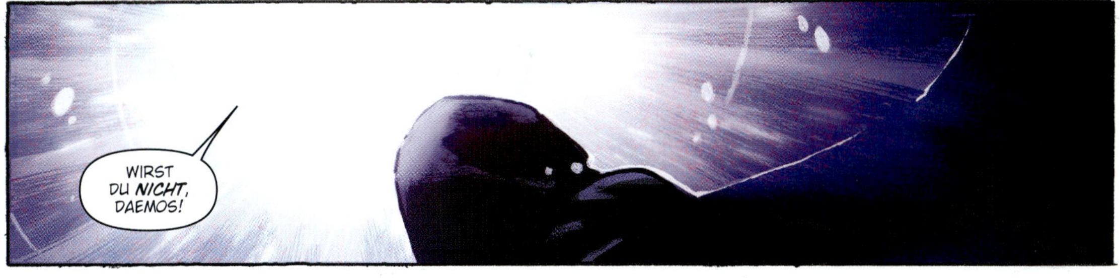
WIRST DU *NICHT*, DAEMOS!

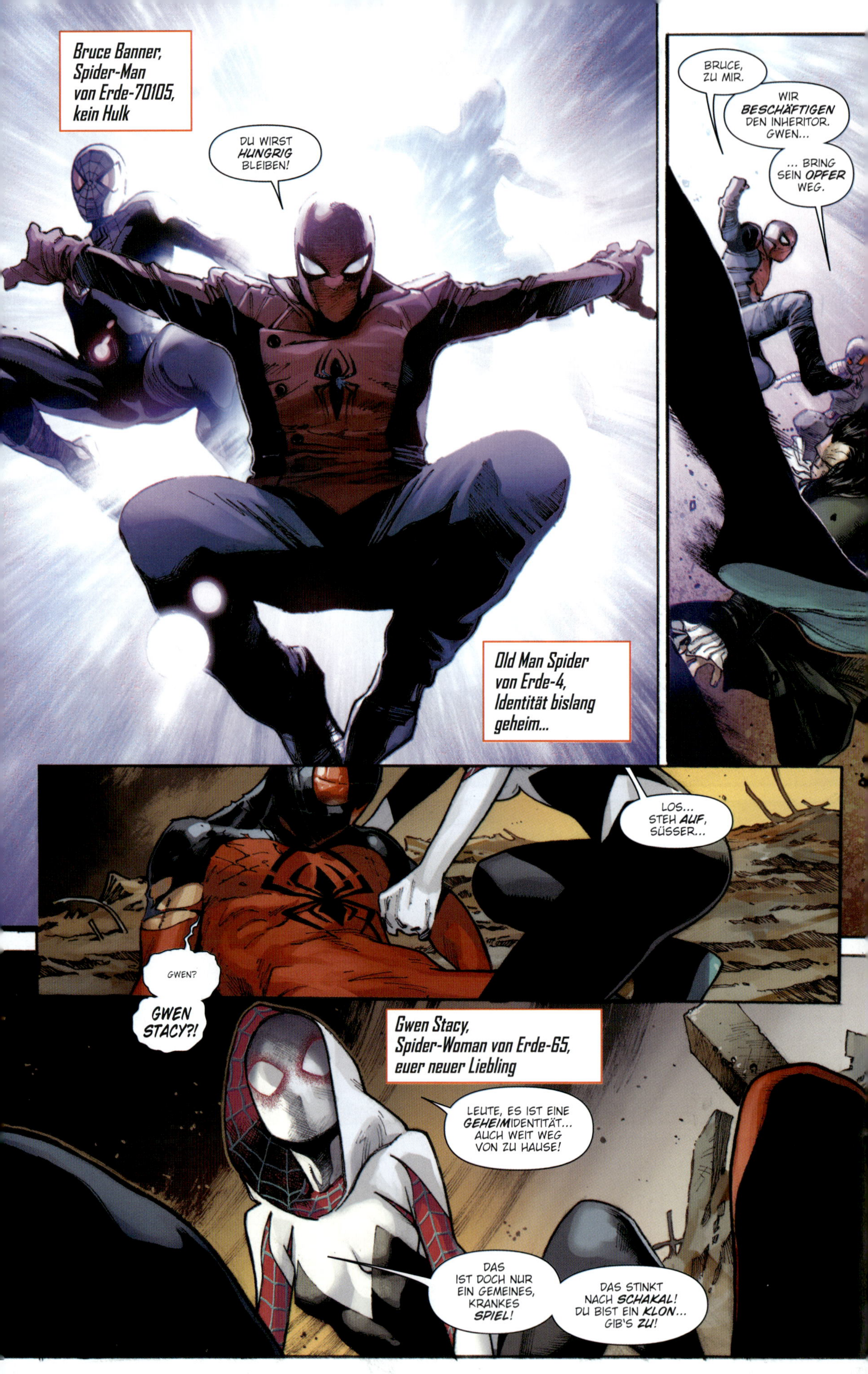

Bruce Banner, Spider-Man von Erde-70105, kein Hulk
DU WIRST HUNGRIG BLEIBEN!
Old Man Spider von Erde-4, Identität bislang geheim...
BRUCE, ZU MIR.
WIR BESCHÄFTIGEN DEN INHERITOR. GWEN...
... BRING SEIN OPFER WEG.
LOS... STEH AUF, SÜSSER...
GWEN?
GWEN STACY?!
Gwen Stacy, Spider-Woman von Erde-65, euer neuer Liebling
LEUTE, ES IST EINE GEHEIMIDENTITÄT... AUCH WEIT WEG VON ZU HAUSE!
DAS IST DOCH NUR EIN GEMEINES, KRANKES SPIEL!
DAS STINKT NACH SCHAKAL! DU BIST EIN KLON... GIB'S ZU!

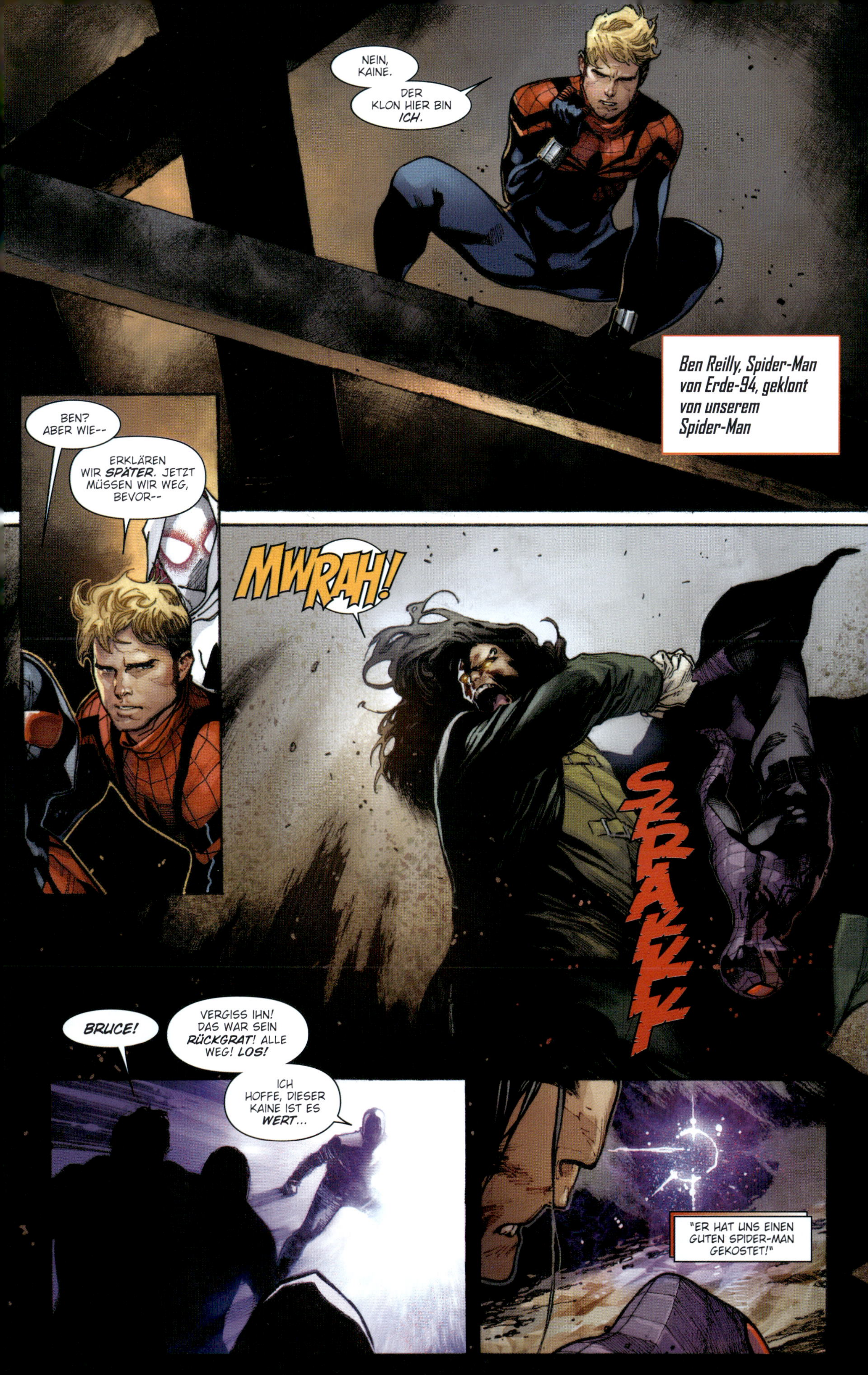
NEIN, KAINE.
DER KLON HIER BIN ICH.
Ben Reilly, Spider-Man von Erde-94, geklont von unserem Spider-Man
BEN? ABER WIE--
ERKLÄREN WIR SPÄTER. JETZT MÜSSEN WIR WEG, BEVOR--
MWRAH!
SPRAKK
BRUCE!
VERGISS IHN! DAS WAR SEIN RÜCKGRAT! ALLE WEG! LOS!
ICH HOFFE, DIESER KAINE IST ES WERT...
"ER HAT UNS EINEN GUTEN SPIDER-MAN GEKOSTET!"

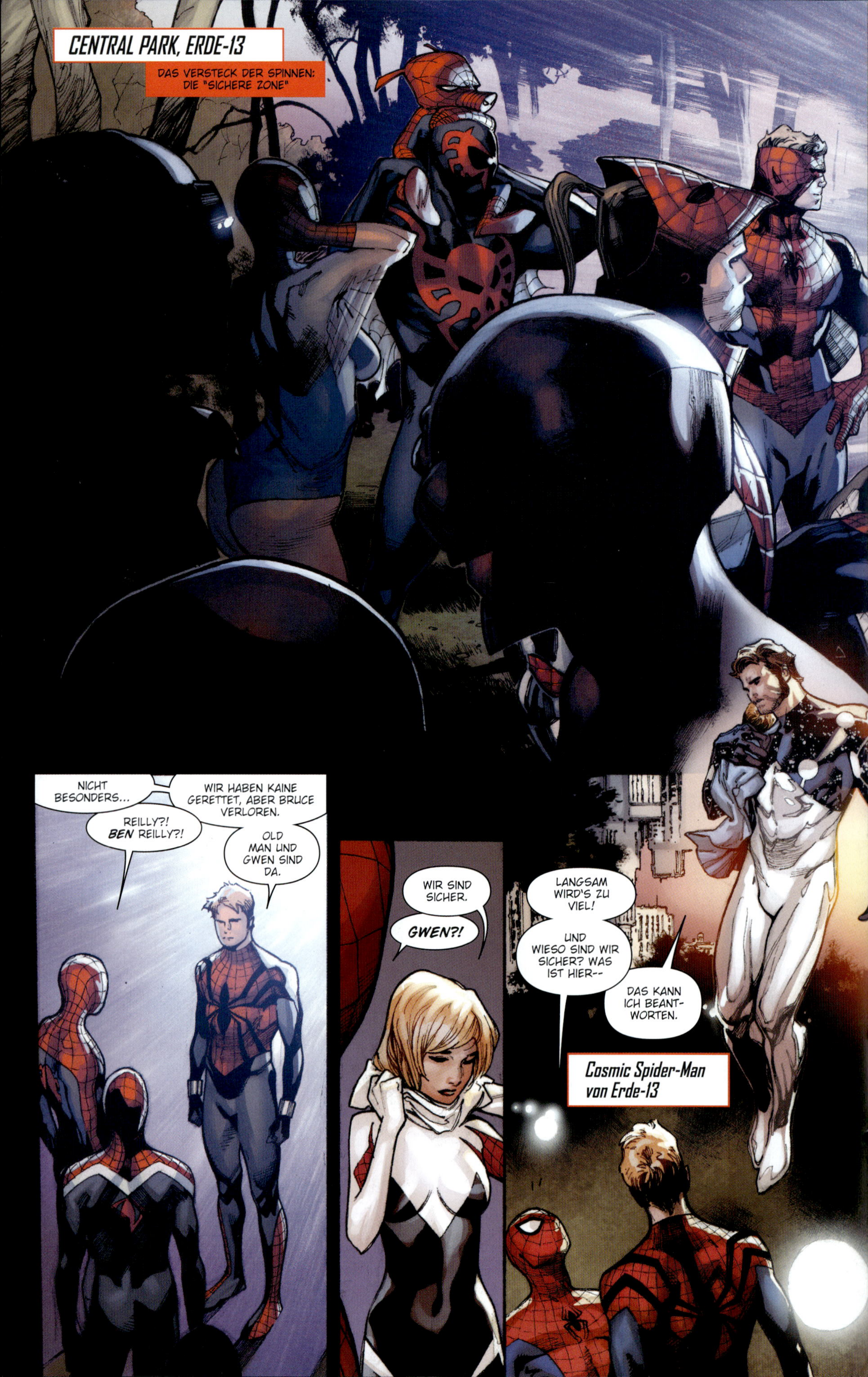
CENTRAL PARK, ERDE-13
DAS VERSTECK DER SPINNEN: DIE "SICHERE ZONE"
NICHT BESONDERS...
WIR HABEN KAINE GERETTET, ABER BRUCE VERLOREN.
REILLY?! BEN REILLY?!
OLD MAN UND GWEN SIND DA.
WIR SIND SICHER.
GWEN?!
LANGSAM WIRD'S ZU VIEL!
UND WIESO SIND WIR SICHER? WAS IST HIER--
DAS KANN ICH BEANT-WORTEN.
Cosmic Spider-Man von Erde-13

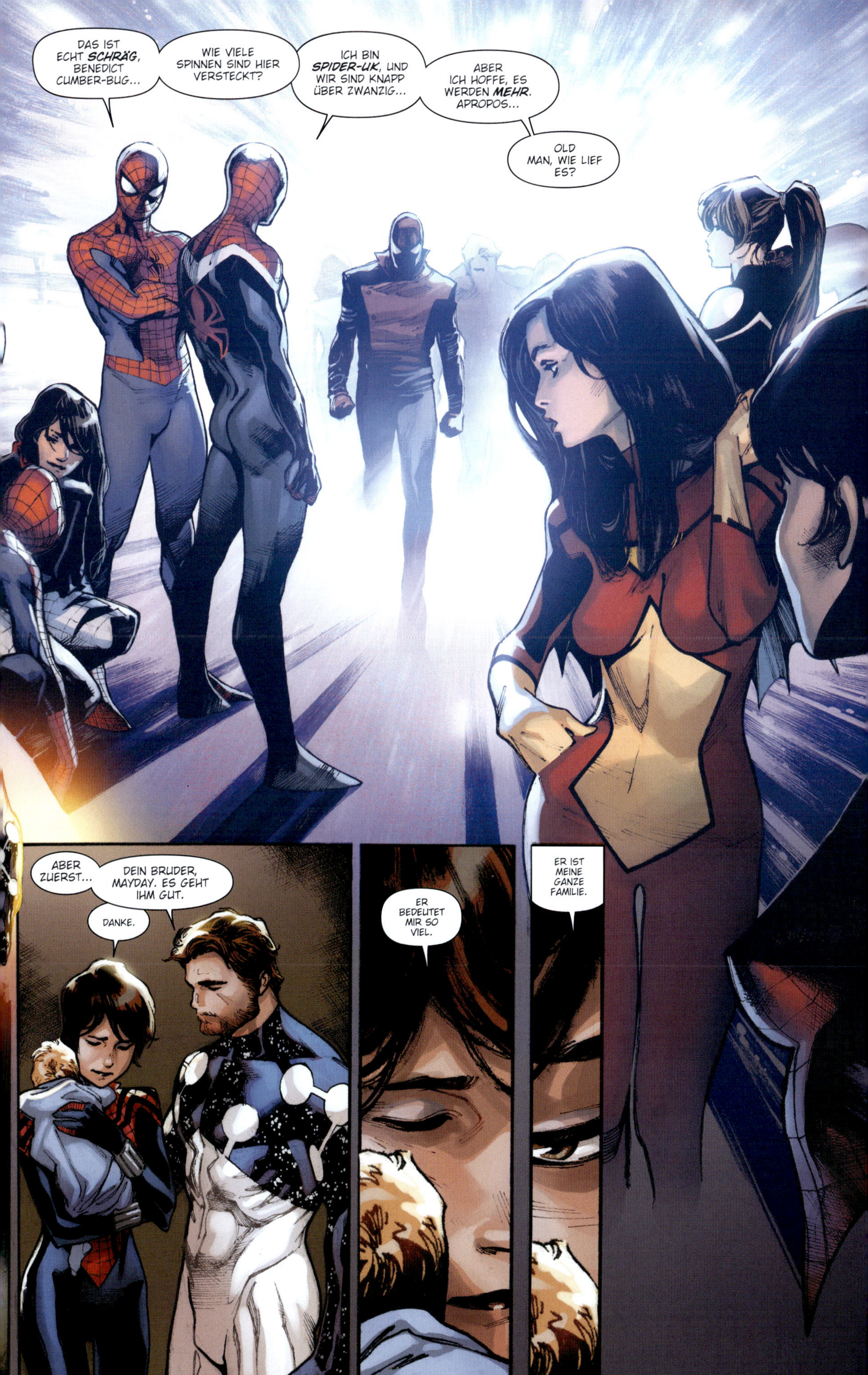
DAS IST ECHT SCHRÄG, BENEDICT CUMBER-BUG...
WIE VIELE SPINNEN SIND HIER VERSTECKT?
ICH BIN SPIDER-UK, UND WIR SIND KNAPP ÜBER ZWANZIG...
ABER ICH HOFFE, ES WERDEN MEHR. APROPOS...
OLD MAN, WIE LIEF ES?
ABER ZUERST...
DEIN BRUDER, MAYDAY. ES GEHT IHM GUT.
DANKE.
ER BEDEUTET MIR SO VIEL.
ER IST MEINE GANZE FAMILIE.

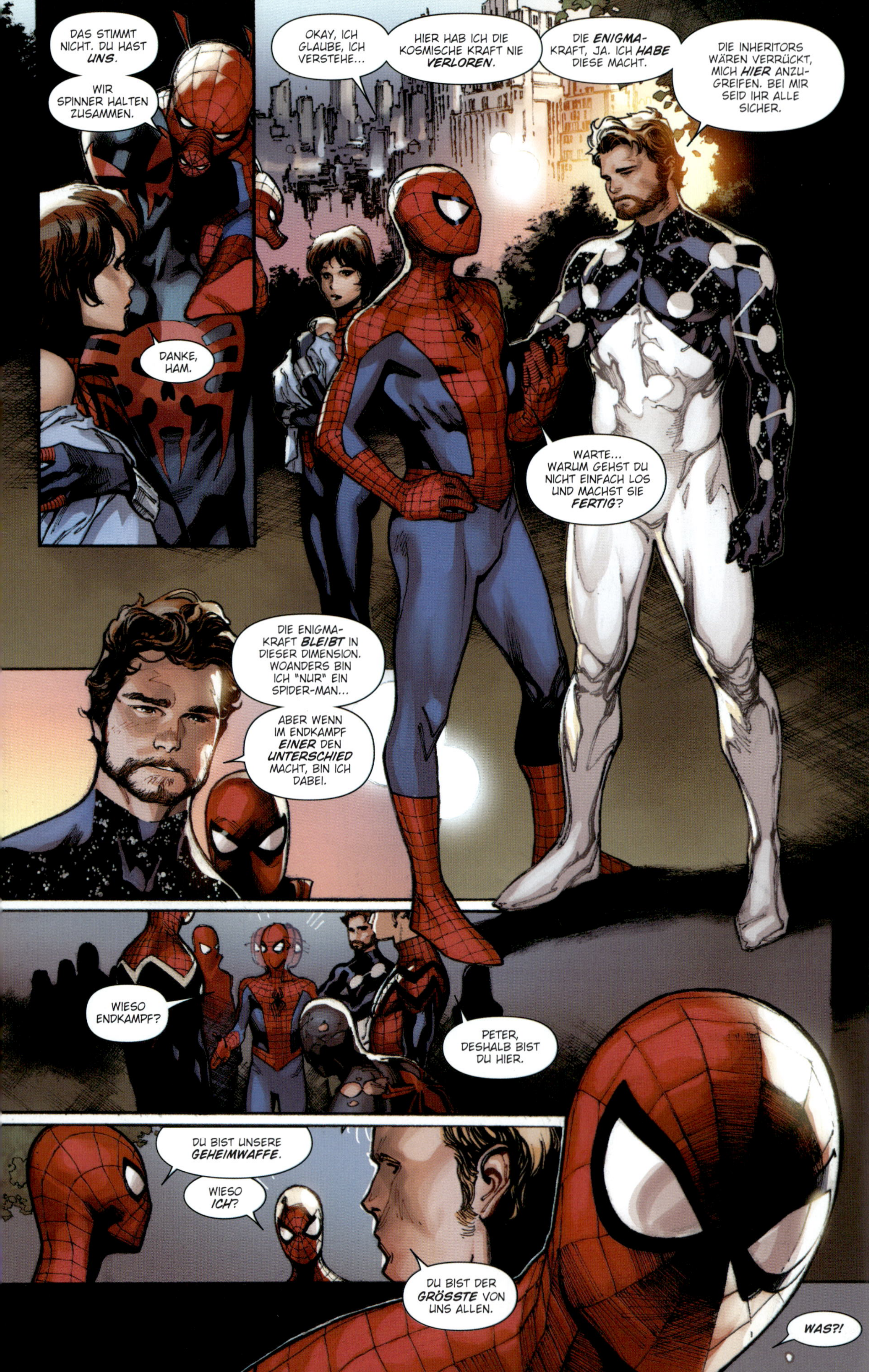
DAS STIMMT NICHT. DU HAST UNS.
WIR SPINNER HALTEN ZUSAMMEN.
DANKE, HAM.
OKAY, ICH GLAUBE, ICH VERSTEHE...
HIER HAB ICH DIE KOSMISCHE KRAFT NIE VERLOREN.
DIE ENIGMA-KRAFT, JA. ICH HABE DIESE MACHT.
DIE INHERITORS WÄREN VERRÜCKT, MICH HIER ANZUGREIFEN. BEI MIR SEID IHR ALLE SICHER.
WARTE... WARUM GEHST DU NICHT EINFACH LOS UND MACHST SIE FERTIG?
DIE ENIGMA-KRAFT BLEIBT IN DIESER DIMENSION. WOANDERS BIN ICH "NUR" EIN SPIDER-MAN...
ABER WENN IM ENDKAMPF EINER DEN UNTERSCHIED MACHT, BIN ICH DABEI.
WIESO ENDKAMPF?
PETER, DESHALB BIST DU HIER.
DU BIST UNSERE GEHEIMWAFFE.
WIESO ICH?
DU BIST DER GRÖSSTE VON UNS ALLEN.
WAS?!

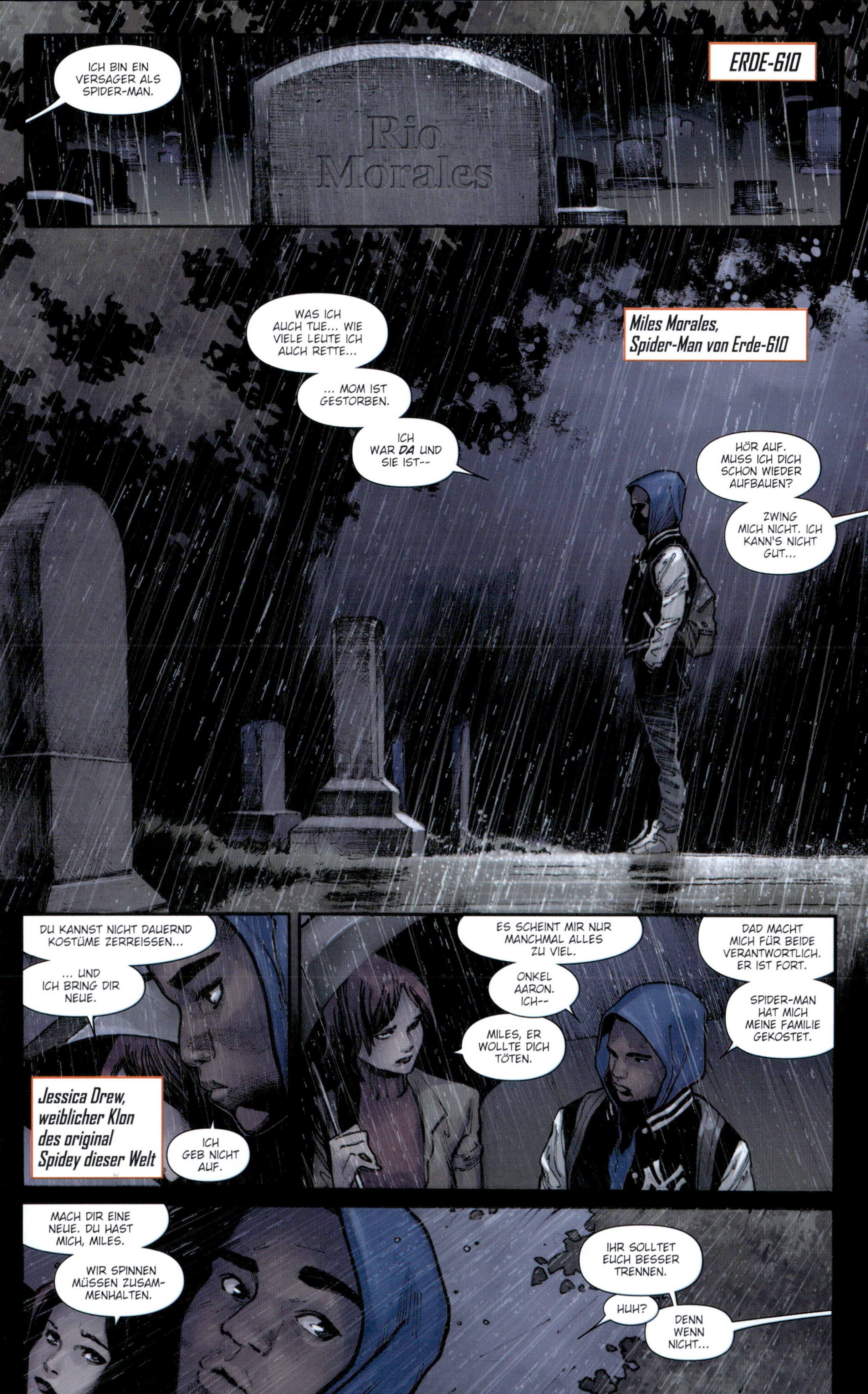
ERDE-610
ICH BIN EIN VERSAGER ALS SPIDER-MAN.
Rio Morales
WAS ICH AUCH TUE... WIE VIELE LEUTE ICH AUCH RETTE...
... MOM IST GESTORBEN.
ICH WAR DA UND SIE IST--
Miles Morales, Spider-Man von Erde-610
HÖR AUF. MUSS ICH DICH SCHON WIEDER AUFBAUEN?
ZWING MICH NICHT. ICH KANN'S NICHT GUT...
DU KANNST NICHT DAUERND KOSTÜME ZERREISSEN...
... UND ICH BRING DIR NEUE.
Jessica Drew, weiblicher Klon des original Spidey dieser Welt
ICH GEB NICHT AUF.
ES SCHEINT MIR NUR MANCHMAL ALLES ZU VIEL.
ONKEL AARON. ICH--
MILES, ER WOLLTE DICH TÖTEN.
DAD MACHT MICH FÜR BEIDE VERANTWORTLICH. ER IST FORT.
SPIDER-MAN HAT MICH MEINE FAMILIE GEKOSTET.
MACH DIR EINE NEUE. DU HAST MICH, MILES.
WIR SPINNEN MÜSSEN ZUSAMMENHALTEN.
IHR SOLLTET EUCH BESSER TRENNEN.
HUH?
DENN WENN NICHT...

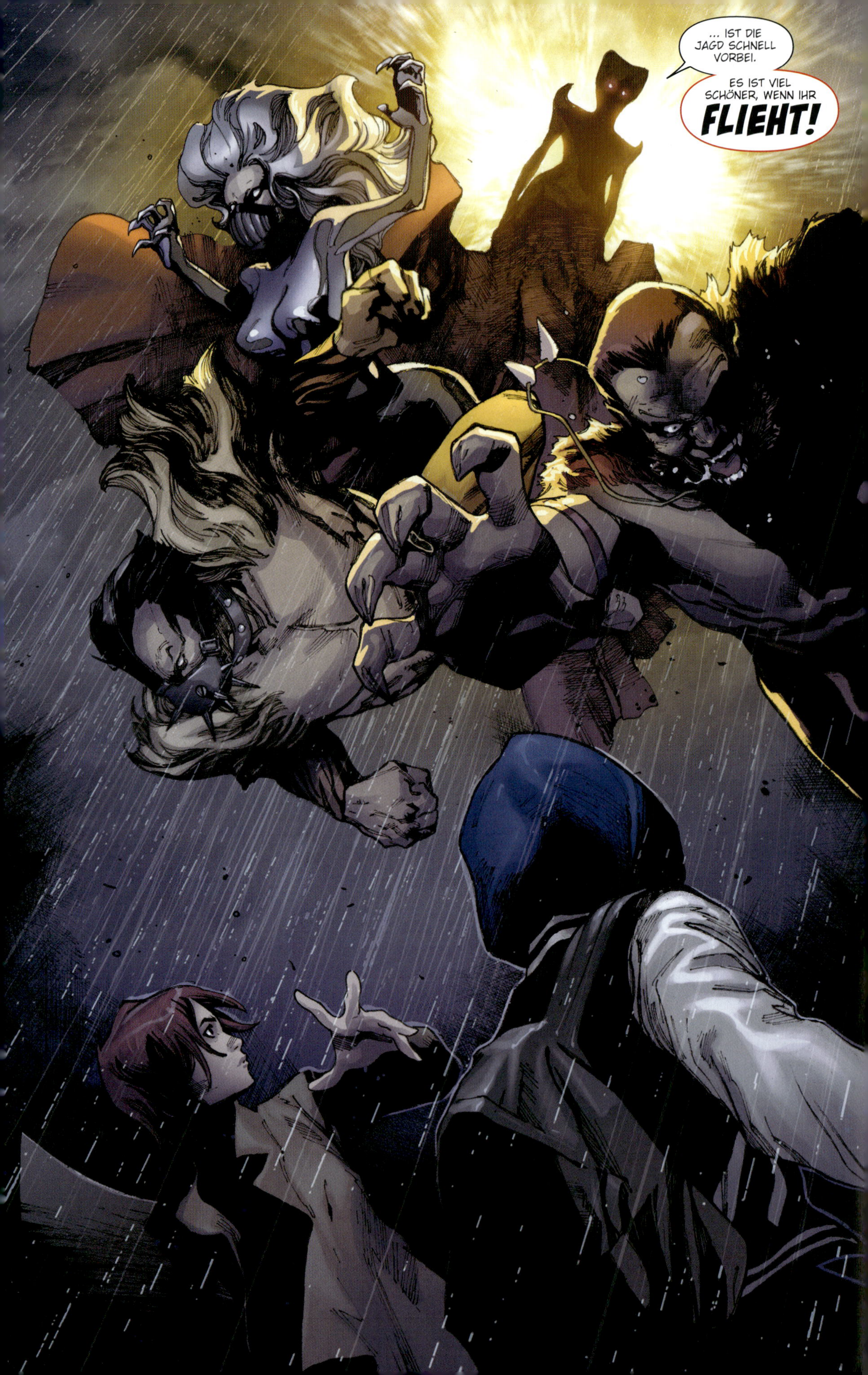
… IST DIE JAGD SCHNELL VORBEI.
ES IST VIEL SCHÖNER, WENN IHR FLIEHT!

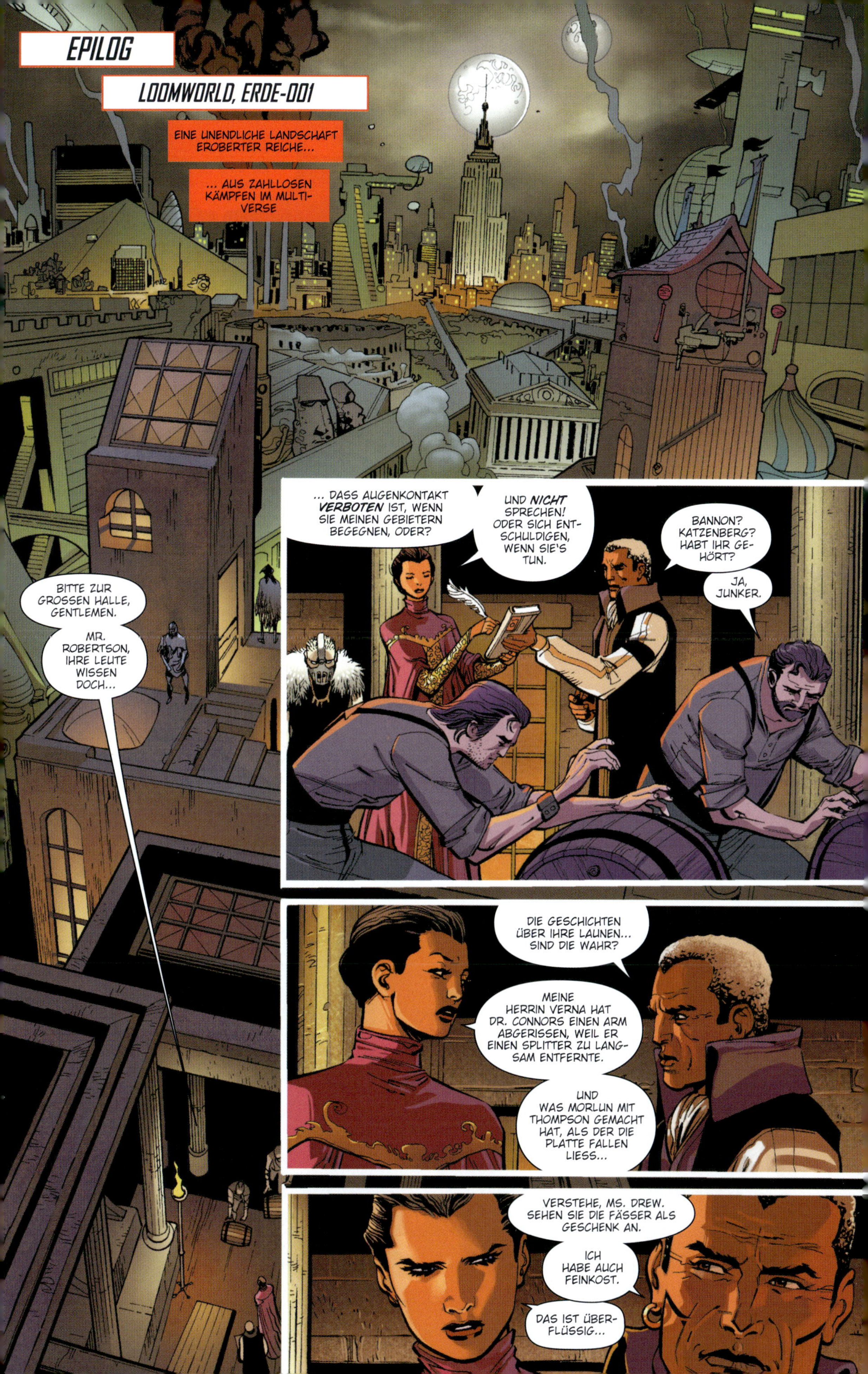
EPILOG
LOOMWORLD, ERDE-001
EINE UNENDLICHE LANDSCHAFT EROBERTER REICHE...
... AUS ZAHLLOSEN KÄMPFEN IM MULTIVERSE
BITTE ZUR GROSSEN HALLE, GENTLEMEN.
MR. ROBERTSON, IHRE LEUTE WISSEN DOCH...
... DASS AUGENKONTAKT VERBOTEN IST, WENN SIE MEINEN GEBIETERN BEGEGNEN, ODER?
UND NICHT SPRECHEN! ODER SICH ENTSCHULDIGEN, WENN SIE'S TUN.
BANNON? KATZENBERG? HABT IHR GEHÖRT?
JA, JUNKER.
DIE GESCHICHTEN ÜBER IHRE LAUNEN... SIND DIE WAHR?
MEINE HERRIN VERNA HAT DR. CONNORS EINEN ARM ABGERISSEN, WEIL ER EINEN SPLITTER ZU LANGSAM ENTFERNTE.
UND WAS MORLUN MIT THOMPSON GEMACHT HAT, ALS DER DIE PLATTE FALLEN LIESS...
VERSTEHE, MS. DREW. SEHEN SIE DIE FÄSSER ALS GESCHENK AN.
ICH HABE AUCH FEINKOST.
DAS IST ÜBERFLÜSSIG...

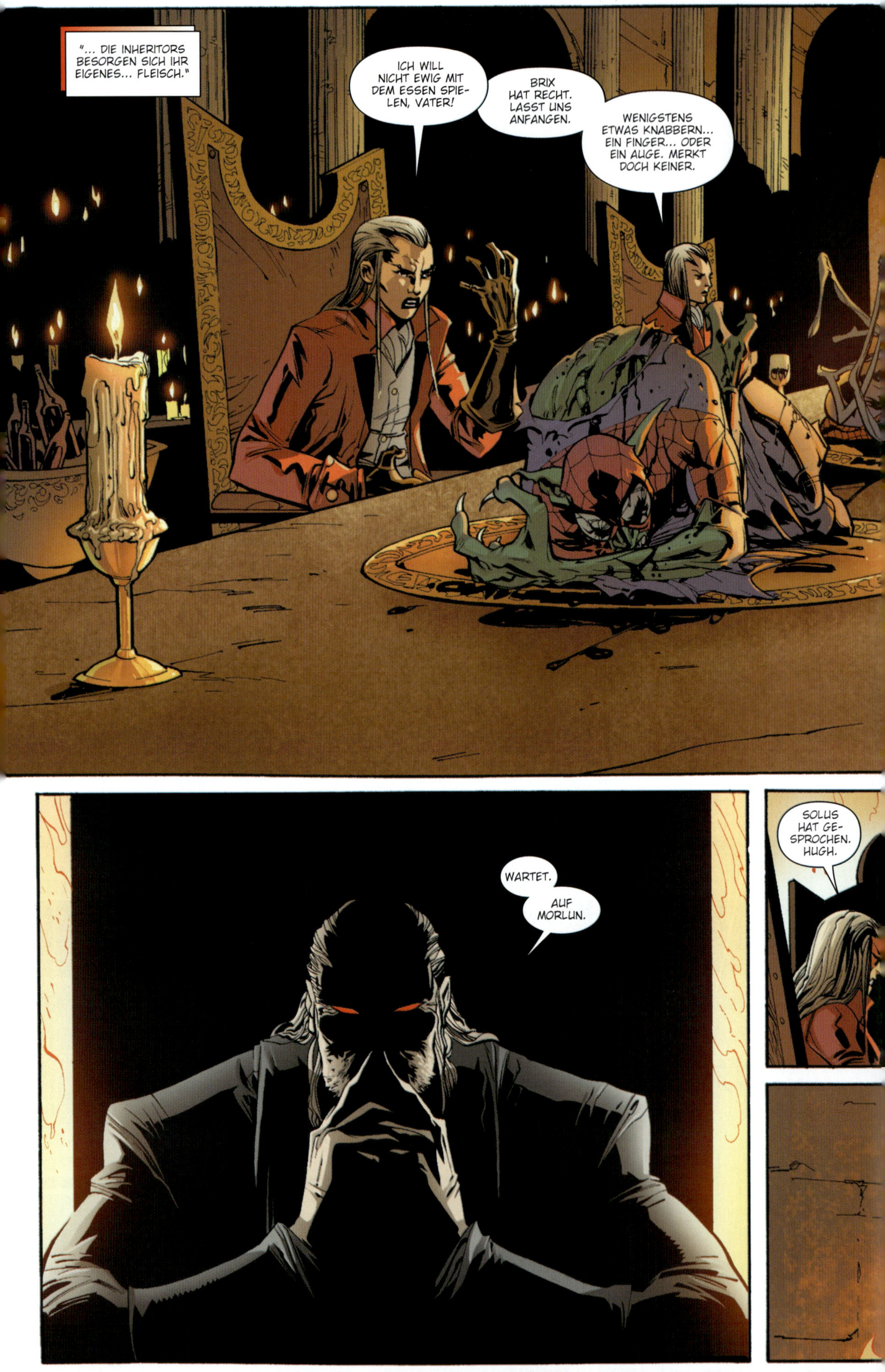

"... DIE INHERITORS BESORGEN SICH IHR EIGENES... FLEISCH."

ICH WILL NICHT EWIG MIT DEM ESSEN SPIELEN, VATER!

BRIX HAT RECHT. LASST UNS ANFANGEN.

WENIGSTENS ETWAS KNABBERN... EIN FINGER... ODER EIN AUGE. MERKT DOCH KEINER.

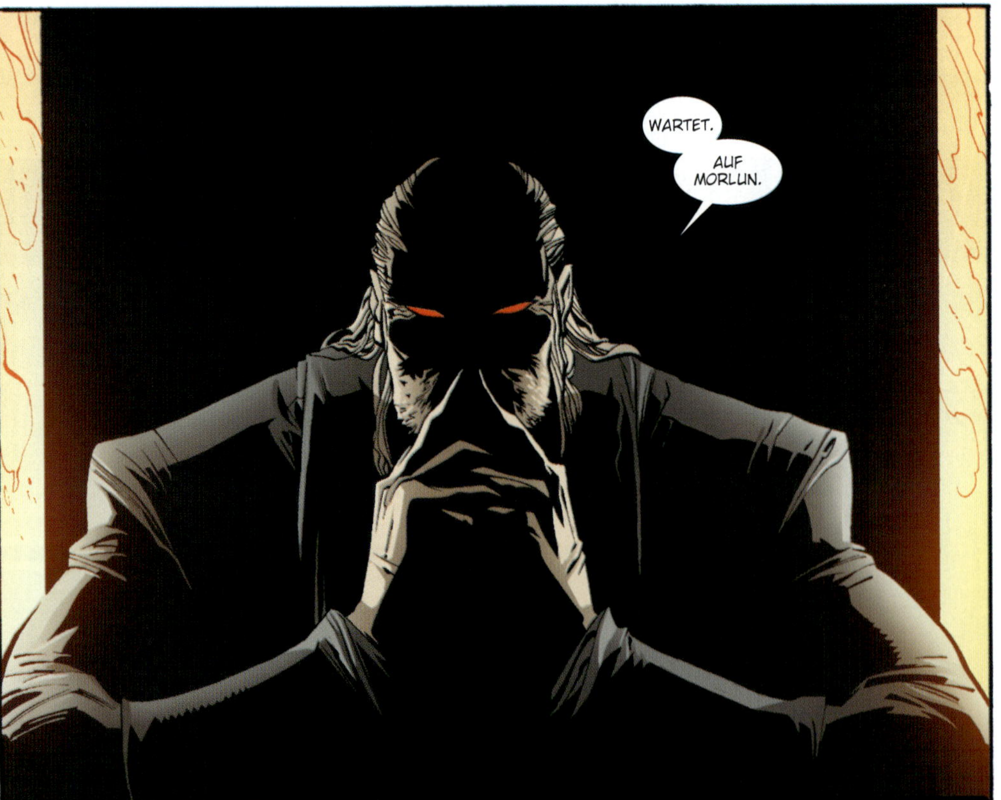

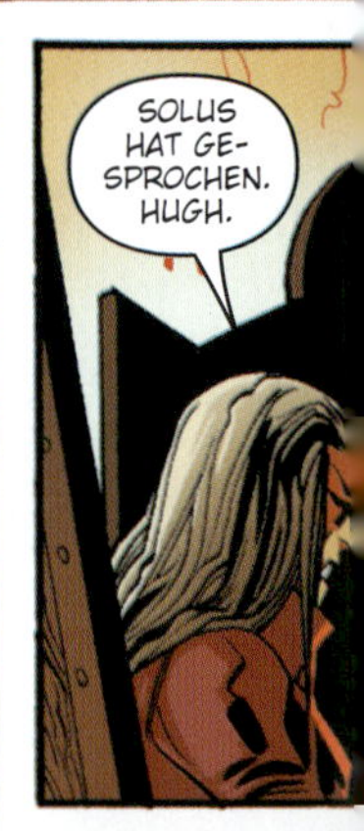

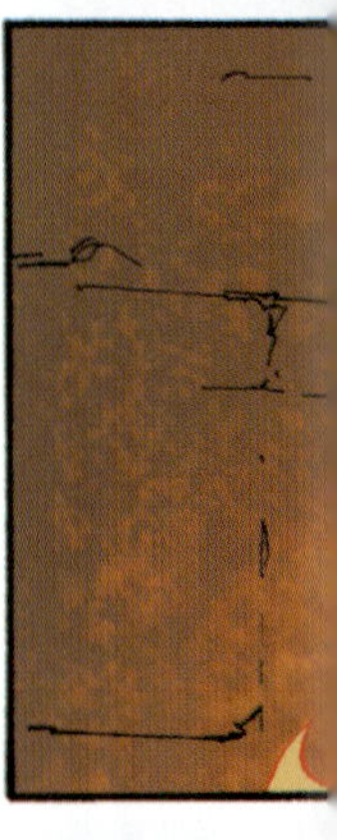

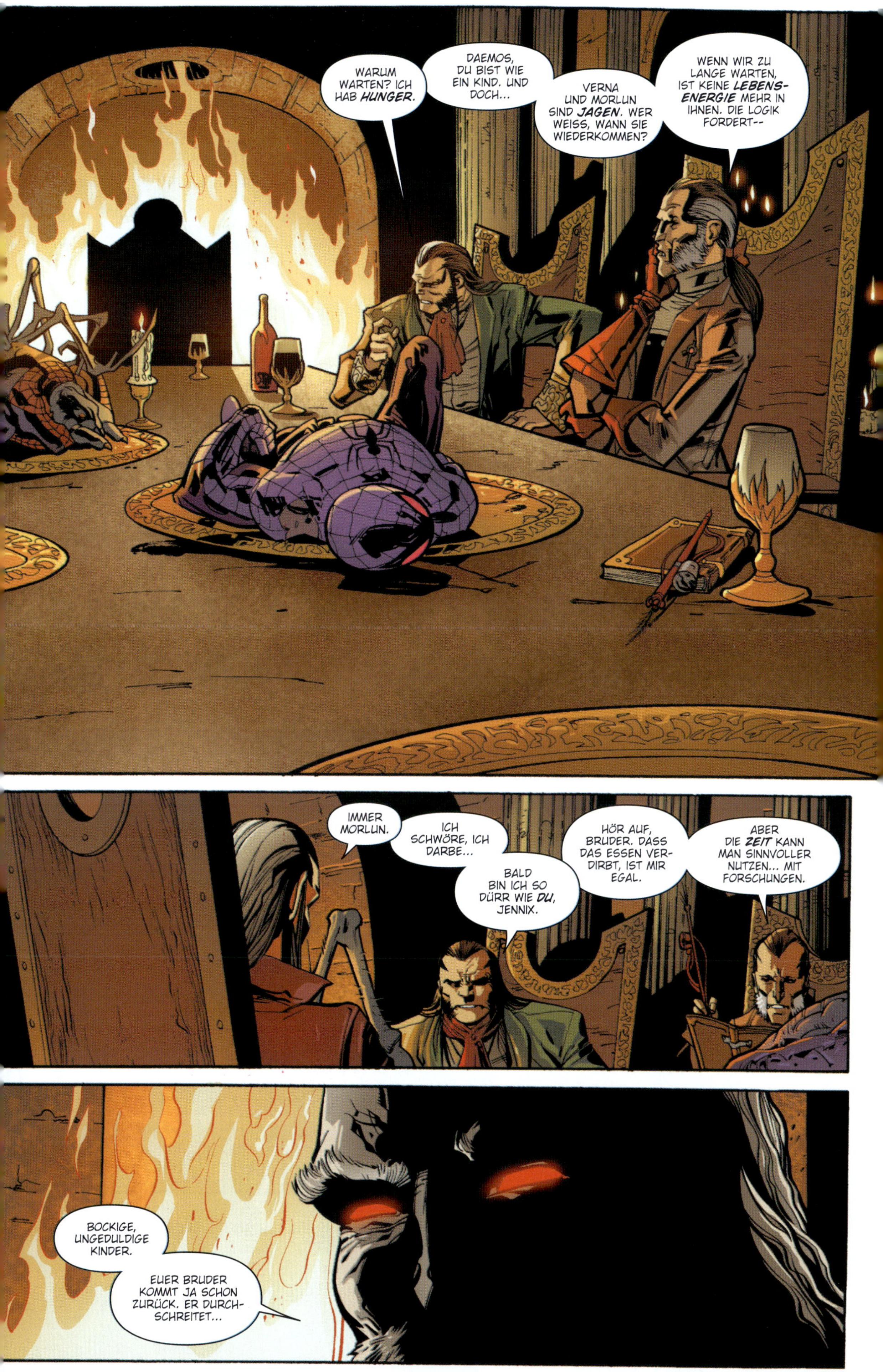

WARUM WARTEN? ICH HAB **HUNGER**.
DAEMOS, DU BIST WIE EIN KIND. UND DOCH...
VERNA UND MORLUN SIND **JAGEN**. WER WEISS, WANN SIE WIEDERKOMMEN?
WENN WIR ZU LANGE WARTEN, IST KEINE **LEBENS-ENERGIE** MEHR IN IHNEN. DIE LOGIK FORDERT--

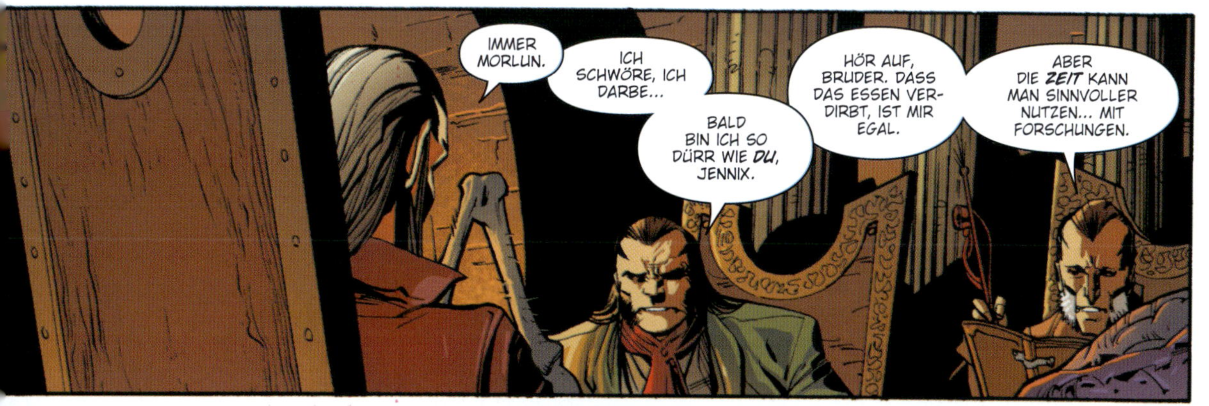
IMMER MORLUN.
ICH SCHWÖRE, ICH DARBE...
BALD BIN ICH SO DÜRR WIE **DU**, JENNIX.
HÖR AUF, BRUDER. DASS DAS ESSEN VER-DIRBT, IST MIR EGAL.
ABER DIE **ZEIT** KANN MAN SINNVOLLER NUTZEN... MIT FORSCHUNGEN.

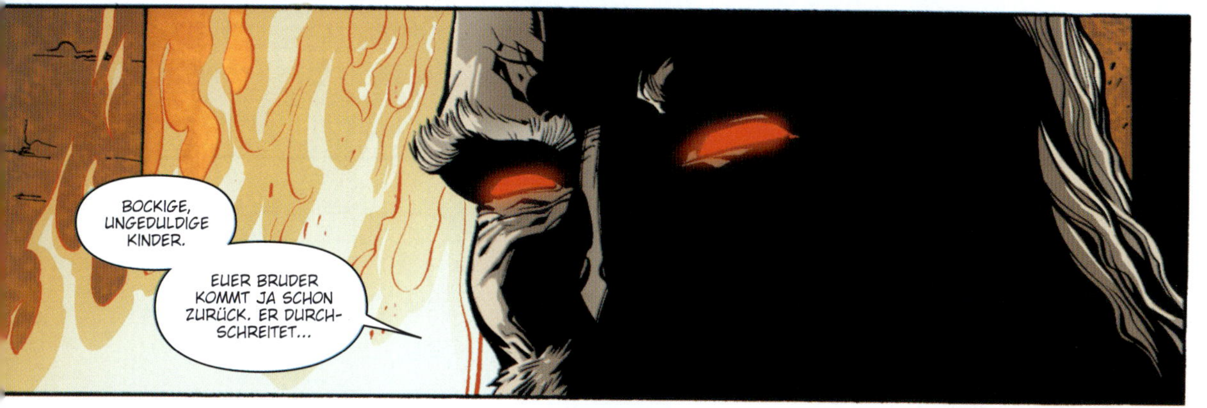
BOCKIGE, UNGEDULDIGE KINDER.
EUER BRUDER KOMMT JA SCHON ZURÜCK. ER DURCH-SCHREITET...

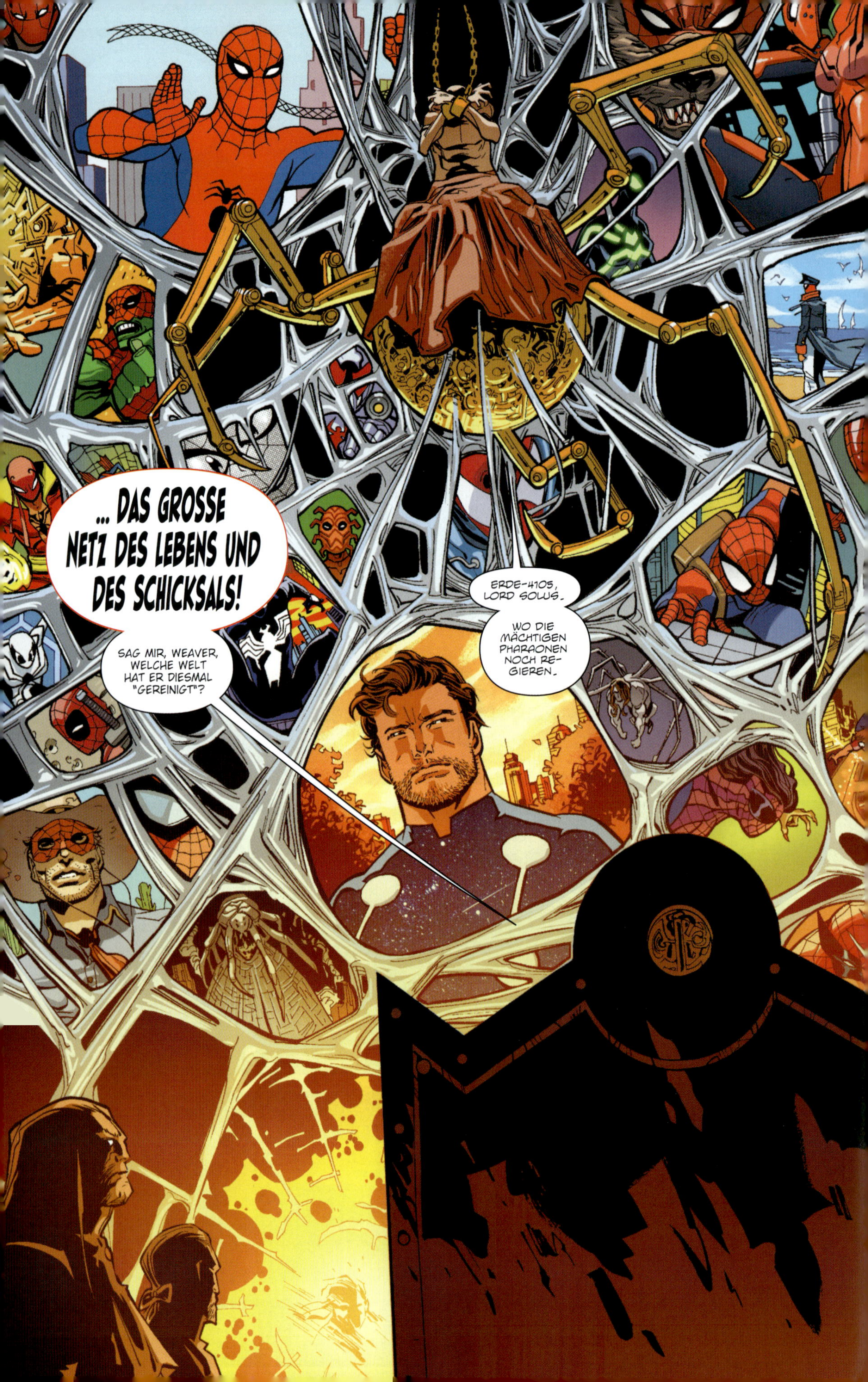
... DAS GROSSE NETZ DES LEBENS UND DES SCHICKSALS!
SAG MIR, WEAVER, WELCHE WELT HAT ER DIESMAL "GEREINIGT"?
ERDE-4105, LORD SOLUS.
WO DIE MÄCHTIGEN PHARAONEN NOCH RE-GIEREN.

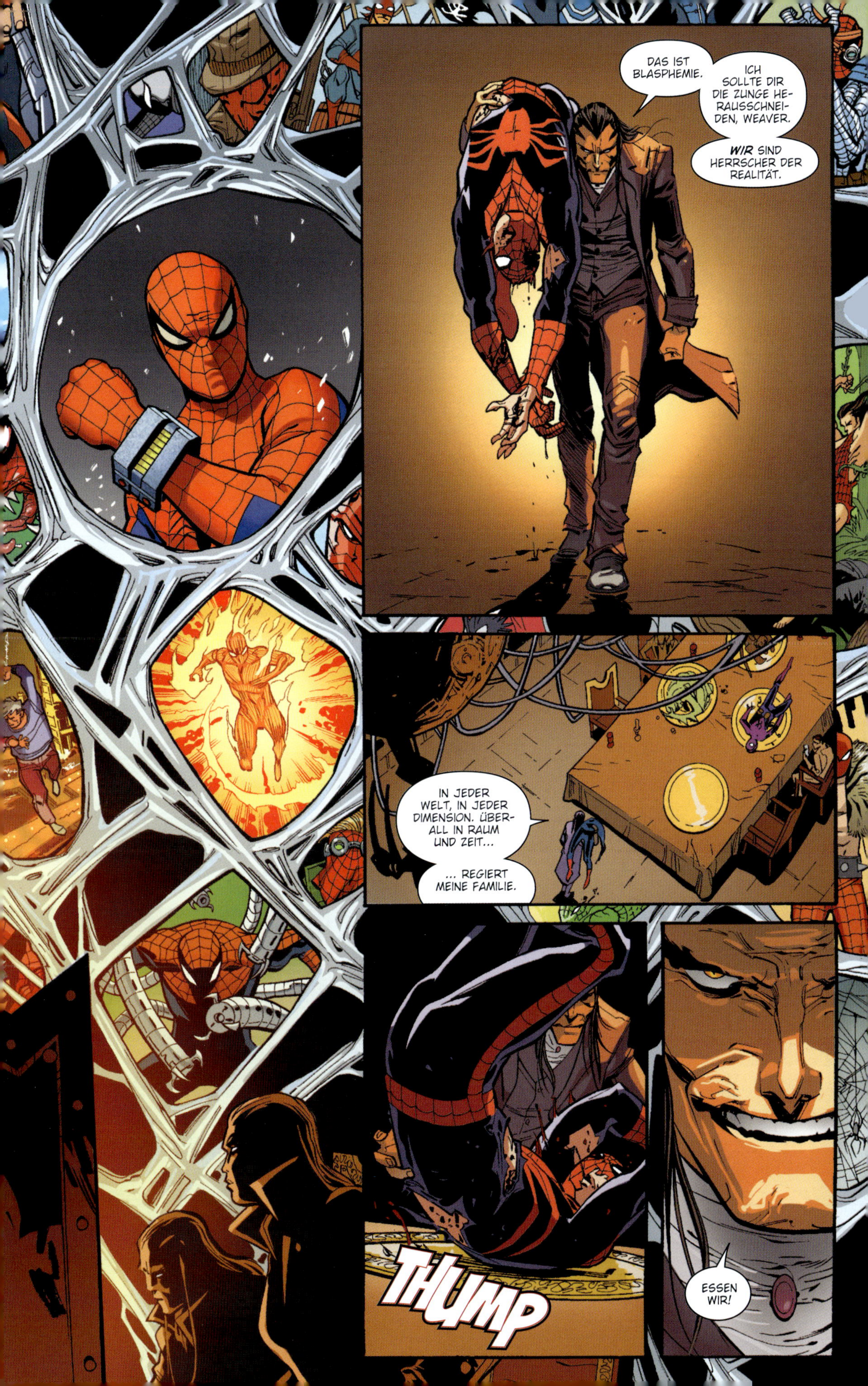
DAS IST BLASPHEMIE.
ICH SOLLTE DIR DIE ZUNGE HERAUSSCHNEIDEN, WEAVER.
WIR SIND HERRSCHER DER REALITÄT.
IN JEDER WELT, IN JEDER DIMENSION. ÜBERALL IN RAUM UND ZEIT...
... REGIERT MEINE FAMILIE.
THUMP
ESSEN WIR!

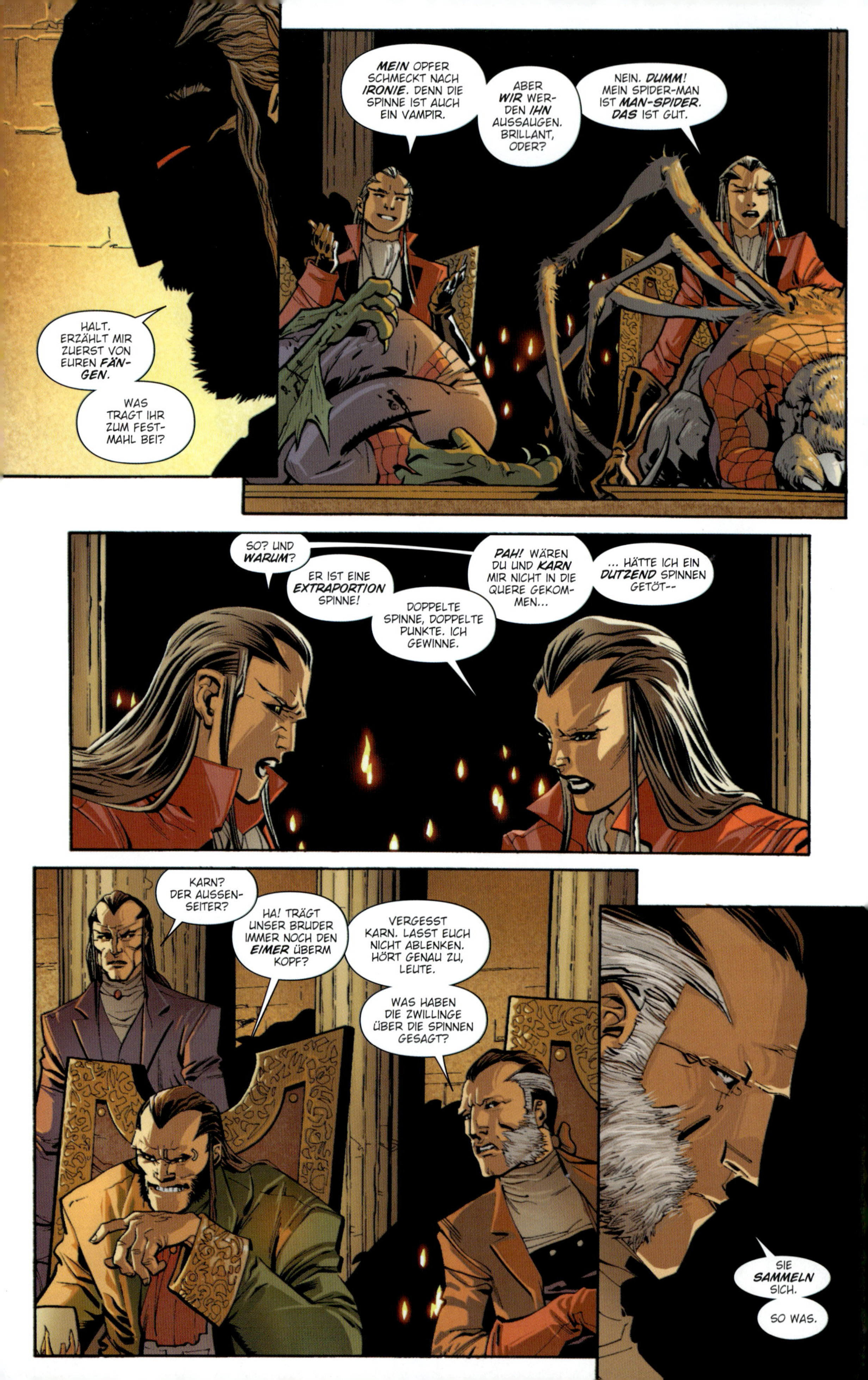

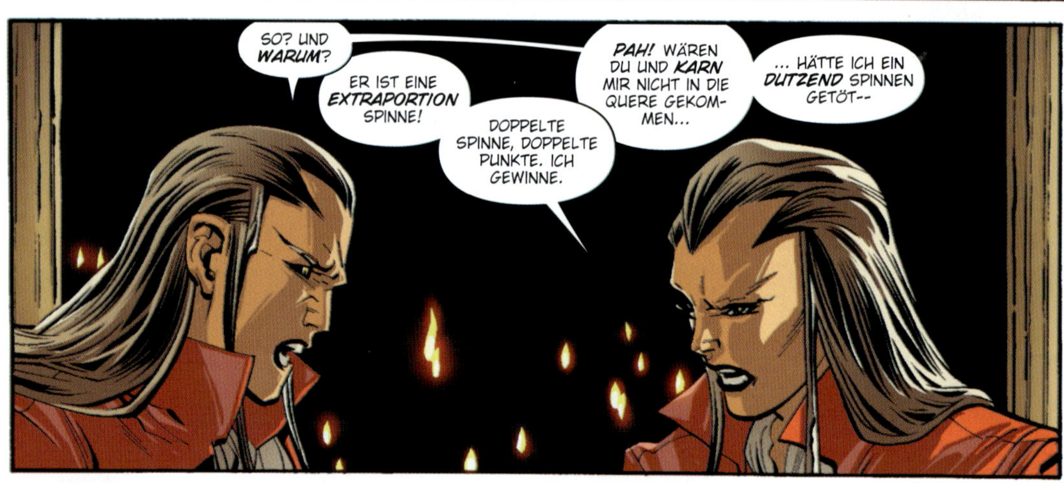

HALT. ERZÄHLT MIR ZUERST VON EUREN FÄNGEN.
WAS TRAGT IHR ZUM FESTMAHL BEI?
MEIN OPFER SCHMECKT NACH IRONIE. DENN DIE SPINNE IST AUCH EIN VAMPIR.
ABER WIR WERDEN IHN AUSSAUGEN. BRILLANT, ODER?
NEIN. DUMM! MEIN SPIDER-MAN IST MAN-SPIDER. DAS IST GUT.
SO? UND WARUM?
ER IST EINE EXTRAPORTION SPINNE!
DOPPELTE SPINNE, DOPPELTE PUNKTE. ICH GEWINNE.
PAH! WÄREN DU UND KARN MIR NICHT IN DIE QUERE GEKOMMEN...
... HÄTTE ICH EIN DUTZEND SPINNEN GETÖT--
KARN? DER AUSSENSEITER?
HA! TRÄGT UNSER BRUDER IMMER NOCH DEN EIMER ÜBERM KOPF?
VERGESST KARN. LASST EUCH NICHT ABLENKEN. HÖRT GENAU ZU, LEUTE.
WAS HABEN DIE ZWILLINGE ÜBER DIE SPINNEN GESAGT?
SIE SAMMELN SICH.
SO WAS.

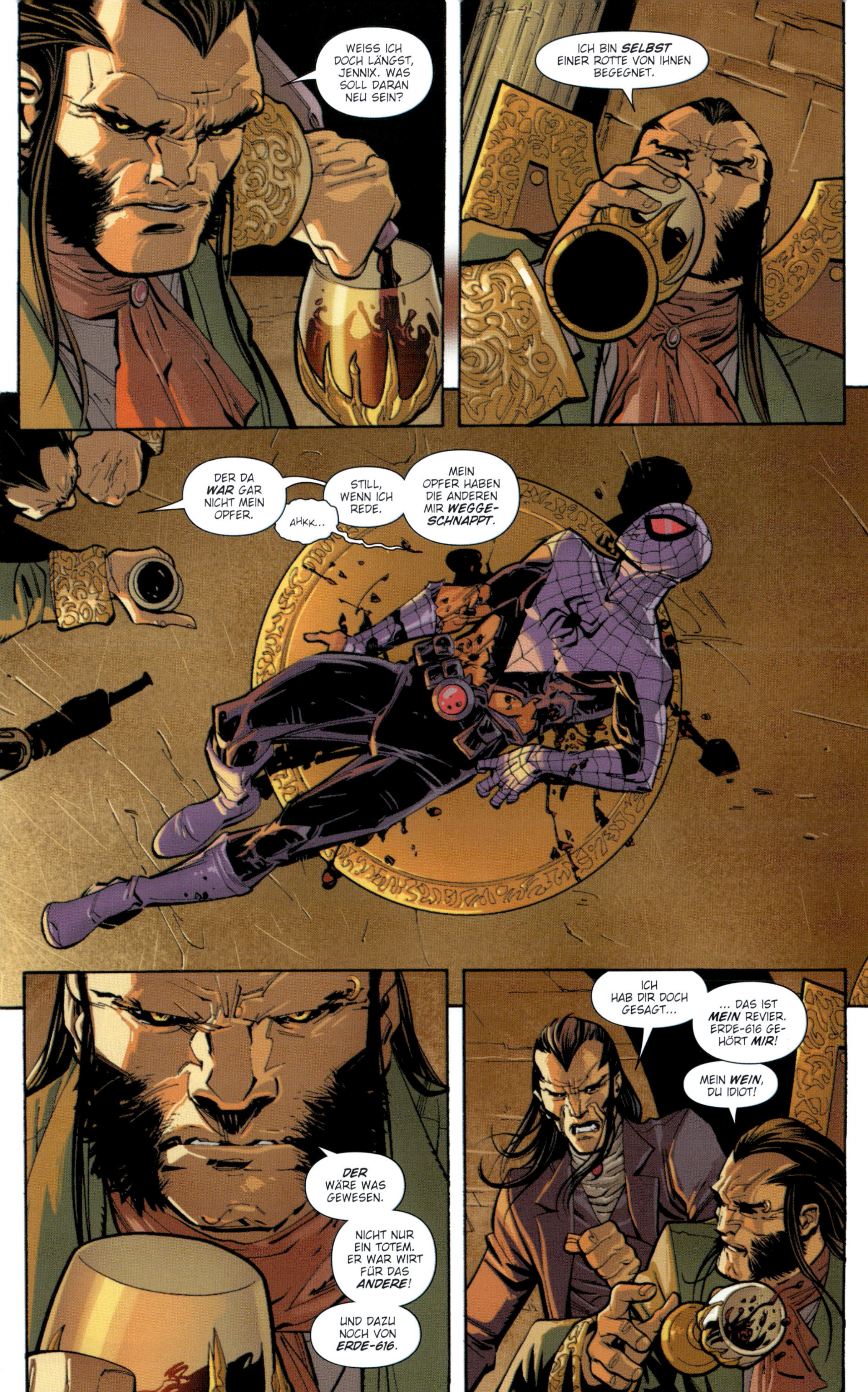
WEISS ICH DOCH LÄNGST, JENNIX. WAS SOLL DARAN NEU SEIN?
ICH BIN SELBST EINER ROTTE VON IHNEN BEGEGNET.
DER DA WAR GAR NICHT MEIN OPFER.
STILL, WENN ICH REDE.
AHKK...
MEIN OPFER HABEN DIE ANDEREN MIR WEGGE-SCHNAPPT.
DER WÄRE WAS GEWESEN.
NICHT NUR EIN TOTEM. ER WAR WIRT FÜR DAS ANDERE!
UND DAZU NOCH VON ERDE-616.
ICH HAB DIR DOCH GESAGT...
... DAS IST MEIN REVIER. ERDE-616 GE-HÖRT MIR!
MEIN WEIN, DU IDIOT!

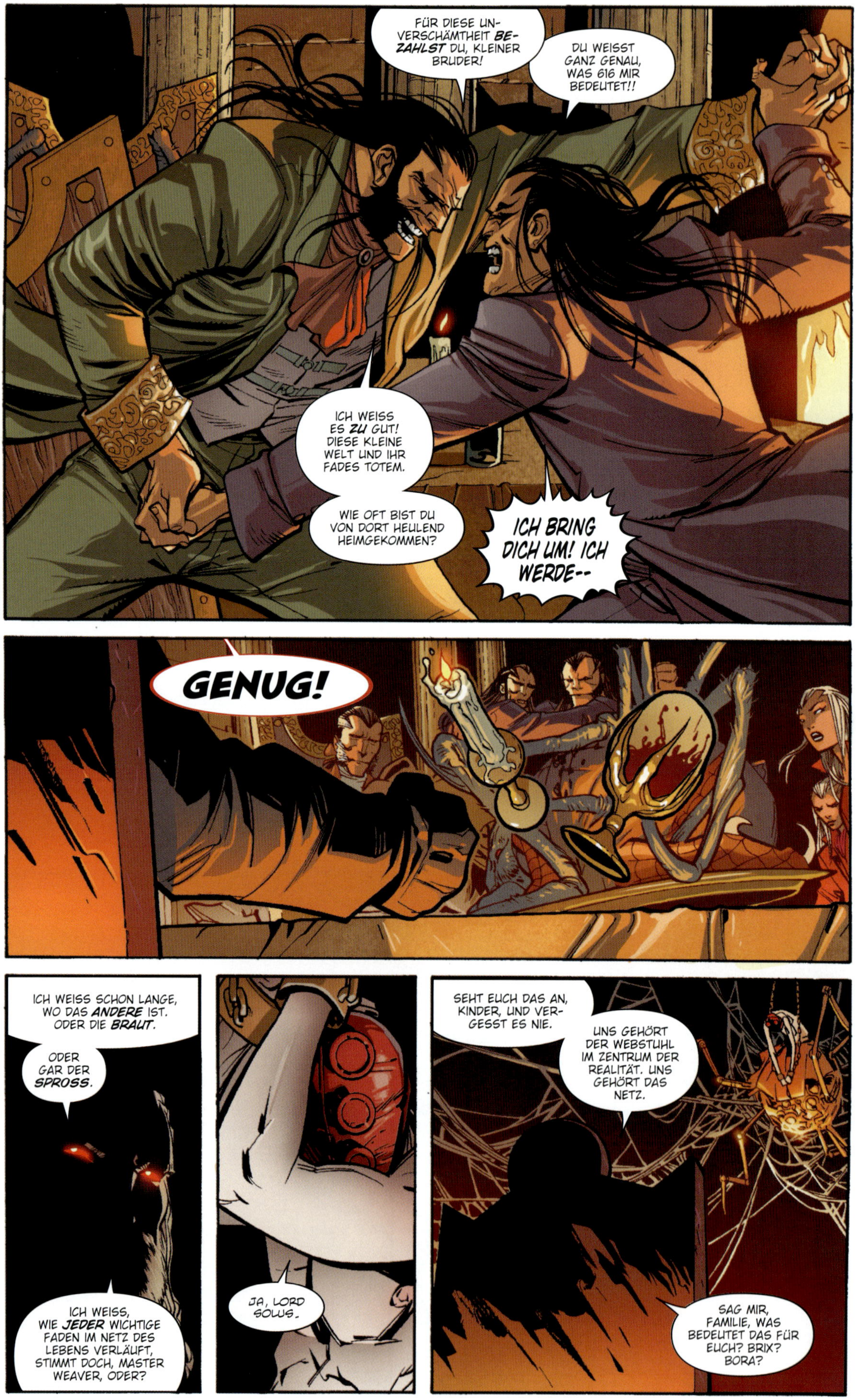

FÜR DIESE UN-VERSCHÄMTHEIT **BE-ZAHLST** DU, KLEINER BRUDER!
DU WEISST GANZ GENAU, WAS 616 MIR BEDEUTET!!
ICH WEISS ES **ZU** GUT! DIESE KLEINE WELT UND IHR FADES TOTEM.
WIE OFT BIST DU VON DORT HEULEND HEIMGEKOMMEN?
ICH BRING DICH UM! ICH WERDE--

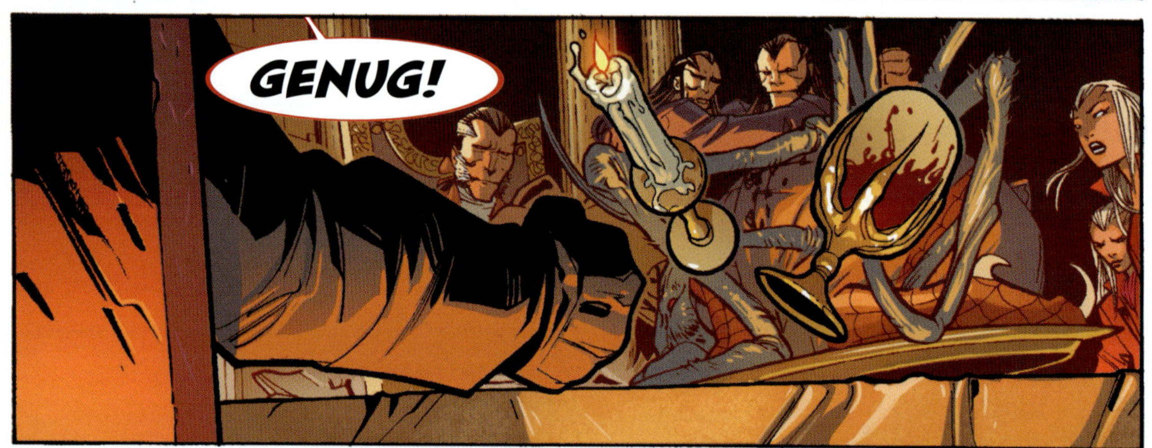
GENUG!

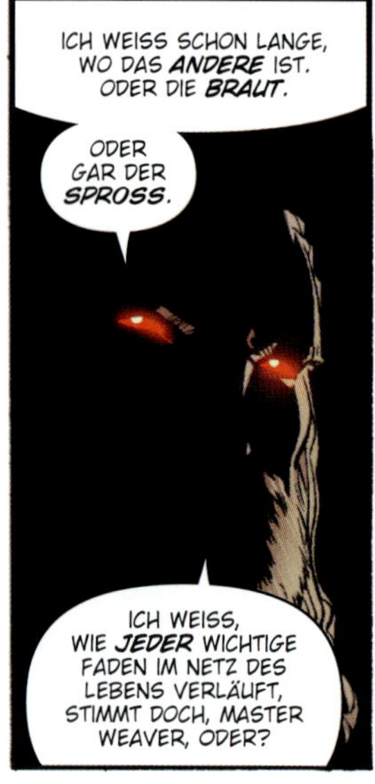
ICH WEISS SCHON LANGE, WO DAS **ANDERE** IST. ODER DIE **BRAUT**.
ODER GAR DER **SPROSS**.
ICH WEISS, WIE **JEDER** WICHTIGE FADEN IM NETZ DES LEBENS VERLÄUFT, STIMMT DOCH, MASTER WEAVER, ODER?

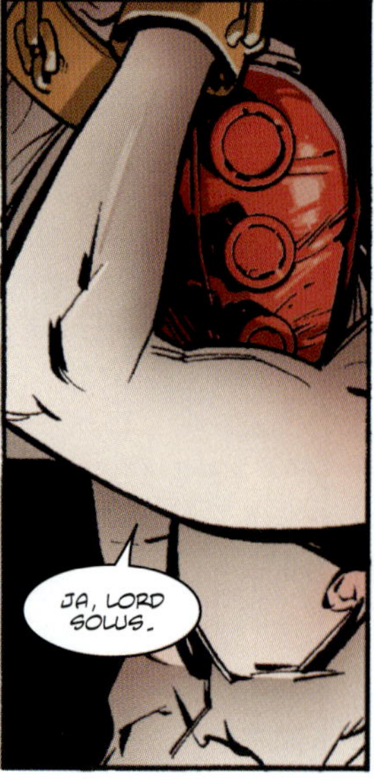
JA, LORD SOLUS.

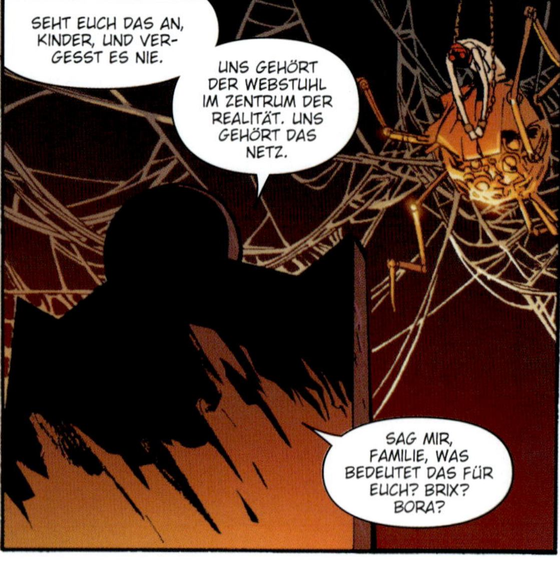
SEHT EUCH DAS AN, KINDER, UND VER-GESST ES NIE.
UNS GEHÖRT DER WEBSTUHL IM ZENTRUM DER REALITÄT. UNS GEHÖRT DAS NETZ.
SAG MIR, FAMILIE, WAS BEDEUTET DAS FÜR EUCH? BRIX? BORA?

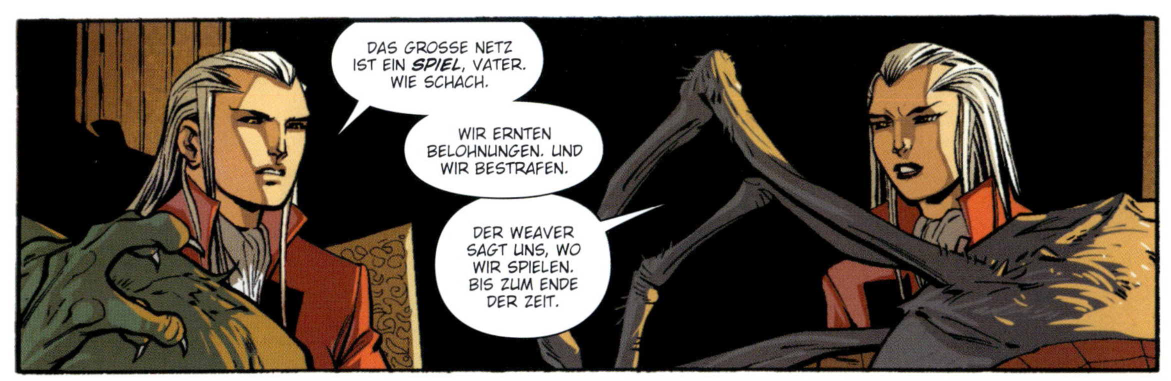
DAS GROSSE NETZ IST EIN *SPIEL*, VATER. WIE SCHACH.
WIR ERNTEN BELOHNUNGEN. UND WIR BESTRAFEN.
DER WEAVER SAGT UNS, WO WIR SPIELEN. BIS ZUM ENDE DER ZEIT.

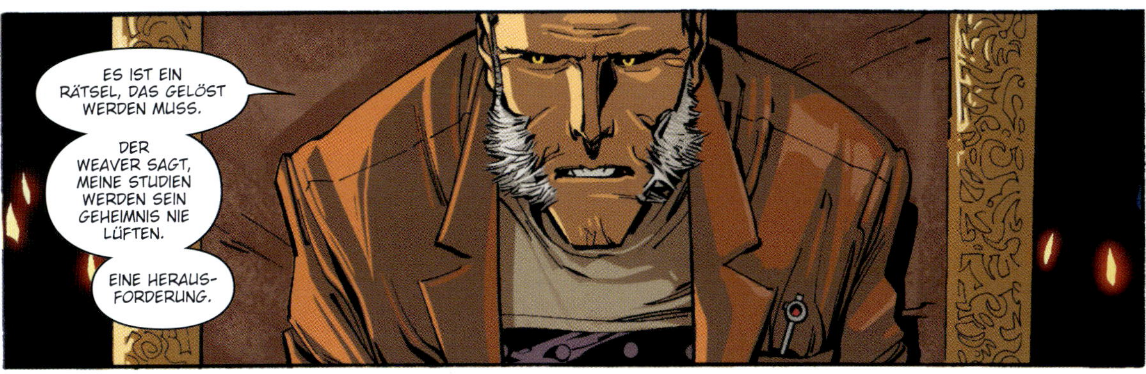
ES IST EIN RÄTSEL, DAS GELÖST WERDEN MUSS.
DER WEAVER SAGT, MEINE STUDIEN WERDEN SEIN GEHEIMNIS NIE LÜFTEN.
EINE HERAUS-FORDERUNG.

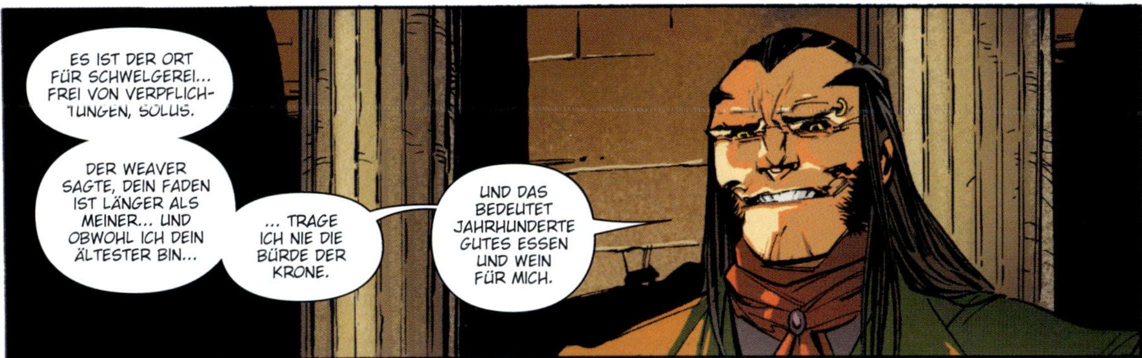
ES IST DER ORT FÜR SCHWELGEREI... FREI VON VERPFLICH-TUNGEN, SOLUS.
DER WEAVER SAGTE, DEIN FADEN IST LÄNGER ALS MEINER... UND OBWOHL ICH DEIN ÄLTESTER BIN...
... TRAGE ICH NIE DIE BÜRDE DER KRONE.
UND DAS BEDEUTET JAHRHUNDERTE GUTES ESSEN UND WEIN FÜR MICH.

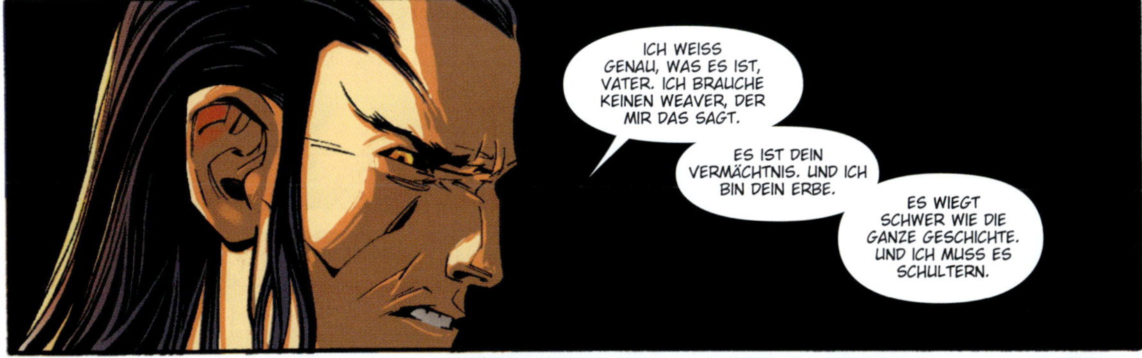
ICH WEISS GENAU, WAS ES IST, VATER. ICH BRAUCHE KEINEN WEAVER, DER MIR DAS SAGT.
ES IST DEIN VERMÄCHTNIS. UND ICH BIN DEIN ERBE.
ES WIEGT SCHWER WIE DIE GANZE GESCHICHTE. UND ICH MUSS ES SCHULTERN.

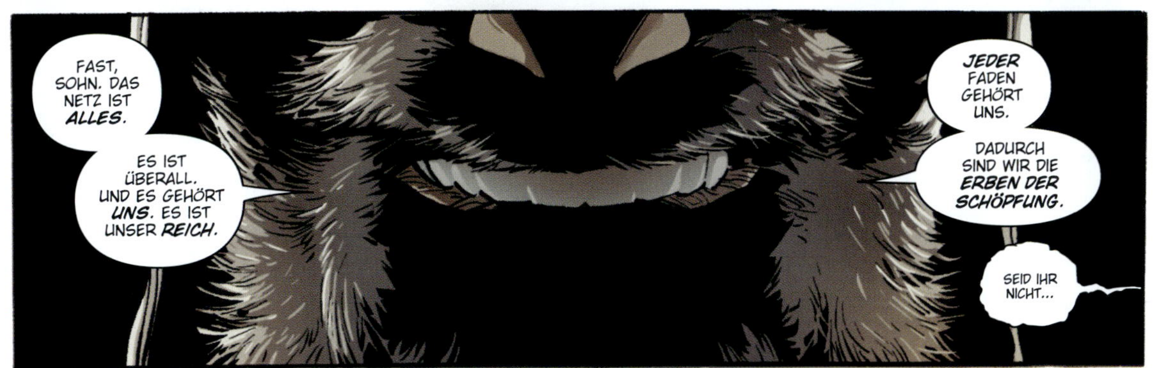
FAST, SOHN. DAS NETZ IST *ALLES*.
ES IST ÜBERALL. UND ES GEHÖRT *UNS*. ES IST UNSER *REICH*.
JEDER FADEN GEHÖRT UNS.
DADURCH SIND WIR DIE *ERBEN DER SCHÖPFUNG*.
SEID IHR NICHT...

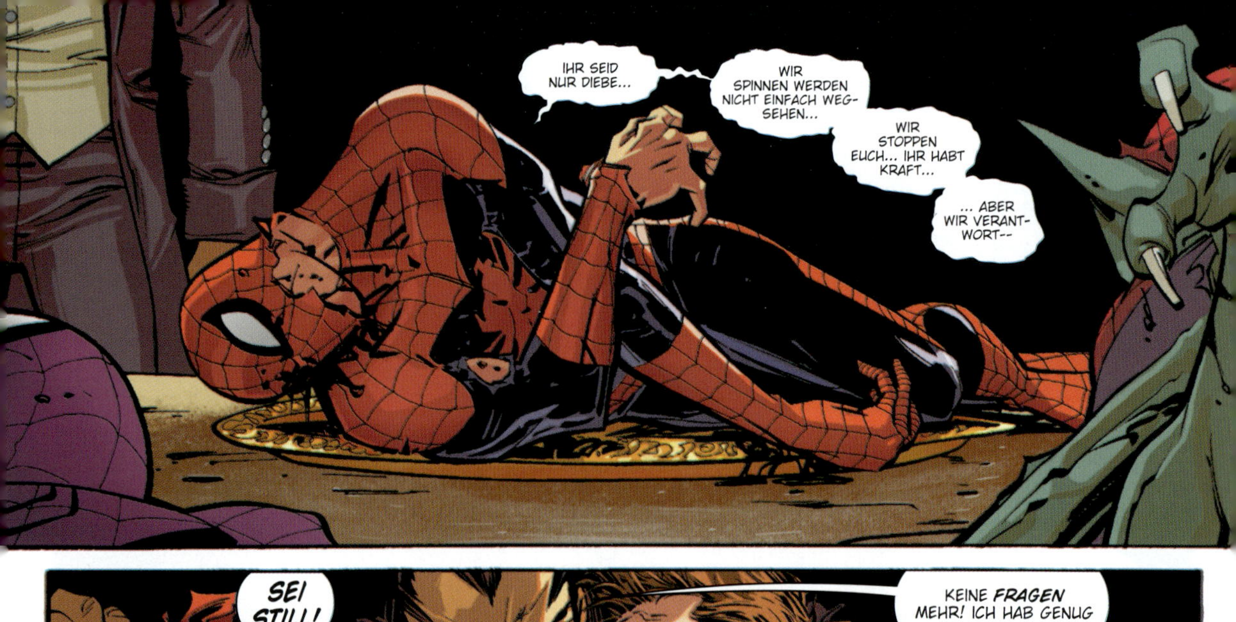
IHR SEID NUR DIEBE...
WIR SPINNEN WERDEN NICHT EINFACH WEG-SEHEN...
WIR STOPPEN EUCH... IHR HABT KRAFT...
... ABER WIR VERANT-WORT--

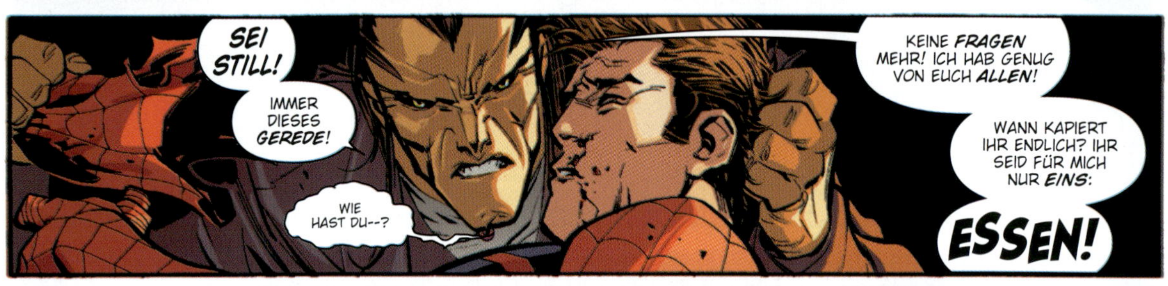
SEI STILL!
IMMER DIESES *GEREDE!*
WIE HAST DU--?
KEINE *FRAGEN* MEHR! ICH HAB GENUG VON EUCH *ALLEN!*
WANN KAPIERT IHR ENDLICH? IHR SEID FÜR MICH NUR *EINS:*
ESSEN!

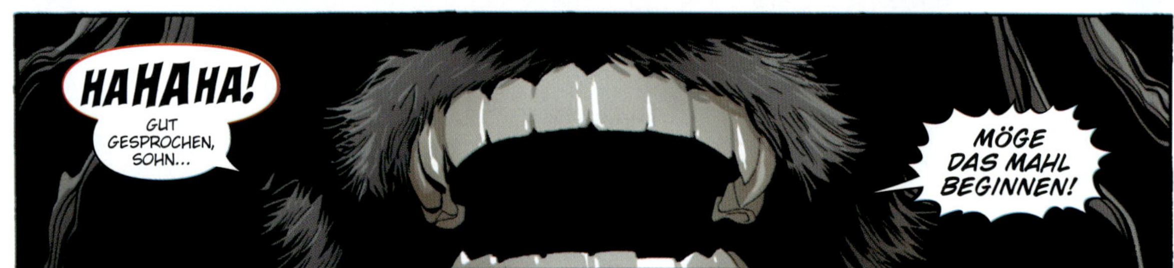
HAHAHA!
GUT GESPROCHEN, SOHN...
MÖGE DAS MAHL BEGINNEN!

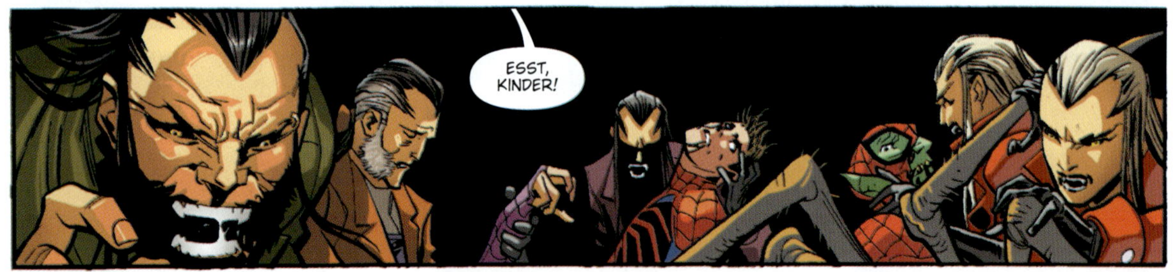
ESST, KINDER!

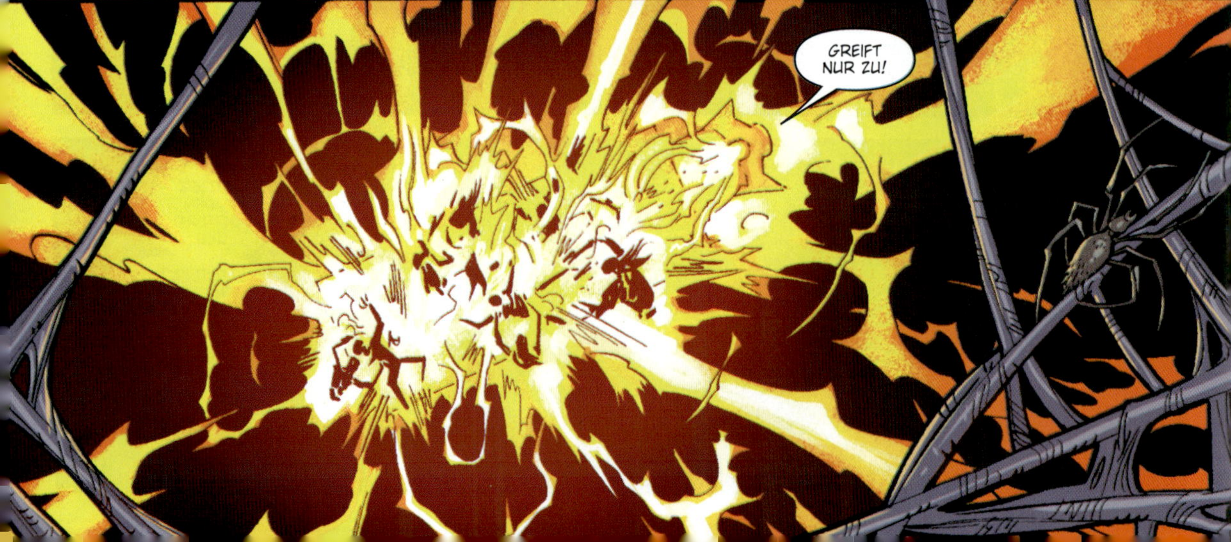
GREIFT NUR ZU!

SPIDER-VERSE, TEIL 2: ÜBERLEGENE KRAFT

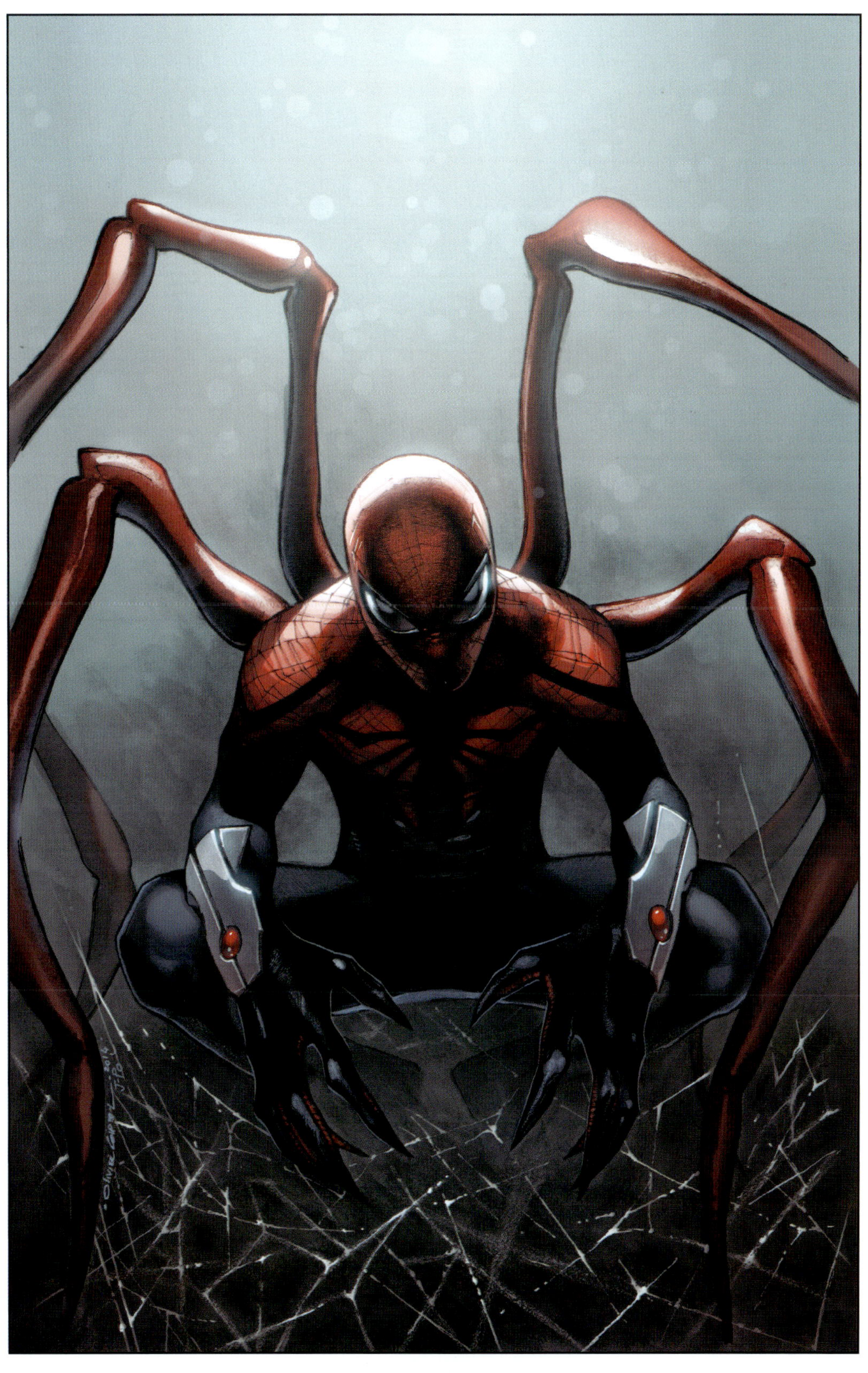

Amazing Spider-Man (2014) 10
Cover von **OLIVIER COIPEL**

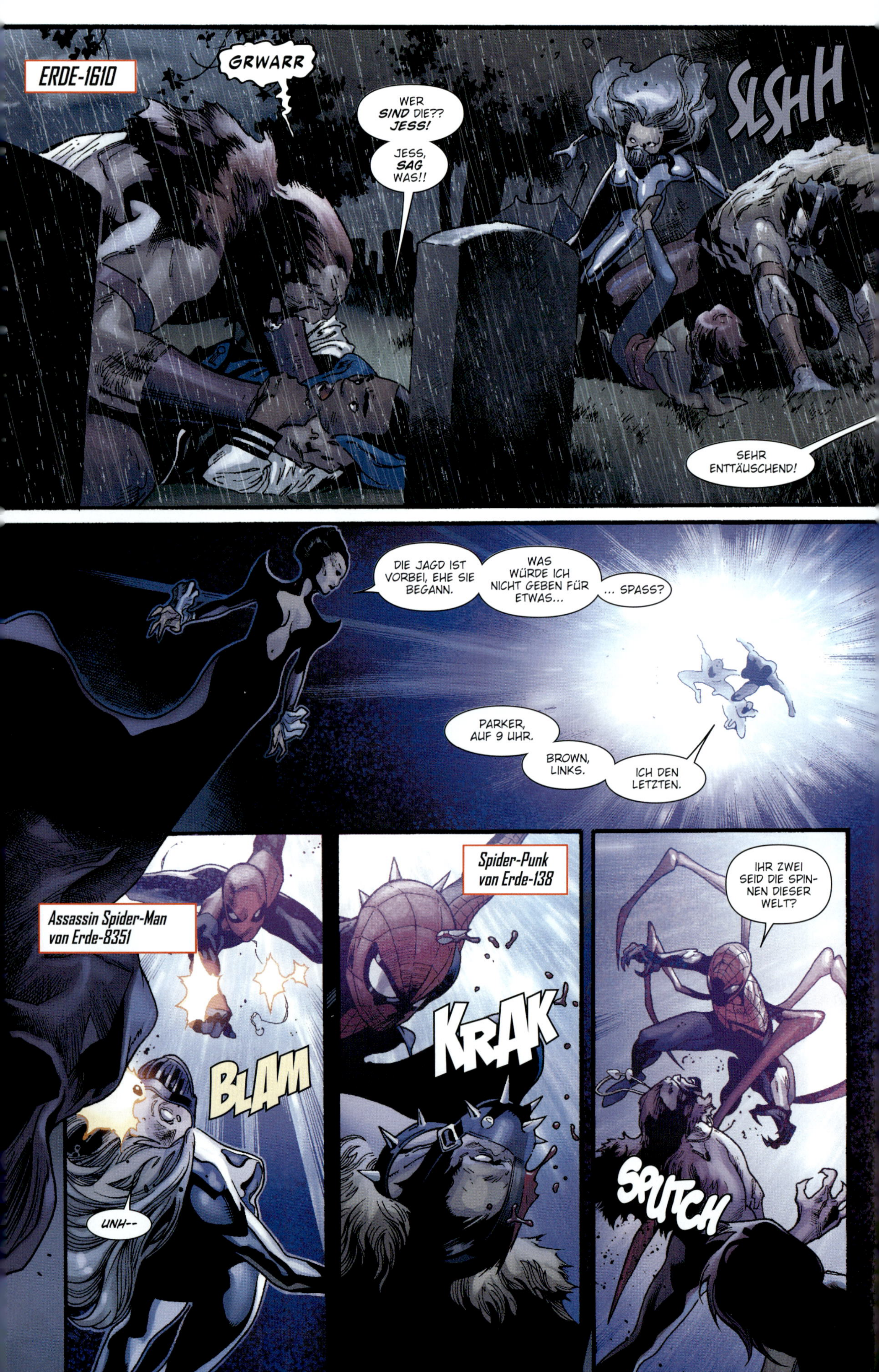
ERDE-1610
GRWARR
WER SIND DIE?? JESS!
JESS, SAG WAS!!
SLSHH
SEHR ENTTÄUSCHEND!
DIE JAGD IST VORBEI, EHE SIE BEGANN.
WAS WÜRDE ICH NICHT GEBEN FÜR ETWAS...
... SPASS?
PARKER, AUF 9 UHR.
BROWN, LINKS.
ICH DEN LETZTEN.
Assassin Spider-Man von Erde-8351
BLAM
UNH--
Spider-Punk von Erde-138
KRAK
IHR ZWEI SEID DIE SPIN-NEN DIESER WELT?
SPLUTCH

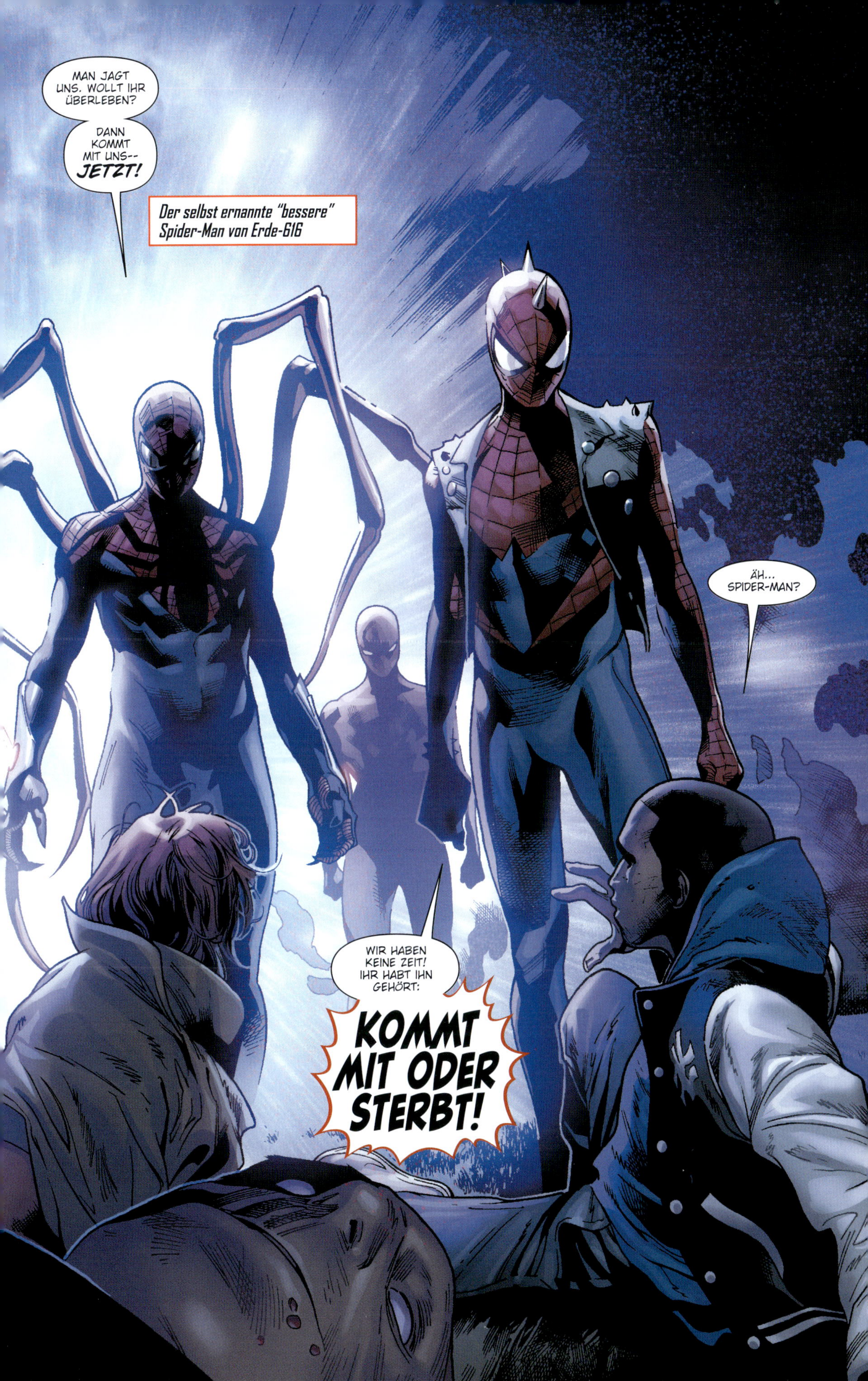
MAN JAGT UNS. WOLLT IHR ÜBERLEBEN?
DANN KOMMT MIT UNS-- JETZT!
Der selbst ernannte "bessere" Spider-Man von Erde-616
ÄH... SPIDER-MAN?
WIR HABEN KEINE ZEIT! IHR HABT IHN GEHÖRT:
KOMMT MIT ODER STERBT!

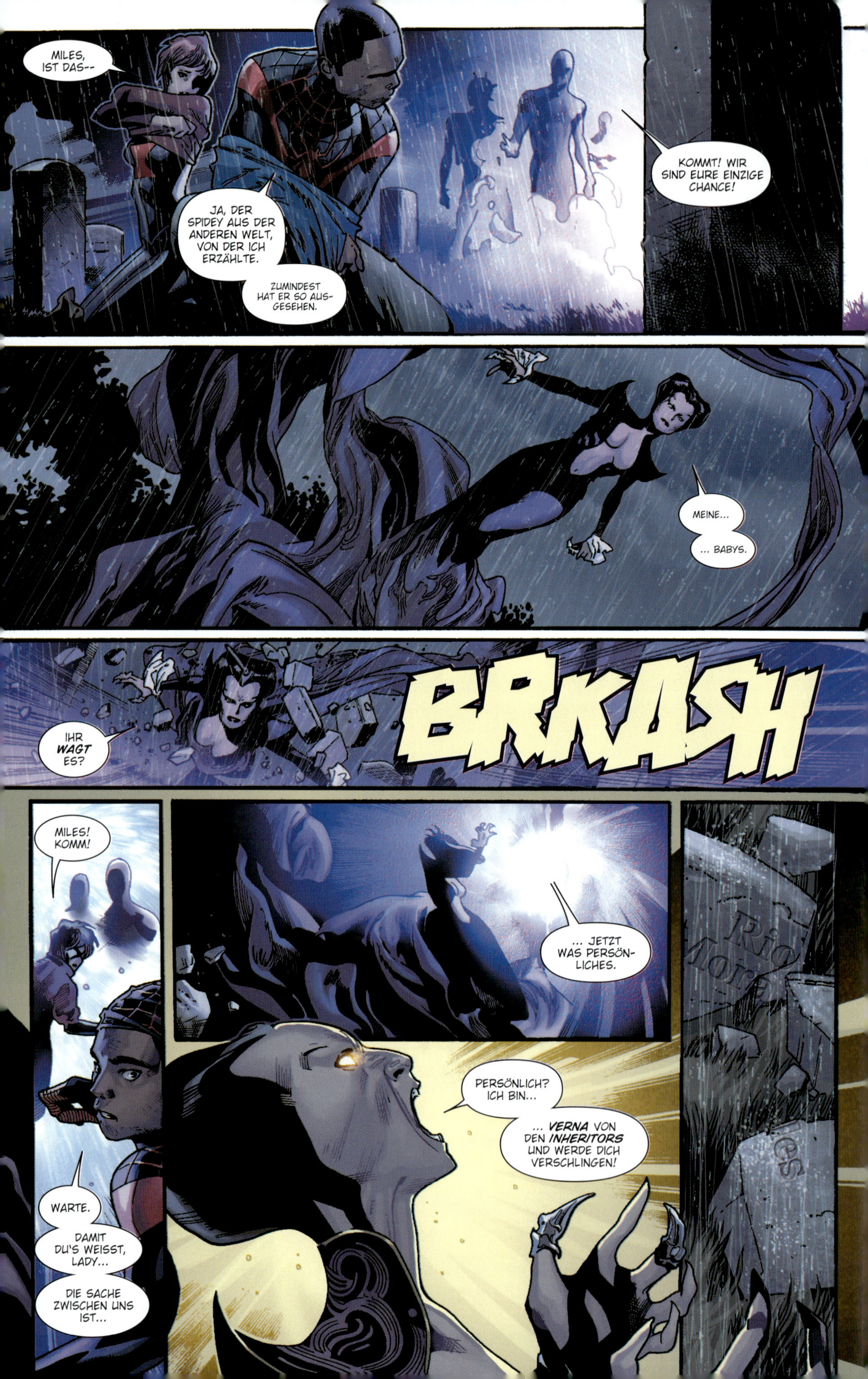

MILES, IST DAS--
JA, DER SPIDEY AUS DER ANDEREN WELT, VON DER ICH ERZÄHLTE.
ZUMINDEST HAT ER SO AUSGESEHEN.
KOMMT! WIR SIND EURE EINZIGE CHANCE!

MEINE...
... BABYS.

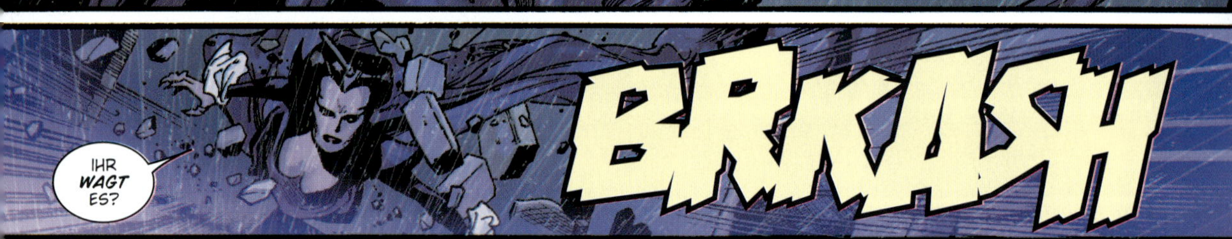

MILES! KOMM!
... JETZT WAS PERSÖNLICHES.
WARTE.
DAMIT DU'S WEISST, LADY...
DIE SACHE ZWISCHEN UNS IST...
PERSÖNLICH? ICH BIN...
... *VERNA* VON DEN *INHERITORS* UND WERDE DICH VERSCHLINGEN!

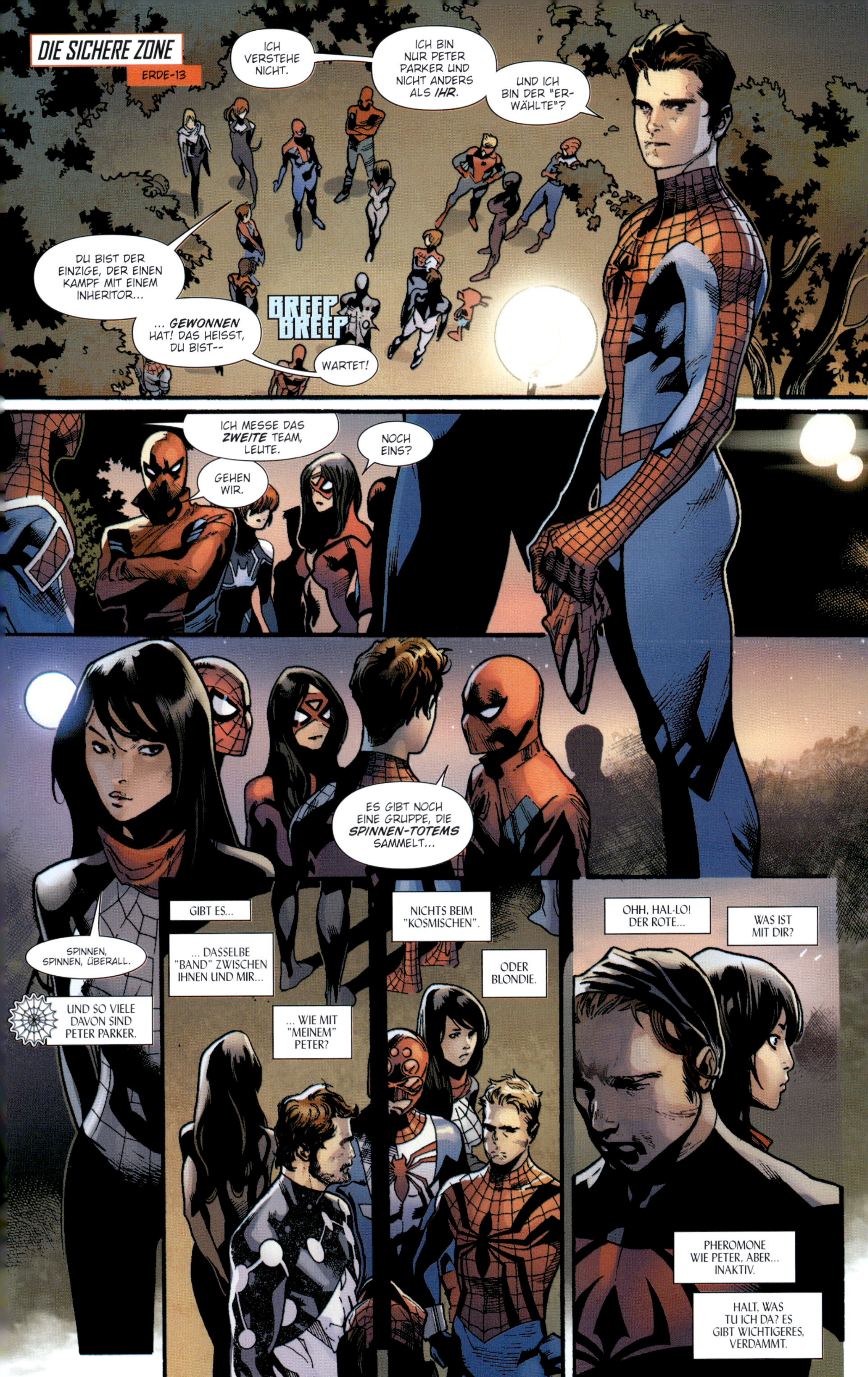

DIE SICHERE ZONE
ERDE-13
ICH VERSTEHE NICHT.
ICH BIN NUR PETER PARKER UND NICHT ANDERS ALS *IHR.*
UND ICH BIN DER "ER-WÄHLTE"?
DU BIST DER EINZIGE, DER EINEN KAMPF MIT EINEM INHERITOR...
... *GEWONNEN* HAT! DAS HEISST, DU BIST--
BREEP BREEP
WARTET!
ICH MESSE DAS *ZWEITE* TEAM, LEUTE.
GEHEN WIR.
NOCH EINS?
ES GIBT NOCH EINE GRUPPE, DIE *SPINNEN-TOTEMS* SAMMELT...
SPINNEN, SPINNEN, ÜBERALL.
UND SO VIELE DAVON SIND PETER PARKER.
GIBT ES...
... DASSELBE "BAND" ZWISCHEN IHNEN UND MIR...
... WIE MIT "MEINEM" PETER?
NICHTS BEIM "KOSMISCHEN".
ODER BLONDIE.
OHH, HAL-LO! DER ROTE...
WAS IST MIT DIR?
PHEROMONE WIE PETER, ABER... INAKTIV.
HALT, WAS TU ICH DA? ES GIBT WICHTIGERES, VERDAMMT.

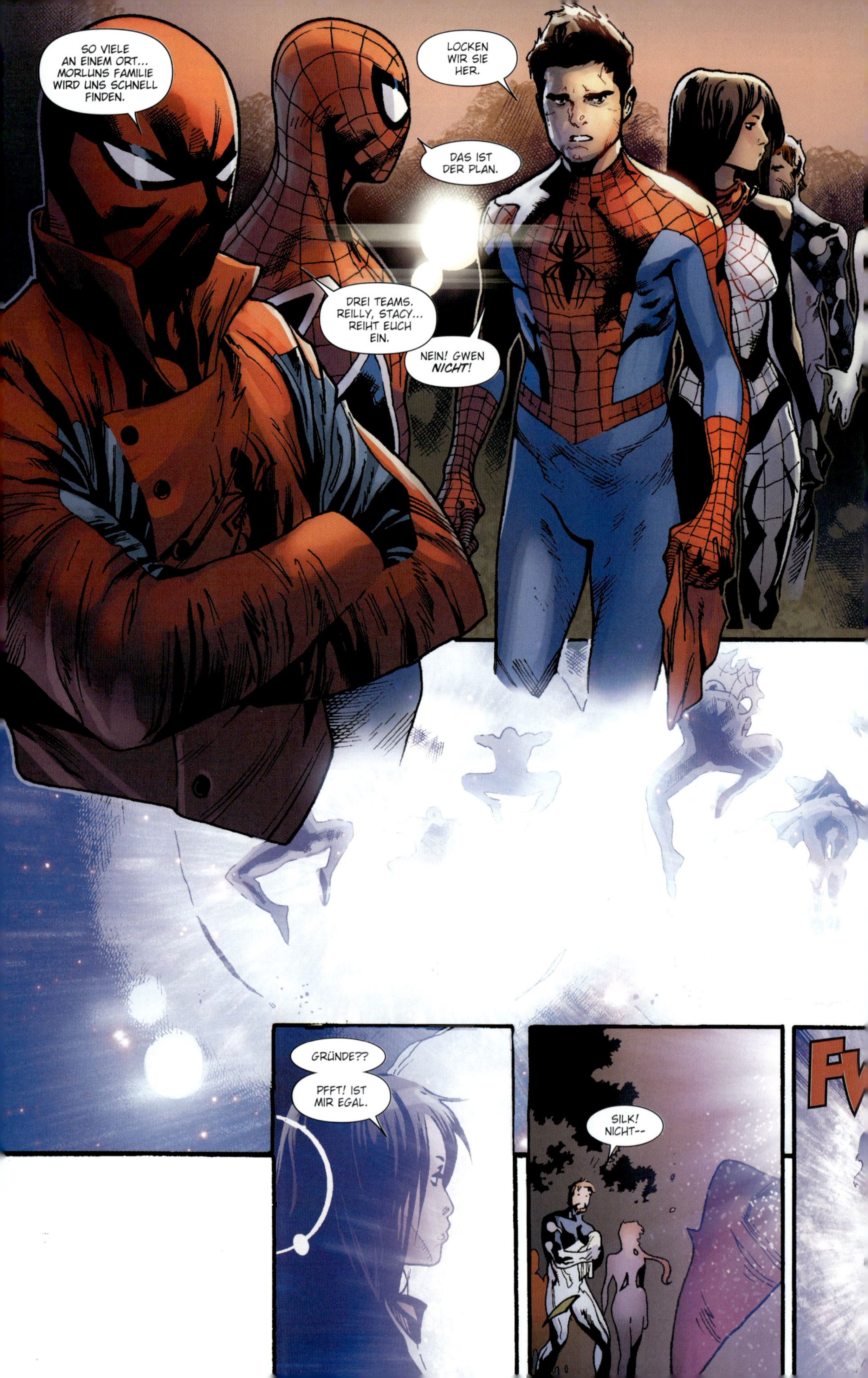

SO VIELE AN EINEM ORT... MORLUNS FAMILIE WIRD UNS SCHNELL FINDEN.
LOCKEN WIR SIE HER.
DAS IST DER PLAN.
DREI TEAMS. REILLY, STACY... REIHT EUCH EIN.
NEIN! GWEN *NICHT*!
GRÜNDE??
PFFT! IST MIR EGAL.
SILK! NICHT--

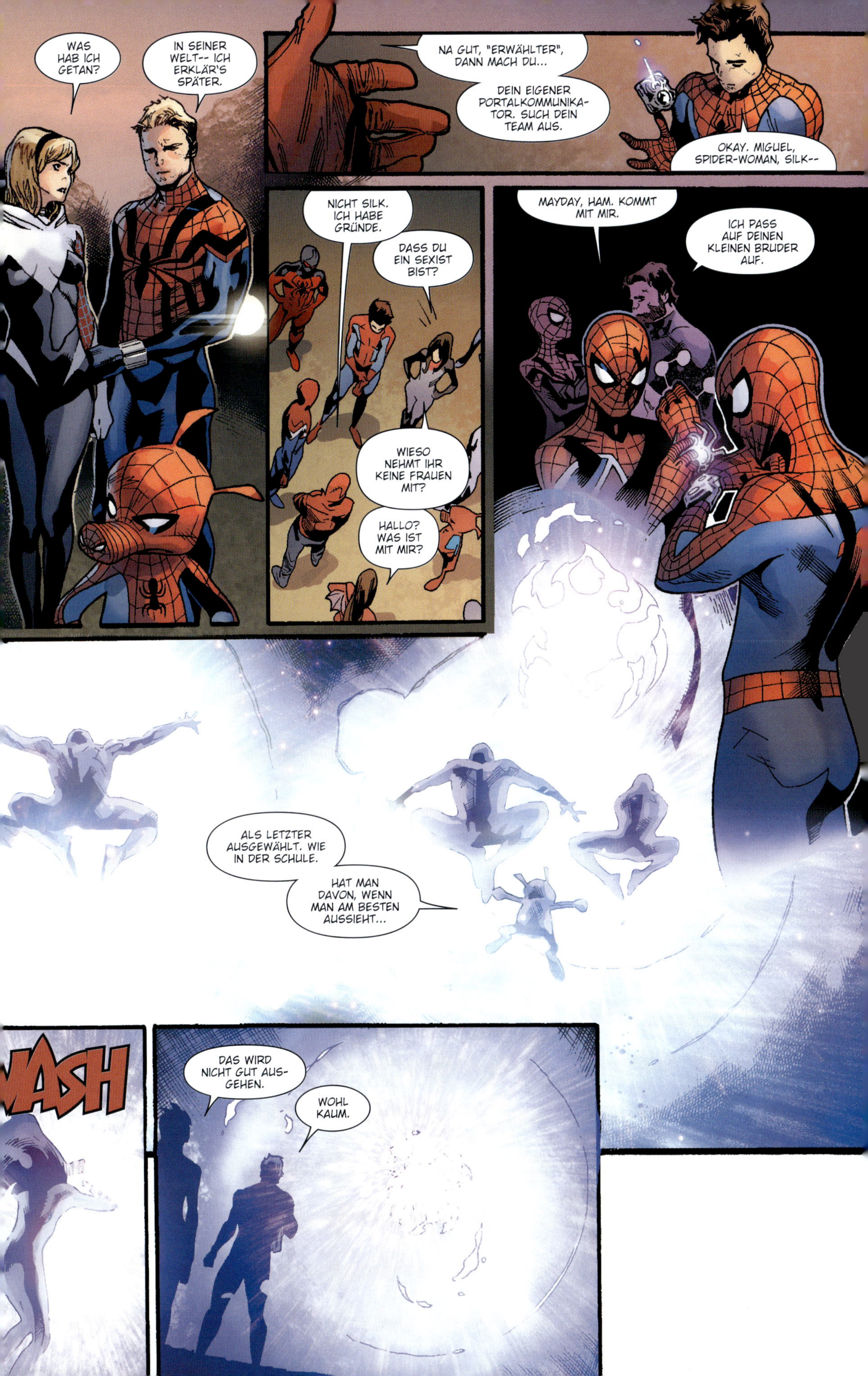
WAS HAB ICH GETAN?
IN SEINER WELT-- ICH ERKLÄR'S SPÄTER.
NA GUT, "ERWÄHLTER", DANN MACH DU...
DEIN EIGENER PORTALKOMMUNIKATOR. SUCH DEIN TEAM AUS.
OKAY. MIGUEL, SPIDER-WOMAN, SILK--
NICHT SILK. ICH HABE GRÜNDE.
DASS DU EIN SEXIST BIST?
WIESO NEHMT IHR KEINE FRAUEN MIT?
HALLO? WAS IST MIT MIR?
MAYDAY, HAM. KOMMT MIT MIR.
ICH PASS AUF DEINEN KLEINEN BRUDER AUF.
ALS LETZTER AUSGEWÄHLT. WIE IN DER SCHULE.
HAT MAN DAVON, WENN MAN AM BESTEN AUSSIEHT...
DAS WIRD NICHT GUT AUSGEHEN.
WOHL KAUM.

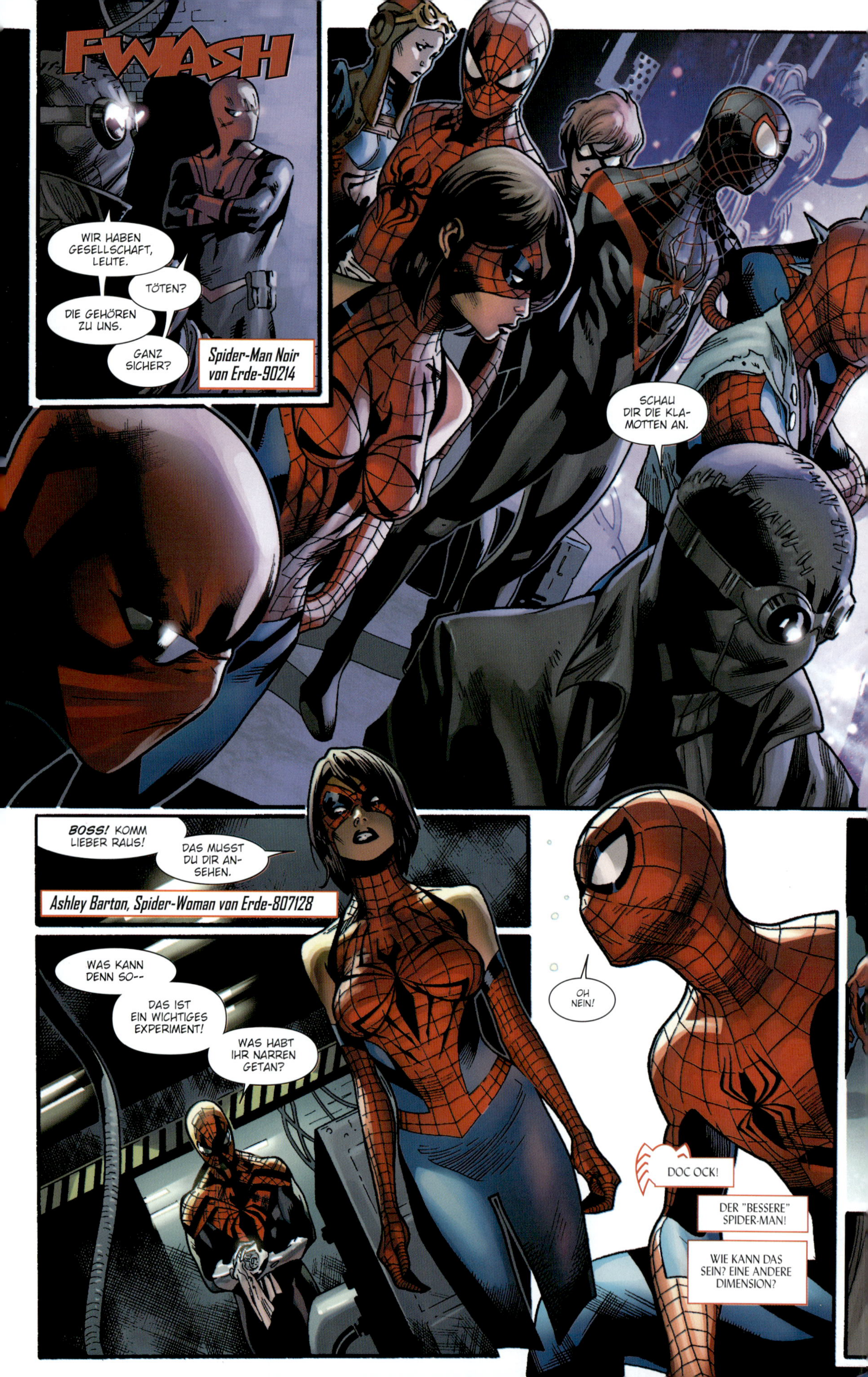
FWASH
WIR HABEN GESELLSCHAFT, LEUTE.
TÖTEN?
DIE GEHÖREN ZU UNS.
GANZ SICHER?
Spider-Man Noir von Erde-90214
SCHAU DIR DIE KLAMOTTEN AN.
BOSS! KOMM LIEBER RAUS!
DAS MUSST DU DIR ANSEHEN.
Ashley Barton, Spider-Woman von Erde-807128
WAS KANN DENN SO--
DAS IST EIN WICHTIGES EXPERIMENT!
WAS HABT IHR NARREN GETAN?
OH NEIN!
DOC OCK!
DER "BESSERE" SPIDER-MAN!
WIE KANN DAS SEIN? EINE ANDERE DIMENSION?

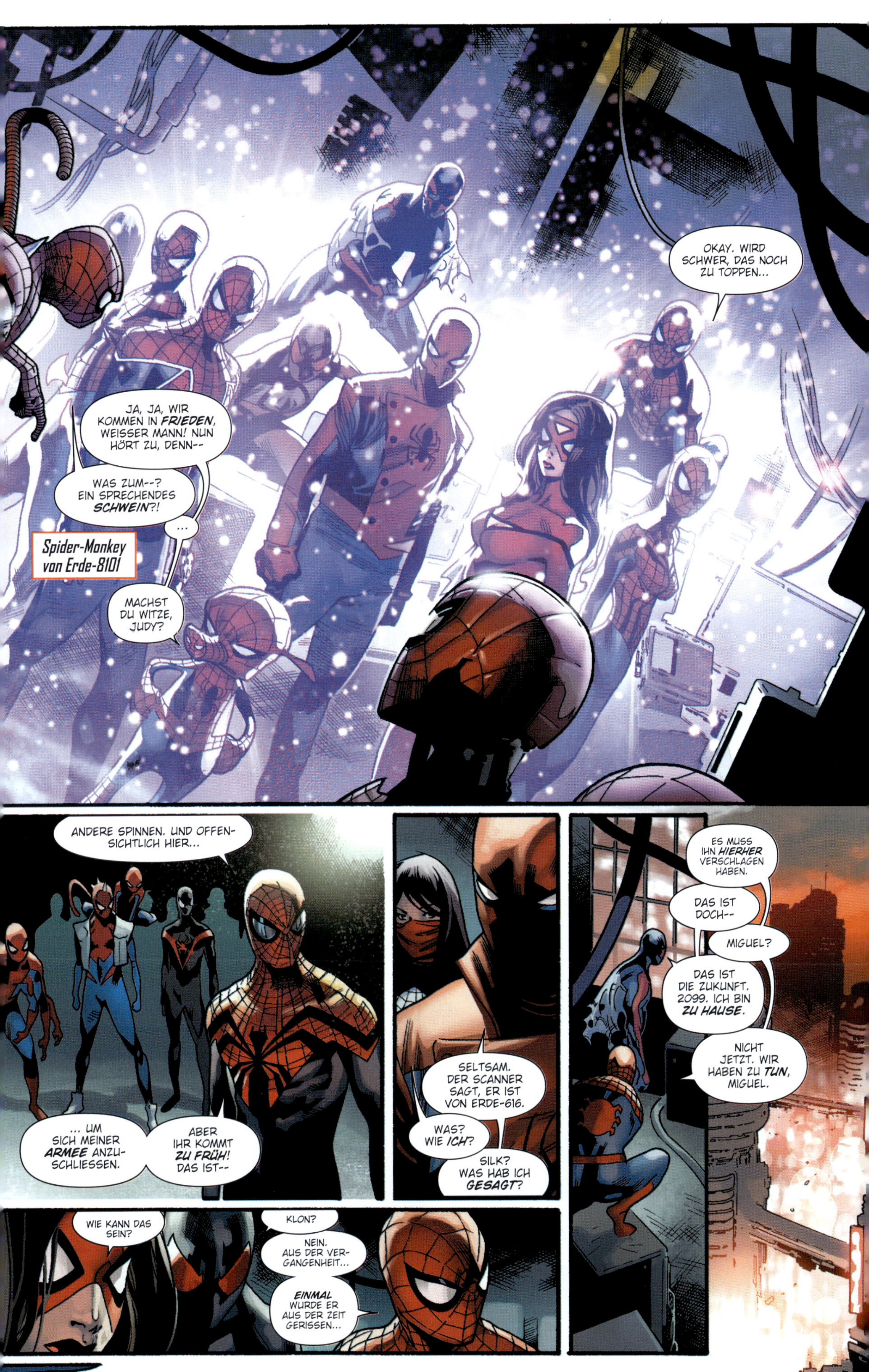
OKAY. WIRD SCHWER, DAS NOCH ZU TOPPEN...
JA, JA, WIR KOMMEN IN FRIEDEN, WEISSER MANN! NUN HÖRT ZU, DENN--
WAS ZUM--? EIN SPRECHENDES SCHWEIN?!
...
Spider-Monkey von Erde-8101
MACHST DU WITZE, JUDY?
ANDERE SPINNEN. UND OFFENSICHTLICH HIER...
... UM SICH MEINER ARMEE ANZUSCHLIESSEN.
ABER IHR KOMMT ZU FRÜH! DAS IST--
SELTSAM. DER SCANNER SAGT, ER IST VON ERDE-616.
WAS? WIE ICH?
SILK? WAS HAB ICH GESAGT?
ES MUSS IHN HIERHER VERSCHLAGEN HABEN.
DAS IST DOCH--
MIGUEL?
DAS IST DIE ZUKUNFT. 2099. ICH BIN ZU HAUSE.
NICHT JETZT. WIR HABEN ZU TUN, MIGUEL.
WIE KANN DAS SEIN?
KLON?
NEIN. AUS DER VERGANGENHEIT...
EINMAL WURDE ER AUS DER ZEIT GERISSEN...

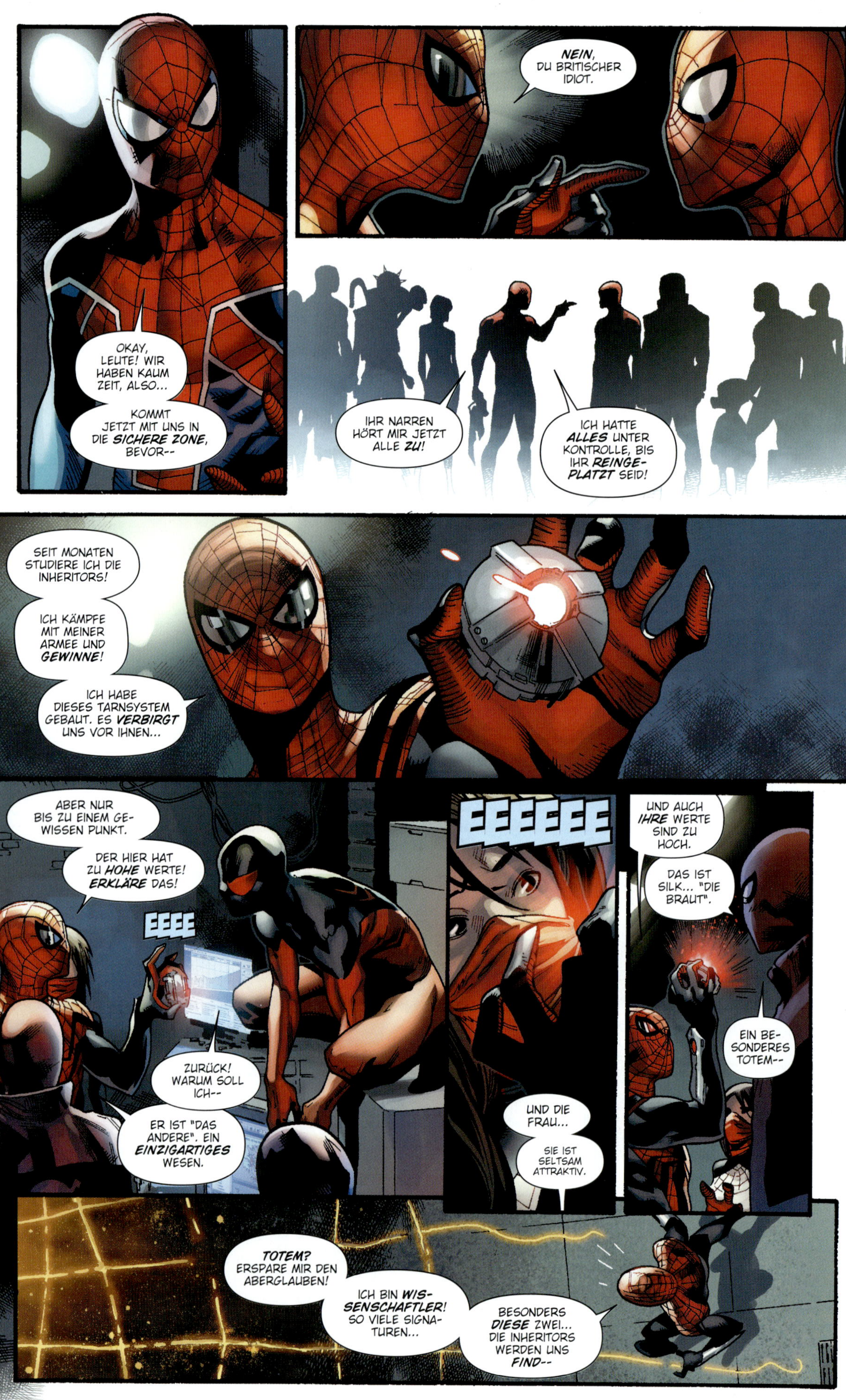
NEIN, DU BRITISCHER IDIOT.
OKAY, LEUTE! WIR HABEN KAUM ZEIT, ALSO...
KOMMT JETZT MIT UNS IN DIE SICHERE ZONE, BEVOR--
IHR NARREN HÖRT MIR JETZT ALLE ZU!
ICH HATTE ALLES UNTER KONTROLLE, BIS IHR REINGEPLATZT SEID!
SEIT MONATEN STUDIERE ICH DIE INHERITORS!
ICH KÄMPFE MIT MEINER ARMEE UND GEWINNE!
ICH HABE DIESES TARNSYSTEM GEBAUT. ES VERBIRGT UNS VOR IHNEN...
ABER NUR BIS ZU EINEM GEWISSEN PUNKT.
DER HIER HAT ZU HOHE WERTE! ERKLÄRE DAS!
EEEE
ZURÜCK! WARUM SOLL ICH--
ER IST "DAS ANDERE". EIN EINZIGARTIGES WESEN.
EEEEEE
UND DIE FRAU...
SIE IST SELTSAM ATTRAKTIV.
UND AUCH IHRE WERTE SIND ZU HOCH.
DAS IST SILK... "DIE BRAUT".
EIN BESONDERES TOTEM--
TOTEM? ERSPARE MIR DEN ABERGLAUBEN!
ICH BIN WISSENSCHAFTLER! SO VIELE SIGNATUREN...
BESONDERS DIESE ZWEI... DIE INHERITORS WERDEN UNS FIND--

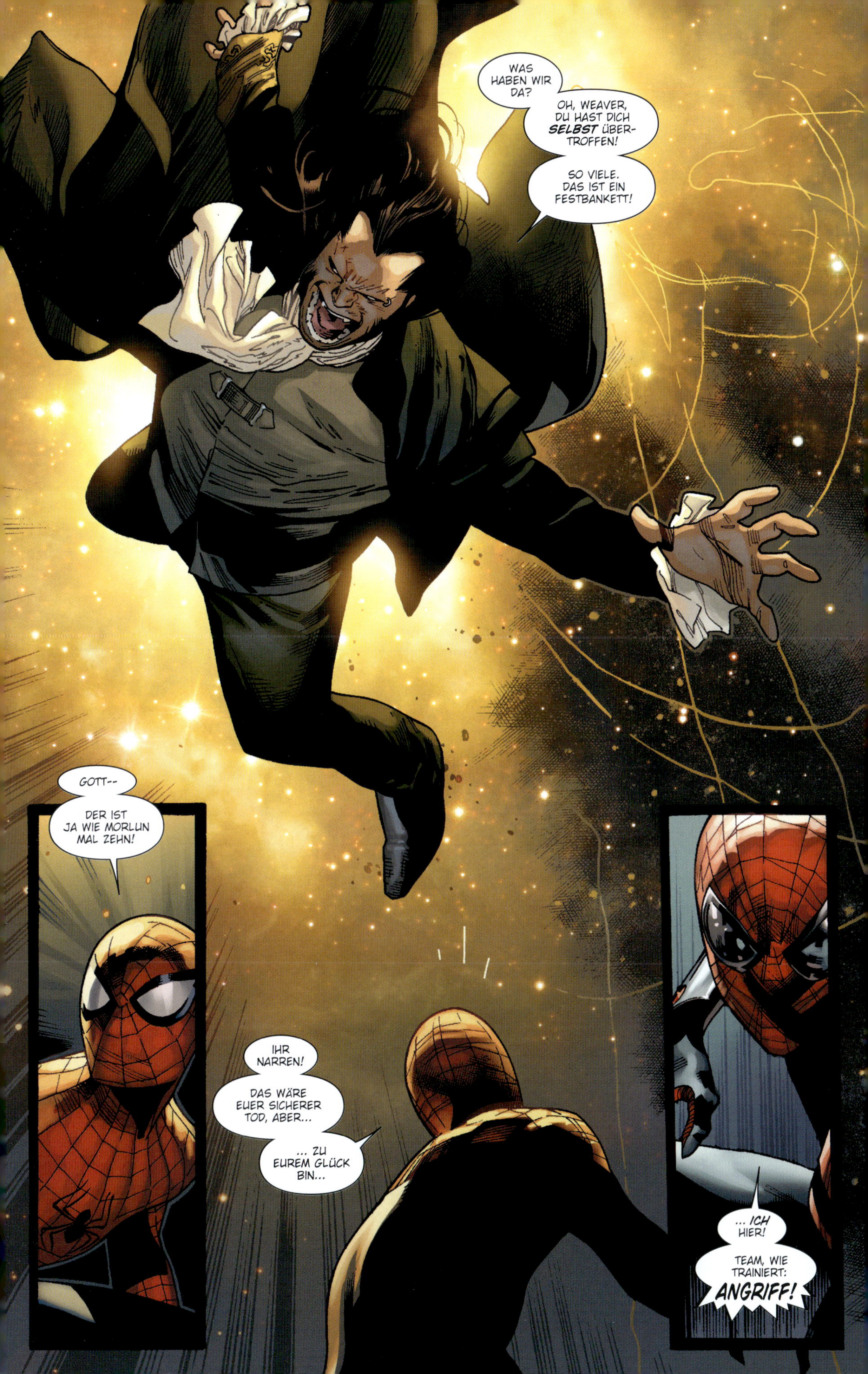
WAS HABEN WIR DA?
OH, WEAVER, DU HAST DICH SELBST ÜBERTROFFEN!
SO VIELE. DAS IST EIN FESTBANKETT!
GOTT--
DER IST JA WIE MORLUN MAL ZEHN!
IHR NARREN!
DAS WÄRE EUER SICHERER TOD, ABER...
... ZU EUREM GLÜCK BIN...
... ICH HIER!
TEAM, WIE TRAINIERT:
ANGRIFF!

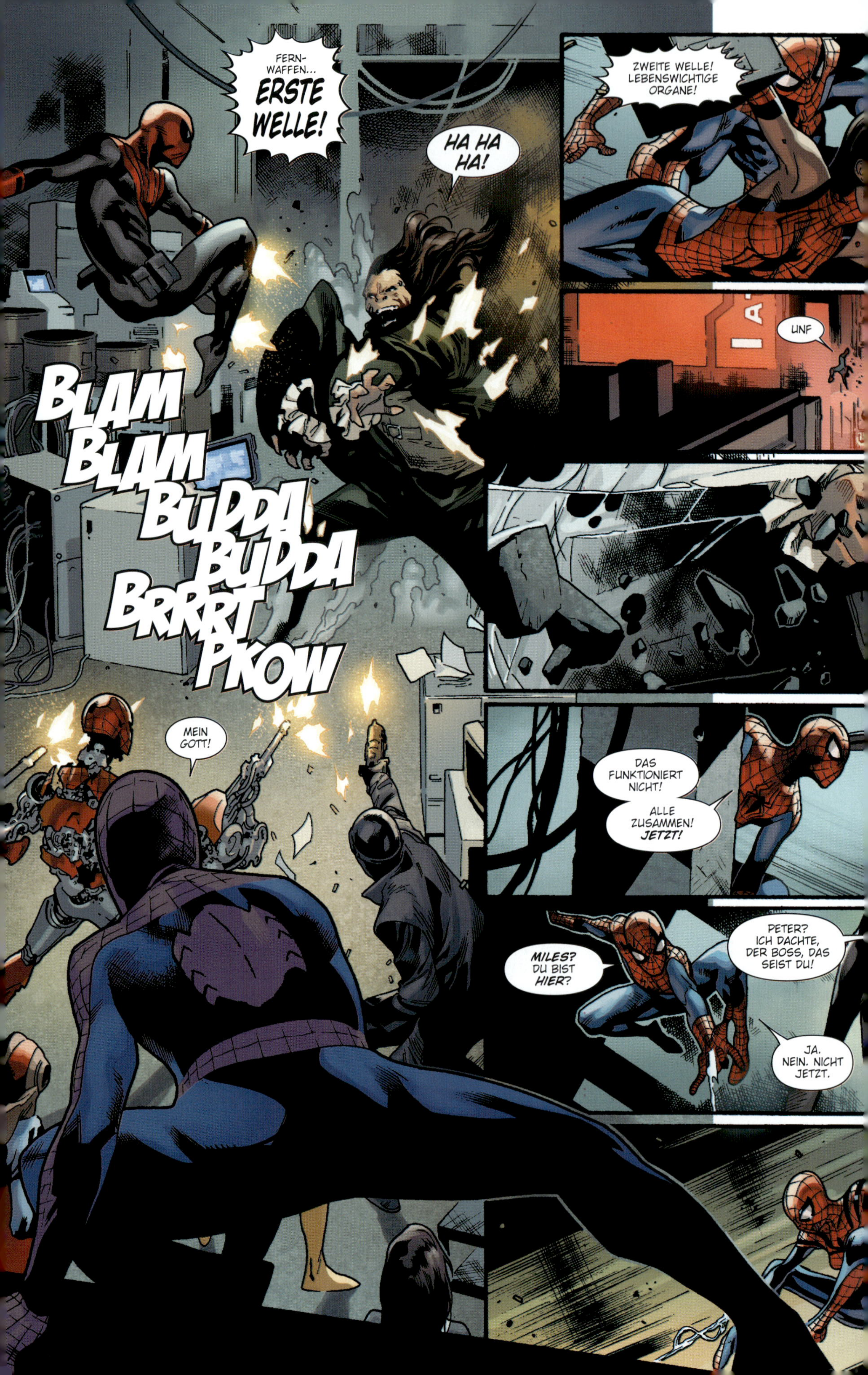
FERN-
WAFFEN...
ERSTE
WELLE!
HA HA
HA!
BLAM
BLAM
BUDDA
BUDDA
BRRRT
PKOW
MEIN
GOTT!
ZWEITE WELLE!
LEBENSWICHTIGE
ORGANE!
UNF
DAS
FUNKTIONIERT
NICHT!
ALLE
ZUSAMMEN!
JETZT!
MILES?
DU BIST
HIER?
PETER?
ICH DACHTE,
DER BOSS, DAS
SEIST DU!
JA.
NEIN. NICHT
JETZT.

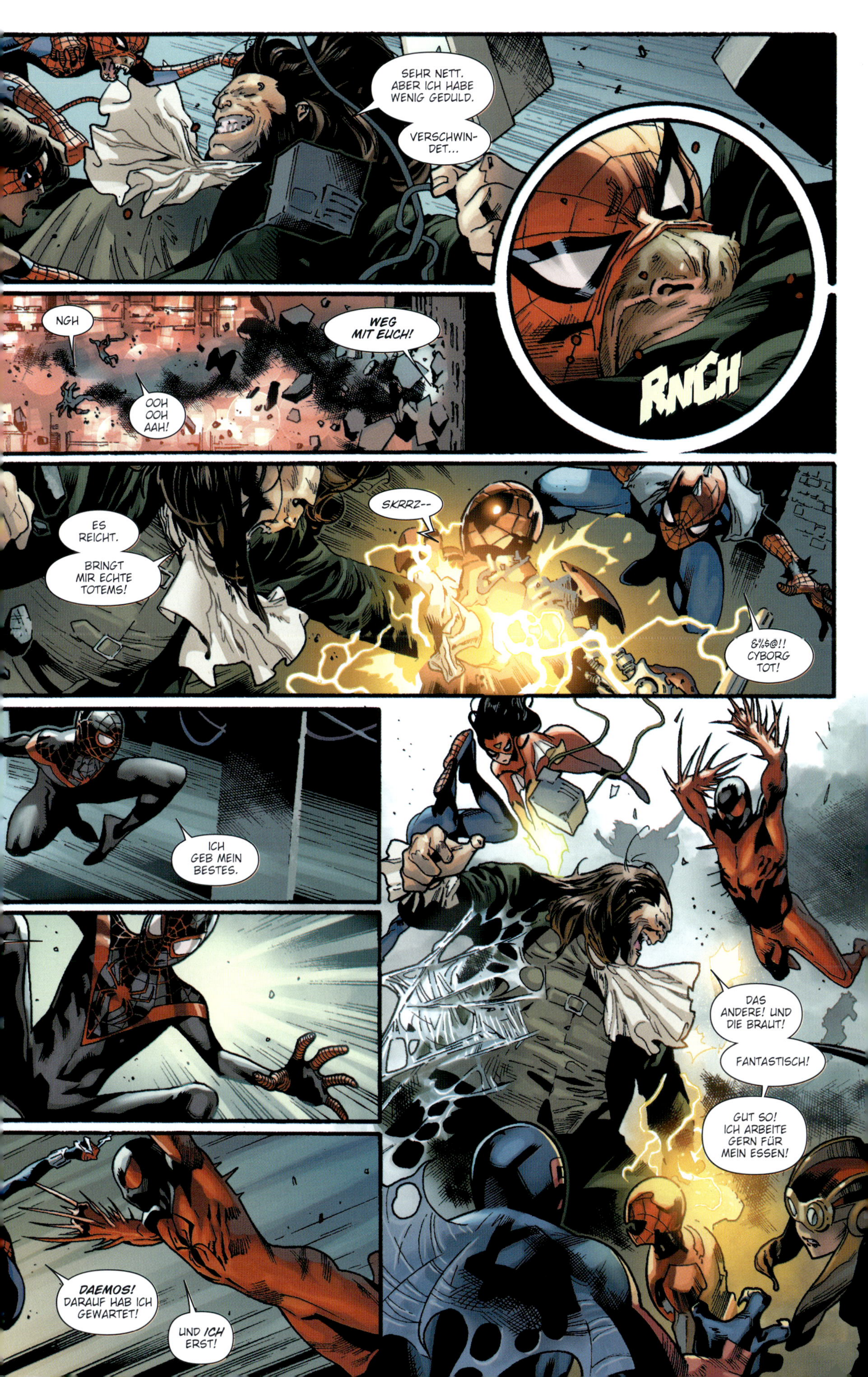
SEHR NETT. ABER ICH HABE WENIG GEDULD.
VERSCHWIN-DET...
RNCH
NGH
OOH OOH AAH!
WEG MIT EUCH!
ES REICHT.
BRINGT MIR ECHTE TOTEMS!
SKRRZ--
&%$@!! CYBORG TOT!
ICH GEB MEIN BESTES.
DAEMOS! DARAUF HAB ICH GEWARTET!
UND ICH ERST!
DAS ANDERE! UND DIE BRAUT!
FANTASTISCH!
GUT SO! ICH ARBEITE GERN FÜR MEIN ESSEN!

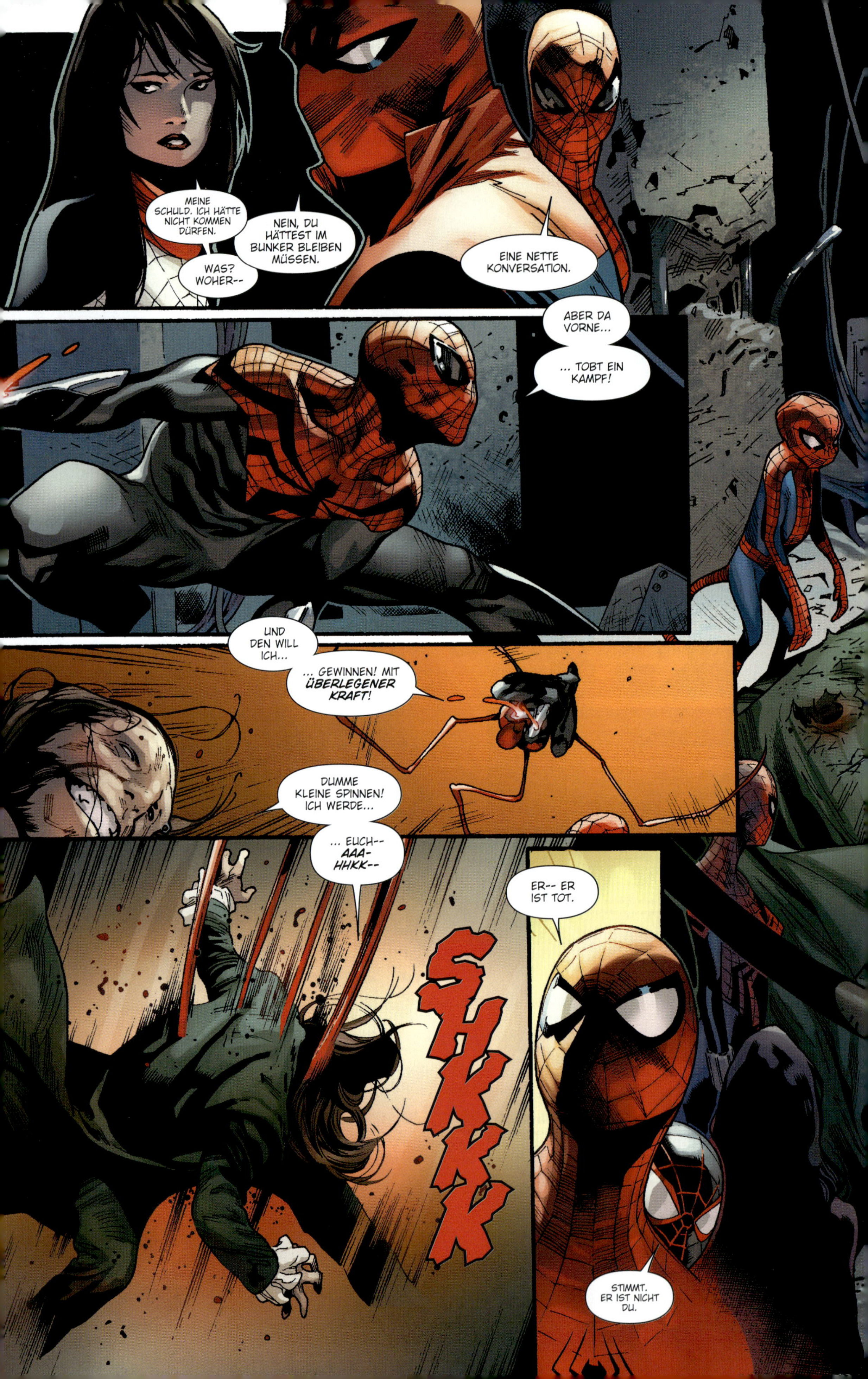
MEINE SCHULD. ICH HÄTTE NICHT KOMMEN DÜRFEN.
WAS? WOHER--
NEIN, DU HÄTTEST IM BUNKER BLEIBEN MÜSSEN.
EINE NETTE KONVERSATION.
ABER DA VORNE...
... TOBT EIN KAMPF!
UND DEN WILL ICH...
... GEWINNEN! MIT *ÜBERLEGENER KRAFT!*
DUMME KLEINE SPINNEN! ICH WERDE...
... EUCH-- *AAA-HHKK--*
SHKK
ER-- ER IST TOT.
STIMMT. ER IST NICHT DU.

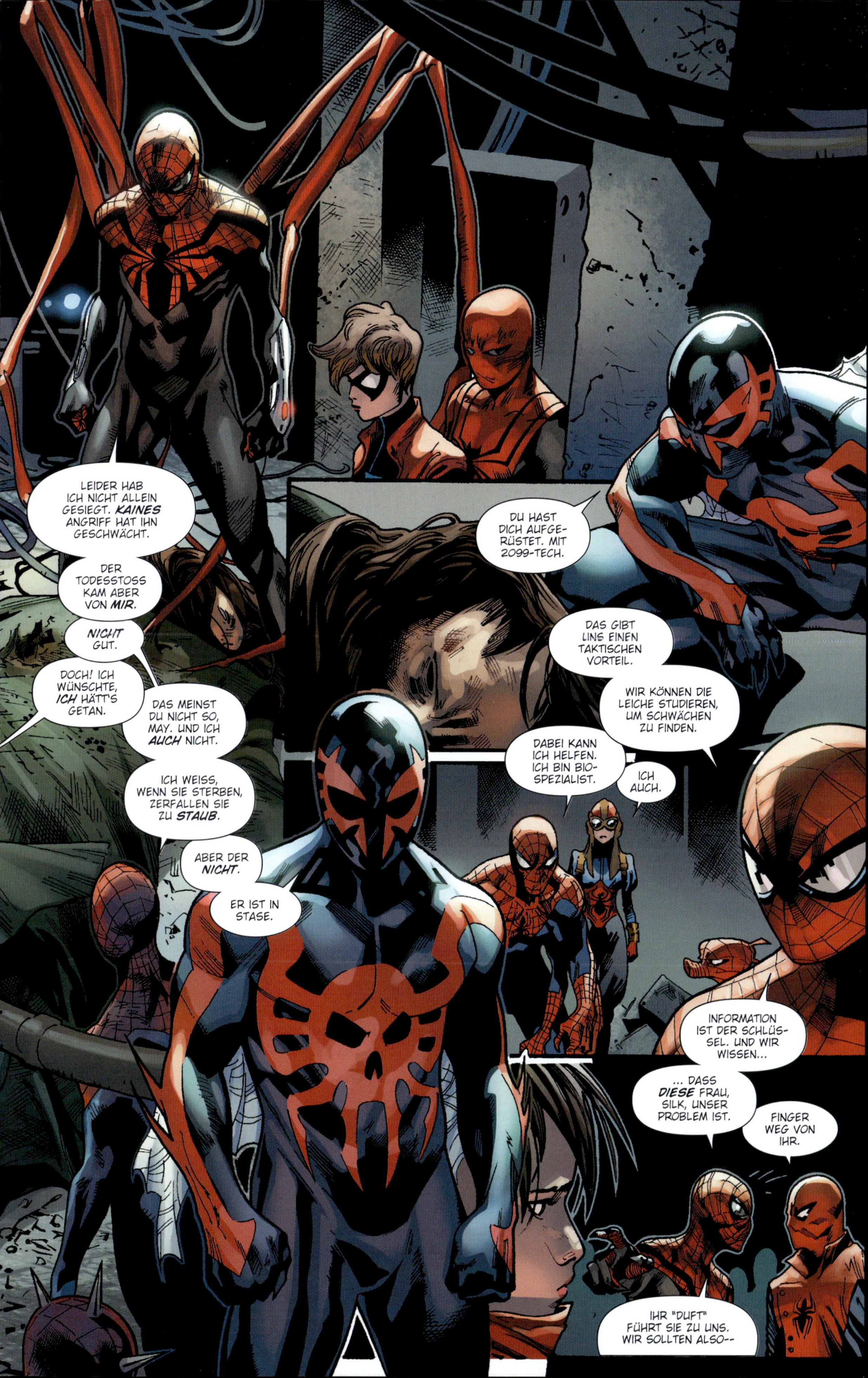
LEIDER HAB ICH NICHT ALLEIN GESIEGT. KAINES ANGRIFF HAT IHN GESCHWÄCHT.
DER TODESSTOSS KAM ABER VON MIR.
NICHT GUT.
DOCH! ICH WÜNSCHTE, ICH HÄTT'S GETAN.
DAS MEINST DU NICHT SO, MAY. UND ICH AUCH NICHT.
ICH WEISS, WENN SIE STERBEN, ZERFALLEN SIE ZU STAUB.
ABER DER NICHT.
ER IST IN STASE.
DU HAST DICH AUFGE-RÜSTET. MIT 2099-TECH.
DAS GIBT UNS EINEN TAKTISCHEN VORTEIL.
WIR KÖNNEN DIE LEICHE STUDIEREN, UM SCHWÄCHEN ZU FINDEN.
DABEI KANN ICH HELFEN. ICH BIN BIO-SPEZIALIST.
ICH AUCH.
INFORMATION IST DER SCHLÜS-SEL. UND WIR WISSEN...
... DASS DIESE FRAU, SILK, UNSER PROBLEM IST.
FINGER WEG VON IHR.
IHR "DUFT" FÜHRT SIE ZU UNS. WIR SOLLTEN ALSO--

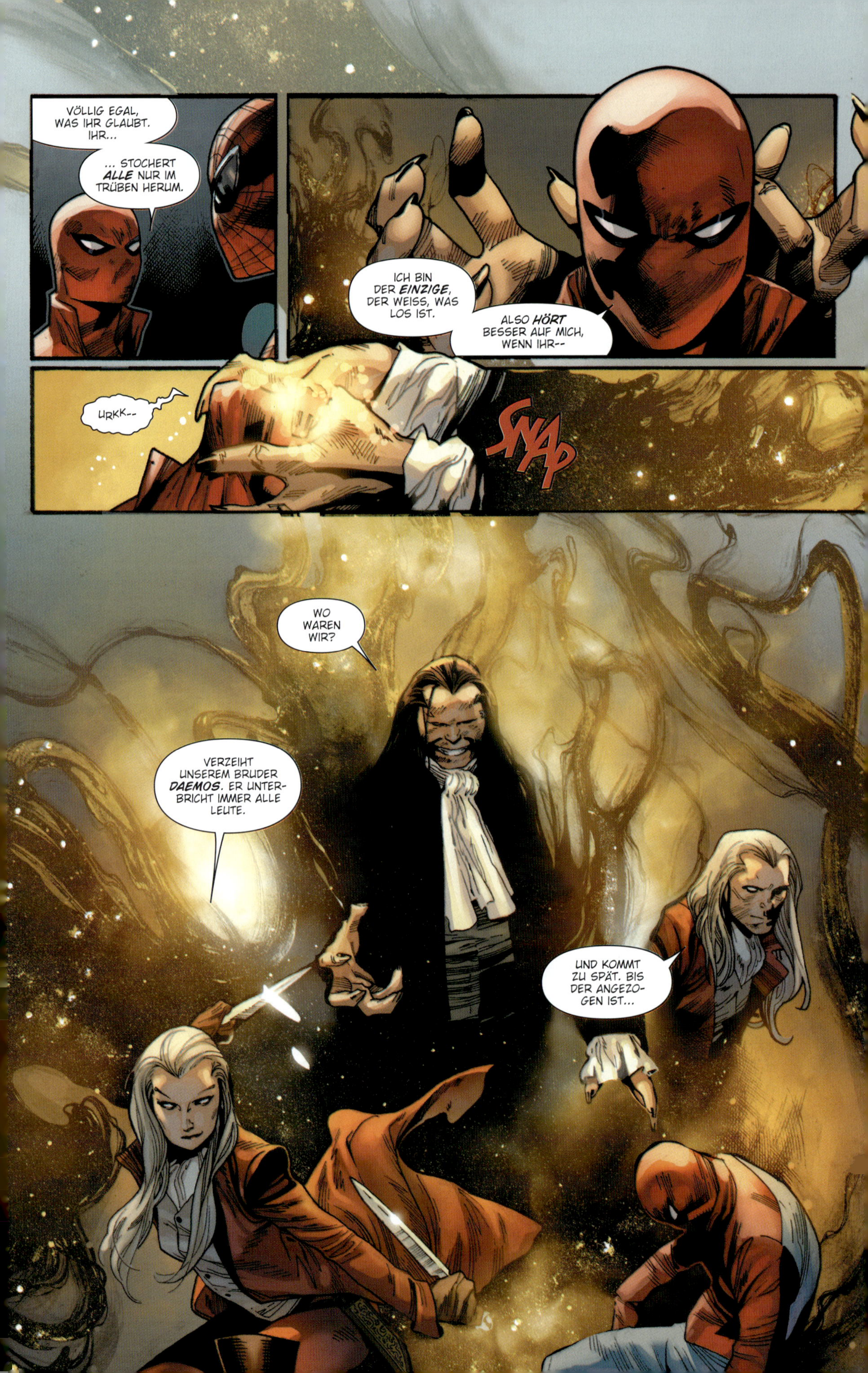
VÖLLIG EGAL, WAS IHR GLAUBT. IHR...
... STOCHERT ALLE NUR IM TRÜBEN HERUM.
ICH BIN DER EINZIGE, DER WEISS, WAS LOS IST.
ALSO HÖRT BESSER AUF MICH, WENN IHR--
URKK--
SNAP
WO WAREN WIR?
VERZEIHT UNSEREM BRUDER DAEMOS. ER UNTER-BRICHT IMMER ALLE LEUTE.
UND KOMMT ZU SPÄT. BIS DER ANGEZO-GEN IST...

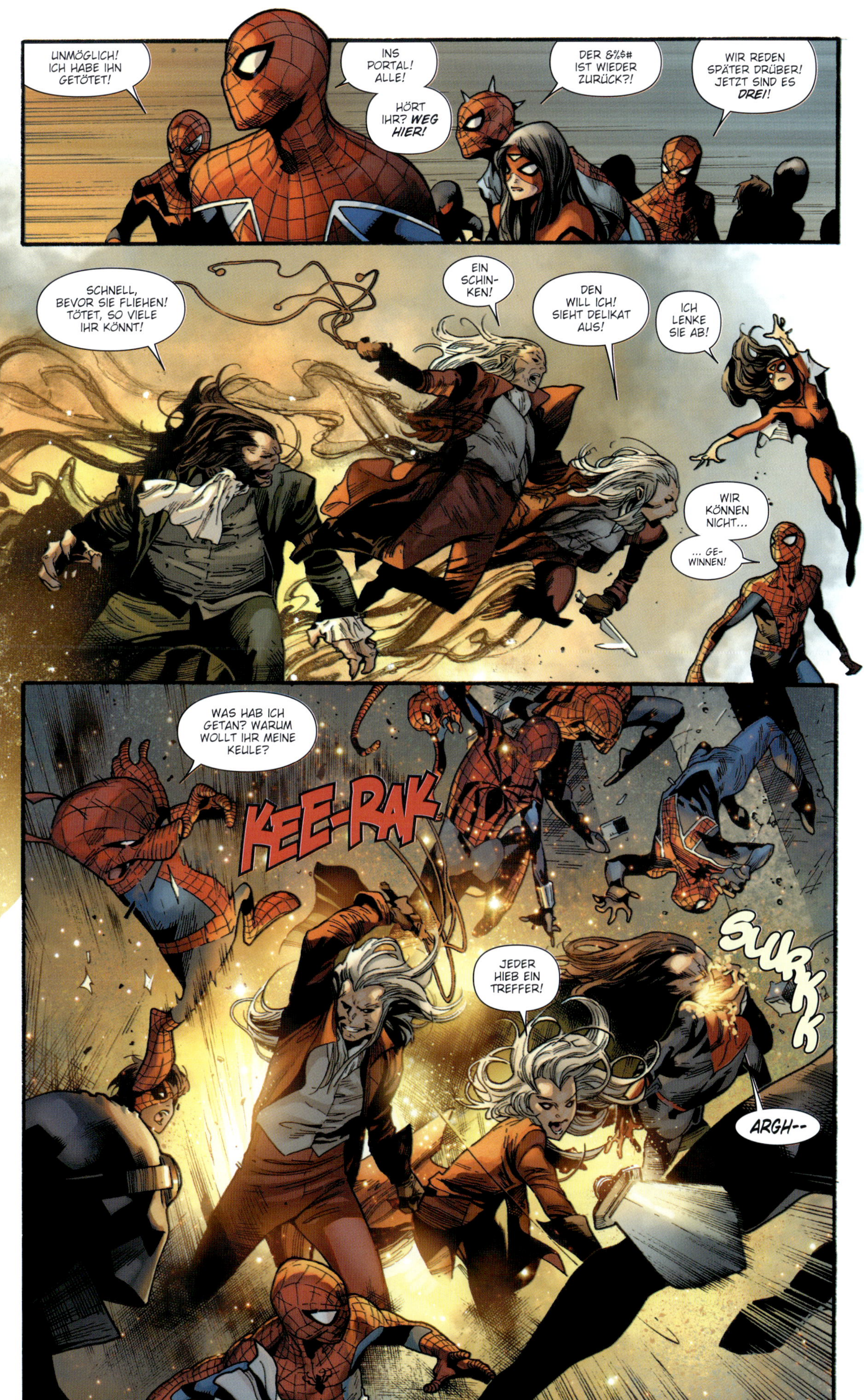

UNMÖGLICH! ICH HABE IHN GETÖTET!
INS PORTAL! ALLE!
HÖRT IHR? WEG HIER!
DER &%$# IST WIEDER ZURÜCK?!
WIR REDEN SPÄTER DRÜBER! JETZT SIND ES DREI!
SCHNELL, BEVOR SIE FLIEHEN! TÖTET, SO VIELE IHR KÖNNT!
EIN SCHIN-KEN!
DEN WILL ICH! SIEHT DELIKAT AUS!
ICH LENKE SIE AB!
WIR KÖNNEN NICHT...
... GE-WINNEN!
WAS HAB ICH GETAN? WARUM WOLLT IHR MEINE KEULE?
KEE-RAK
SLURKK
JEDER HIEB EIN TREFFER!
ARGH--

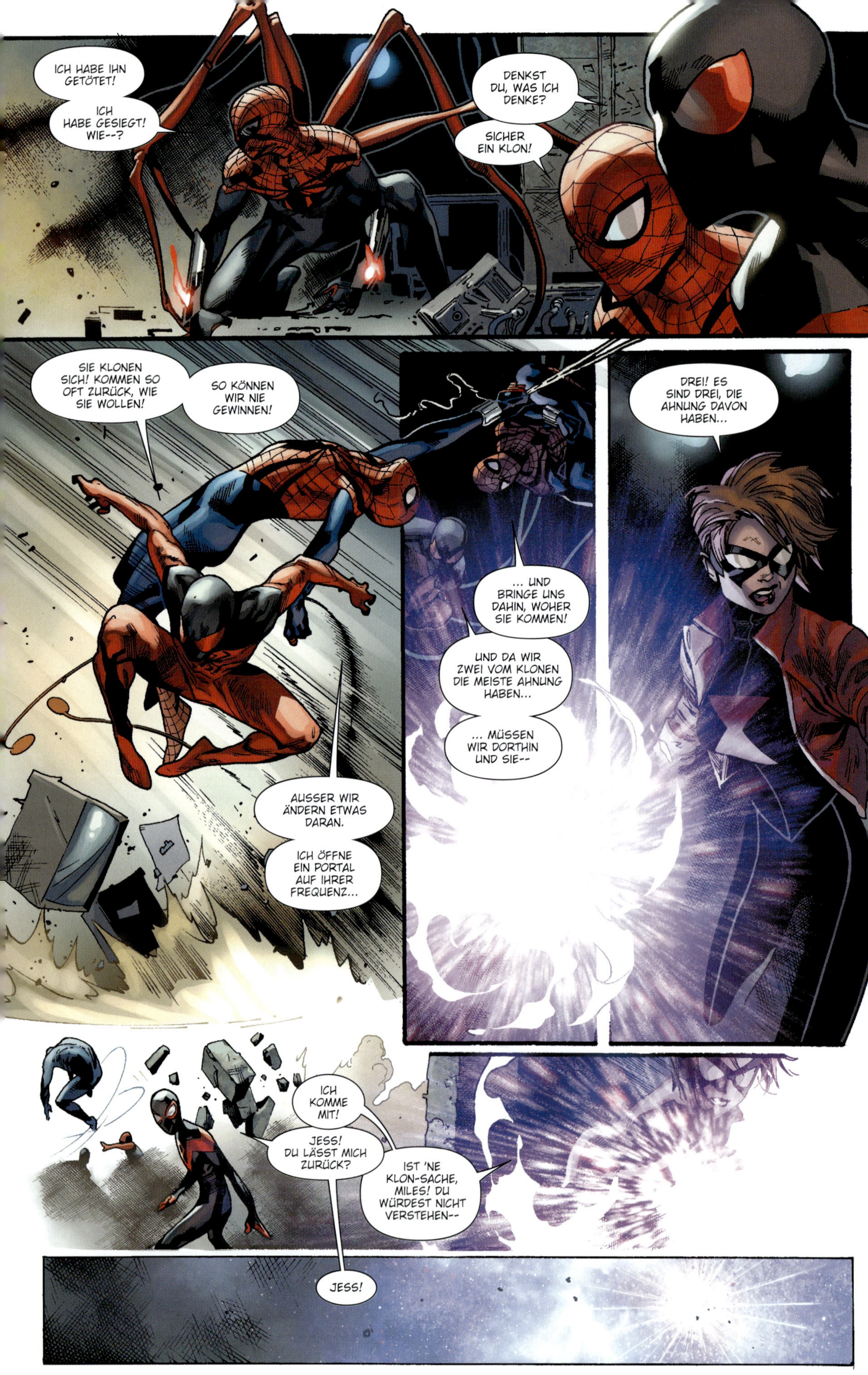
ICH HABE IHN GETÖTET!
ICH HABE GESIEGT! WIE--?
DENKST DU, WAS ICH DENKE?
SICHER EIN KLON!
SIE KLONEN SICH! KOMMEN SO OFT ZURÜCK, WIE SIE WOLLEN!
SO KÖNNEN WIR NIE GEWINNEN!
AUSSER WIR ÄNDERN ETWAS DARAN.
ICH ÖFFNE EIN PORTAL AUF IHRER FREQUENZ...
... UND BRINGE UNS DAHIN, WOHER SIE KOMMEN!
UND DA WIR ZWEI VOM KLONEN DIE MEISTE AHNUNG HABEN...
... MÜSSEN WIR DORTHIN UND SIE--
DREI! ES SIND DREI, DIE AHNUNG DAVON HABEN...
ICH KOMME MIT!
JESS! DU LÄSST MICH ZURÜCK?
IST 'NE KLON-SACHE, MILES! DU WÜRDEST NICHT VERSTEHEN--
JESS!

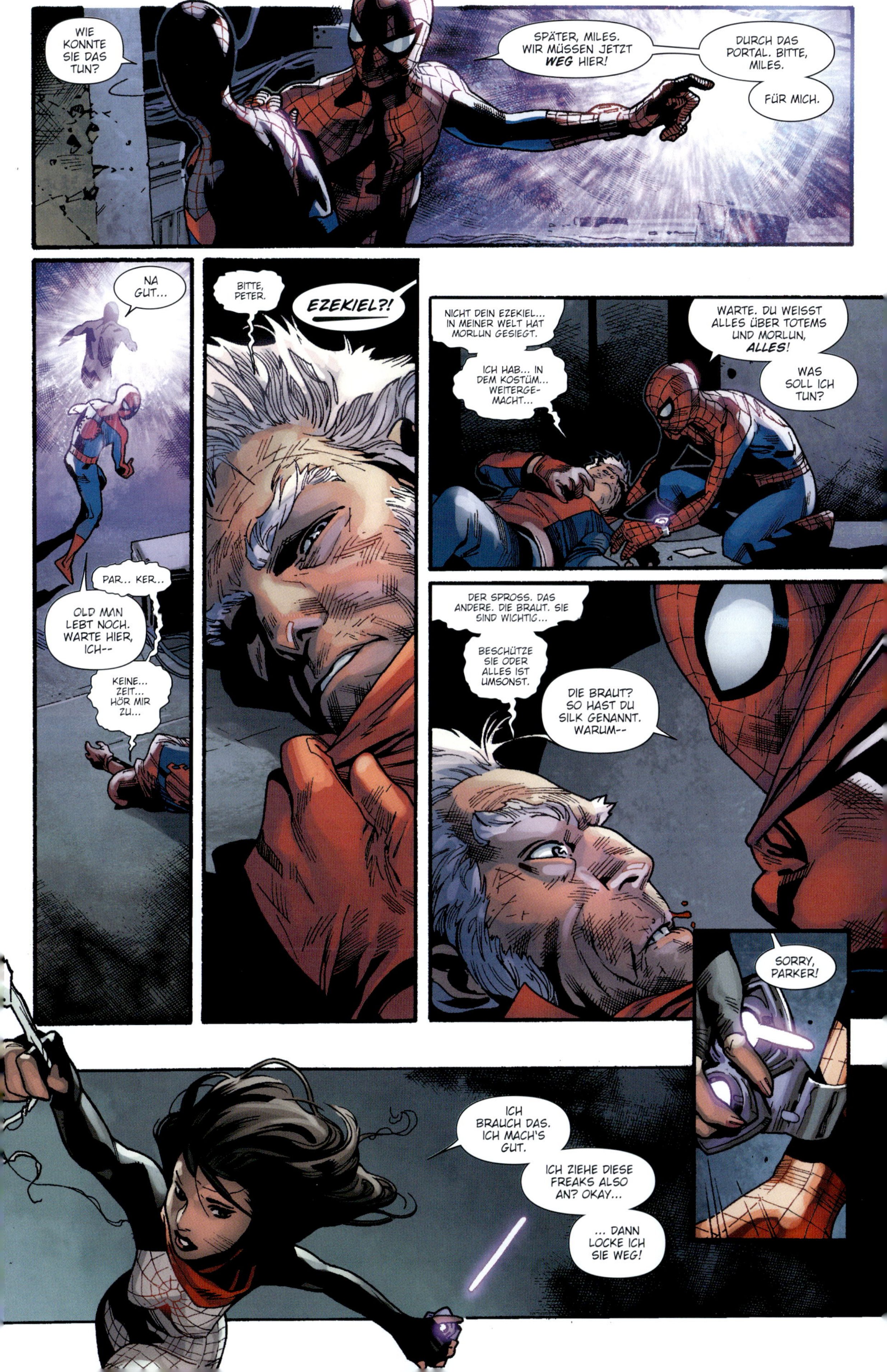

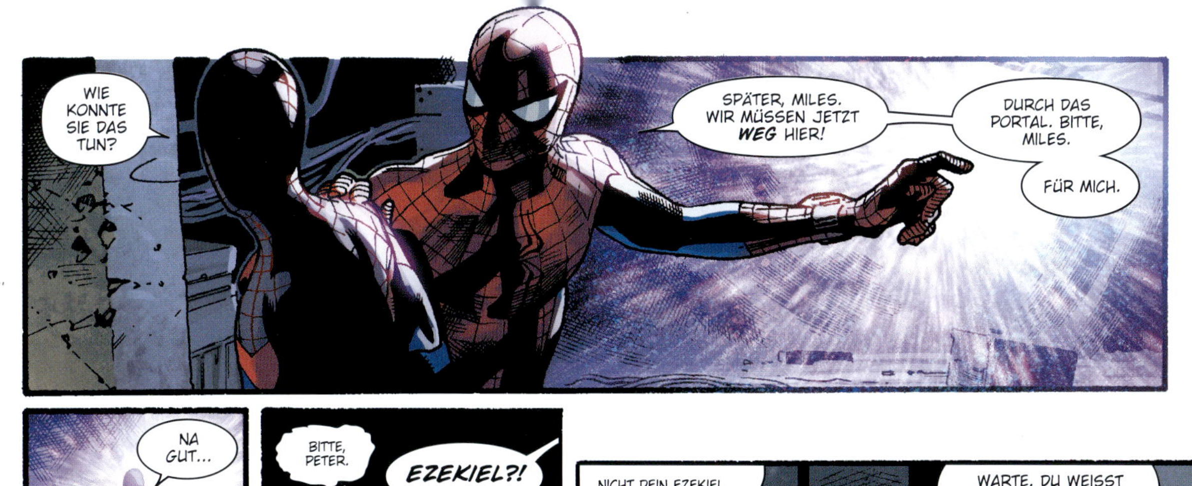
WIE KONNTE SIE DAS TUN?
SPÄTER, MILES. WIR MÜSSEN JETZT **WEG** HIER!
DURCH DAS PORTAL. BITTE, MILES.
FÜR MICH.

NA GUT...
PAR... KER...
OLD MAN LEBT NOCH. WARTE HIER, ICH--
KEINE... ZEIT... HÖR MIR ZU...
BITTE, PETER.
EZEKIEL?!
NICHT DEIN EZEKIEL... IN MEINER WELT HAT MORLUN GESIEGT.
ICH HAB... IN DEM KOSTÜM... WEITERGE-MACHT...
WARTE. DU WEISST ALLES ÜBER TOTEMS UND MORLUN, **ALLES**!
WAS SOLL ICH TUN?
DER SPROSS. DAS ANDERE. DIE BRAUT. SIE SIND WICHTIG...
BESCHÜTZE SIE ODER ALLES IST UMSONST.
DIE BRAUT? SO HAST DU SILK GENANNT. WARUM--
SORRY, PARKER!
ICH BRAUCH DAS. ICH MACH'S GUT.
ICH ZIEHE DIESE FREAKS ALSO AN? OKAY...
... DANN LOCKE ICH SIE WEG!

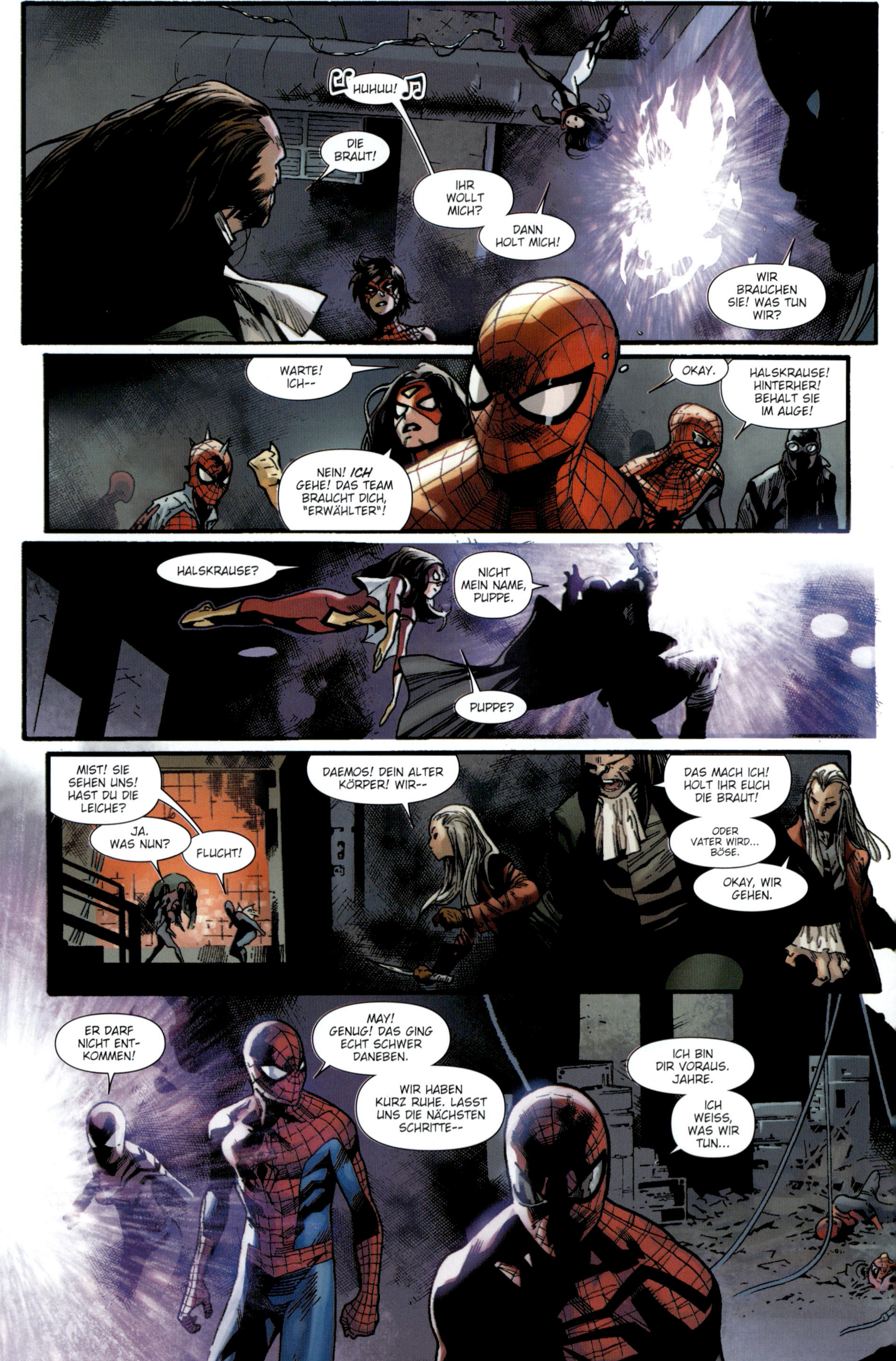
HUHUU!
DIE BRAUT!
IHR WOLLT MICH?
DANN HOLT MICH!
WIR BRAUCHEN SIE! WAS TUN WIR?
WARTE! ICH--
OKAY.
HALSKRAUSE! HINTERHER! BEHALT SIE IM AUGE!
NEIN! *ICH* GEHE! DAS TEAM BRAUCHT DICH, "ERWÄHLTER"!
HALSKRAUSE?
NICHT MEIN NAME, PUPPE.
PUPPE?
MIST! SIE SEHEN UNS! HAST DU DIE LEICHE?
JA. WAS NUN?
FLUCHT!
DAEMOS! DEIN ALTER KÖRPER! WIR--
DAS MACH ICH! HOLT IHR EUCH DIE BRAUT!
ODER VATER WIRD... BÖSE.
OKAY, WIR GEHEN.
ER DARF NICHT ENT-KOMMEN!
MAY! GENUG! DAS GING ECHT SCHWER DANEBEN.
WIR HABEN KURZ RUHE. LASST UNS DIE NÄCHSTEN SCHRITTE--
ICH BIN DIR VORAUS. JAHRE.
ICH WEISS, WAS WIR TUN...

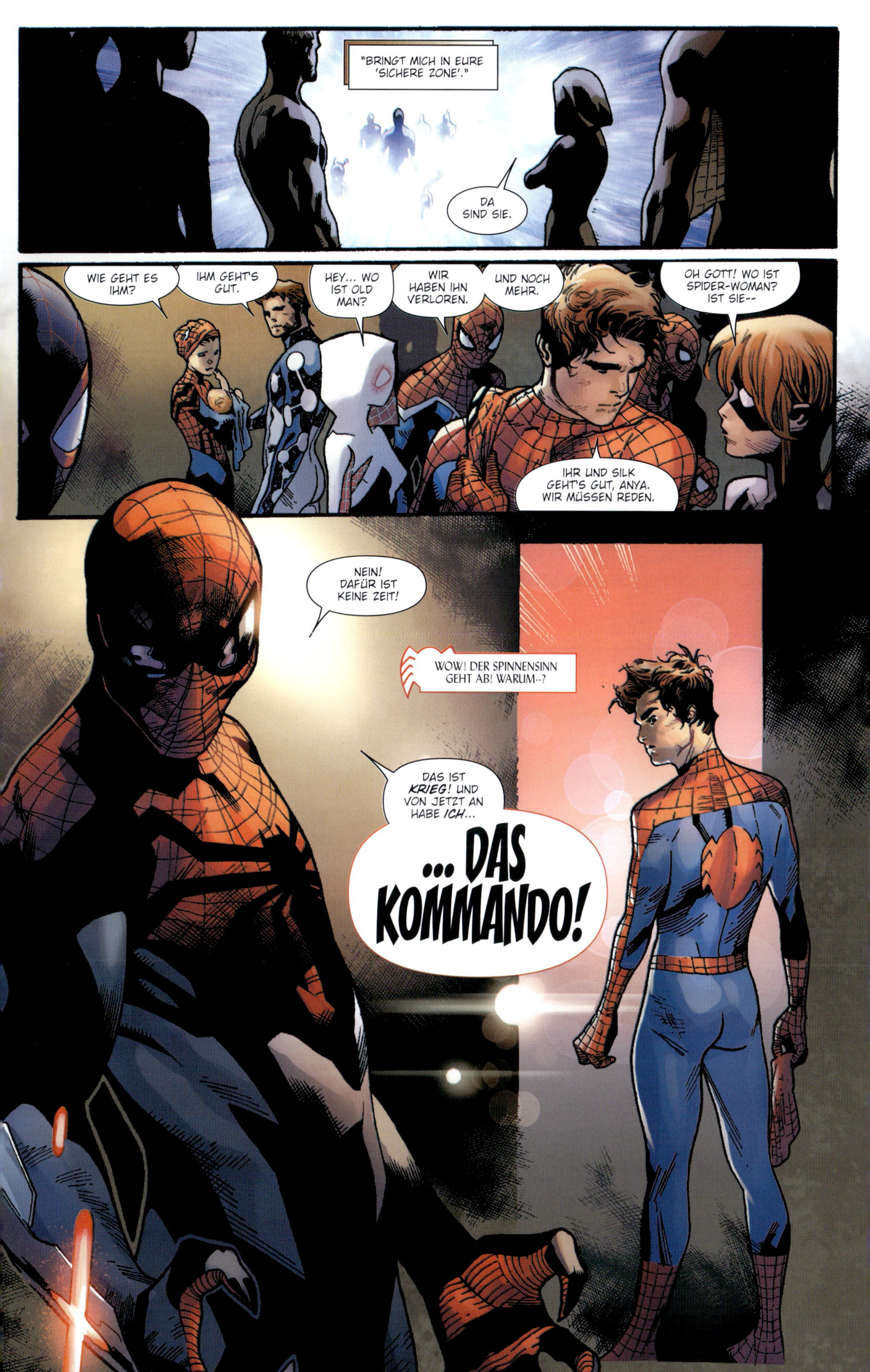
"BRINGT MICH IN EURE 'SICHERE ZONE'."
DA SIND SIE.
WIE GEHT ES IHM?
IHM GEHT'S GUT.
HEY... WO IST OLD MAN?
WIR HABEN IHN VERLOREN.
UND NOCH MEHR.
OH GOTT! WO IST SPIDER-WOMAN? IST SIE--
IHR UND SILK GEHT'S GUT, ANYA. WIR MÜSSEN REDEN.
NEIN! DAFÜR IST KEINE ZEIT!
WOW! DER SPINNENSINN GEHT AB! WARUM--?
DAS IST KRIEG! UND VON JETZT AN HABE ICH...
... DAS KOMMANDO!

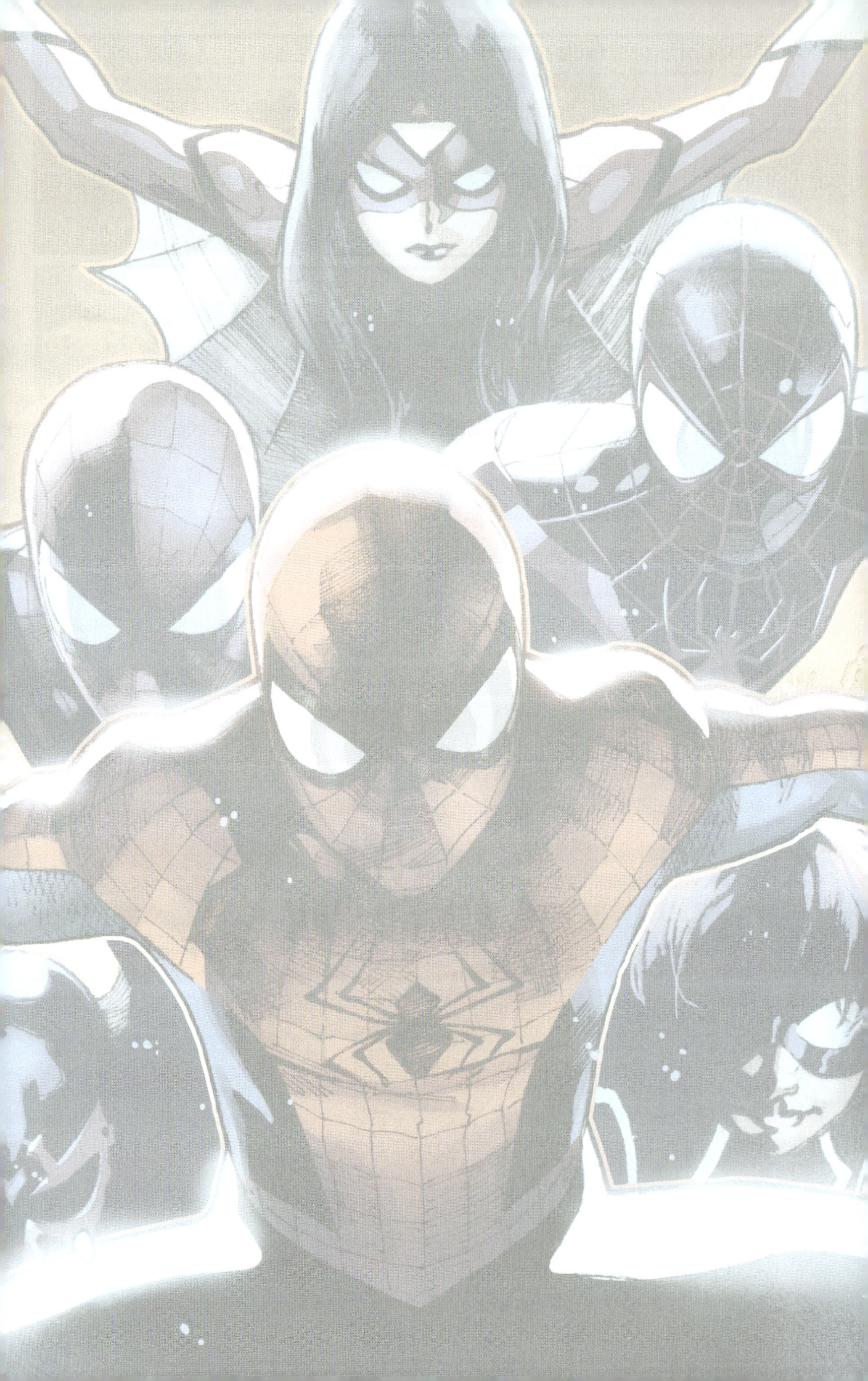

SPIDER-VERSE, TEIL 3: DIE SICHERE ZONE

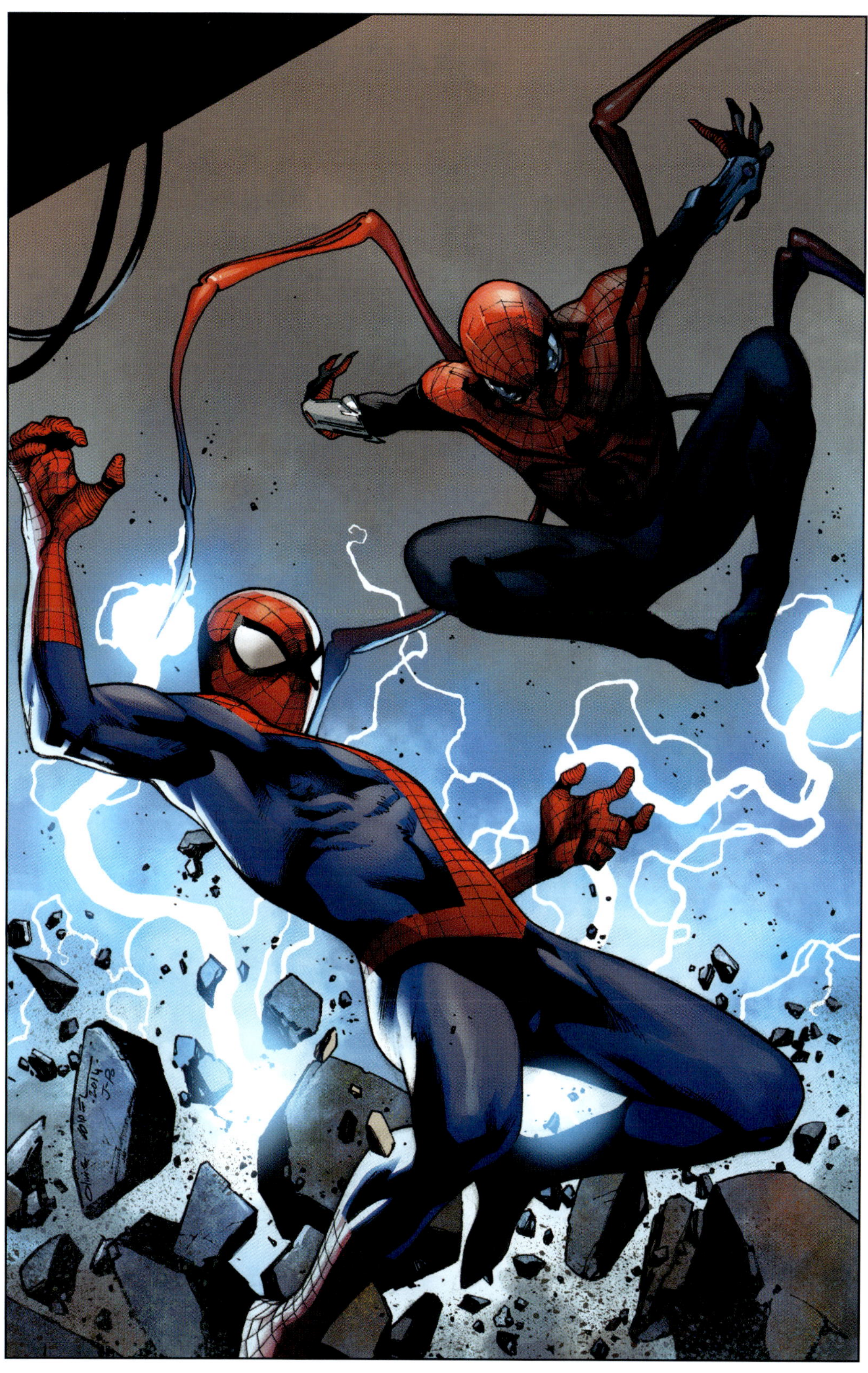

Amazing Spider-Man (2014) 11
Cover von **OLIVIER COIPEL**

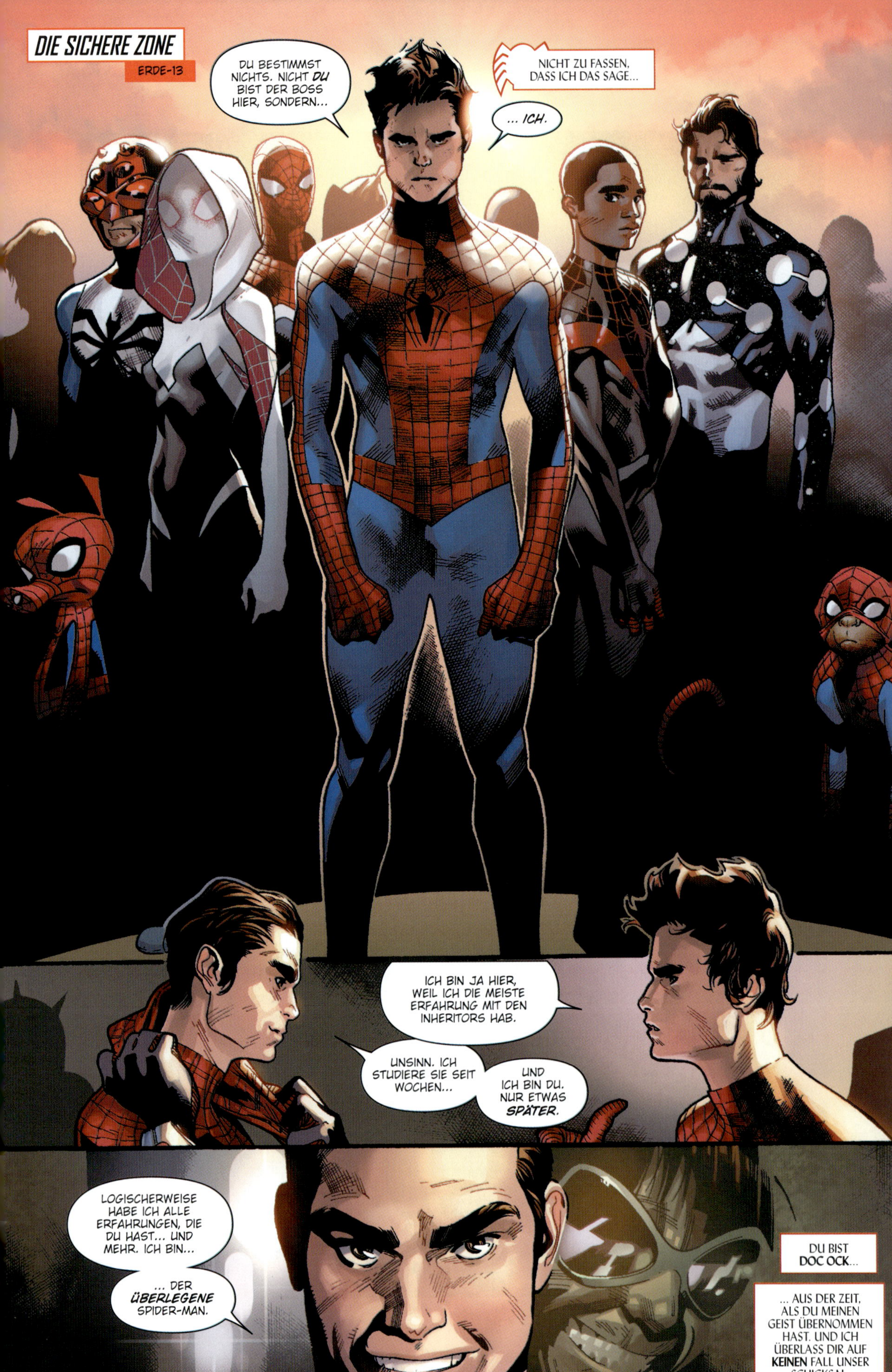
DIE SICHERE ZONE
ERDE-13
DU BESTIMMST NICHTS. NICHT DU BIST DER BOSS HIER, SONDERN...
NICHT ZU FASSEN, DASS ICH DAS SAGE...
... ICH.
ICH BIN JA HIER, WEIL ICH DIE MEISTE ERFAHRUNG MIT DEN INHERITORS HAB.
UNSINN. ICH STUDIERE SIE SEIT WOCHEN...
UND ICH BIN DU. NUR ETWAS SPÄTER.
LOGISCHERWEISE HABE ICH ALLE ERFAHRUNGEN, DIE DU HAST... UND MEHR. ICH BIN...
... DER ÜBERLEGENE SPIDER-MAN.
DU BIST DOC OCK...
... AUS DER ZEIT, ALS DU MEINEN GEIST ÜBERNOMMEN HAST. UND ICH ÜBERLASS DIR AUF KEINEN FALL UNSER SCHICKSAL.

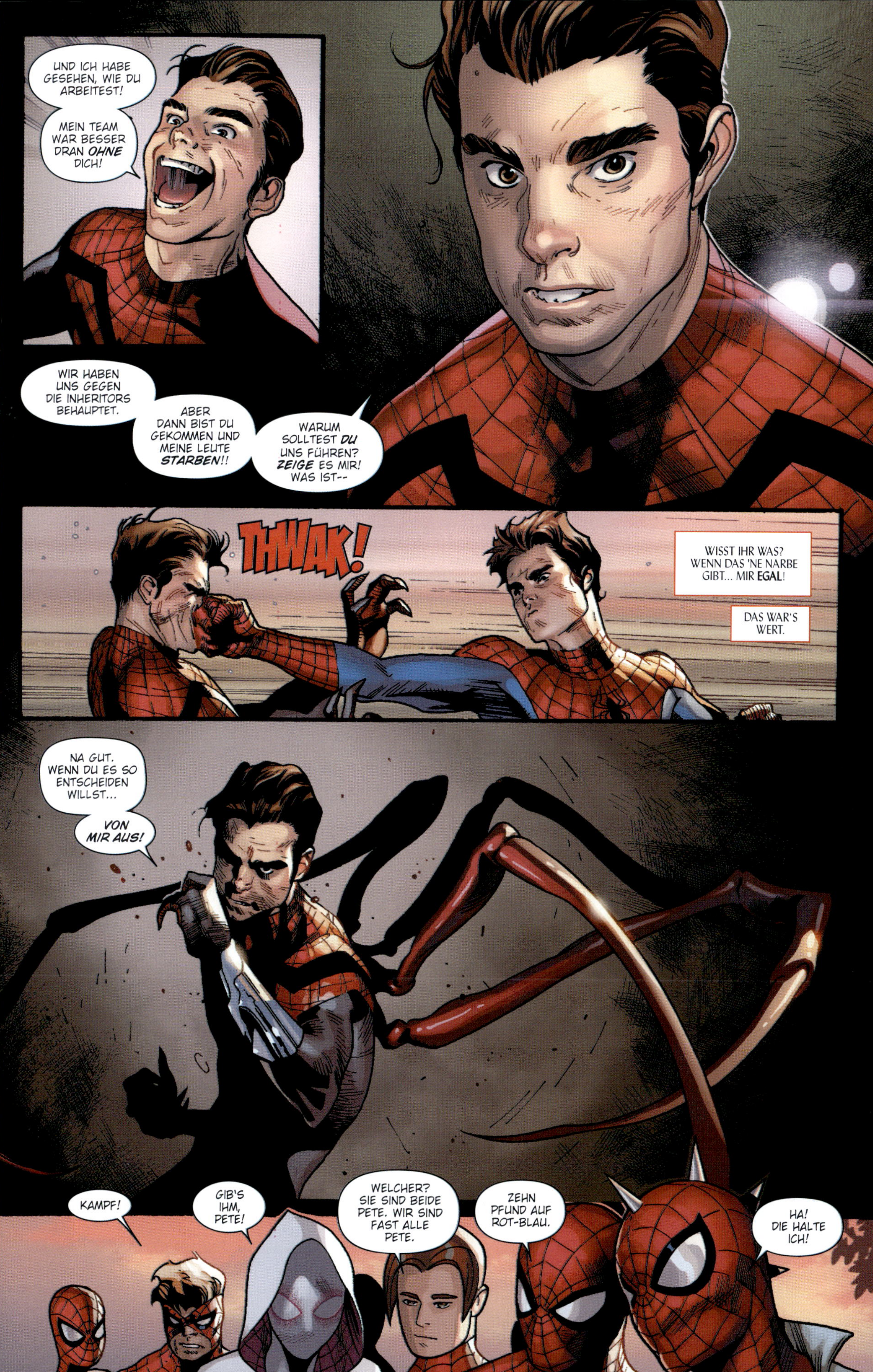
UND ICH HABE GESEHEN, WIE DU ARBEITEST!
MEIN TEAM WAR BESSER DRAN *OHNE* DICH!
WIR HABEN UNS GEGEN DIE INHERITORS BEHAUPTET.
ABER DANN BIST DU GEKOMMEN UND MEINE LEUTE **STARBEN**!!
WARUM SOLLTEST ***DU*** UNS FÜHREN? ***ZEIGE*** ES MIR! WAS IST--
THWAK!
WISST IHR WAS? WENN DAS 'NE NARBE GIBT… MIR **EGAL**!
DAS WAR'S WERT.
NA GUT. WENN DU ES SO ENTSCHEIDEN WILLST…
VON MIR AUS!
KAMPF!
GIB'S IHM, PETE!
WELCHER? SIE SIND BEIDE PETE. WIR SIND FAST ALLE PETE.
ZEHN PFUND AUF ROT-BLAU.
HA! DIE HALTE ICH!

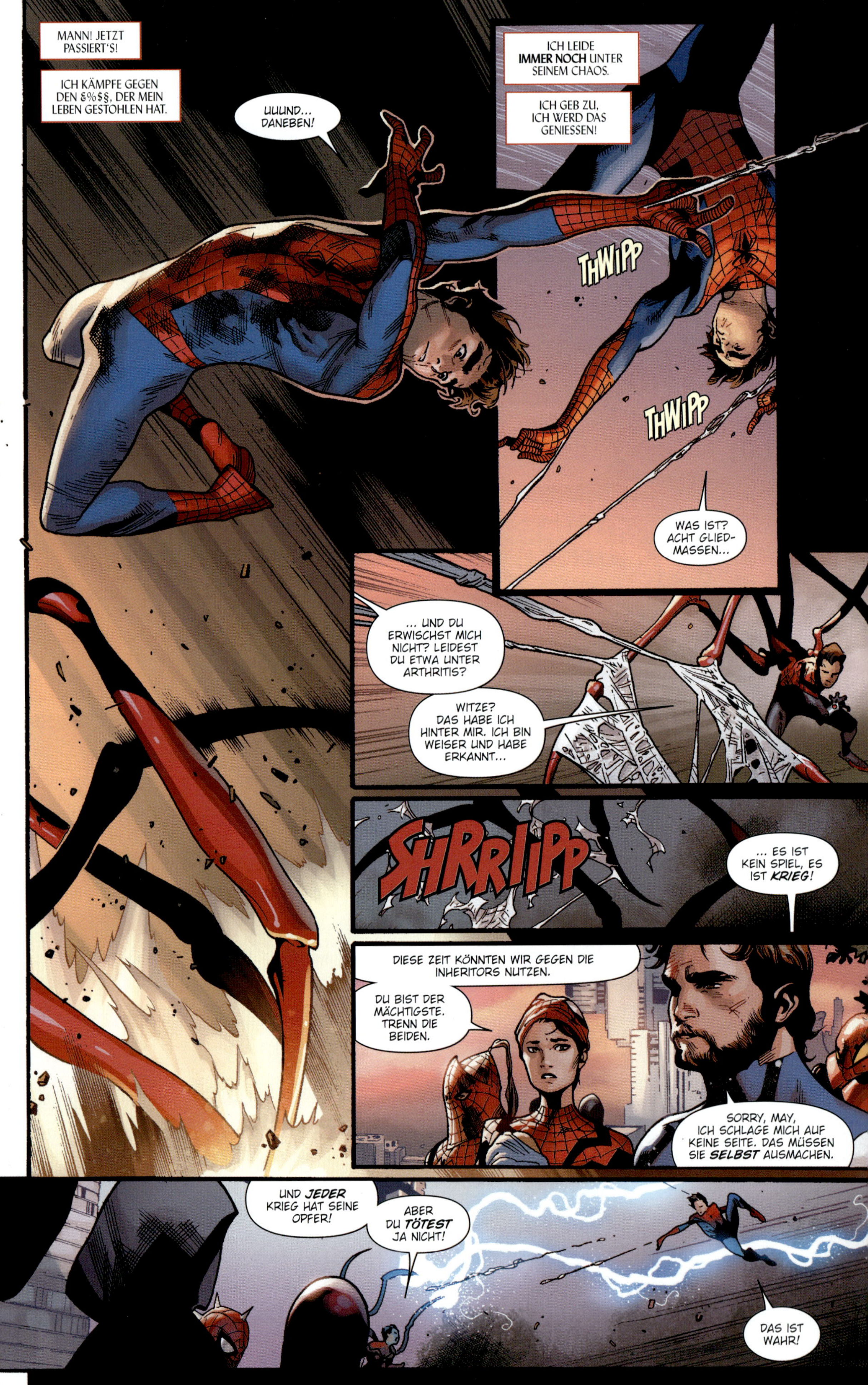

MANN! JETZT PASSIERT'S!
ICH KÄMPFE GEGEN DEN &%$§, DER MEIN LEBEN GESTOHLEN HAT.
UUUND... DANEBEN!
ICH LEIDE IMMER NOCH UNTER SEINEM CHAOS.
ICH GEB ZU, ICH WERD DAS GENIESSEN!
THWIPP
THWIPP
WAS IST? ACHT GLIED-MASSEN...
... UND DU ERWISCHST MICH NICHT? LEIDEST DU ETWA UNTER ARTHRITIS?
WITZE? DAS HABE ICH HINTER MIR. ICH BIN WEISER UND HABE ERKANNT...
SHRRIPP
... ES IST KEIN SPIEL, ES IST KRIEG!
DIESE ZEIT KÖNNTEN WIR GEGEN DIE INHERITORS NUTZEN.
DU BIST DER MÄCHTIGSTE. TRENN DIE BEIDEN.
SORRY, MAY, ICH SCHLAGE MICH AUF KEINE SEITE. DAS MÜSSEN SIE SELBST AUSMACHEN.
UND JEDER KRIEG HAT SEINE OPFER!
ABER DU TÖTEST JA NICHT!
DAS IST WAHR!

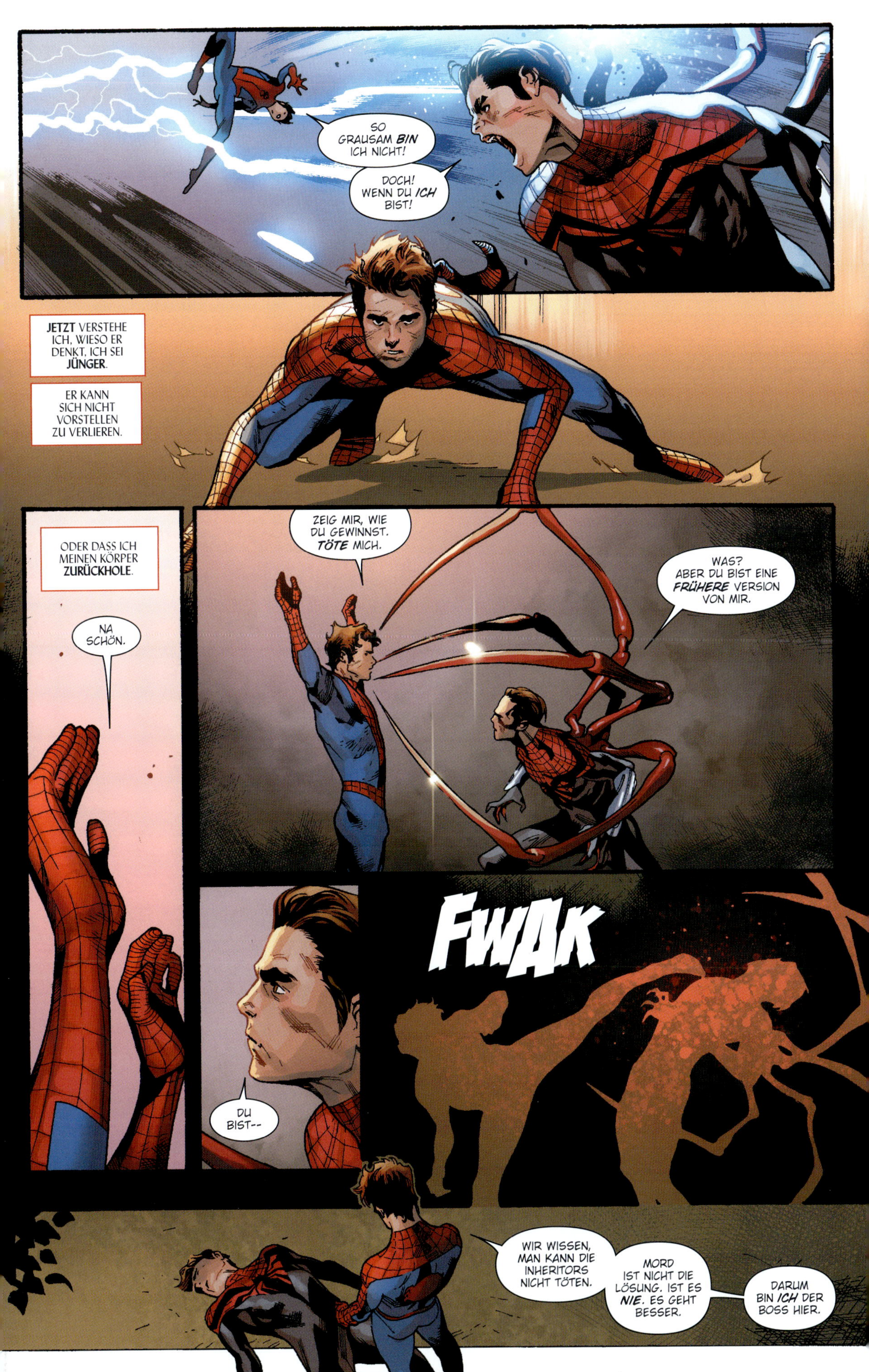
SO GRAUSAM BIN ICH NICHT!
DOCH! WENN DU ICH BIST!
JETZT VERSTEHE ICH, WIESO ER DENKT, ICH SEI JÜNGER.
ER KANN SICH NICHT VORSTELLEN ZU VERLIEREN.
ODER DASS ICH MEINEN KÖRPER ZURÜCKHOLE.
NA SCHÖN.
ZEIG MIR, WIE DU GEWINNST. TÖTE MICH.
WAS? ABER DU BIST EINE FRÜHERE VERSION VON MIR.
DU BIST--
FWAK
WIR WISSEN, MAN KANN DIE INHERITORS NICHT TÖTEN.
MORD IST NICHT DIE LÖSUNG. IST ES NIE. ES GEHT BESSER.
DARUM BIN ICH DER BOSS HIER.

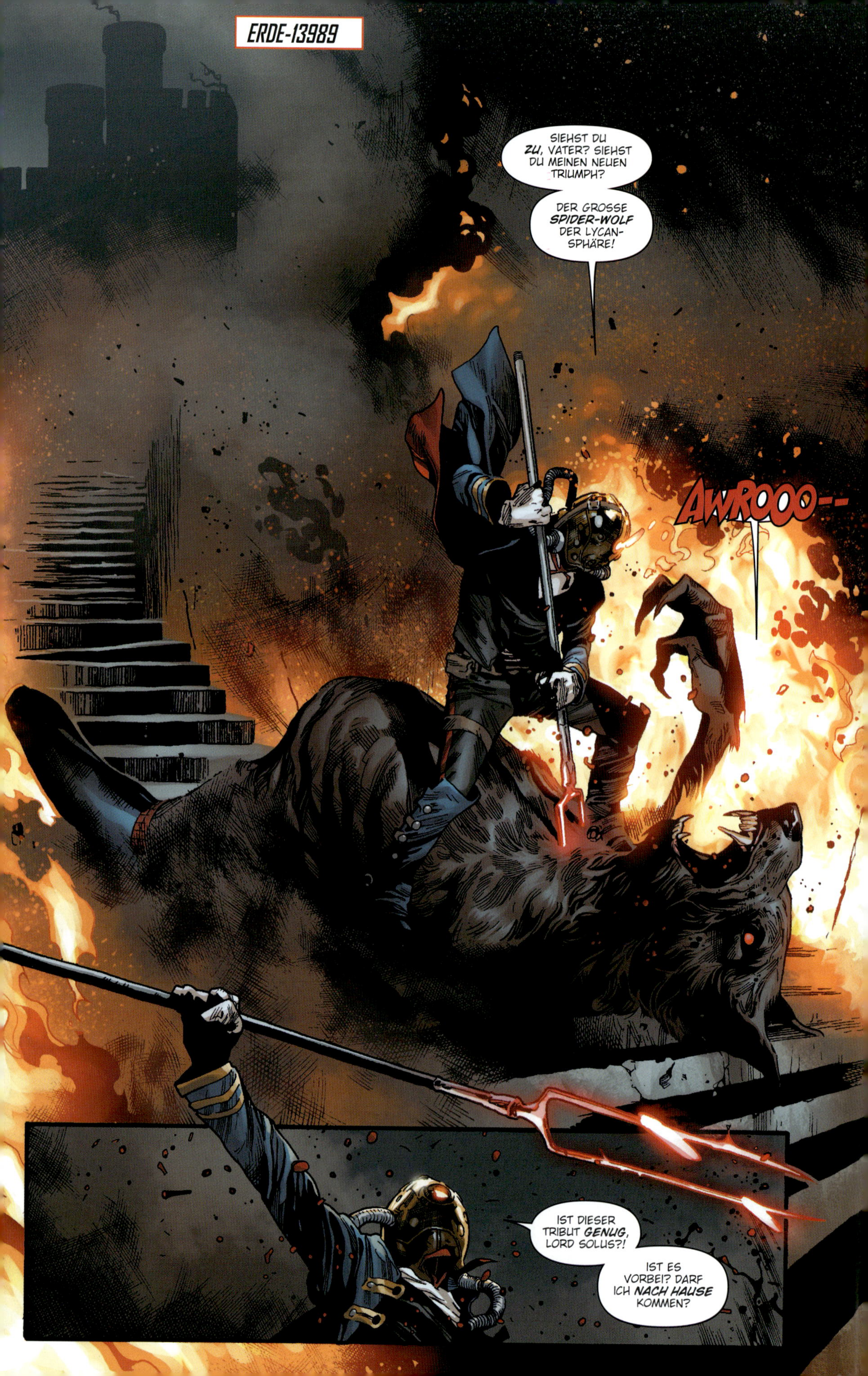
ERDE-13989
SIEHST DU ZU, VATER? SIEHST DU MEINEN NEUEN TRIUMPH?
DER GROSSE SPIDER-WOLF DER LYCAN-SPHÄRE!
AWROOO--
IST DIESER TRIBUT GENUG, LORD SOLUS?!
IST ES VORBEI? DARF ICH NACH HAUSE KOMMEN?

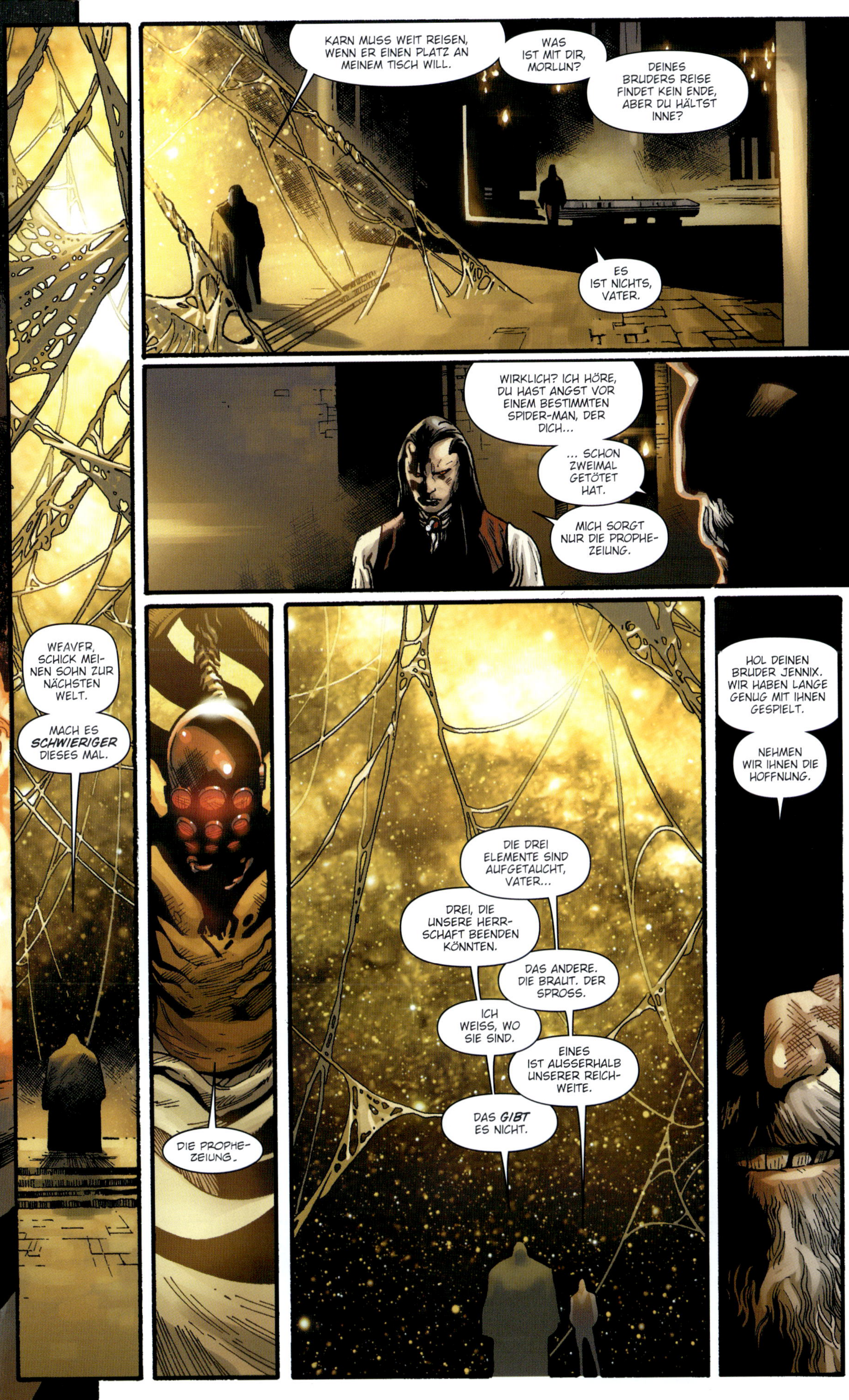
KARN MUSS WEIT REISEN, WENN ER EINEN PLATZ AN MEINEM TISCH WILL.
WAS IST MIT DIR, MORLUN?
DEINES BRUDERS REISE FINDET KEIN ENDE, ABER DU HÄLTST INNE?
ES IST NICHTS, VATER.
WIRKLICH? ICH HÖRE, DU HAST ANGST VOR EINEM BESTIMMTEN SPIDER-MAN, DER DICH...
... SCHON ZWEIMAL GETÖTET HAT.
MICH SORGT NUR DIE PROPHEZEIUNG.
WEAVER, SCHICK MEINEN SOHN ZUR NÄCHSTEN WELT.
MACH ES *SCHWIERIGER* DIESES MAL.
DIE PROPHEZEIUNG.
DIE DREI ELEMENTE SIND AUFGETAUCHT, VATER...
DREI, DIE UNSERE HERRSCHAFT BEENDEN KÖNNTEN.
DAS ANDERE. DIE BRAUT. DER SPROSS.
ICH WEISS, WO SIE SIND.
EINES IST AUSSERHALB UNSERER REICHWEITE.
DAS *GIBT* ES NICHT.
HOL DEINEN BRUDER JENNIX. WIR HABEN LANGE GENUG MIT IHNEN GESPIELT.
NEHMEN WIR IHNEN DIE HOFFNUNG.

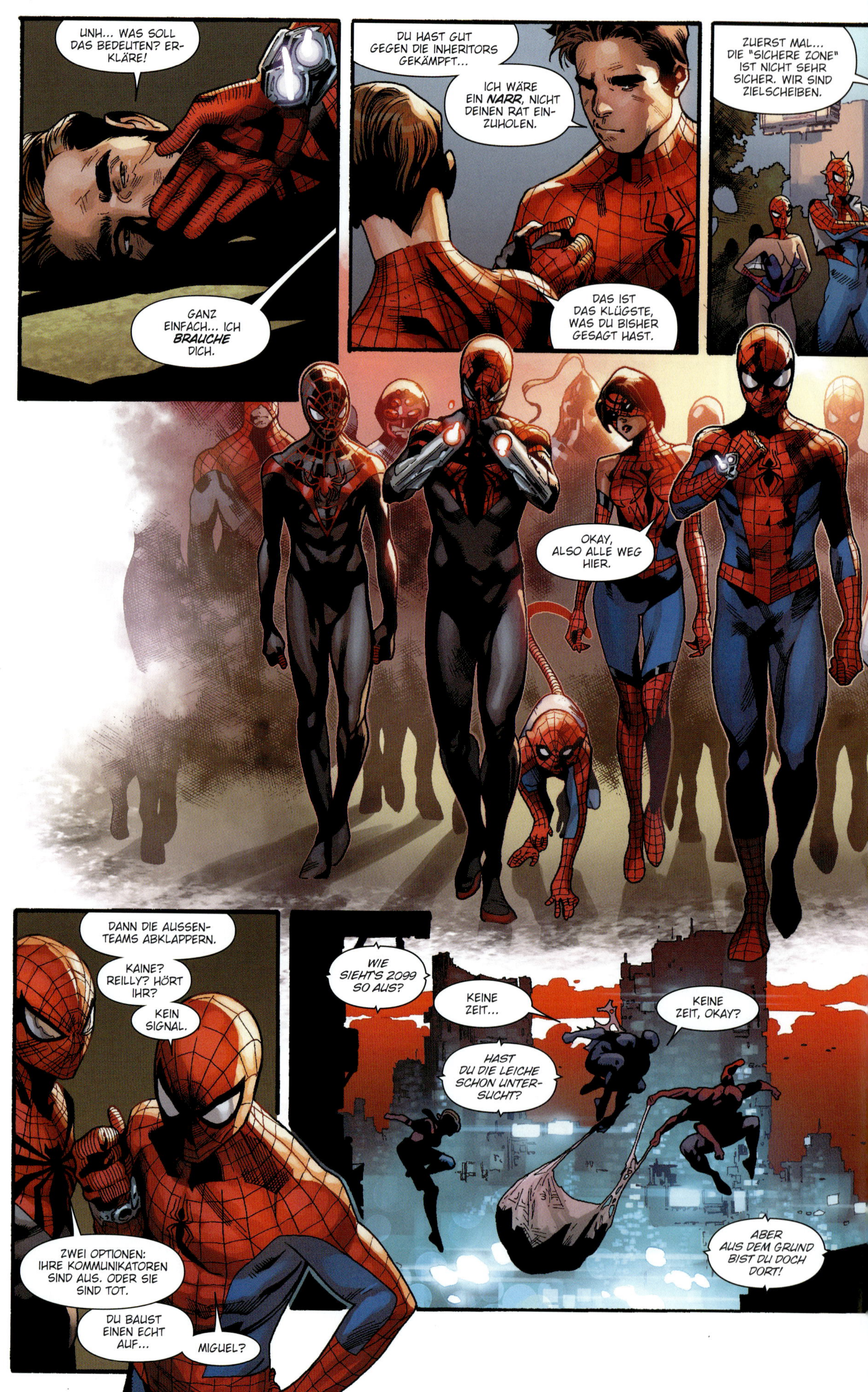
UNH... WAS SOLL DAS BEDEUTEN? ERKLÄRE!
GANZ EINFACH... ICH BRAUCHE DICH.
DU HAST GUT GEGEN DIE INHERITORS GEKÄMPFT...
ICH WÄRE EIN NARR, NICHT DEINEN RAT EINZUHOLEN.
DAS IST DAS KLÜGSTE, WAS DU BISHER GESAGT HAST.
ZUERST MAL... DIE "SICHERE ZONE" IST NICHT SEHR SICHER. WIR SIND ZIELSCHEIBEN.
OKAY, ALSO ALLE WEG HIER.
DANN DIE AUSSENTEAMS ABKLAPPERN.
KAINE? REILLY? HÖRT IHR?
KEIN SIGNAL.
ZWEI OPTIONEN: IHRE KOMMUNIKATOREN SIND AUS. ODER SIE SIND TOT.
DU BAUST EINEN ECHT AUF...
MIGUEL?
WIE SIEHT'S 2099 SO AUS?
KEINE ZEIT...
HAST DU DIE LEICHE SCHON UNTERSUCHT?
KEINE ZEIT, OKAY?
ABER AUS DEM GRUND BIST DU DOCH DORT!

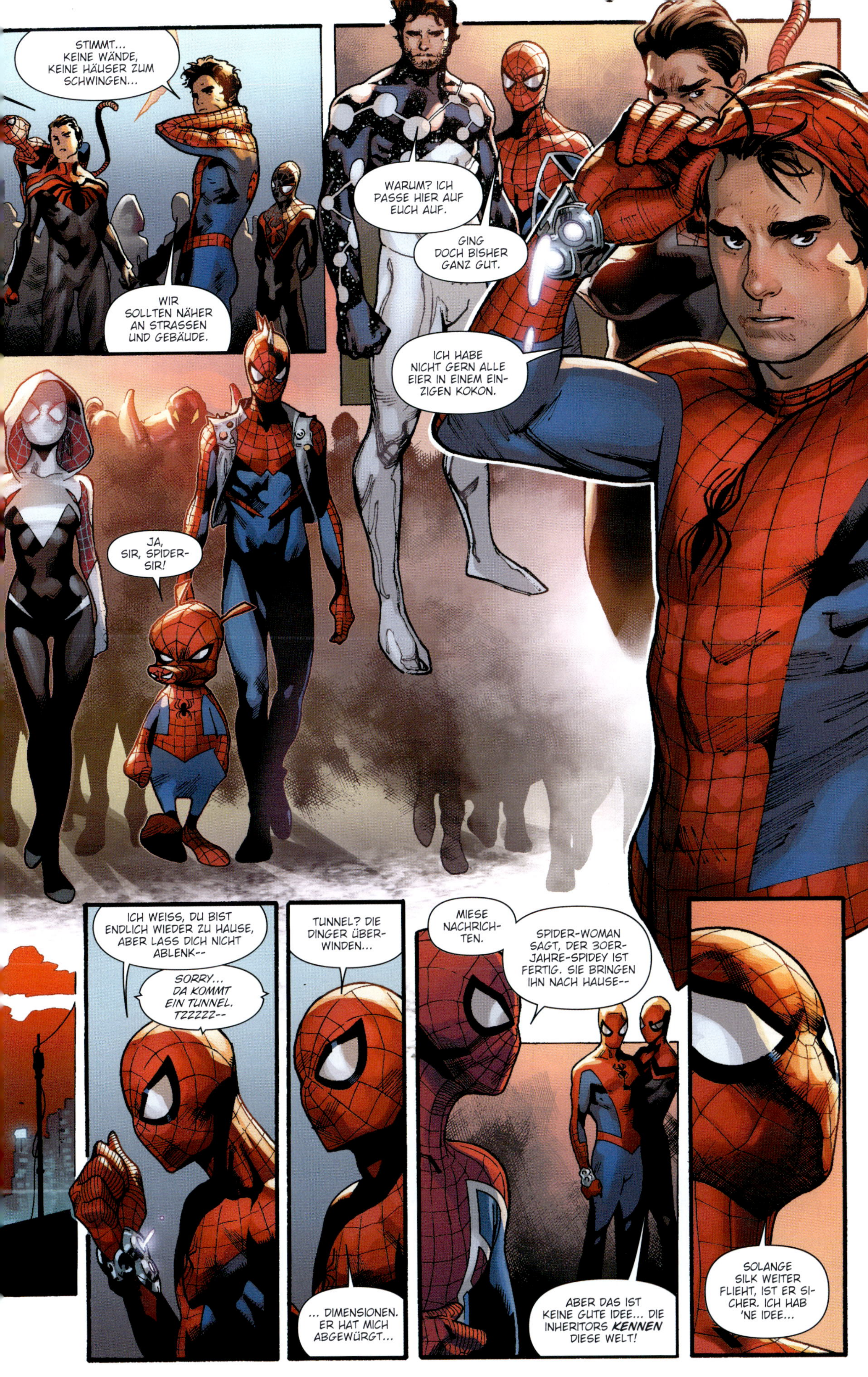
STIMMT... KEINE WÄNDE, KEINE HÄUSER ZUM SCHWINGEN...
WIR SOLLTEN NÄHER AN STRASSEN UND GEBÄUDE.
WARUM? ICH PASSE HIER AUF EUCH AUF.
GING DOCH BISHER GANZ GUT.
ICH HABE NICHT GERN ALLE EIER IN EINEM EINZIGEN KOKON.
JA, SIR, SPIDER-SIR!
ICH WEISS, DU BIST ENDLICH WIEDER ZU HAUSE, ABER LASS DICH NICHT ABLENK--
SORRY... DA KOMMT EIN TUNNEL. TZZZZZ--
TUNNEL? DIE DINGER ÜBERWINDEN...
... DIMENSIONEN. ER HAT MICH ABGEWÜRGT...
MIESE NACHRICHTEN.
SPIDER-WOMAN SAGT, DER 30ER-JAHRE-SPIDEY IST FERTIG. SIE BRINGEN IHN NACH HAUSE--
ABER DAS IST KEINE GUTE IDEE... DIE INHERITORS *KENNEN* DIESE WELT!
SOLANGE SILK WEITER FLIEHT, IST ER SICHER. ICH HAB 'NE IDEE...

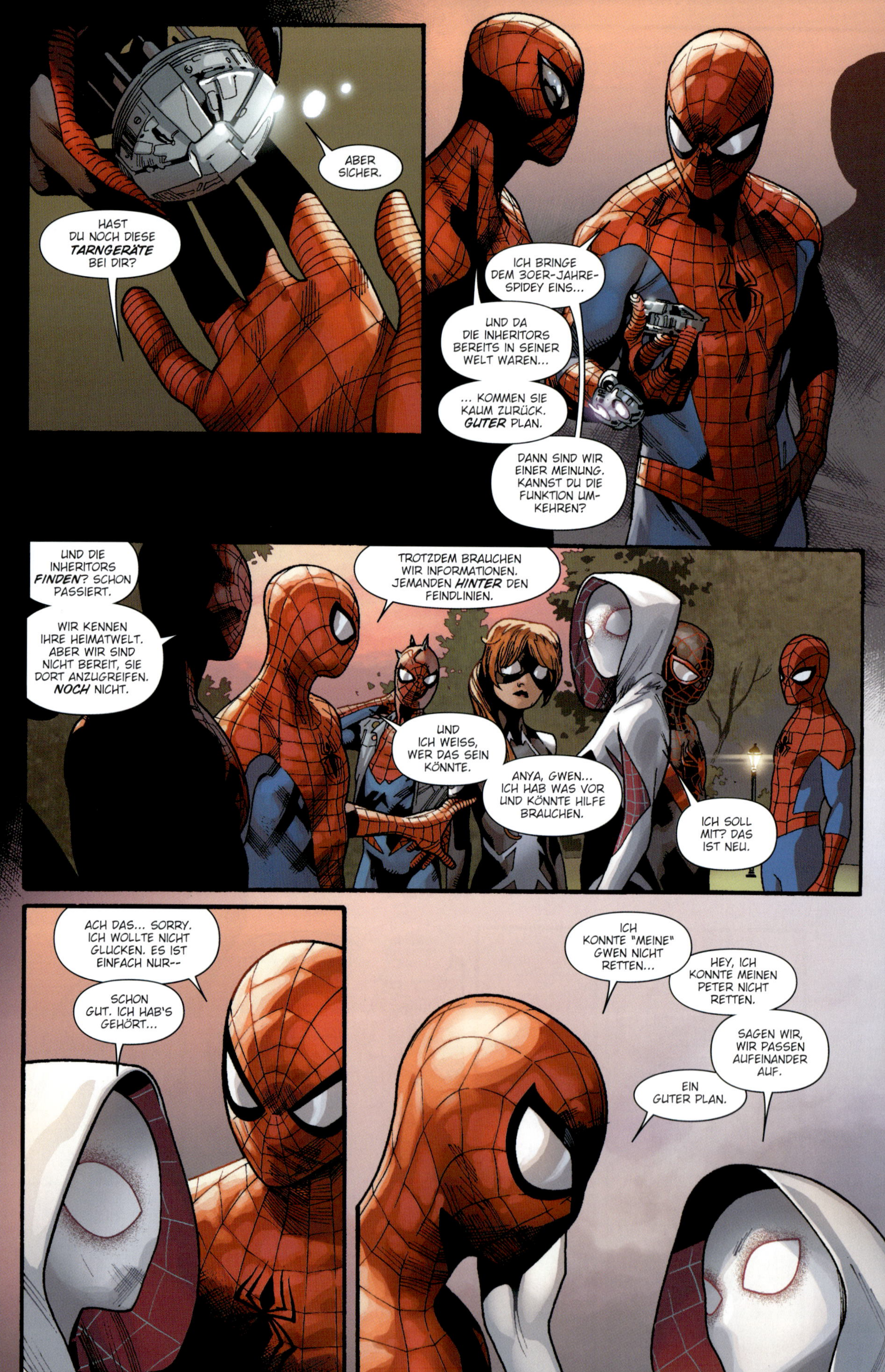
HAST DU NOCH DIESE TARNGERÄTE BEI DIR?
ABER SICHER.
ICH BRINGE DEM 30ER-JAHRE-SPIDEY EINS...
UND DA DIE INHERITORS BEREITS IN SEINER WELT WAREN...
... KOMMEN SIE KAUM ZURÜCK. GUTER PLAN.
DANN SIND WIR EINER MEINUNG. KANNST DU DIE FUNKTION UMKEHREN?
UND DIE INHERITORS FINDEN? SCHON PASSIERT.
WIR KENNEN IHRE HEIMATWELT. ABER WIR SIND NICHT BEREIT, SIE DORT ANZUGREIFEN. NOCH NICHT.
TROTZDEM BRAUCHEN WIR INFORMATIONEN. JEMANDEN HINTER DEN FEINDLINIEN.
UND ICH WEISS, WER DAS SEIN KÖNNTE.
ANYA, GWEN... ICH HAB WAS VOR UND KÖNNTE HILFE BRAUCHEN.
ICH SOLL MIT? DAS IST NEU.
ACH DAS... SORRY. ICH WOLLTE NICHT GLUCKEN. ES IST EINFACH NUR--
SCHON GUT. ICH HAB'S GEHÖRT...
ICH KONNTE "MEINE" GWEN NICHT RETTEN...
HEY, ICH KONNTE MEINEN PETER NICHT RETTEN.
SAGEN WIR, WIR PASSEN AUFEINANDER AUF.
EIN GUTER PLAN.

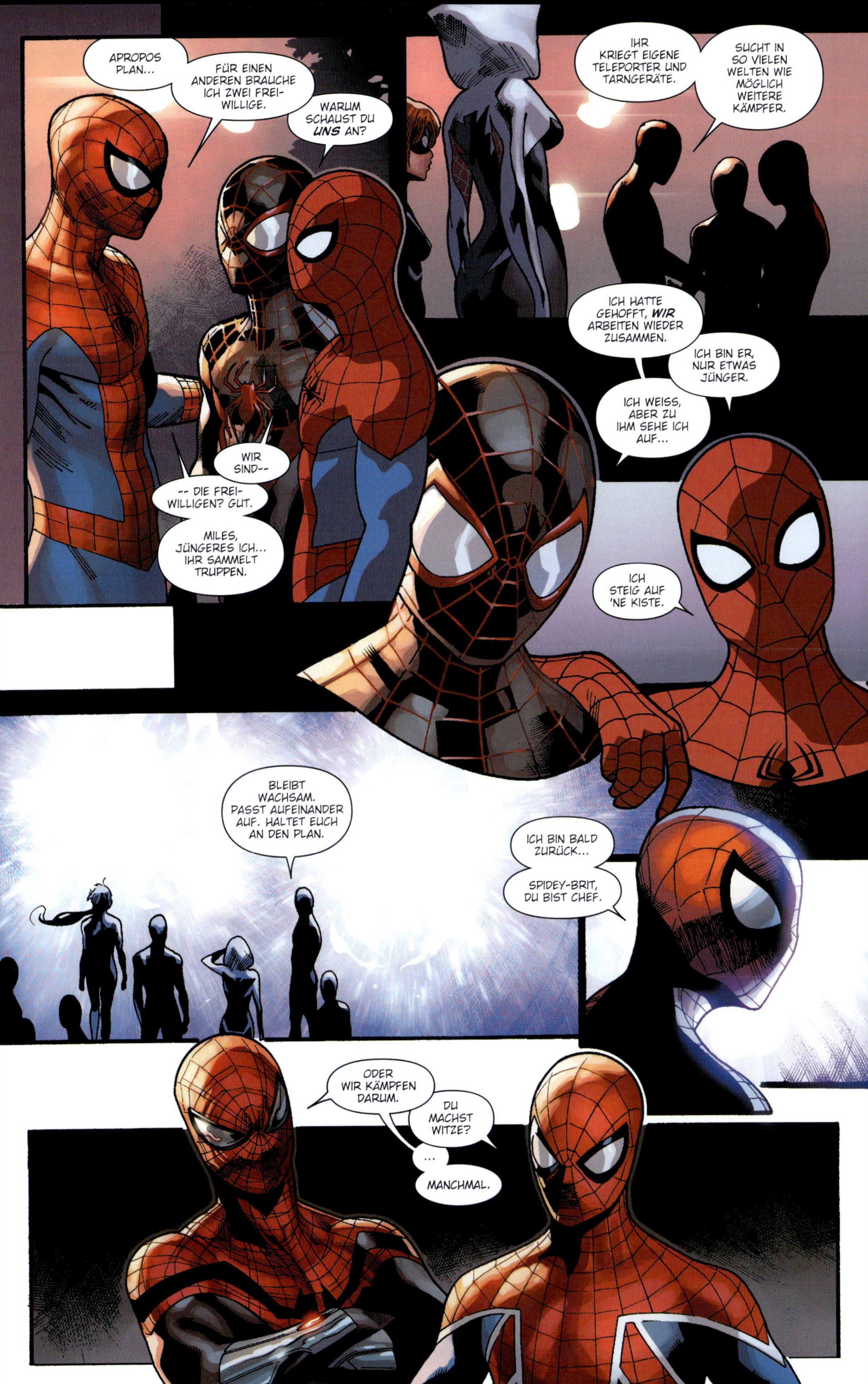
APROPOS PLAN...
FÜR EINEN ANDEREN BRAUCHE ICH ZWEI FREI-WILLIGE.
WARUM SCHAUST DU *UNS* AN?
WIR SIND--
-- DIE FREI-WILLIGEN? GUT.
MILES, JÜNGERES ICH... IHR SAMMELT TRUPPEN.
IHR KRIEGT EIGENE TELEPORTER UND TARNGERÄTE.
SUCHT IN SO VIELEN WELTEN WIE MÖGLICH WEITERE KÄMPFER.
ICH HATTE GEHOFFT, *WIR* ARBEITEN WIEDER ZUSAMMEN.
ICH BIN ER, NUR ETWAS JÜNGER.
ICH WEISS, ABER ZU IHM SEHE ICH AUF...
ICH STEIG AUF 'NE KISTE.
BLEIBT WACHSAM. PASST AUFEINANDER AUF. HALTET EUCH AN DEN PLAN.
ICH BIN BALD ZURÜCK...
SPIDEY-BRIT, DU BIST CHEF.
ODER WIR KÄMPFEN DARUM.
DU MACHST WITZE?
...
MANCHMAL.

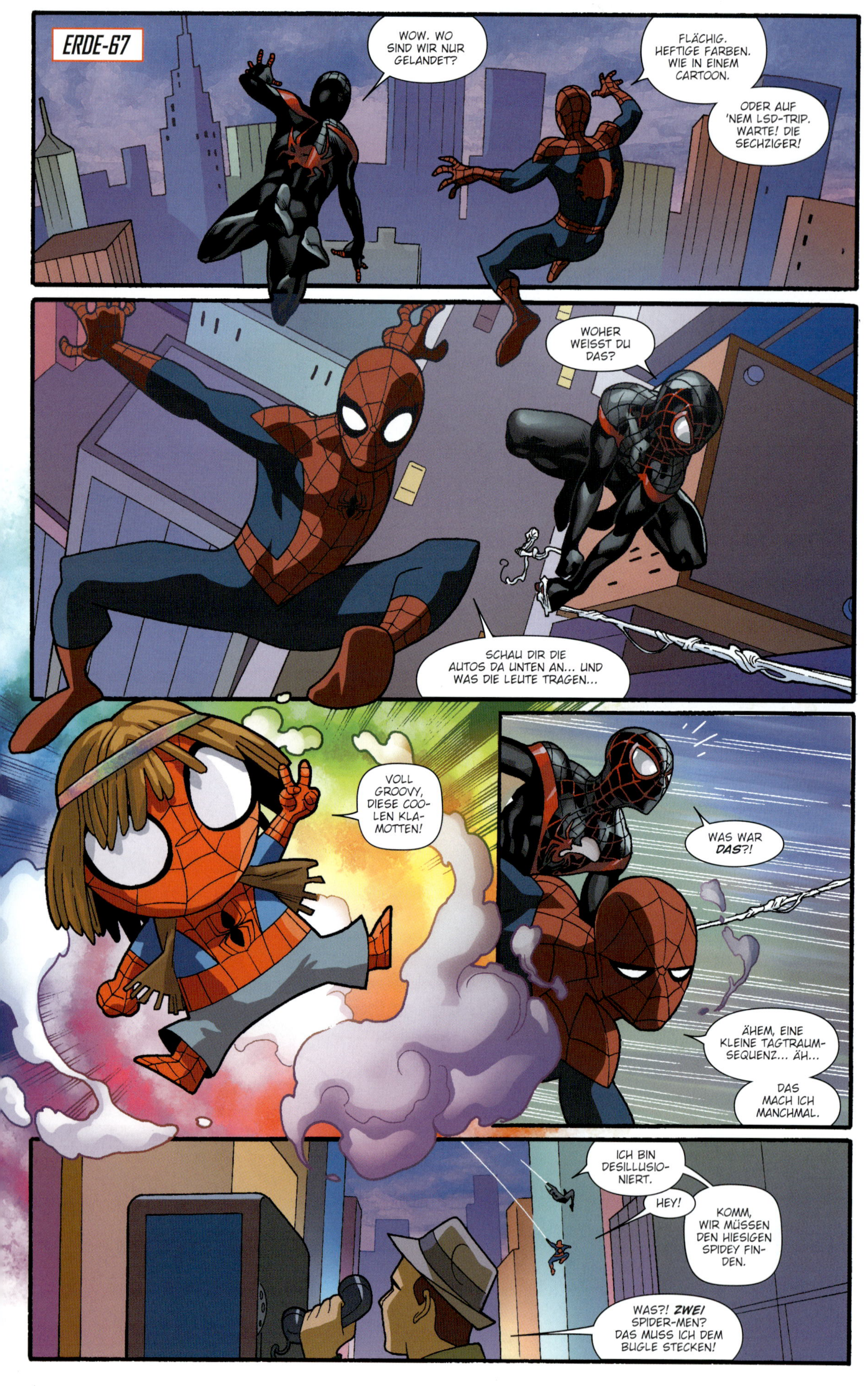
ERDE-67
WOW. WO SIND WIR NUR GELANDET?
FLÄCHIG. HEFTIGE FARBEN. WIE IN EINEM CARTOON.
ODER AUF 'NEM LSD-TRIP. WARTE! DIE SECHZIGER!
WOHER WEISST DU DAS?
SCHAU DIR DIE AUTOS DA UNTEN AN... UND WAS DIE LEUTE TRAGEN...
VOLL GROOVY, DIESE COO-LEN KLA-MOTTEN!
WAS WAR DAS?!
ÄHEM, EINE KLEINE TAGTRAUM-SEQUENZ... ÄH...
DAS MACH ICH MANCHMAL.
ICH BIN DESILLUSIO-NIERT.
HEY!
KOMM, WIR MÜSSEN DEN HIESIGEN SPIDEY FIN-DEN.
WAS?! ZWEI SPIDER-MEN? DAS MUSS ICH DEM BUGLE STECKEN!

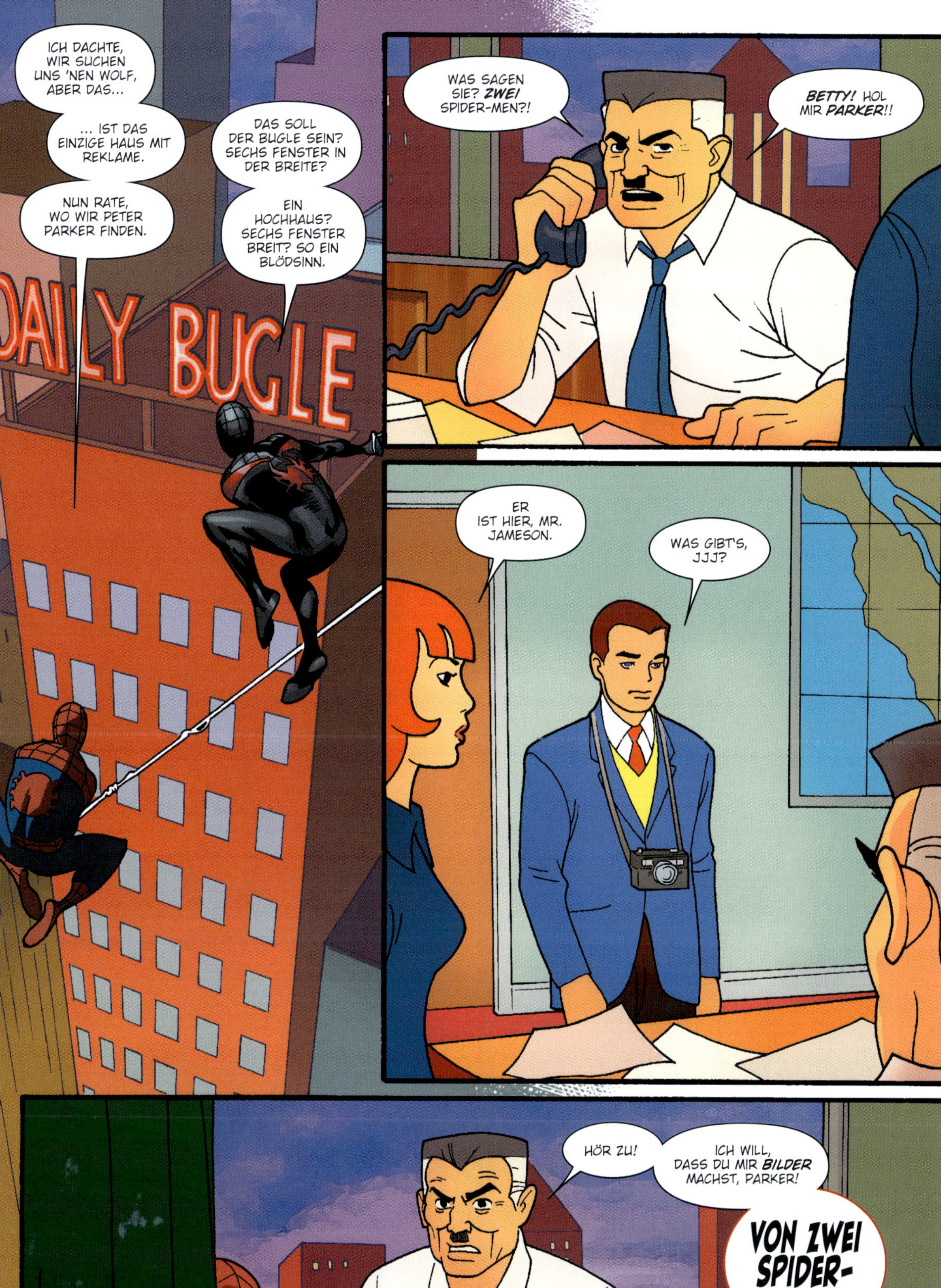
ICH DACHTE, WIR SUCHEN UNS 'NEN WOLF, ABER DAS...
... IST DAS EINZIGE HAUS MIT REKLAME.
NUN RATE, WO WIR PETER PARKER FINDEN.
DAS SOLL DER BUGLE SEIN? SECHS FENSTER IN DER BREITE?
EIN HOCHHAUS? SECHS FENSTER BREIT? SO EIN BLÖDSINN.
DAILY BUGLE
WAS SAGEN SIE? ZWEI SPIDER-MEN?!
BETTY! HOL MIR PARKER!!
ER IST HIER, MR. JAMESON.
WAS GIBT'S, JJJ?
HÖR ZU!
ICH WILL, DASS DU MIR BILDER MACHST, PARKER!
VON ZWEI SPIDER-MEN!!

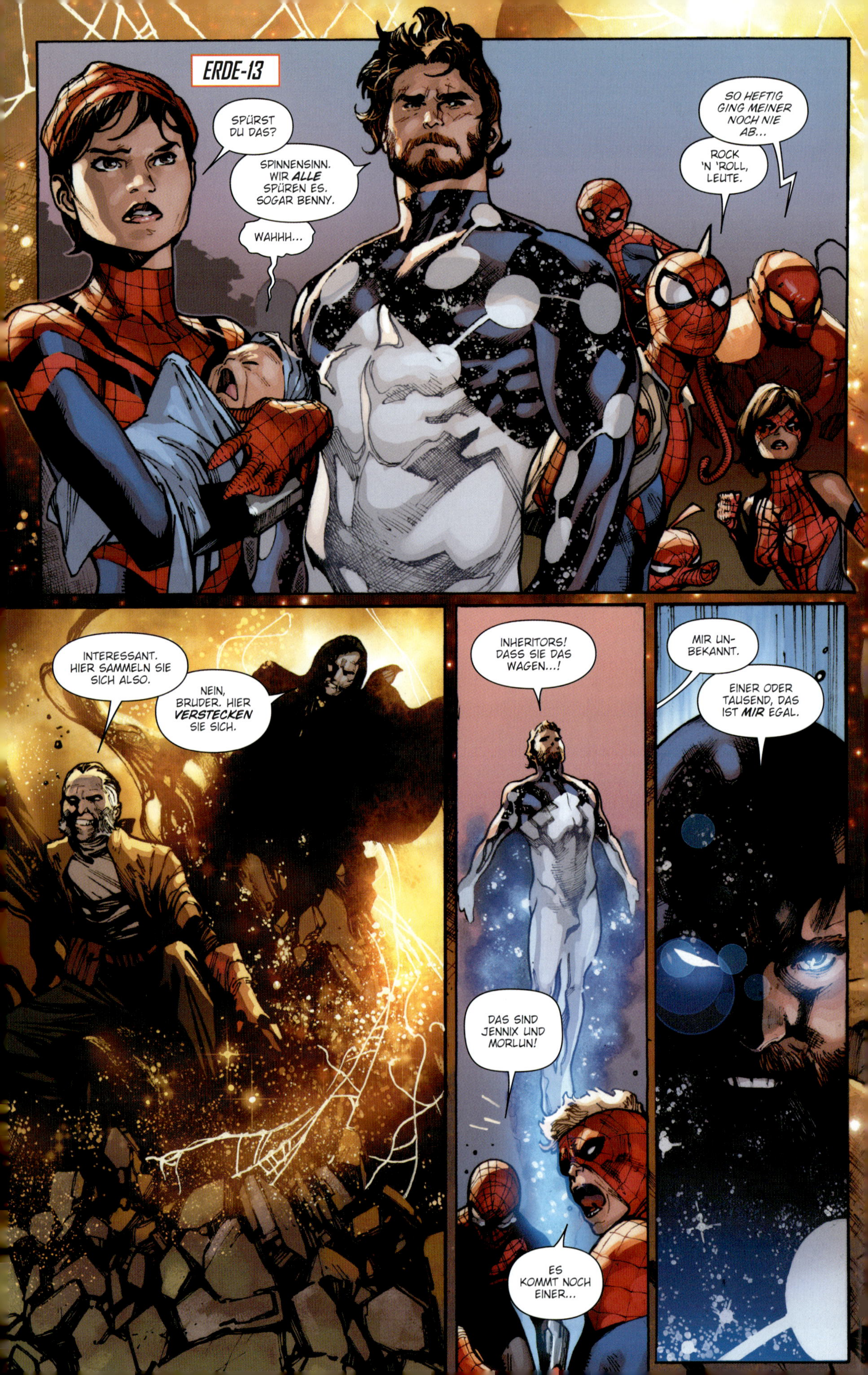

ERDE-13

SPÜRST DU DAS?

SPINNENSINN. WIR **ALLE** SPÜREN ES. SOGAR BENNY.

WAHHH...

SO HEFTIG GING MEINER NOCH NIE AB...

ROCK 'N 'ROLL, LEUTE.

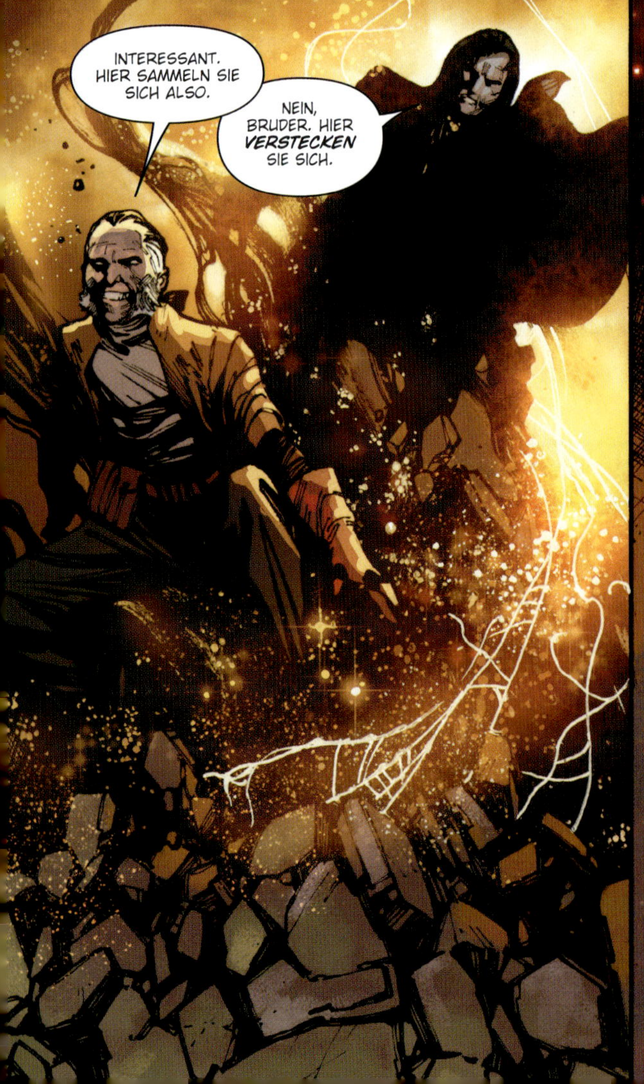

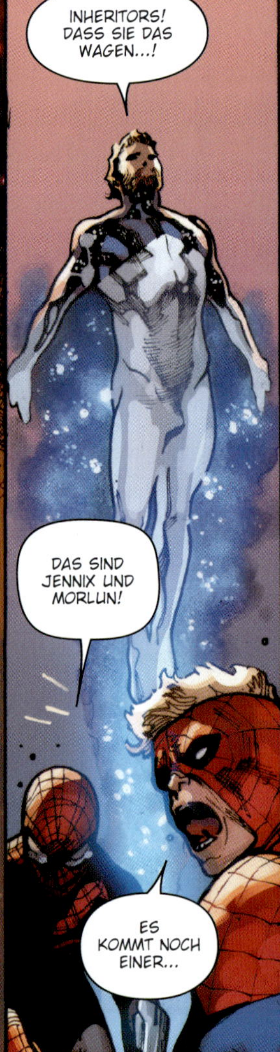

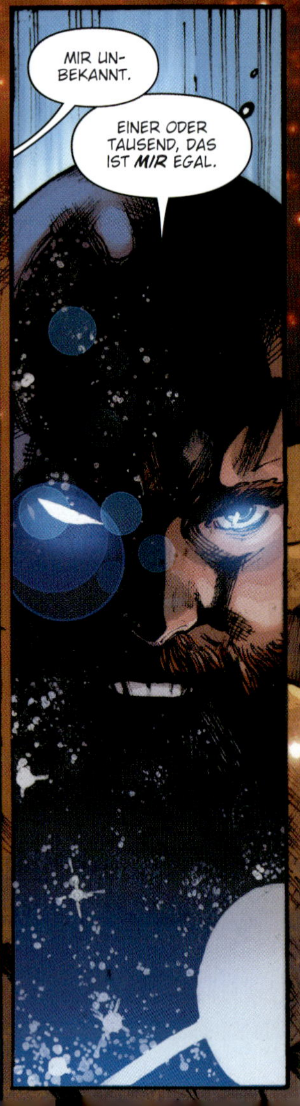

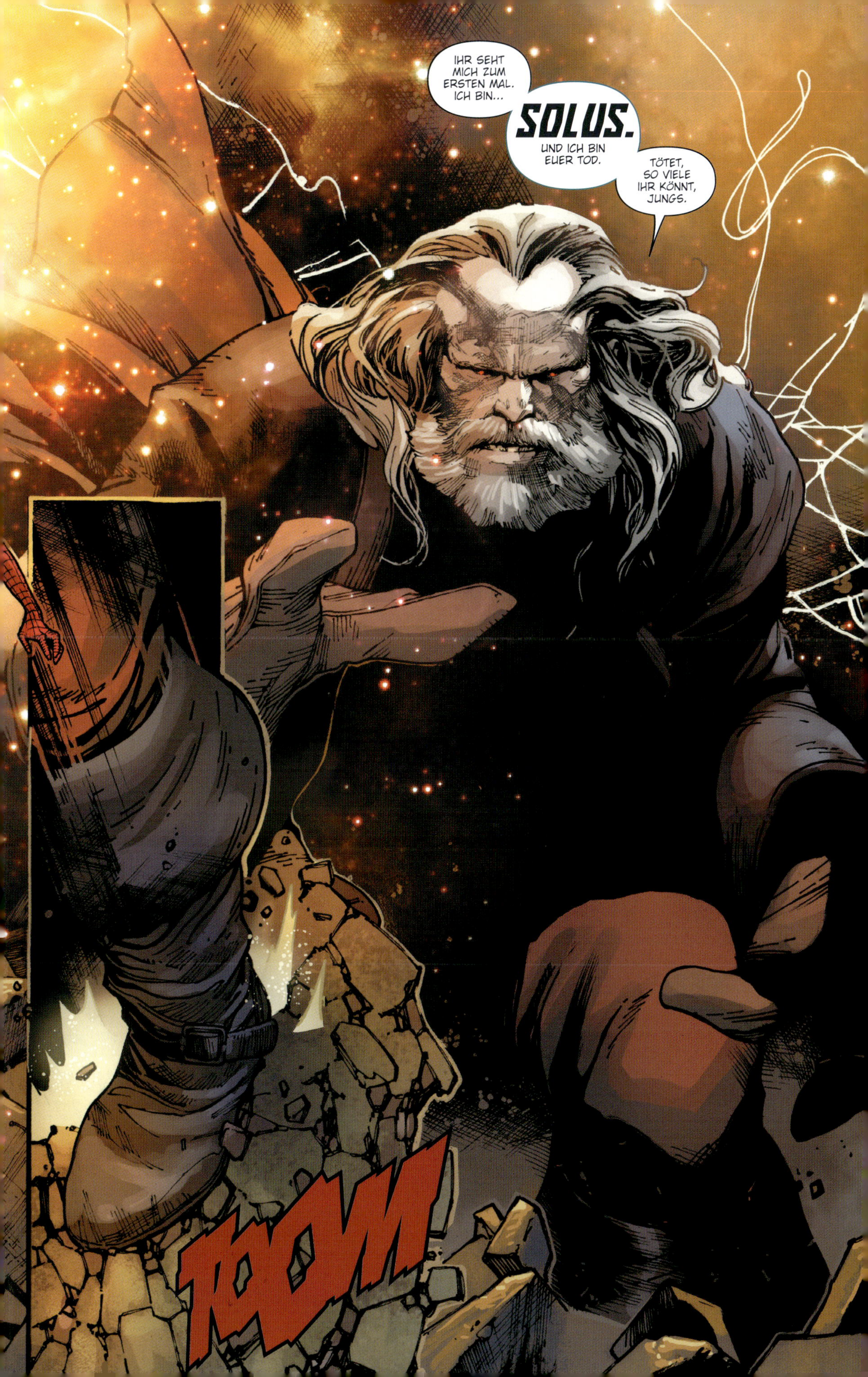
IHR SEHT MICH ZUM ERSTEN MAL. ICH BIN...
SOLUS.
UND ICH BIN EUER TOD.
TÖTET, SO VIELE IHR KÖNNT, JUNGS.
TOOM

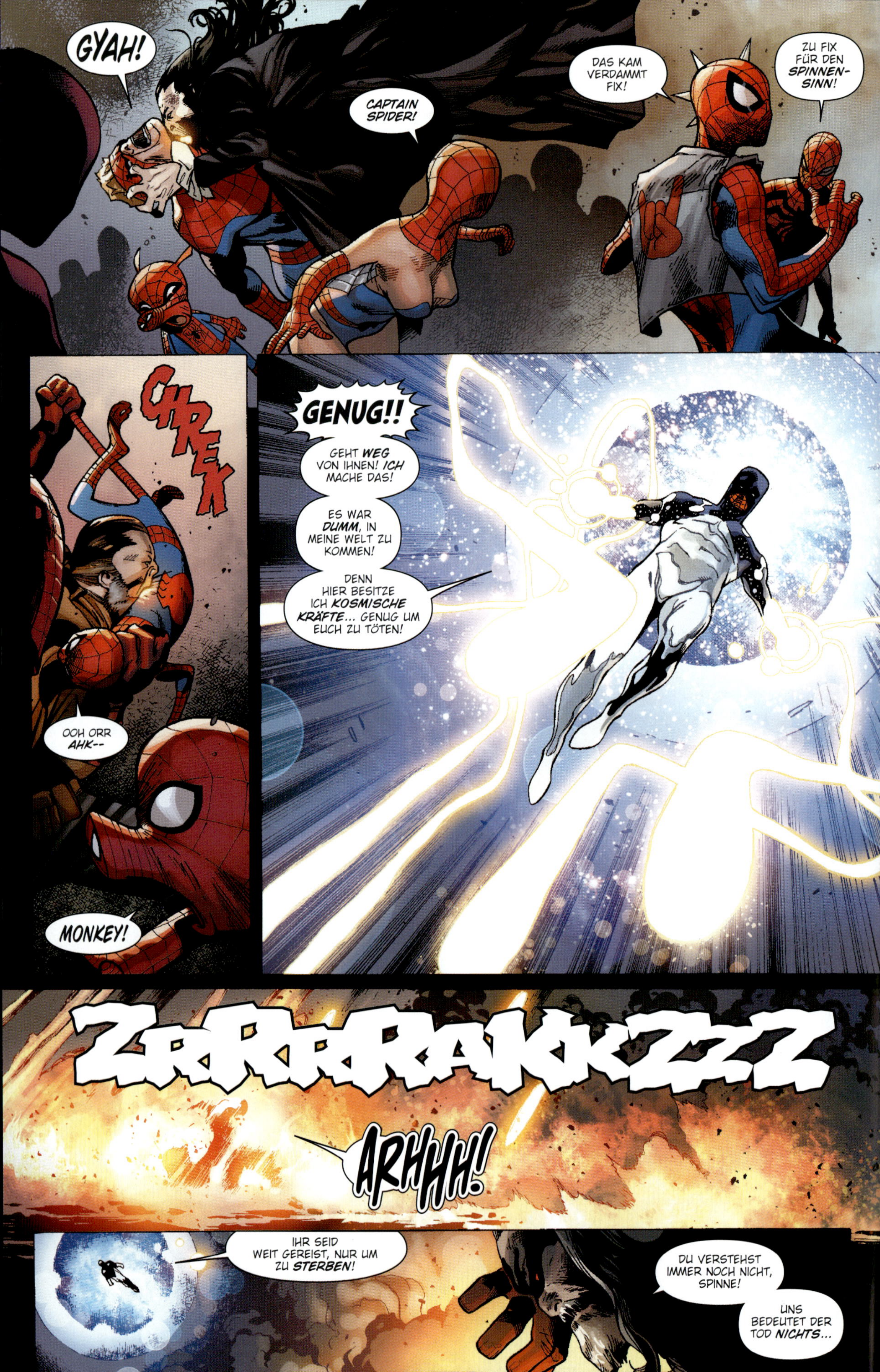
GYAH!
CAPTAIN SPIDER!
DAS KAM VERDAMMT FIX!
ZU FIX FÜR DEN SPINNEN-SINN!
CHREK
OOH ORR AHK--
MONKEY!
GENUG!!
GEHT WEG VON IHNEN! ICH MACHE DAS!
ES WAR DUMM, IN MEINE WELT ZU KOMMEN!
DENN HIER BESITZE ICH KOSMISCHE KRÄFTE... GENUG UM EUCH ZU TÖTEN!
ZRRRRAKKZZZ
ARHHH!
IHR SEID WEIT GEREIST, NUR UM ZU STERBEN!
DU VERSTEHST IMMER NOCH NICHT, SPINNE!
UNS BEDEUTET DER TOD NICHTS...

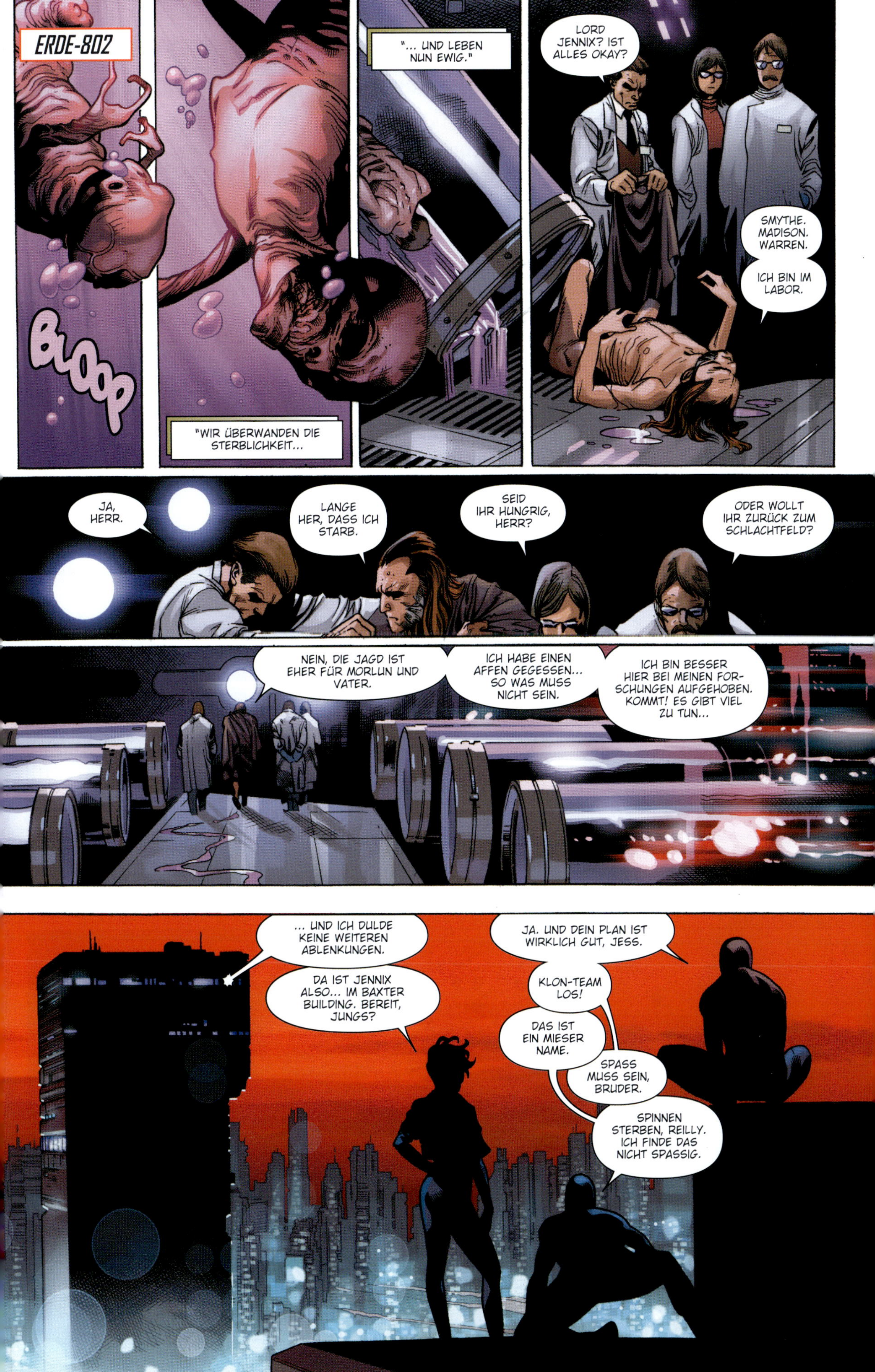
ERDE-802
BLOOP
"WIR ÜBERWANDEN DIE STERBLICHKEIT...
"... UND LEBEN NUN EWIG."
LORD JENNIX? IST ALLES OKAY?
SMYTHE. MADISON. WARREN.
ICH BIN IM LABOR.
JA, HERR.
LANGE HER, DASS ICH STARB.
SEID IHR HUNGRIG, HERR?
ODER WOLLT IHR ZURÜCK ZUM SCHLACHTFELD?
NEIN, DIE JAGD IST EHER FÜR MORLUN UND VATER.
ICH HABE EINEN AFFEN GEGESSEN... SO WAS MUSS NICHT SEIN.
ICH BIN BESSER HIER BEI MEINEN FORSCHUNGEN AUFGEHOBEN. KOMMT! ES GIBT VIEL ZU TUN...
... UND ICH DULDE KEINE WEITEREN ABLENKUNGEN.
DA IST JENNIX ALSO... IM BAXTER BUILDING. BEREIT, JUNGS?
JA. UND DEIN PLAN IST WIRKLICH GUT, JESS.
KLON-TEAM LOS!
DAS IST EIN MIESER NAME.
SPASS MUSS SEIN, BRUDER.
SPINNEN STERBEN, REILLY. ICH FINDE DAS NICHT SPASSIG.

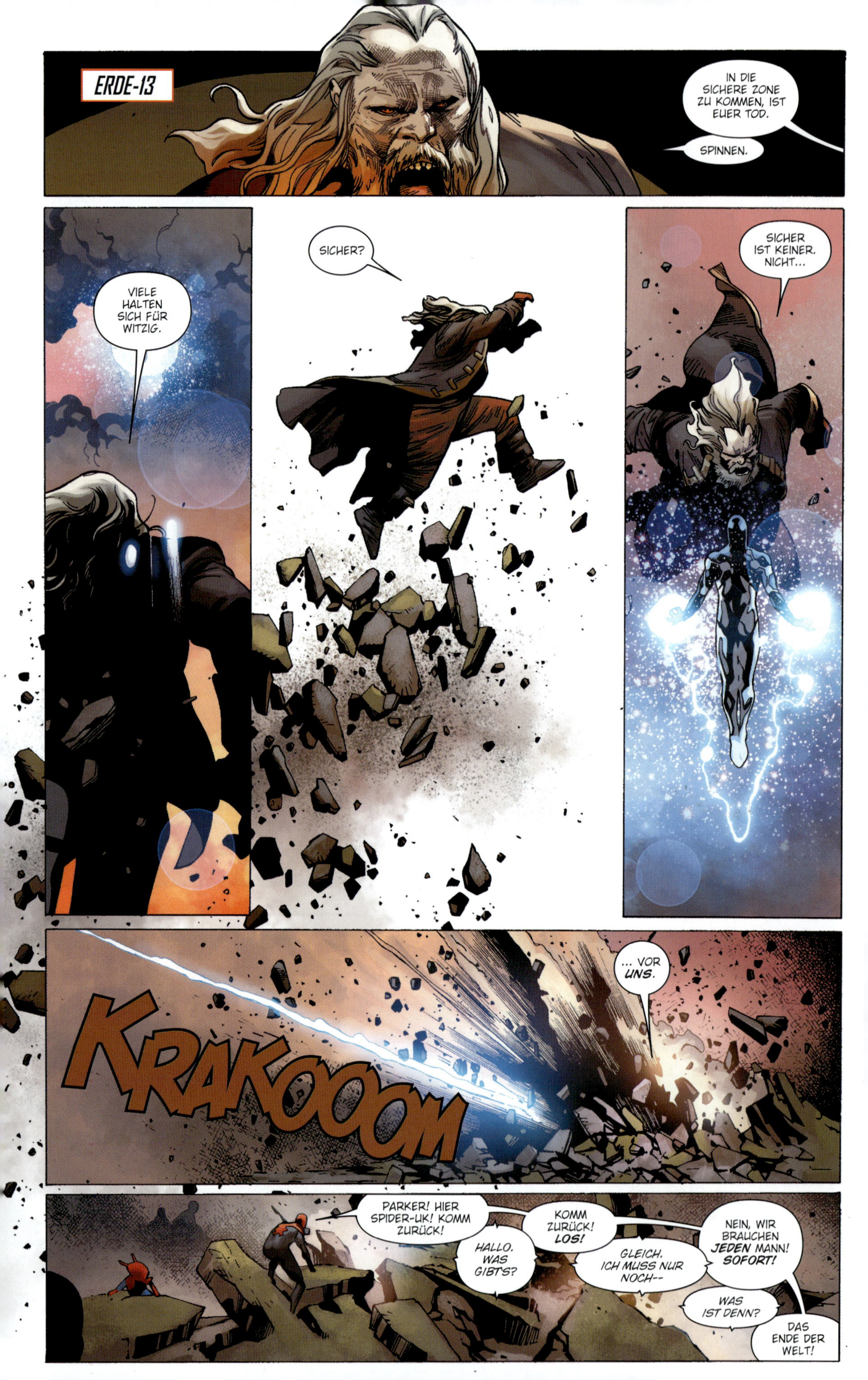

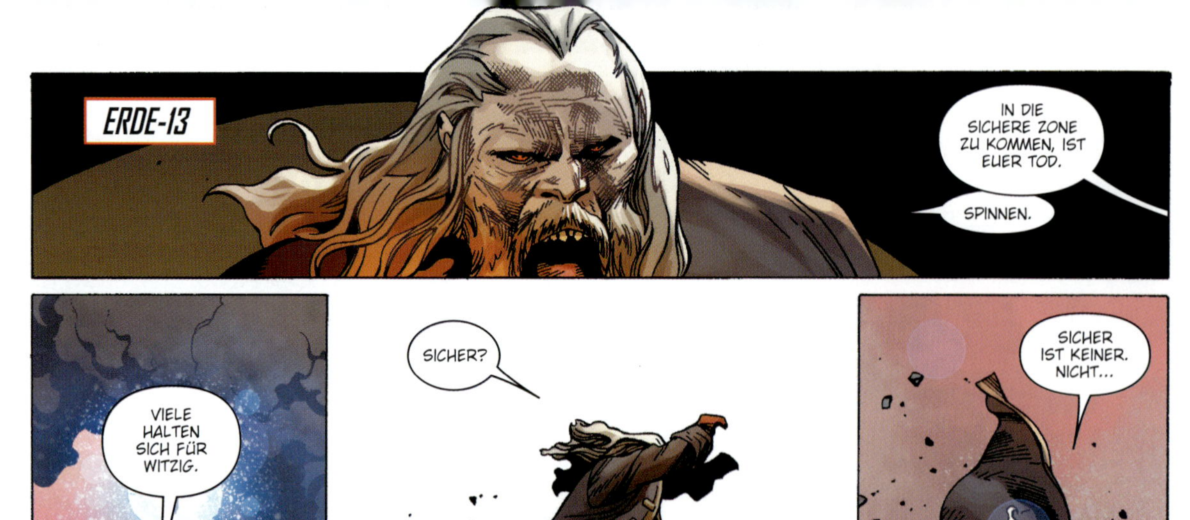

VIELE HALTEN SICH FÜR WITZIG.

SICHER?

SICHER IST KEINER. NICHT...

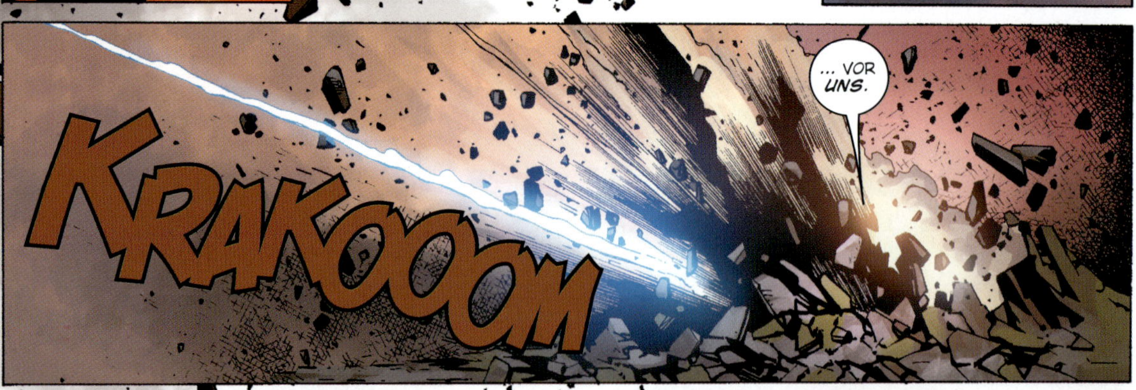

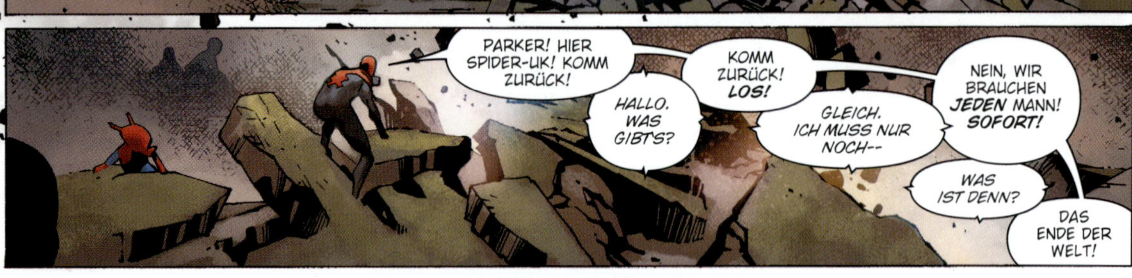

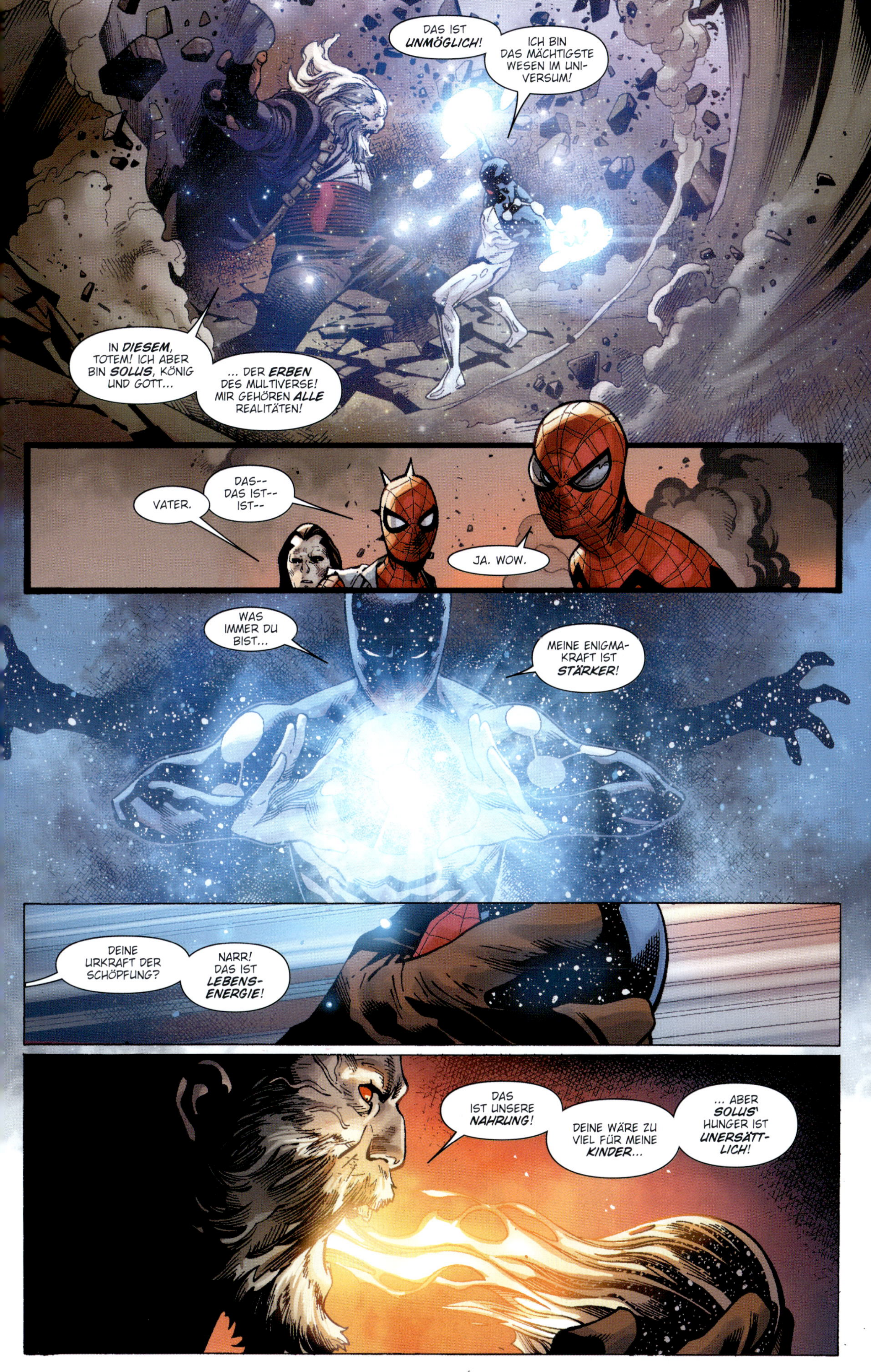
DAS IST UNMÖGLICH!
ICH BIN DAS MÄCHTIGSTE WESEN IM UNIVERSUM!
IN DIESEM, TOTEM! ICH ABER BIN SOLUS, KÖNIG UND GOTT...
... DER ERBEN DES MULTIVERSE! MIR GEHÖREN ALLE REALITÄTEN!
VATER.
DAS-- DAS IST-- IST--
JA. WOW.
WAS IMMER DU BIST...
MEINE ENIGMA-KRAFT IST STÄRKER!
DEINE URKRAFT DER SCHÖPFUNG?
NARR! DAS IST LEBENS-ENERGIE!
DAS IST UNSERE NAHRUNG!
DEINE WÄRE ZU VIEL FÜR MEINE KINDER...
... ABER SOLUS' HUNGER IST UNERSÄTT-LICH!

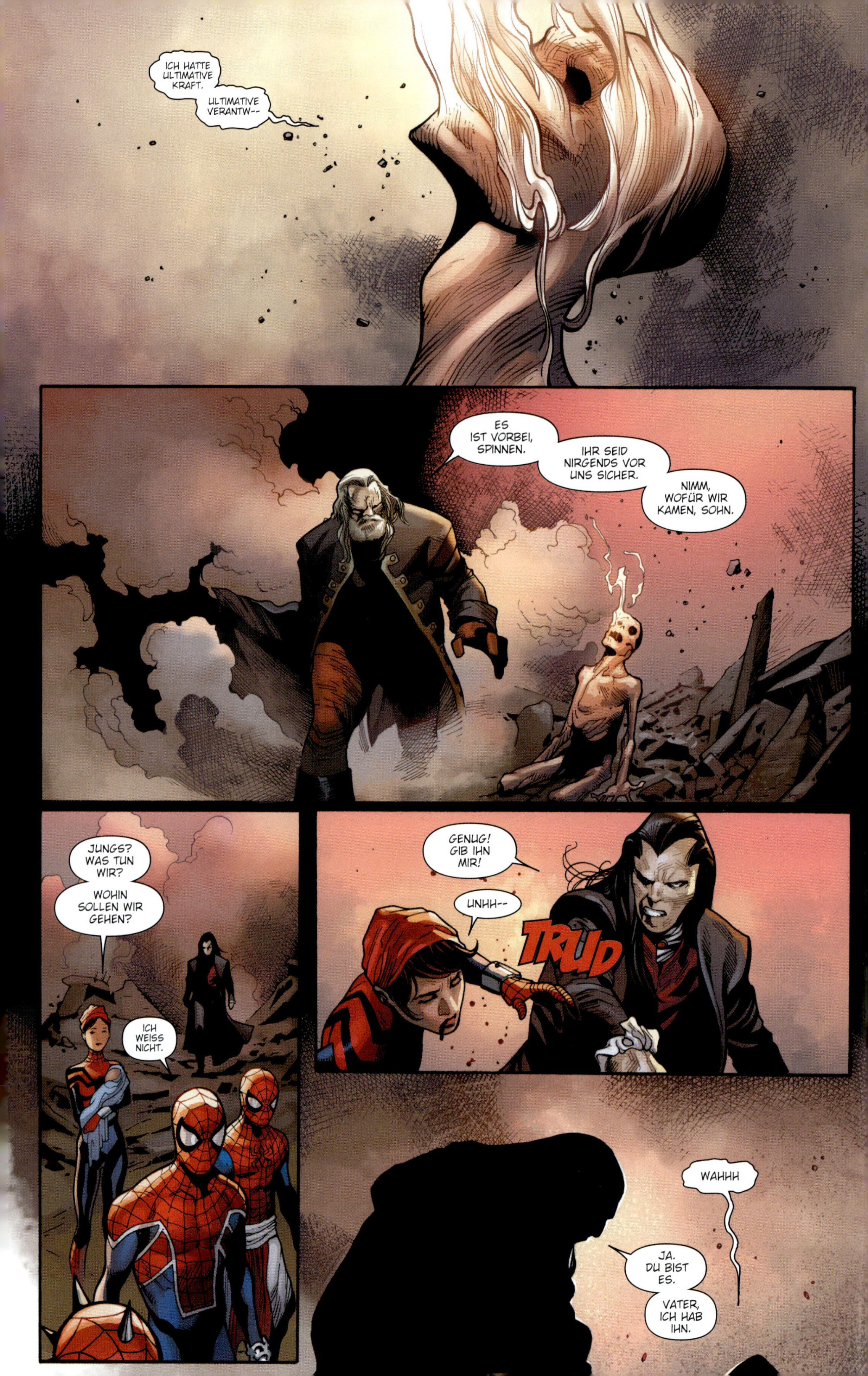
ICH HATTE ULTIMATIVE KRAFT.
ULTIMATIVE VERANTW--
ES IST VORBEI, SPINNEN.
IHR SEID NIRGENDS VOR UNS SICHER.
NIMM, WOFÜR WIR KAMEN, SOHN.
JUNGS? WAS TUN WIR?
WOHIN SOLLEN WIR GEHEN?
ICH WEISS NICHT.
GENUG! GIB IHN MIR!
UNHH--
TRUD
WAHHH
JA. DU BIST ES.
VATER, ICH HAB IHN.

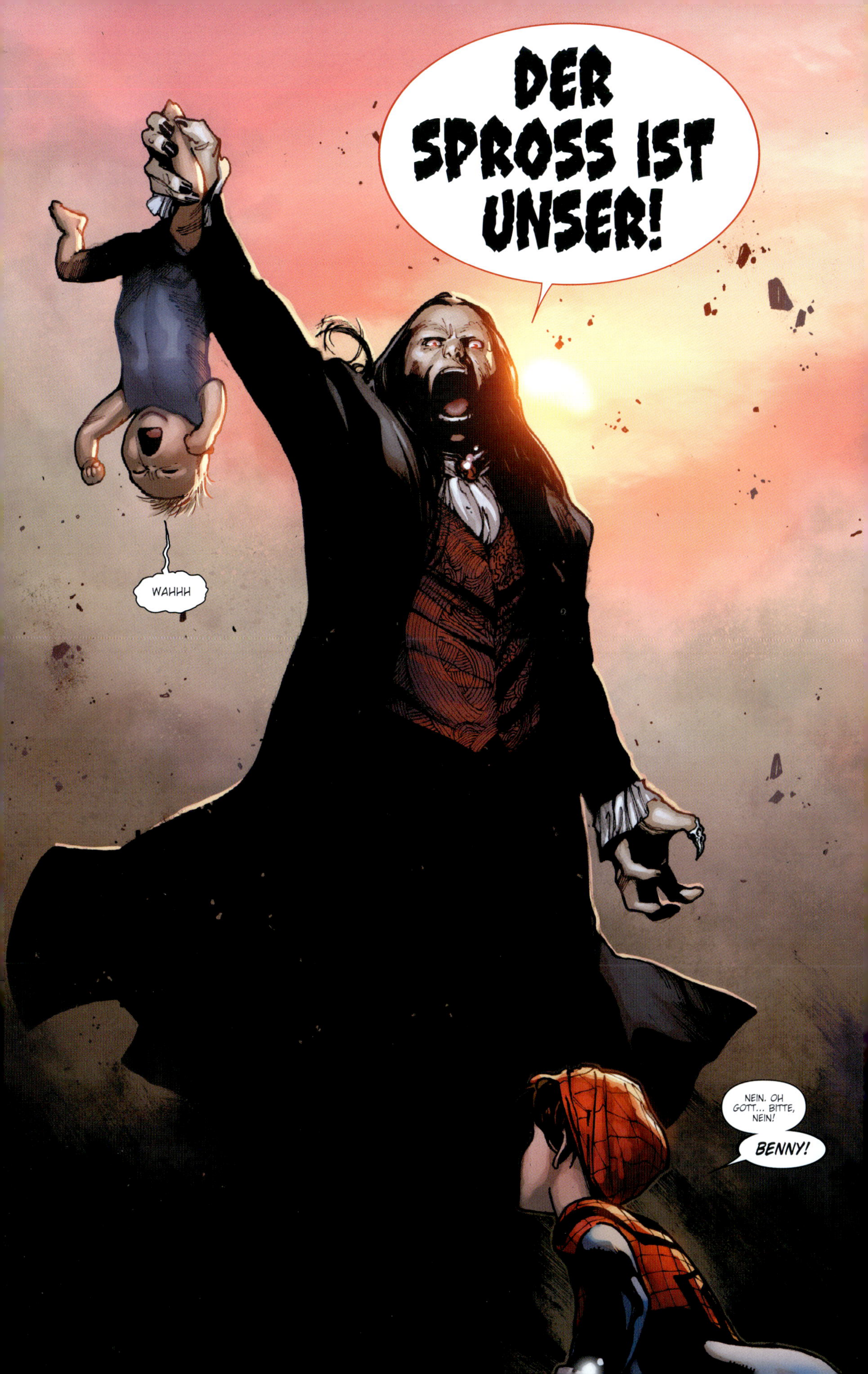
DER SPROSS IST UNSER!
WAHHH
NEIN. OH GOTT... BITTE, NEIN!
BENNY!

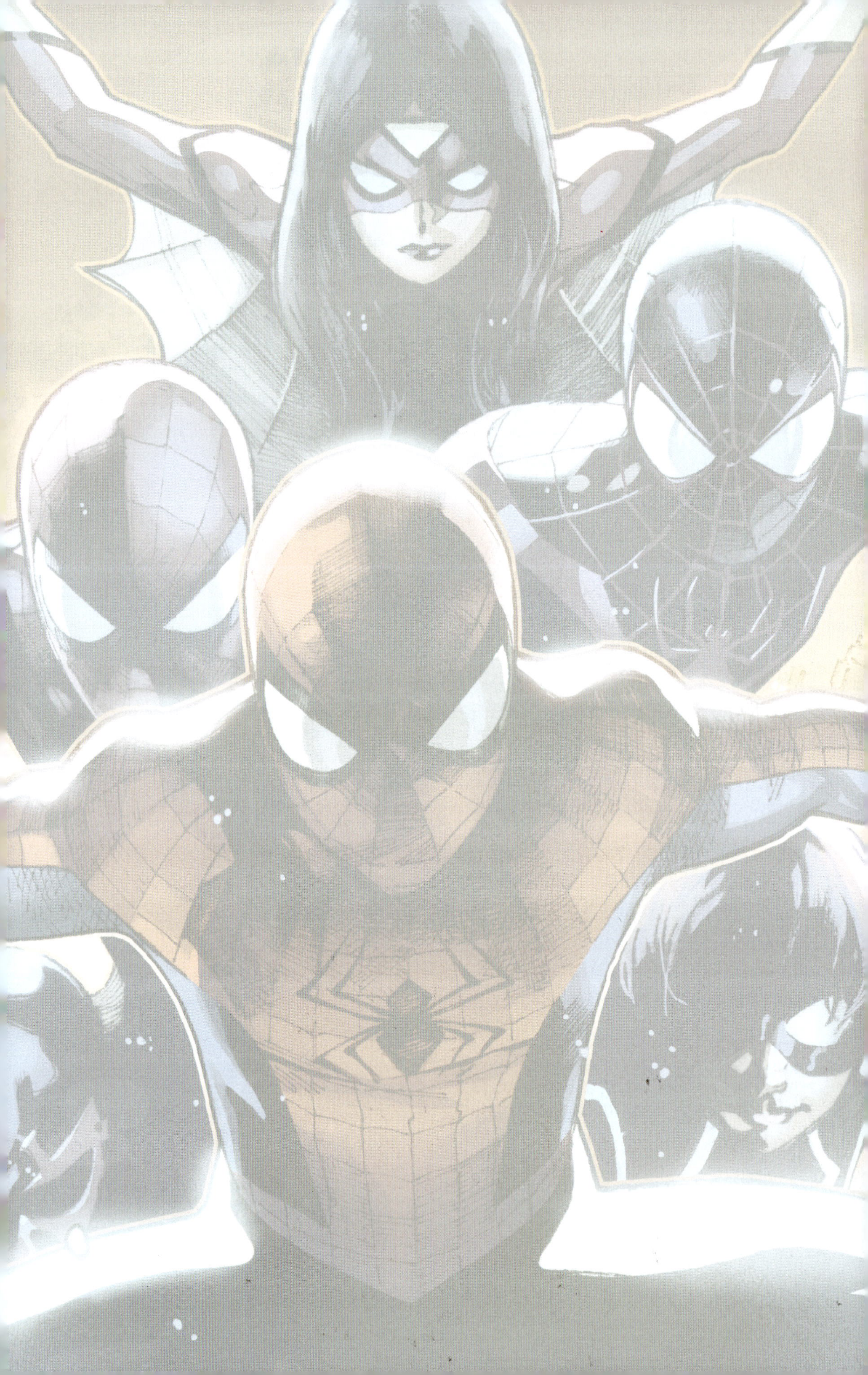

SPIDER-VERSE, TEIL 4: ÜBERALL, NUR NICHT HIER

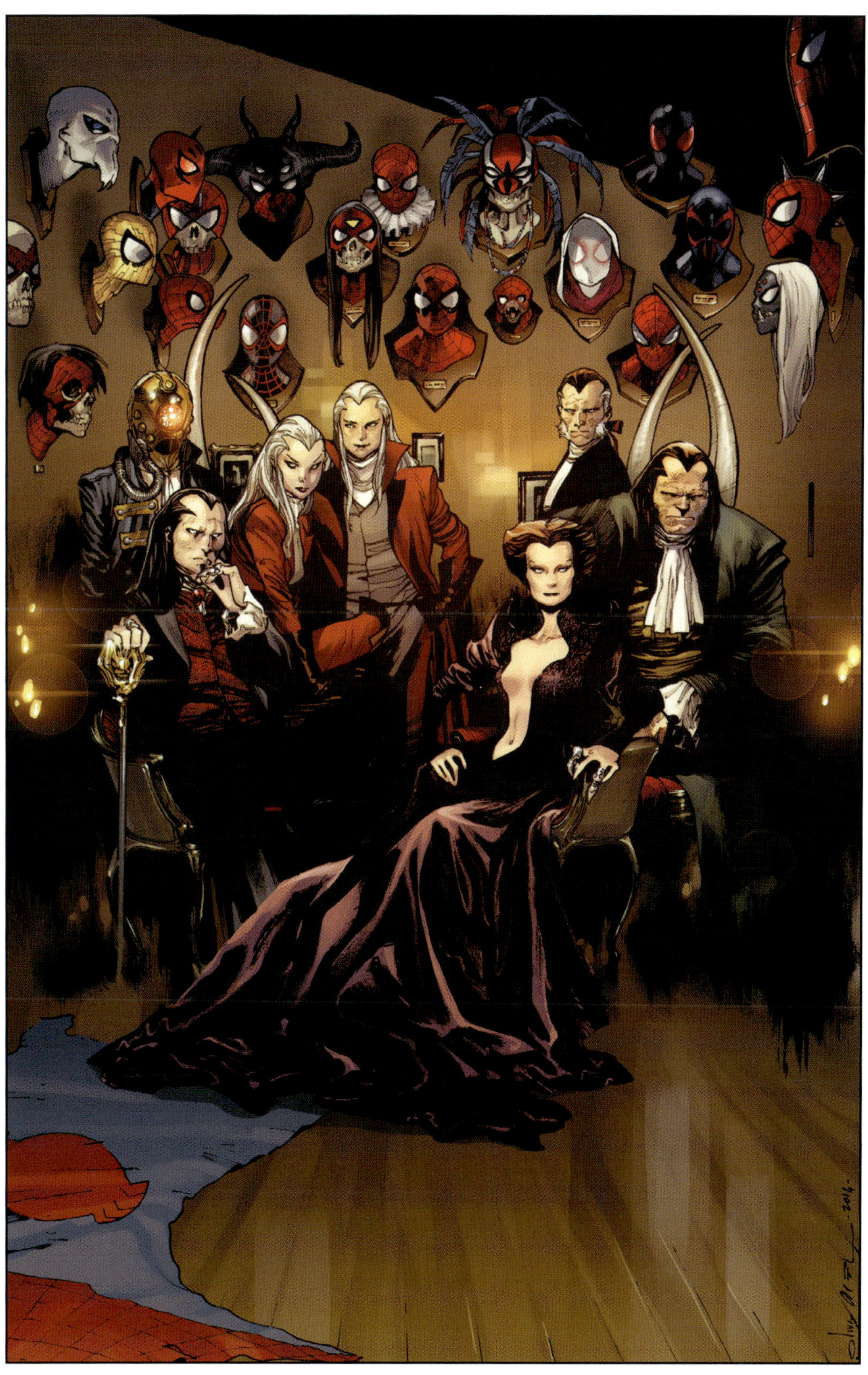

Amazing Spider-Man (2014) 12
Cover von **OLIVIER COIPEL**

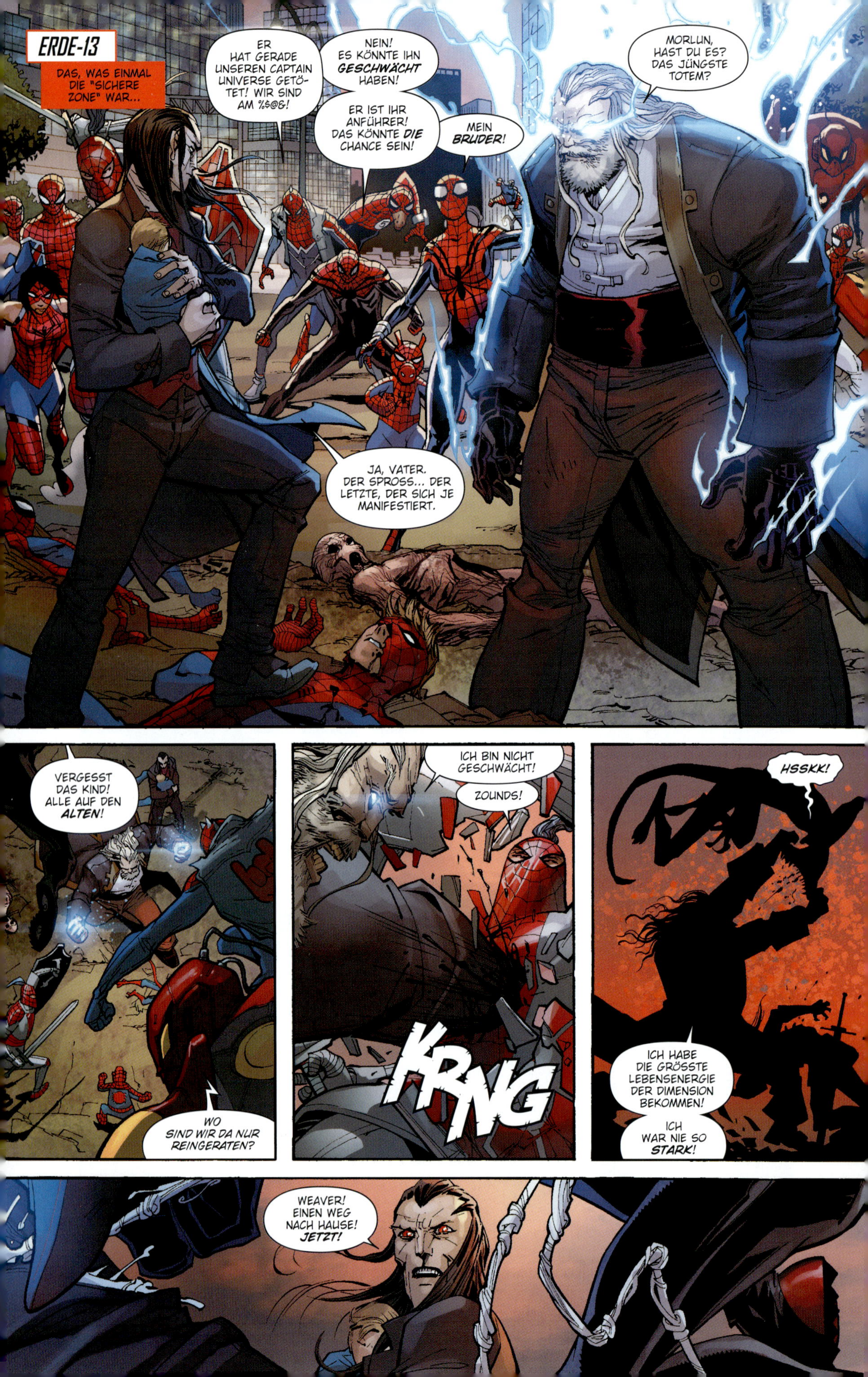

ERDE-13
DAS, WAS EINMAL DIE "SICHERE ZONE" WAR...
ER HAT GERADE UNSEREN CAPTAIN UNIVERSE GETÖTET! WIR SIND AM %$@&!
NEIN! ES KÖNNTE IHN **GESCHWÄCHT** HABEN!
ER IST IHR ANFÜHRER! DAS KÖNNTE **DIE** CHANCE SEIN!
MEIN **BRUDER!**
MORLUN, HAST DU ES? DAS JÜNGSTE TOTEM?
JA, VATER. DER SPROSS... DER LETZTE, DER SICH JE MANIFESTIERT.

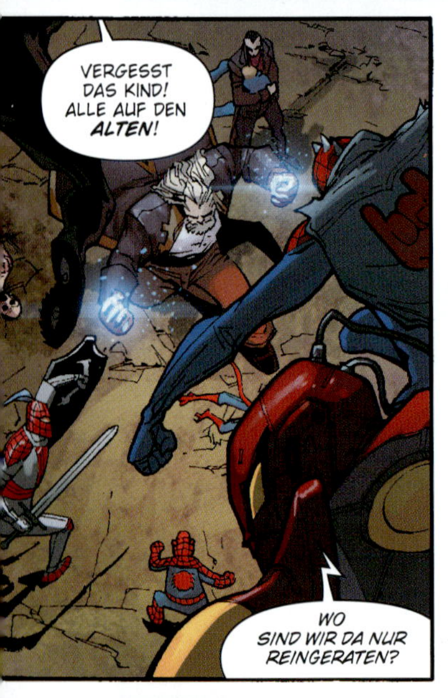
VERGESST DAS KIND! ALLE AUF DEN **ALTEN!**
WO SIND WIR DA NUR REINGERATEN?

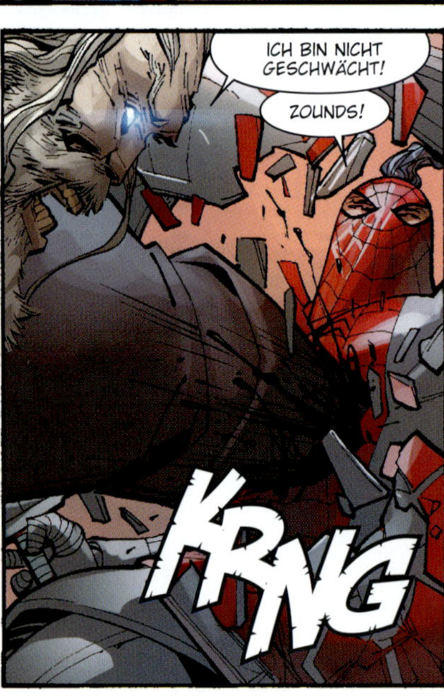
ICH BIN NICHT GESCHWÄCHT!
ZOUNDS!
KRNG

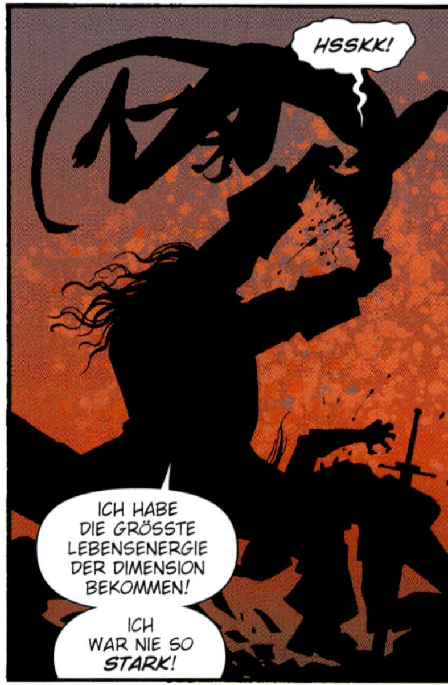
HSSKK!
ICH HABE DIE GRÖSSTE LEBENSENERGIE DER DIMENSION BEKOMMEN!
ICH WAR NIE SO **STARK!**

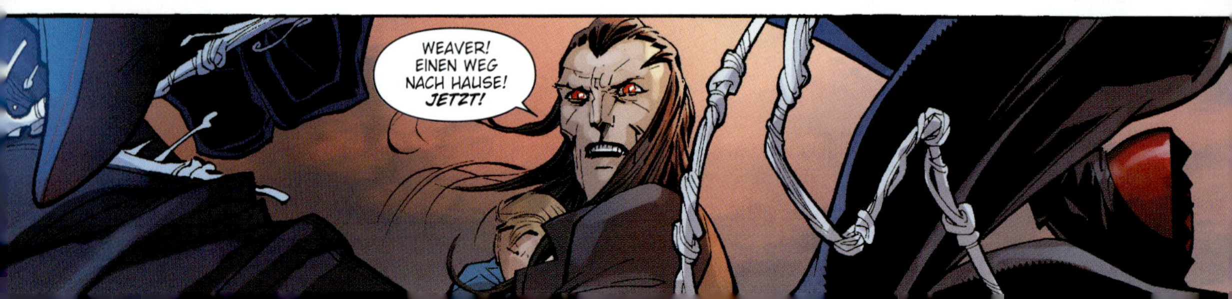
WEAVER! EINEN WEG NACH HAUSE! **JETZT!**

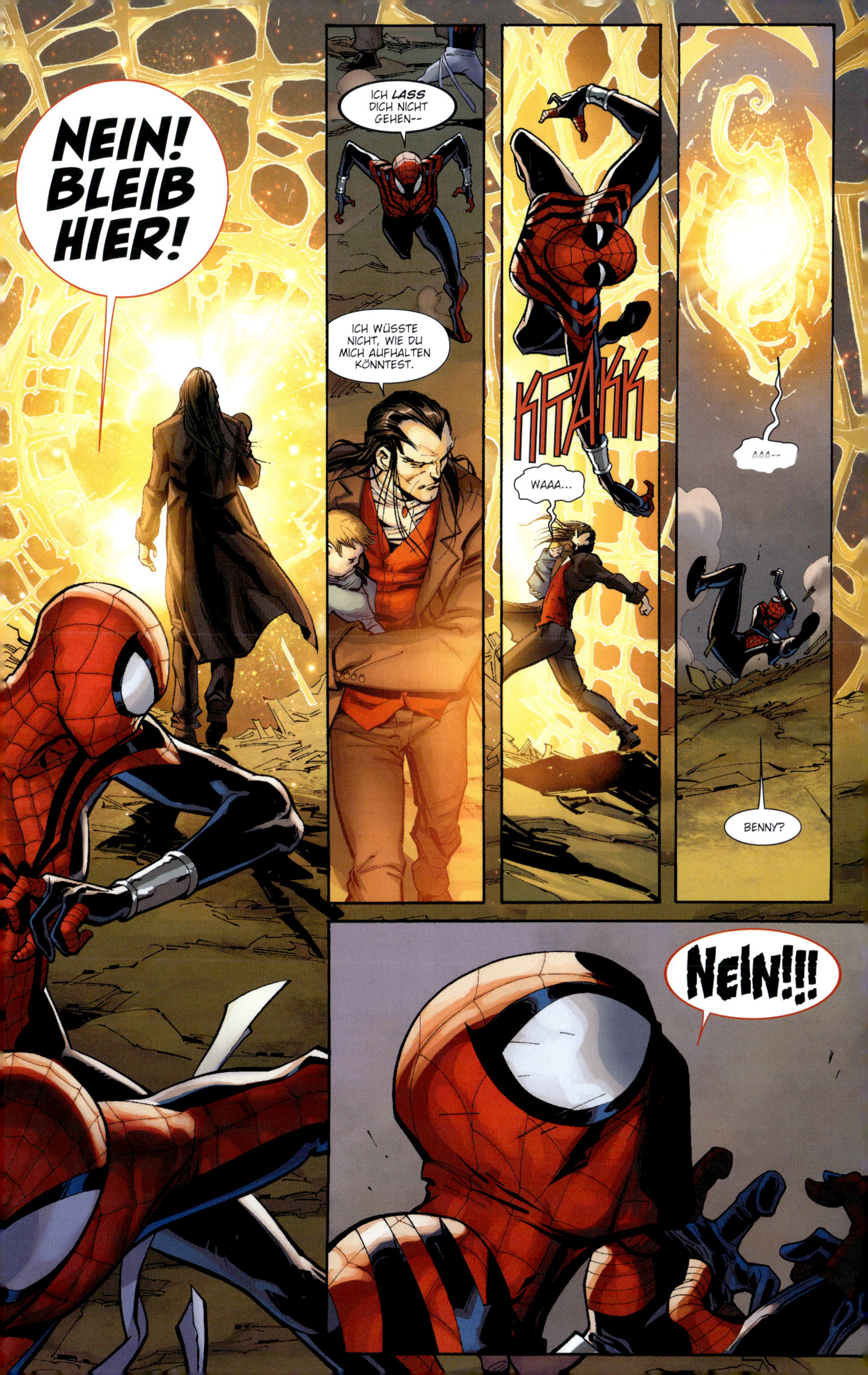
NEIN! BLEIB HIER!
ICH LASS DICH NICHT GEHEN--
ICH WÜSSTE NICHT, WIE DU MICH AUFHALTEN KÖNNTEST.
KRAKK
WAAA...
AAA--
BENNY?
NEIN!!!

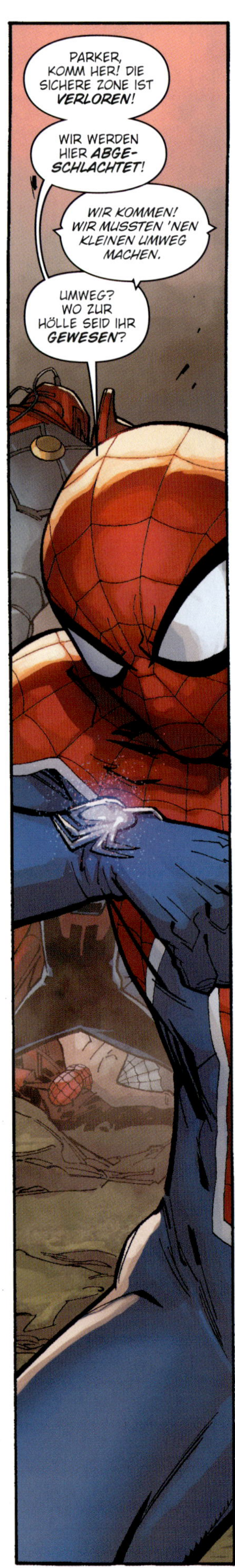
PARKER, KOMM HER! DIE SICHERE ZONE IST VERLOREN!
WIR WERDEN HIER ABGE-SCHLACHTET!
WIR KOMMEN! WIR MUSSTEN 'NEN KLEINEN UMWEG MACHEN.
UMWEG? WO ZUR HÖLLE SEID IHR GEWESEN?
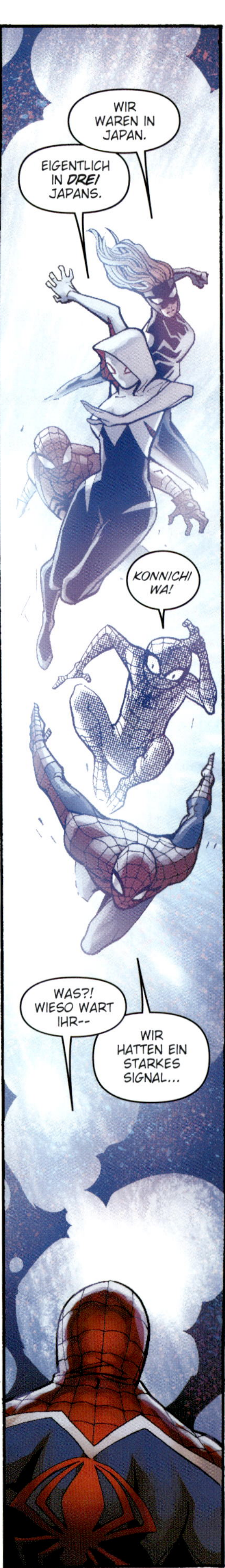
WIR WAREN IN JAPAN.
EIGENTLICH IN DREI JAPANS.
KONNICHI WA!
WAS?! WIESO WART IHR--
WIR HATTEN EIN STARKES SIGNAL...
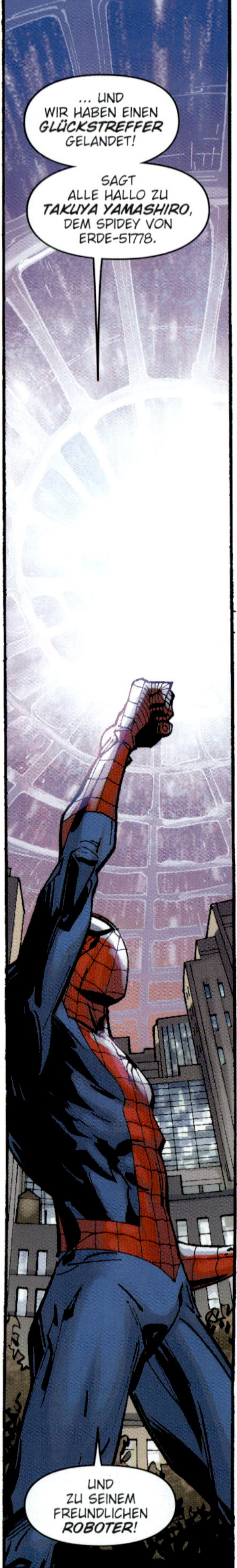
... UND WIR HABEN EINEN GLÜCKSTREFFER GELANDET!
SAGT ALLE HALLO ZU TAKUYA YAMASHIRO, DEM SPIDEY VON ERDE-51778.
UND ZU SEINEM FREUNDLICHEN ROBOTER!
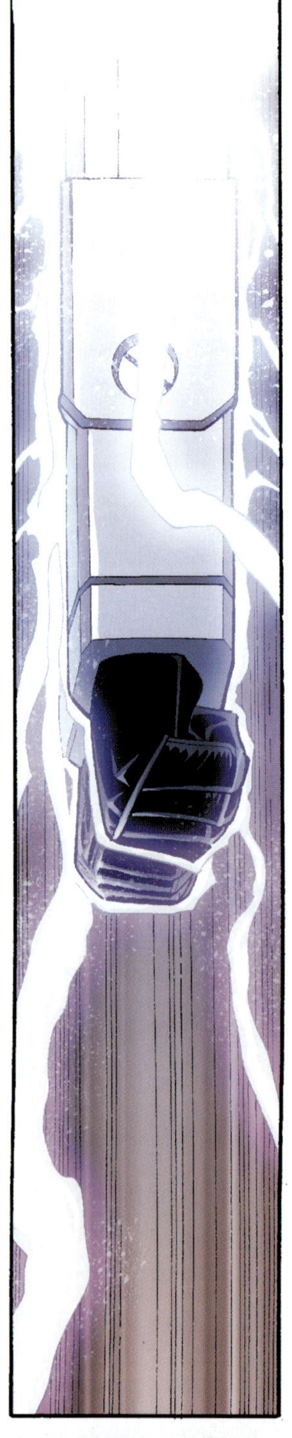

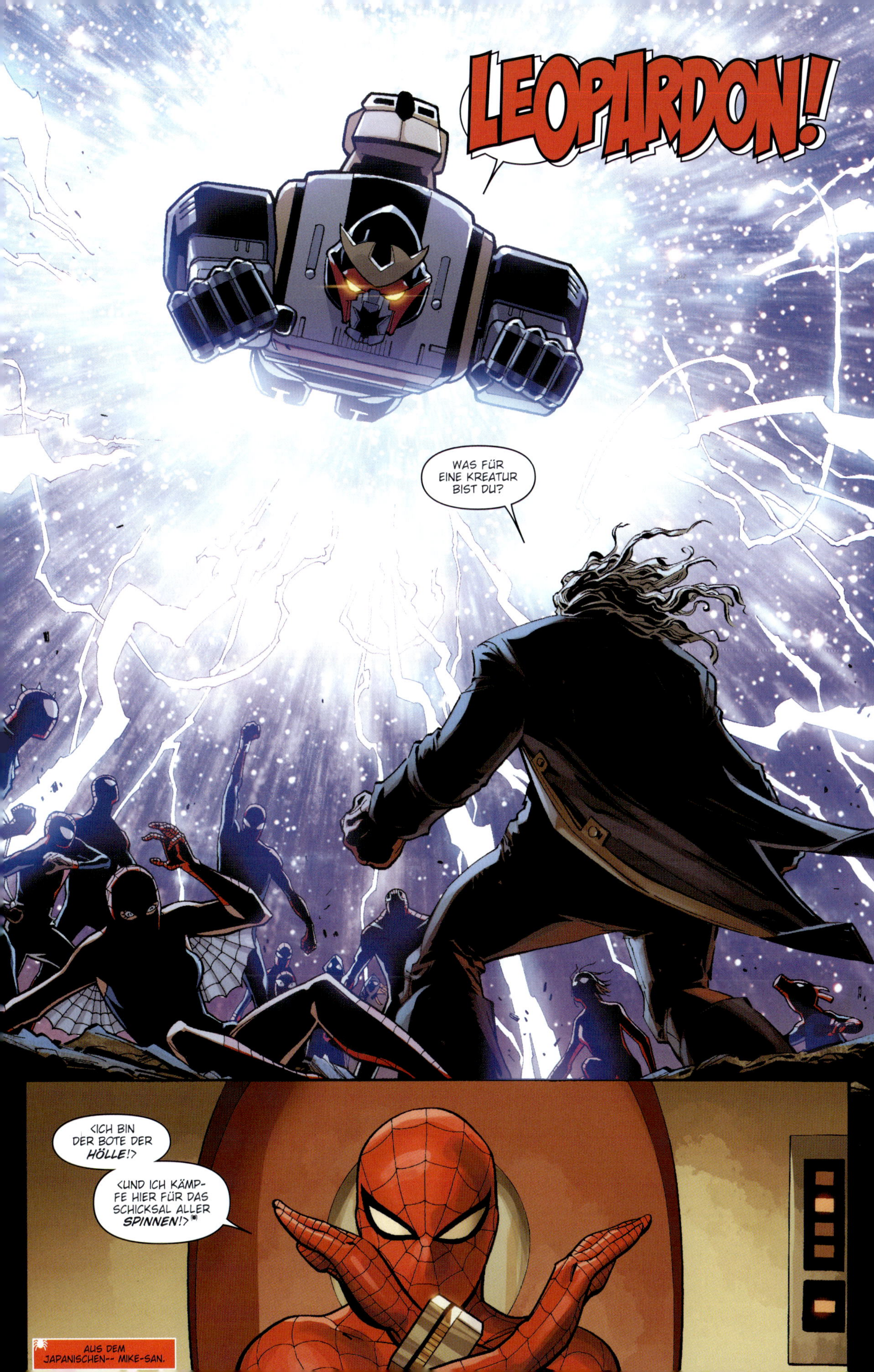
LEOPARDON!
WAS FÜR EINE KREATUR BIST DU?
<ICH BIN DER BOTE DER HÖLLE!>
<UND ICH KÄMPFE HIER FÜR DAS SCHICKSAL ALLER SPINNEN!>*
AUS DEM JAPANISCHEN-- MIKE-SAN.

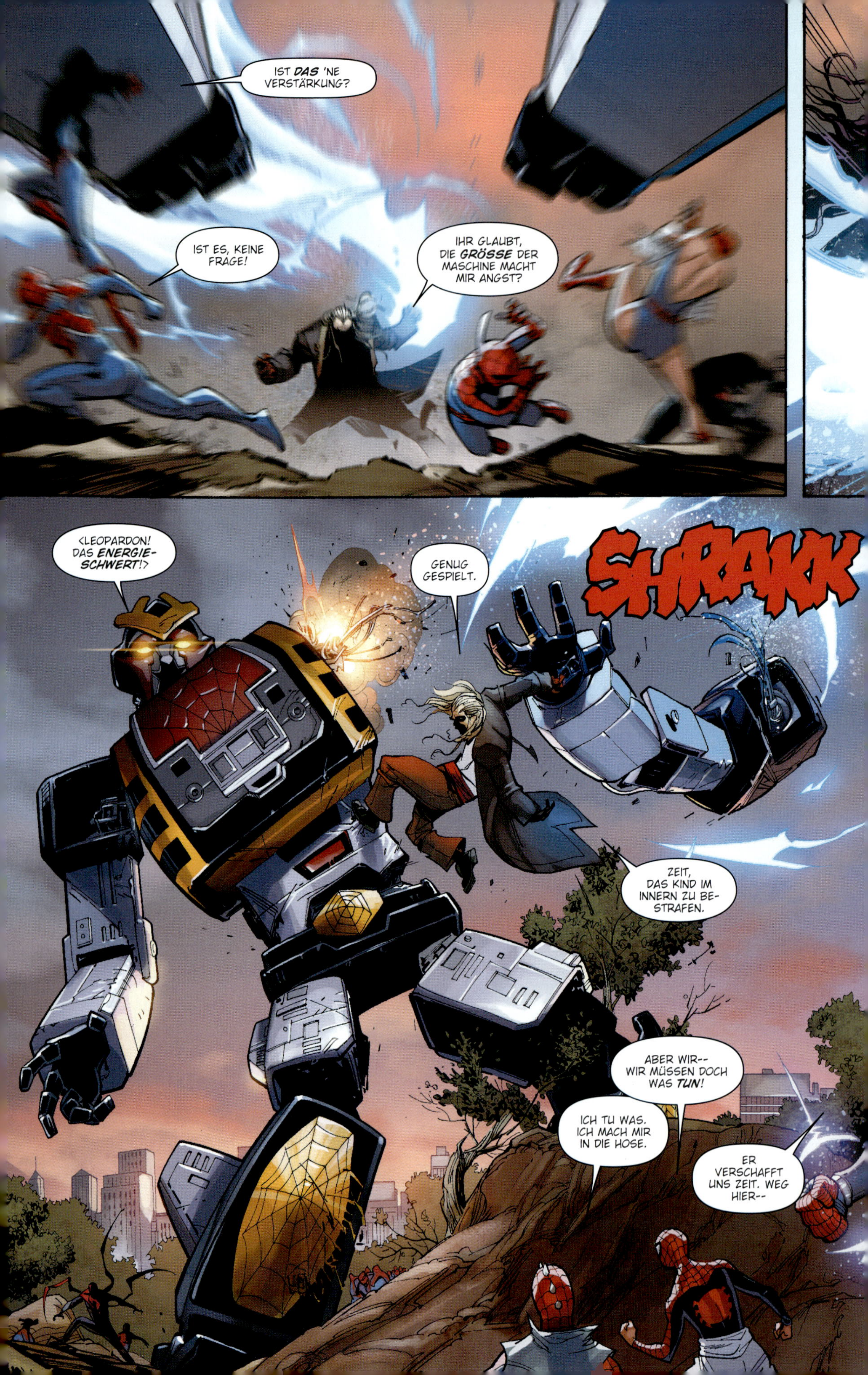
IST DAS 'NE VERSTÄRKUNG?
IST ES, KEINE FRAGE!
IHR GLAUBT, DIE GRÖSSE DER MASCHINE MACHT MIR ANGST?
<LEOPARDON! DAS ENERGIE-SCHWERT!>
GENUG GESPIELT.
SHRAKK
ZEIT, DAS KIND IM INNERN ZU BE-STRAFEN.
ABER WIR-- WIR MÜSSEN DOCH WAS TUN!
ICH TU WAS. ICH MACH MIR IN DIE HOSE.
ER VERSCHAFFT UNS ZEIT. WEG HIER--

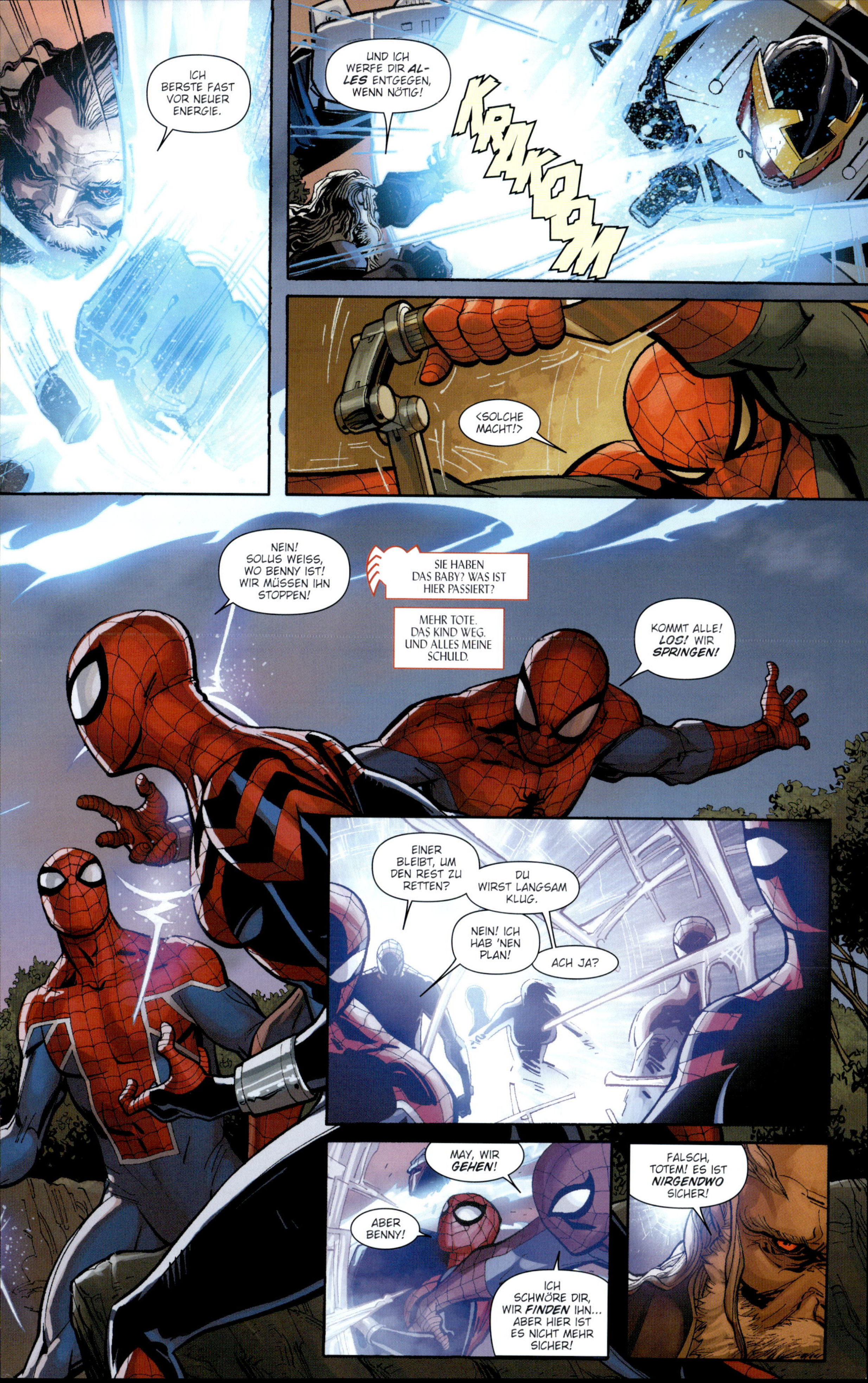
ICH BERSTE FAST VOR NEUER ENERGIE.
UND ICH WERFE DIR ALLES ENTGEGEN, WENN NÖTIG!
KRAKOOM
<SOLCHE MACHT!>
NEIN! SOLUS WEISS, WO BENNY IST! WIR MÜSSEN IHN STOPPEN!
SIE HABEN DAS BABY? WAS IST HIER PASSIERT?
MEHR TOTE. DAS KIND WEG. UND ALLES MEINE SCHULD.
KOMMT ALLE! LOS! WIR SPRINGEN!
EINER BLEIBT, UM DEN REST ZU RETTEN?
DU WIRST LANGSAM KLUG.
NEIN! ICH HAB 'NEN PLAN!
ACH JA?
MAY, WIR GEHEN!
ABER BENNY!
ICH SCHWÖRE DIR, WIR FINDEN IHN... ABER HIER IST ES NICHT MEHR SICHER!
FALSCH, TOTEM! ES IST NIRGENDWO SICHER!

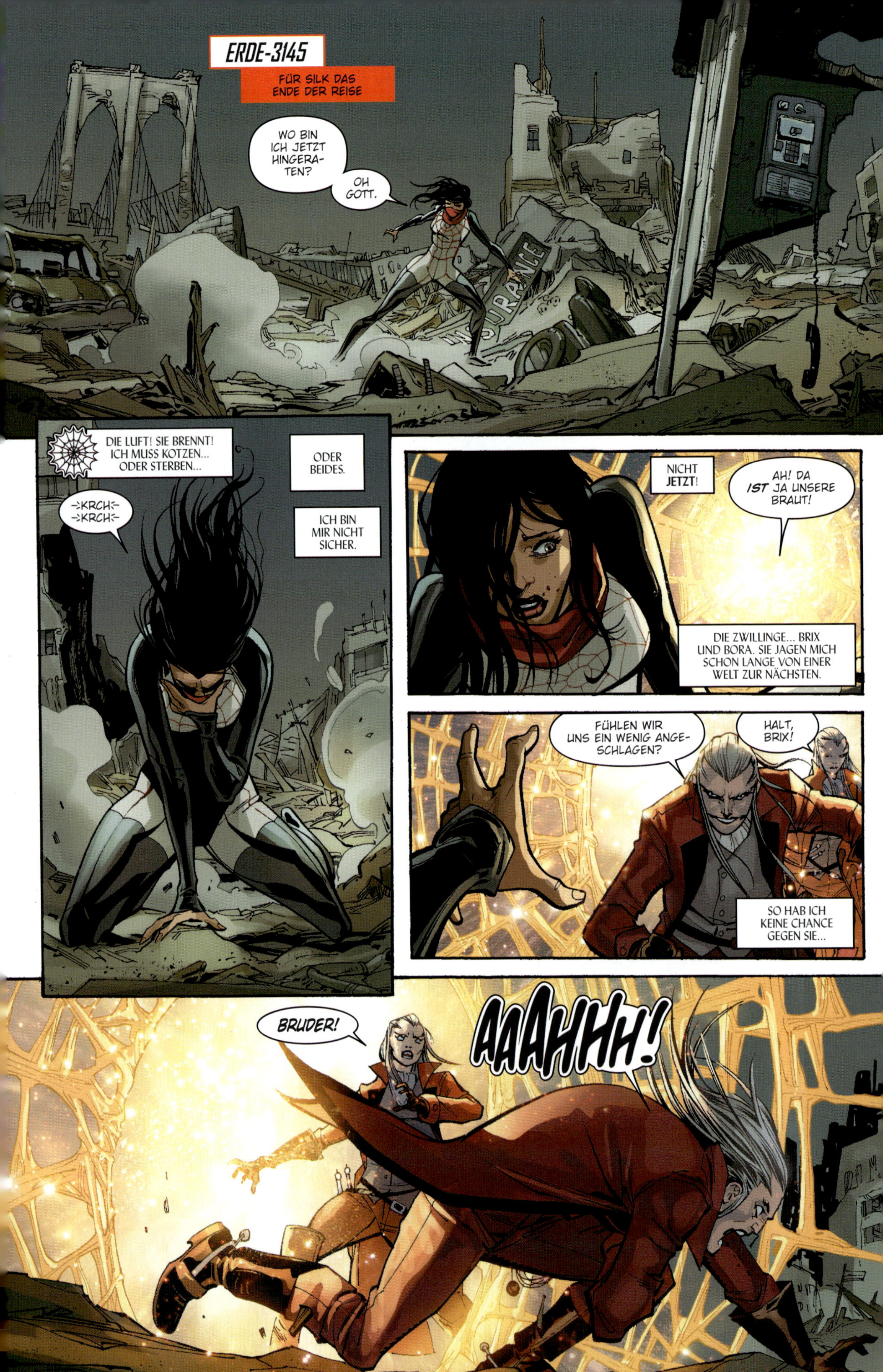
ERDE-3145
FÜR SILK DAS ENDE DER REISE
WO BIN ICH JETZT HINGERA-TEN?
OH GOTT.
DIE LUFT! SIE BRENNT! ICH MUSS KOTZEN... ODER STERBEN...
ODER BEIDES.
ICH BIN MIR NICHT SICHER.
KRCH KRCH
NICHT JETZT!
AH! DA IST JA UNSERE BRAUT!
DIE ZWILLINGE... BRIX UND BORA. SIE JAGEN MICH SCHON LANGE VON EINER WELT ZUR NÄCHSTEN.
FÜHLEN WIR UNS EIN WENIG ANGE-SCHLAGEN?
HALT, BRIX!
SO HAB ICH KEINE CHANCE GEGEN SIE...
BRUDER!
AAAHHH!

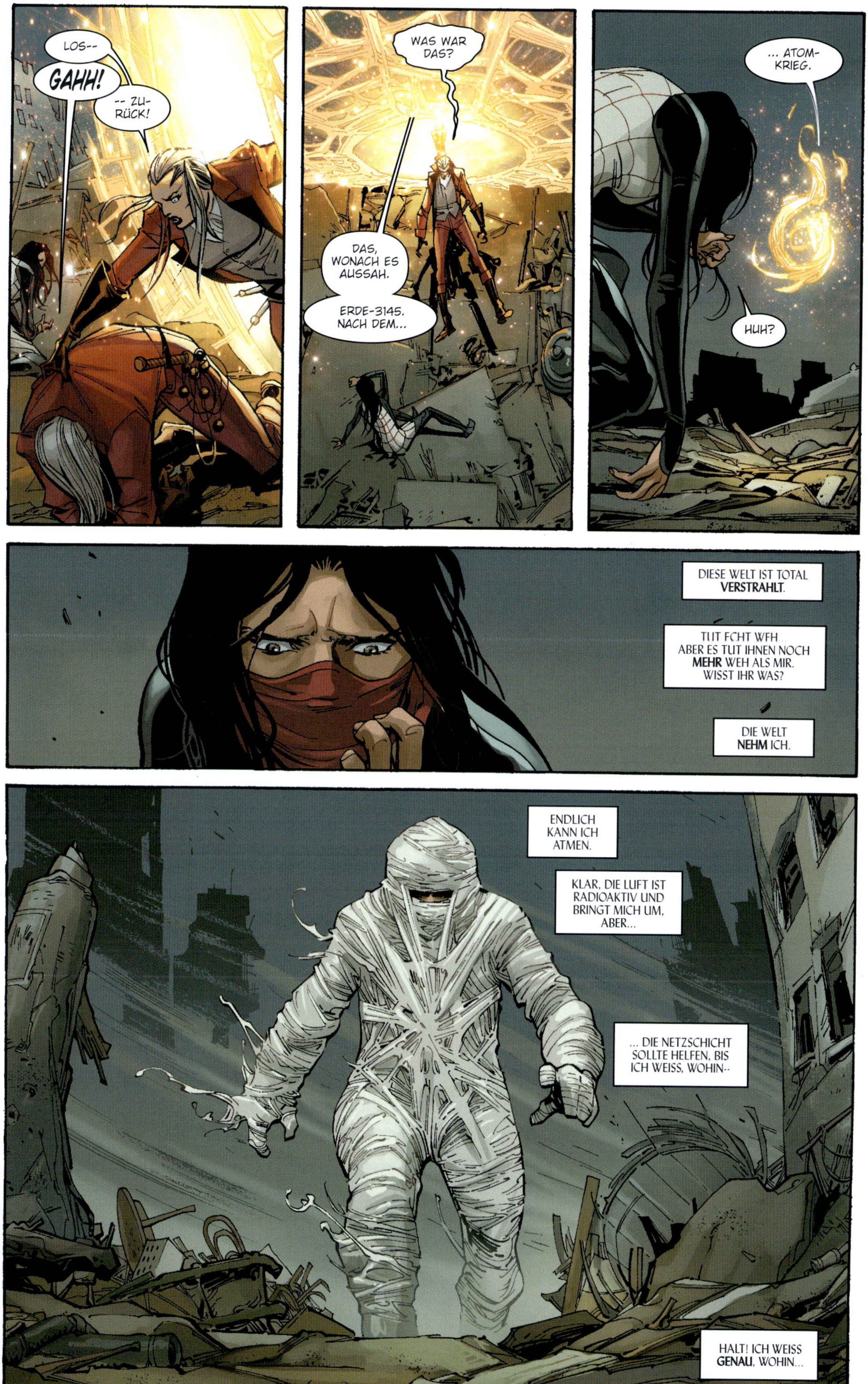

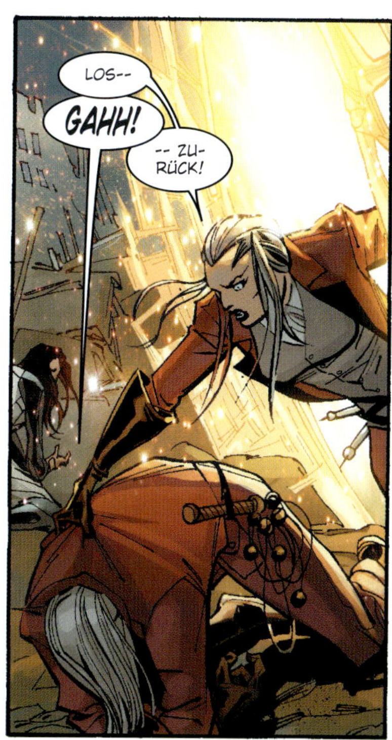

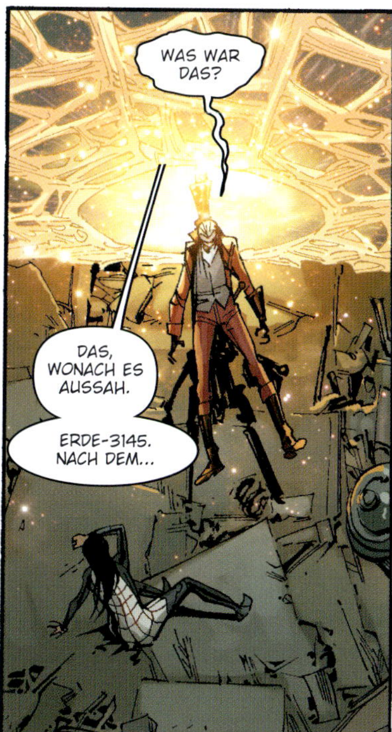

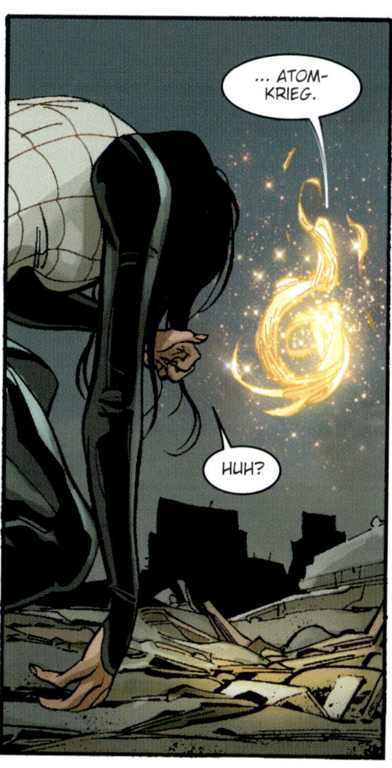

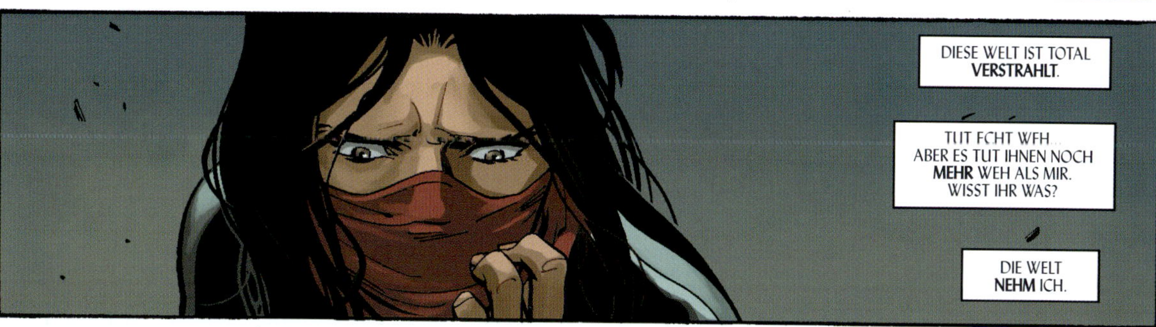

ENDLICH KANN ICH ATMEN.

KLAR, DIE LUFT IST RADIOAKTIV UND BRINGT MICH UM, ABER...

... DIE NETZSCHICHT SOLLTE HELFEN, BIS ICH WEISS, WOHIN--

HALT! ICH WEISS **GENAU**, WOHIN...

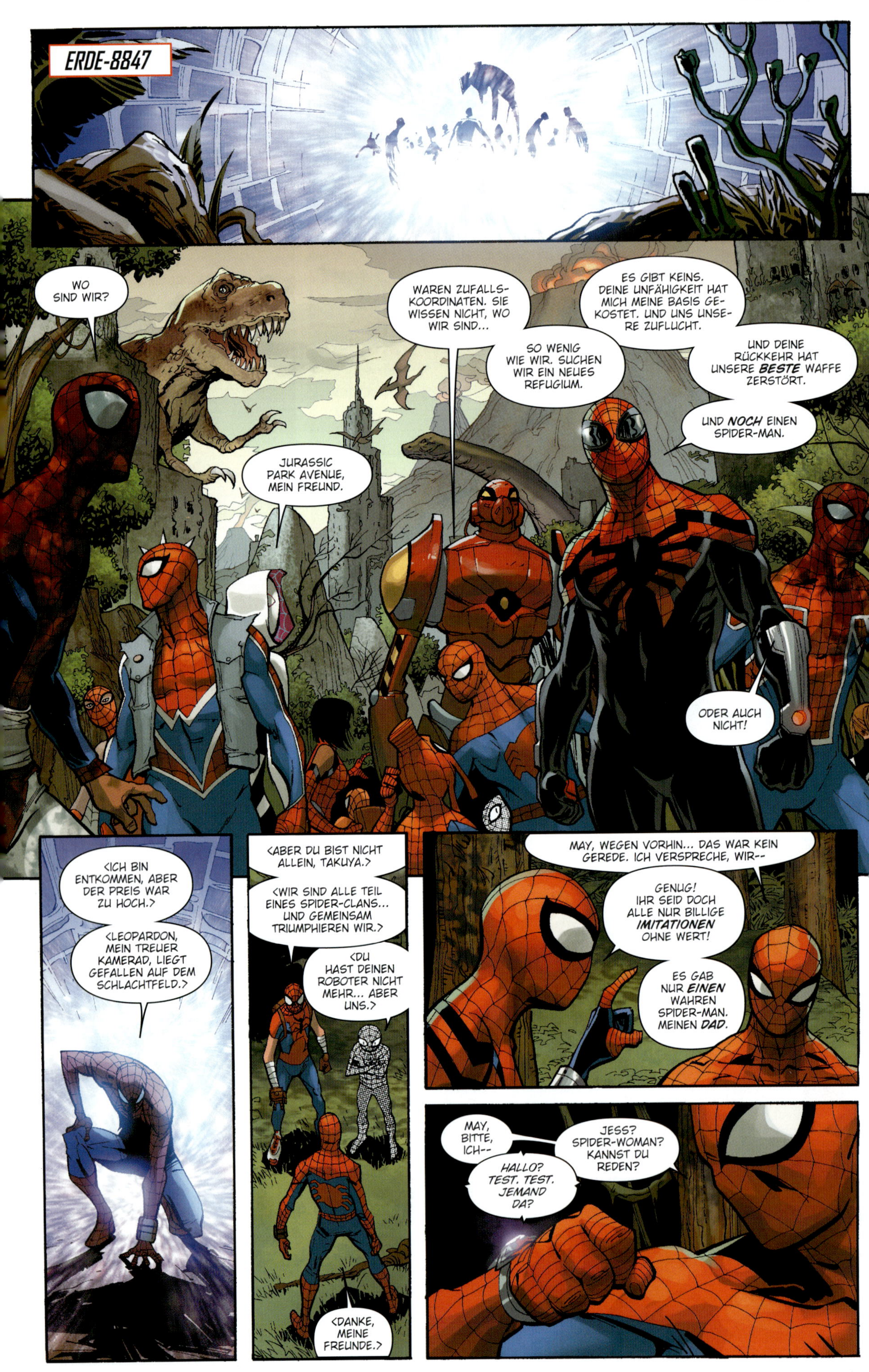
ERDE-8847
WO SIND WIR?
JURASSIC PARK AVENUE, MEIN FREUND.
WAREN ZUFALLS-KOORDINATEN. SIE WISSEN NICHT, WO WIR SIND...
SO WENIG WIE WIR. SUCHEN WIR EIN NEUES REFUGIUM.
ES GIBT KEINS. DEINE UNFÄHIGKEIT HAT MICH MEINE BASIS GEKOSTET. UND UNS UNSERE ZUFLUCHT.
UND DEINE RÜCKKEHR HAT UNSERE **BESTE** WAFFE ZERSTÖRT.
UND **NOCH** EINEN SPIDER-MAN.
ODER AUCH NICHT!
<ICH BIN ENTKOMMEN, ABER DER PREIS WAR ZU HOCH.>
<LEOPARDON, MEIN TREUER KAMERAD, LIEGT GEFALLEN AUF DEM SCHLACHTFELD.>
<ABER DU BIST NICHT ALLEIN, TAKUYA.>
<WIR SIND ALLE TEIL EINES SPIDER-CLANS... UND GEMEINSAM TRIUMPHIEREN WIR.>
<DU HAST DEINEN ROBOTER NICHT MEHR... ABER UNS.>
<DANKE, MEINE FREUNDE.>
MAY, WEGEN VORHIN... DAS WAR KEIN GEREDE. ICH VERSPRECHE, WIR--
GENUG! IHR SEID DOCH ALLE NUR BILLIGE ***IMITATIONEN*** OHNE WERT!
ES GAB NUR ***EINEN*** WAHREN SPIDER-MAN. MEINEN ***DAD***.
MAY, BITTE, ICH--
JESS? SPIDER-WOMAN? KANNST DU REDEN?
HALLO? TEST. TEST. JEMAND DA?

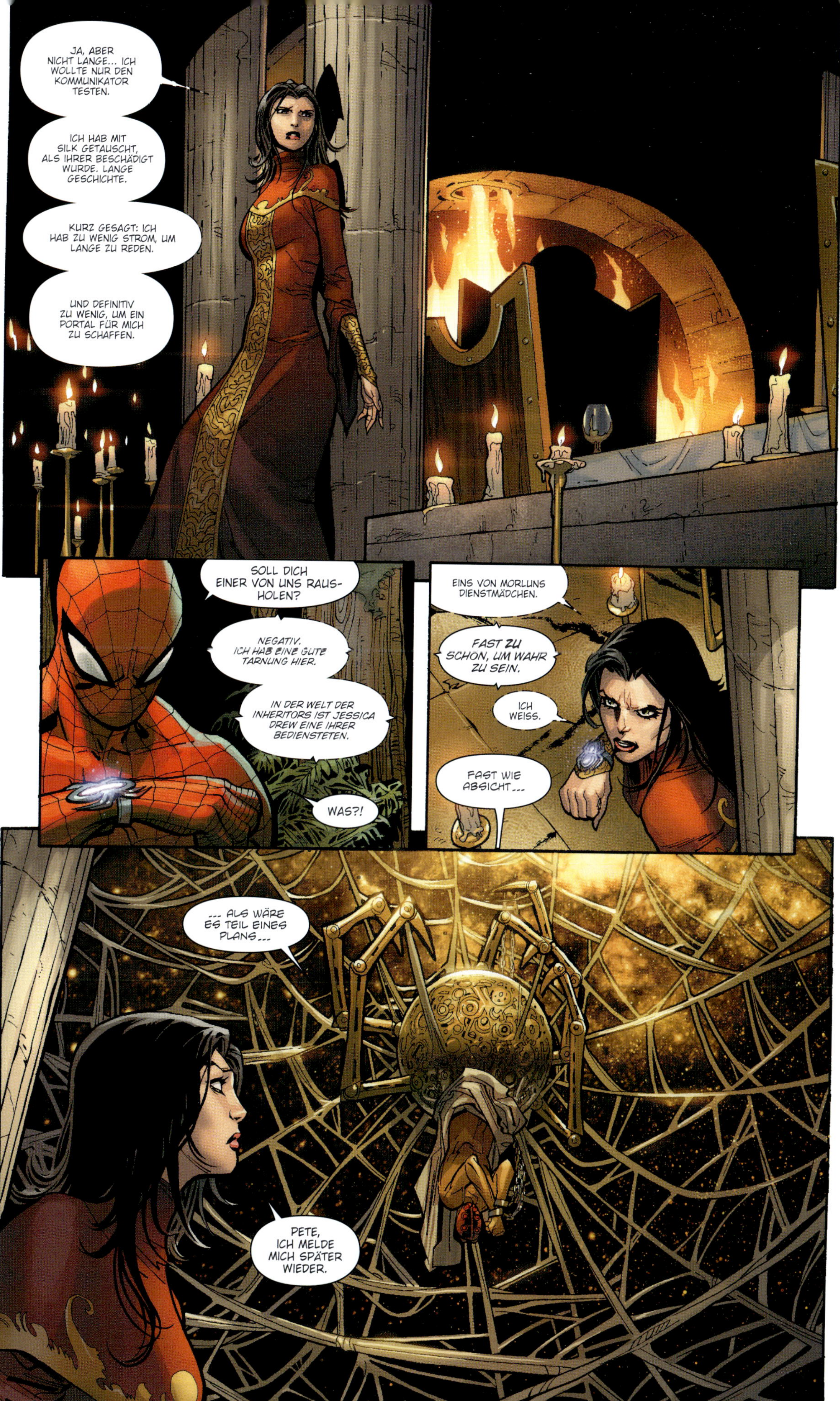
JA, ABER NICHT LANGE... ICH WOLLTE NUR DEN KOMMUNIKATOR TESTEN.
ICH HAB MIT SILK GETAUSCHT, ALS IHRER BESCHÄDIGT WURDE. LANGE GESCHICHTE.
KURZ GESAGT: ICH HAB ZU WENIG STROM, UM LANGE ZU REDEN.
UND DEFINITIV ZU WENIG, UM EIN PORTAL FÜR MICH ZU SCHAFFEN.
SOLL DICH EINER VON UNS RAUSHOLEN?
NEGATIV. ICH HAB EINE GUTE TARNUNG HIER.
IN DER WELT DER INHERITORS IST JESSICA DREW EINE IHRER BEDIENSTETEN.
WAS?!
EINS VON MORLUNS DIENSTMÄDCHEN.
FAST ZU SCHÖN, UM WAHR ZU SEIN.
ICH WEISS.
FAST WIE ABSICHT...
... ALS WÄRE ES TEIL EINES PLANS...
PETE, ICH MELDE MICH SPÄTER WIEDER.

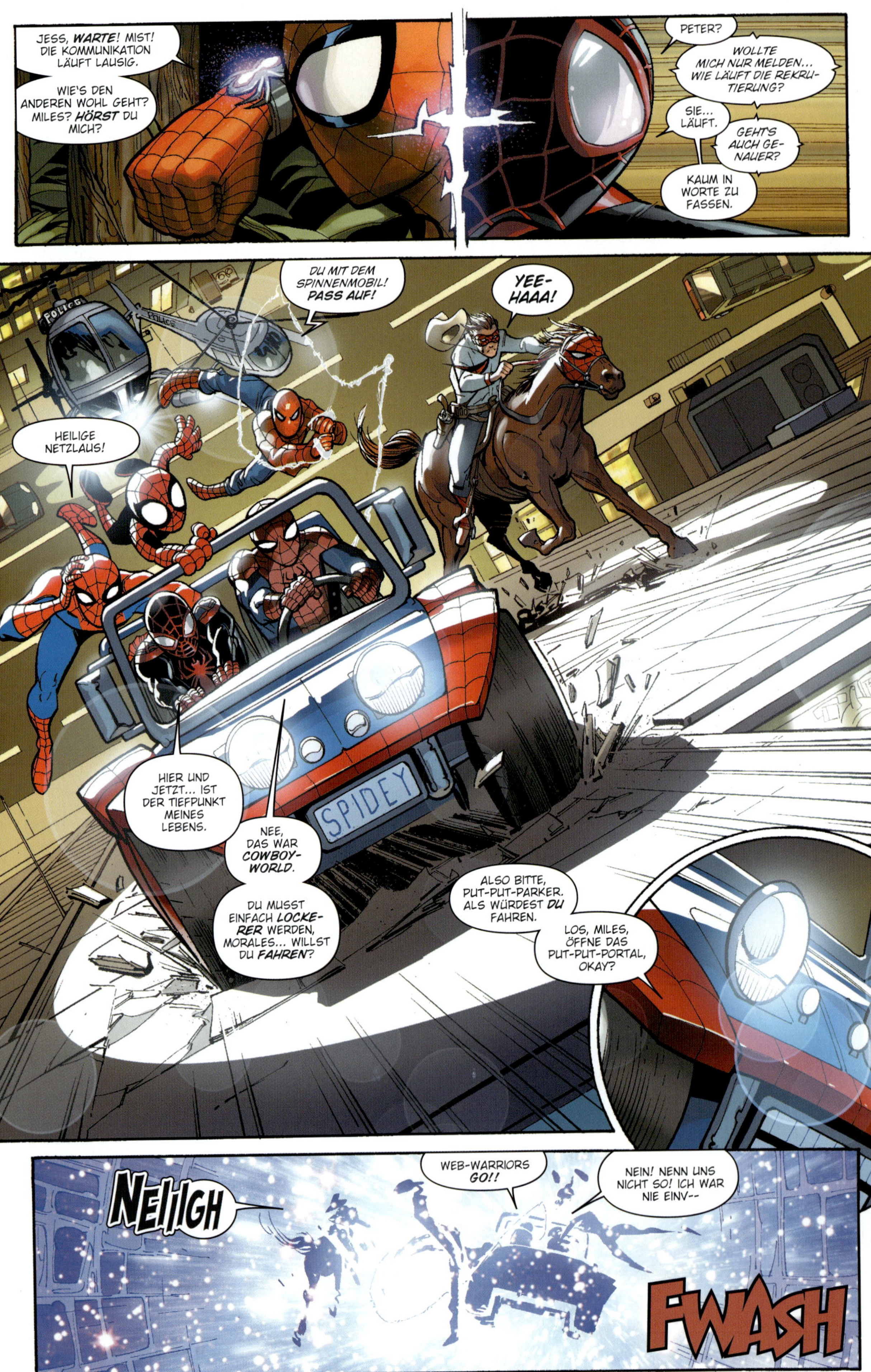

JESS, WARTE! MIST! DIE KOMMUNIKATION LÄUFT LAUSIG.
WIE'S DEN ANDEREN WOHL GEHT? MILES? HÖRST DU MICH?
PETER?
WOLLTE MICH NUR MELDEN... WIE LÄUFT DIE REKRUTIERUNG?
SIE... LÄUFT.
GEHT'S AUCH GENAUER?
KAUM IN WORTE ZU FASSEN.
DU MIT DEM SPINNENMOBIL! PASS AUF!
YEE-HAAA!
HEILIGE NETZLAUS!
SPIDEY
HIER UND JETZT... IST DER TIEFPUNKT MEINES LEBENS.
NEE, DAS WAR COWBOY-WORLD.
DU MUSST EINFACH LOCKERER WERDEN, MORALES... WILLST DU FAHREN?
ALSO BITTE, PUT-PUT-PARKER. ALS WÜRDEST DU FAHREN.
LOS, MILES, ÖFFNE DAS PUT-PUT-PORTAL, OKAY?
NEIIIGH
WEB-WARRIORS GO!!
NEIN! NENN UNS NICHT SO! ICH WAR NIE EINV--
FWASH

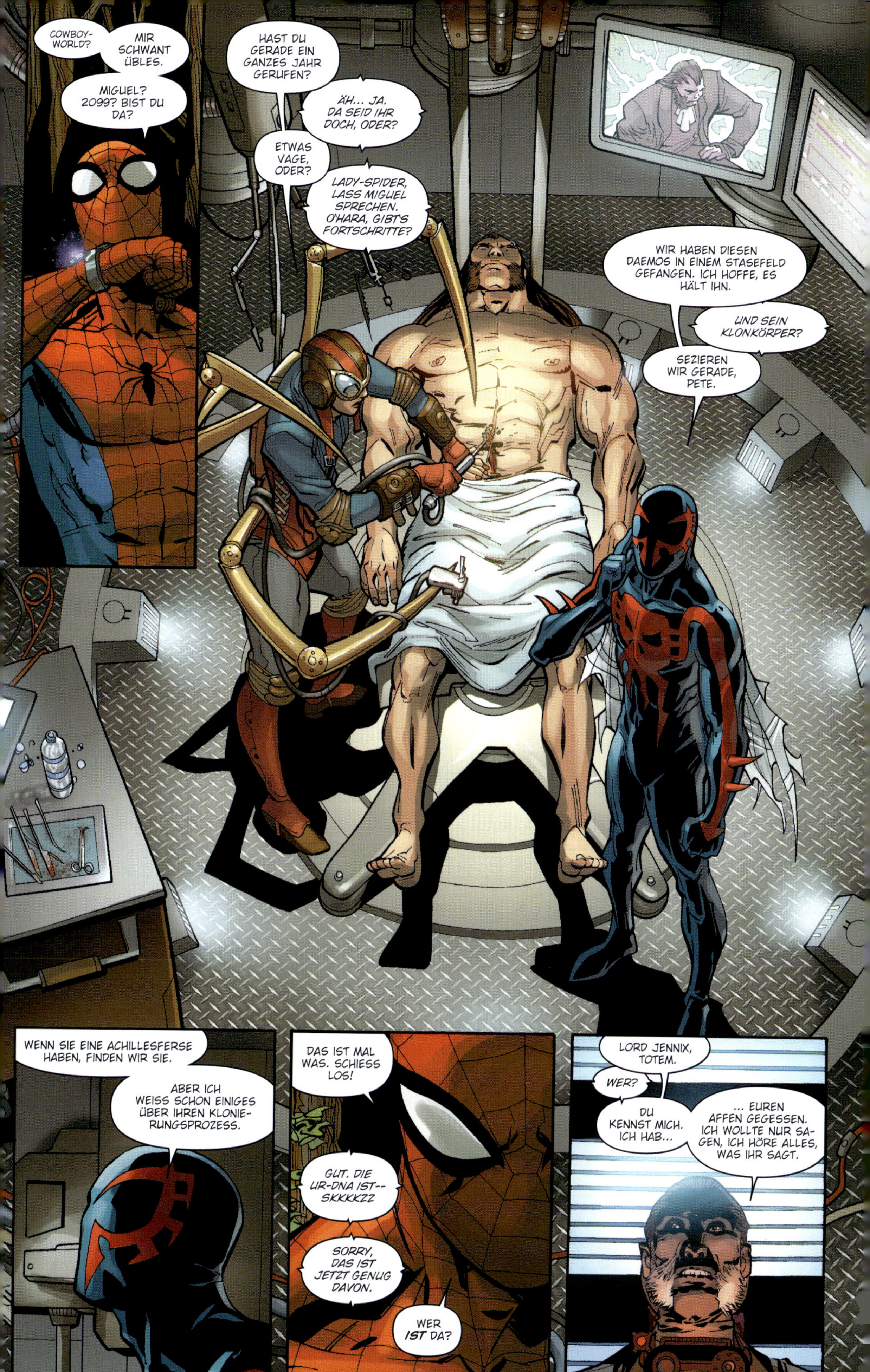
COWBOY-WORLD?
MIR SCHWANT ÜBLES.
MIGUEL? 2099? BIST DU DA?
HAST DU GERADE EIN GANZES JAHR GERUFEN?
ÄH... JA. DA SEID IHR DOCH, ODER?
ETWAS VAGE, ODER?
LADY-SPIDER, LASS MIGUEL SPRECHEN. O'HARA, GIBT'S FORTSCHRITTE?
WIR HABEN DIESEN DAEMOS IN EINEM STASEFELD GEFANGEN. ICH HOFFE, ES HÄLT IHN.
UND SEIN KLONKÖRPER?
SEZIEREN WIR GERADE, PETE.
WENN SIE EINE ACHILLESFERSE HABEN, FINDEN WIR SIE.
ABER ICH WEISS SCHON EINIGES ÜBER IHREN KLONIE-RUNGSPROZESS.
DAS IST MAL WAS. SCHIESS LOS!
GUT. DIE UR-DNA IST--SKKKKZZ
SORRY, DAS IST JETZT GENUG DAVON.
WER IST DA?
LORD JENNIX, TOTEM.
WER?
DU KENNST MICH. ICH HAB...
... EUREN AFFEN GEGESSEN. ICH WOLLTE NUR SA-GEN, ICH HÖRE ALLES, WAS IHR SAGT.

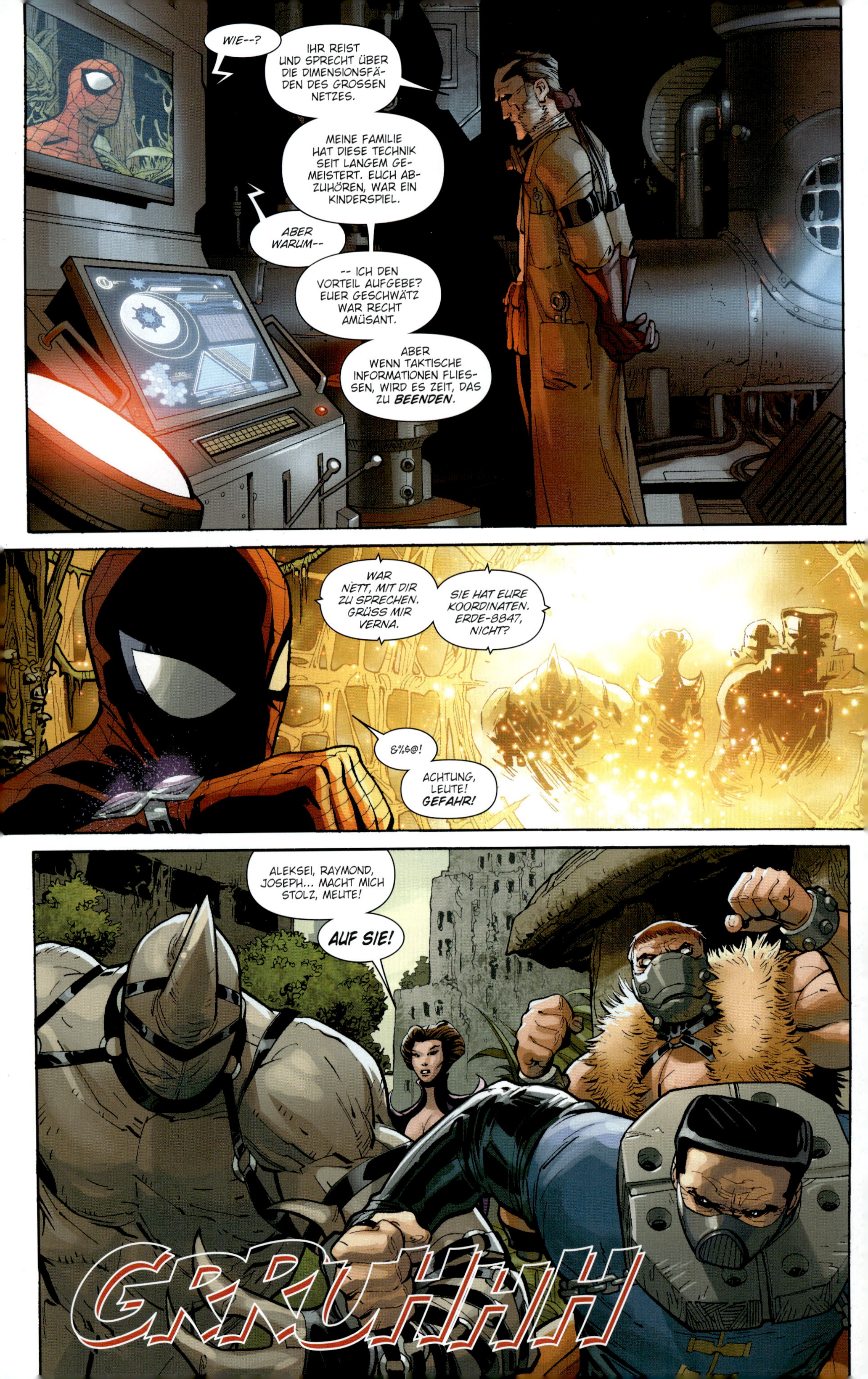

WIE--?
IHR REIST UND SPRECHT ÜBER DIE DIMENSIONSFÄDEN DES GROSSEN NETZES.
MEINE FAMILIE HAT DIESE TECHNIK SEIT LANGEM GEMEISTERT. EUCH ABZUHÖREN, WAR EIN KINDERSPIEL.
ABER WARUM--
-- ICH DEN VORTEIL AUFGEBE? EUER GESCHWÄTZ WAR RECHT AMÜSANT.
ABER WENN TAKTISCHE INFORMATIONEN FLIESSEN, WIRD ES ZEIT, DAS ZU **BEENDEN**.

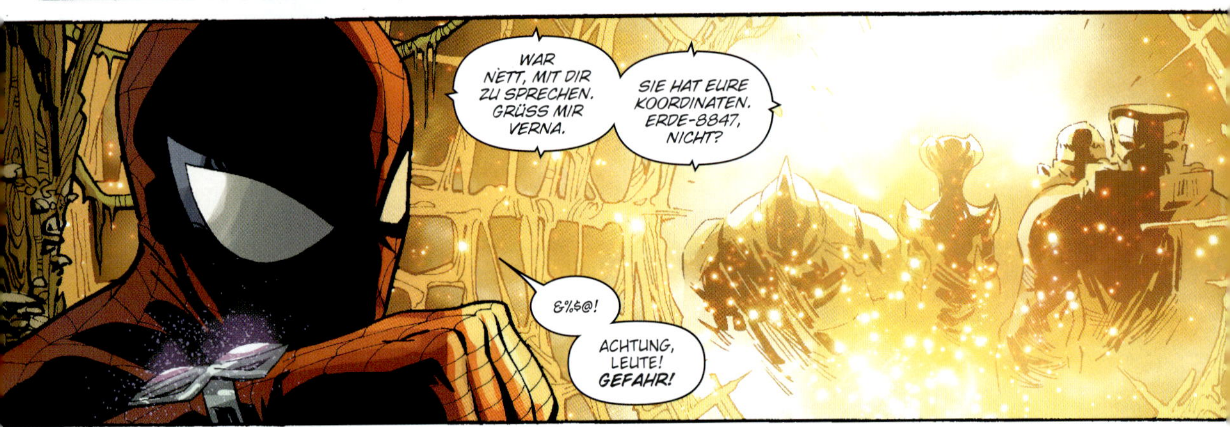

ALEKSEI, RAYMOND, JOSEPH... MACHT MICH STOLZ, MEUTE!
AUF SIE!
GRRUHHH

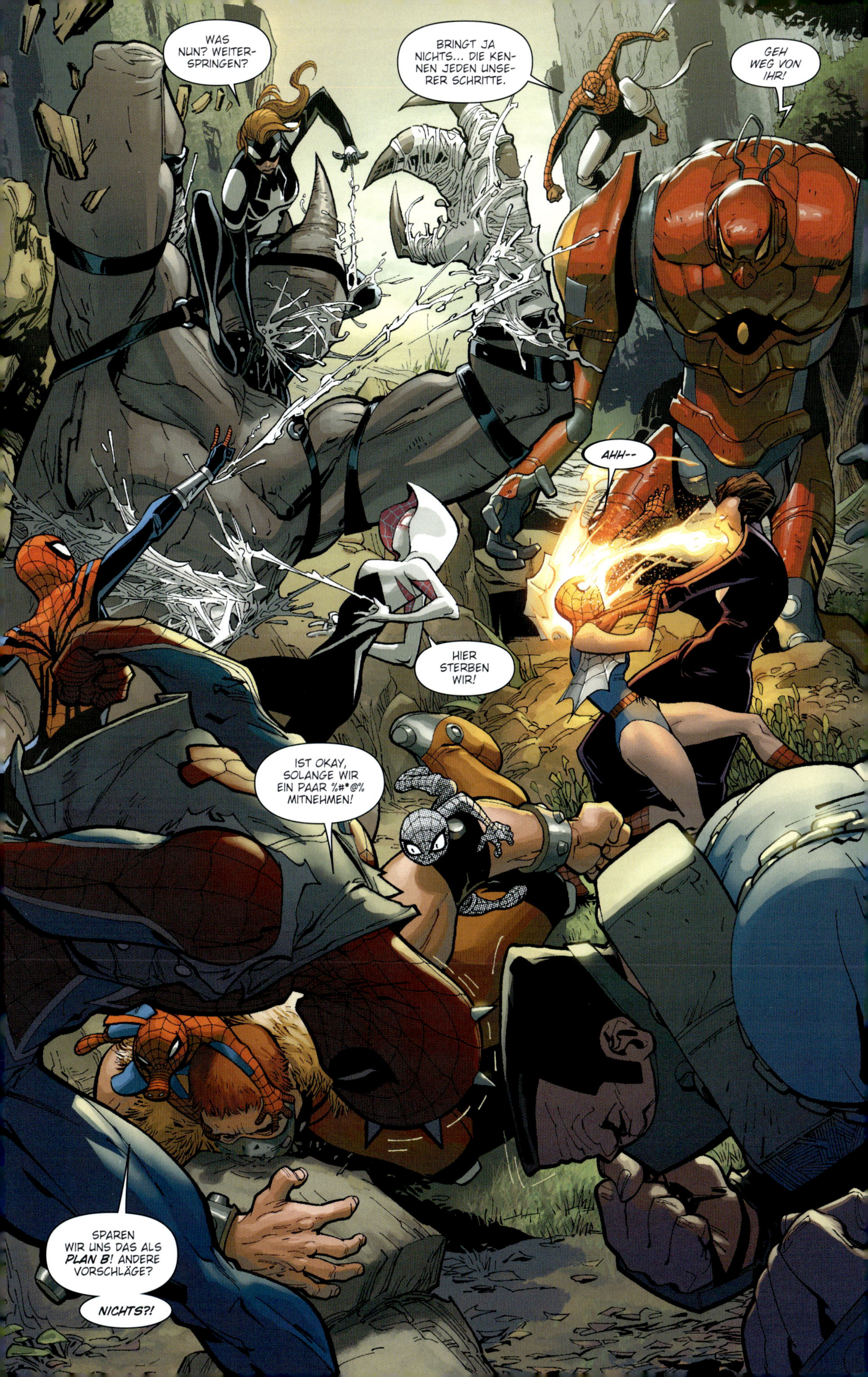
WAS NUN? WEITER-SPRINGEN?
BRINGT JA NICHTS... DIE KEN-NEN JEDEN UNSE-RER SCHRITTE.
GEH WEG VON IHR!
AHH--
HIER STERBEN WIR!
IST OKAY, SOLANGE WIR EIN PAAR %#*@% MITNEHMEN!
SPAREN WIR UNS DAS ALS PLAN B! ANDERE VORSCHLÄGE?
NICHTS?!

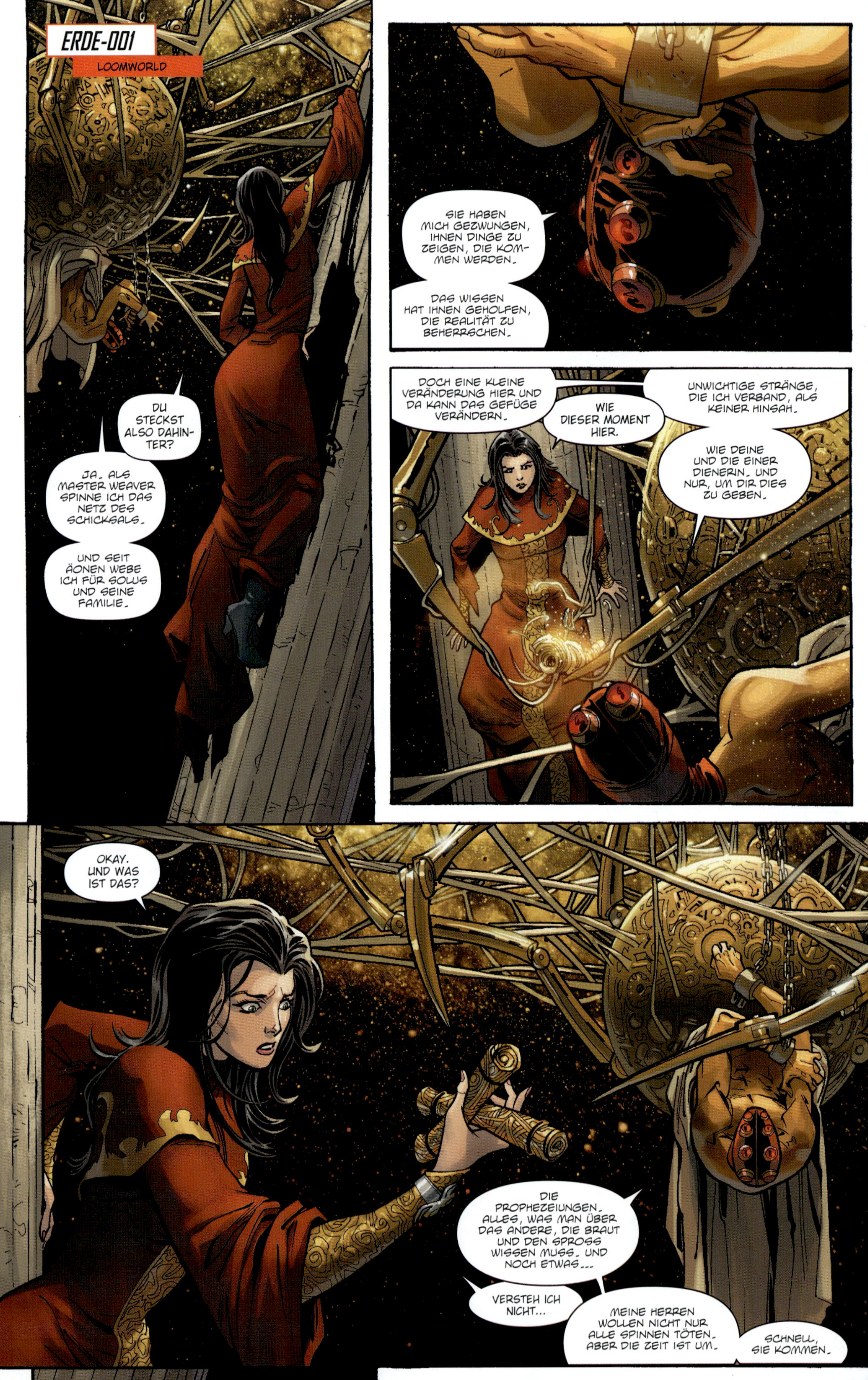
ERDE-001
LOOMWORLD
DU STECKST ALSO DAHINTER?
JA. ALS MASTER WEAVER SPINNE ICH DAS NETZ DES SCHICKSALS.
UND SEIT ÄONEN WEBE ICH FÜR SOLUS UND SEINE FAMILIE.
SIE HABEN MICH GEZWUNGEN, IHNEN DINGE ZU ZEIGEN, DIE KOMMEN WERDEN.
DAS WISSEN HAT IHNEN GEHOLFEN, DIE REALITÄT ZU BEHERRSCHEN.
DOCH EINE KLEINE VERÄNDERUNG HIER UND DA KANN DAS GEFÜGE VERÄNDERN.
WIE DIESER MOMENT HIER.
UNWICHTIGE STRÄNGE, DIE ICH VERBAND, ALS KEINER HINSAH.
WIE DEINE UND DIE EINER DIENERIN. UND NUR, UM DIR DIES ZU GEBEN.
OKAY. UND WAS IST DAS?
DIE PROPHEZEIUNGEN. ALLES, WAS MAN ÜBER DAS ANDERE, DIE BRAUT UND DEN SPROSS WISSEN MUSS. UND NOCH ETWAS...
VERSTEH ICH NICHT...
MEINE HERREN WOLLEN NICHT NUR ALLE SPINNEN TÖTEN. ABER DIE ZEIT IST UM.
SCHNELL, SIE KOMMEN.

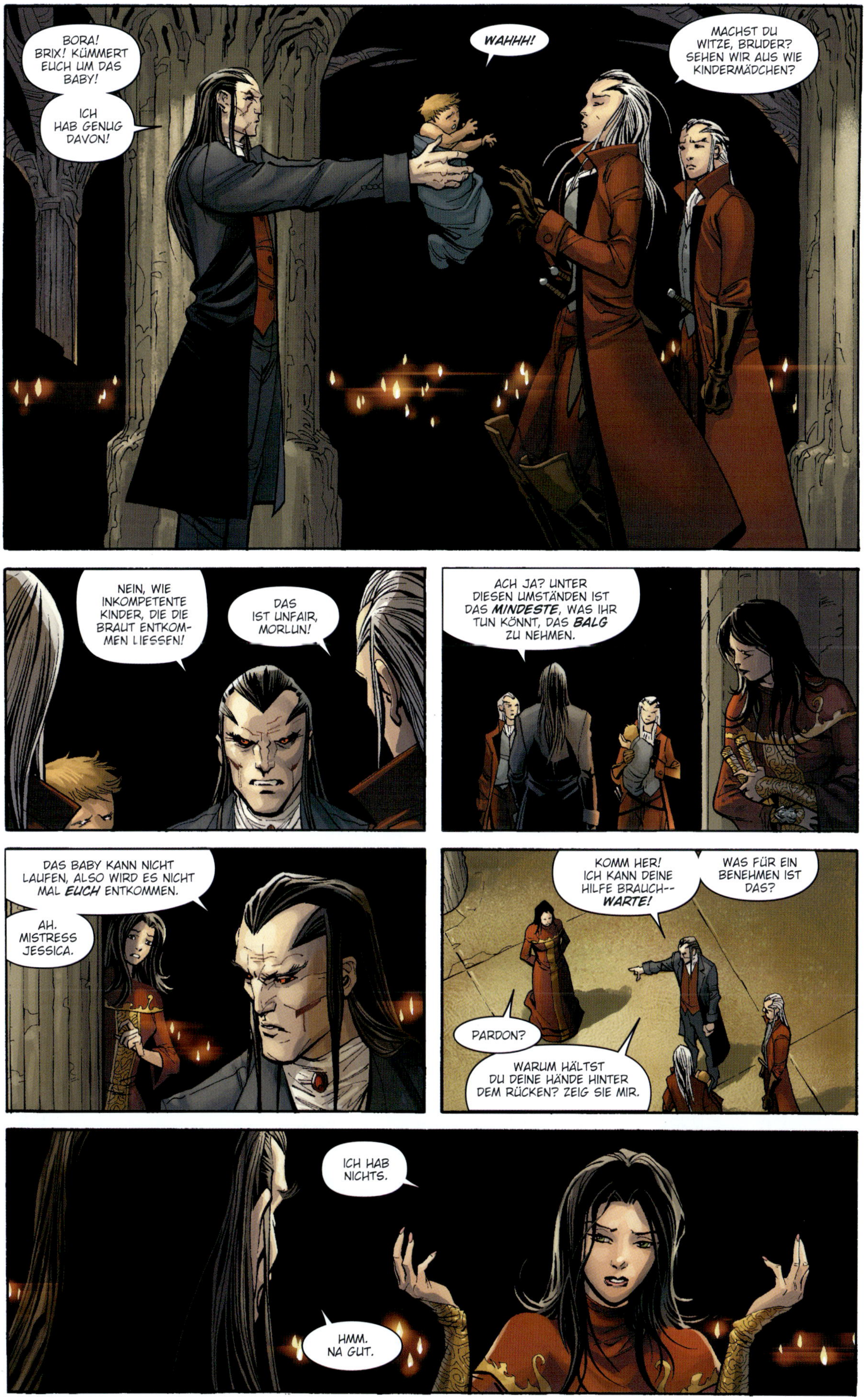

BORA! BRIX! KÜMMERT EUCH UM DAS BABY!
ICH HAB GENUG DAVON!
WAHHH!
MACHST DU WITZE, BRUDER? SEHEN WIR AUS WIE KINDERMÄDCHEN?

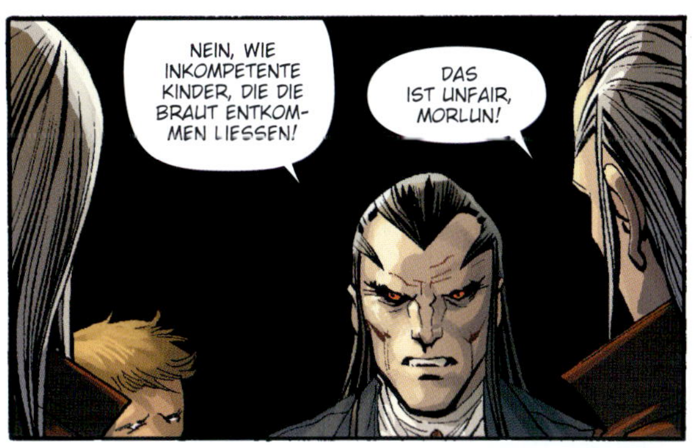
NEIN, WIE INKOMPETENTE KINDER, DIE DIE BRAUT ENTKOMMEN LIESSEN!
DAS IST UNFAIR, MORLUN!

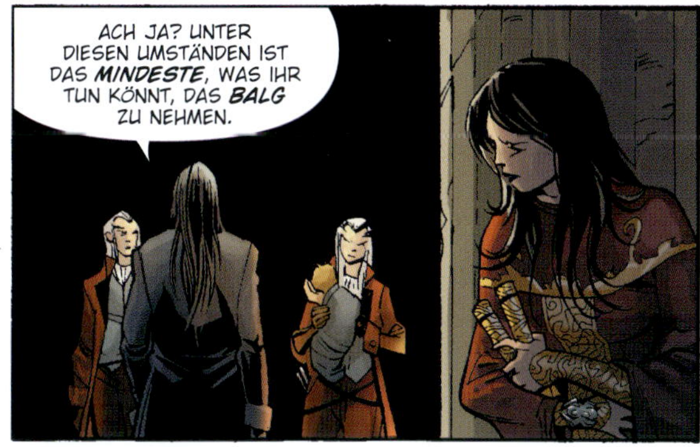
ACH JA? UNTER DIESEN UMSTÄNDEN IST DAS MINDESTE, WAS IHR TUN KÖNNT, DAS BALG ZU NEHMEN.

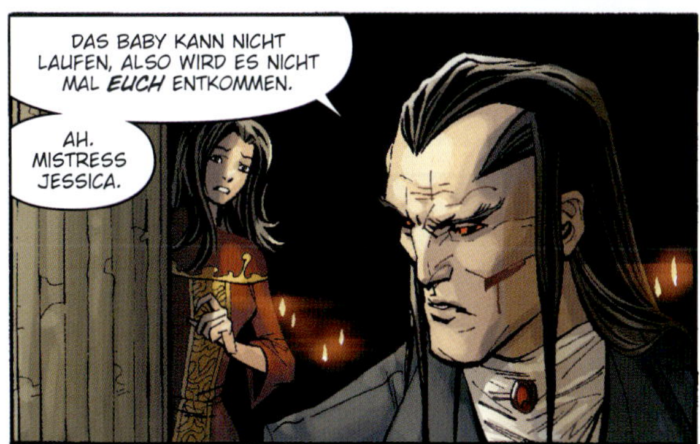
DAS BABY KANN NICHT LAUFEN, ALSO WIRD ES NICHT MAL EUCH ENTKOMMEN.
AH. MISTRESS JESSICA.

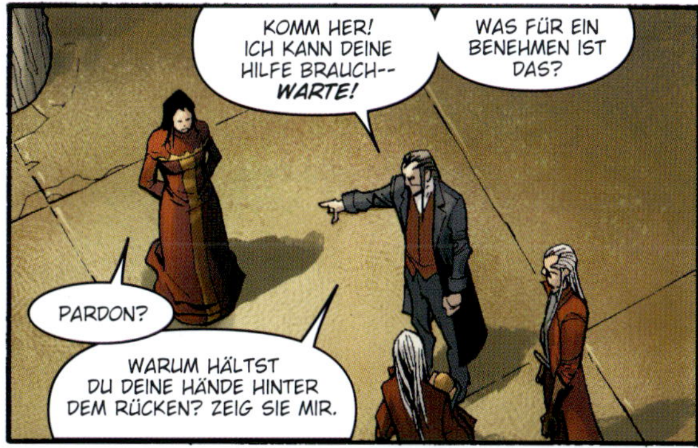
KOMM HER! ICH KANN DEINE HILFE BRAUCH-- WARTE!
WAS FÜR EIN BENEHMEN IST DAS?
PARDON?
WARUM HÄLTST DU DEINE HÄNDE HINTER DEM RÜCKEN? ZEIG SIE MIR.

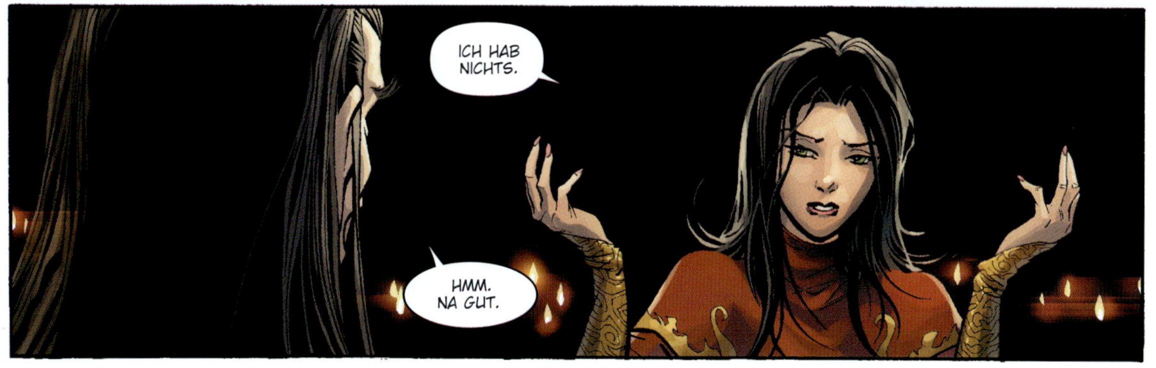
ICH HAB NICHTS.
HMM. NA GUT.

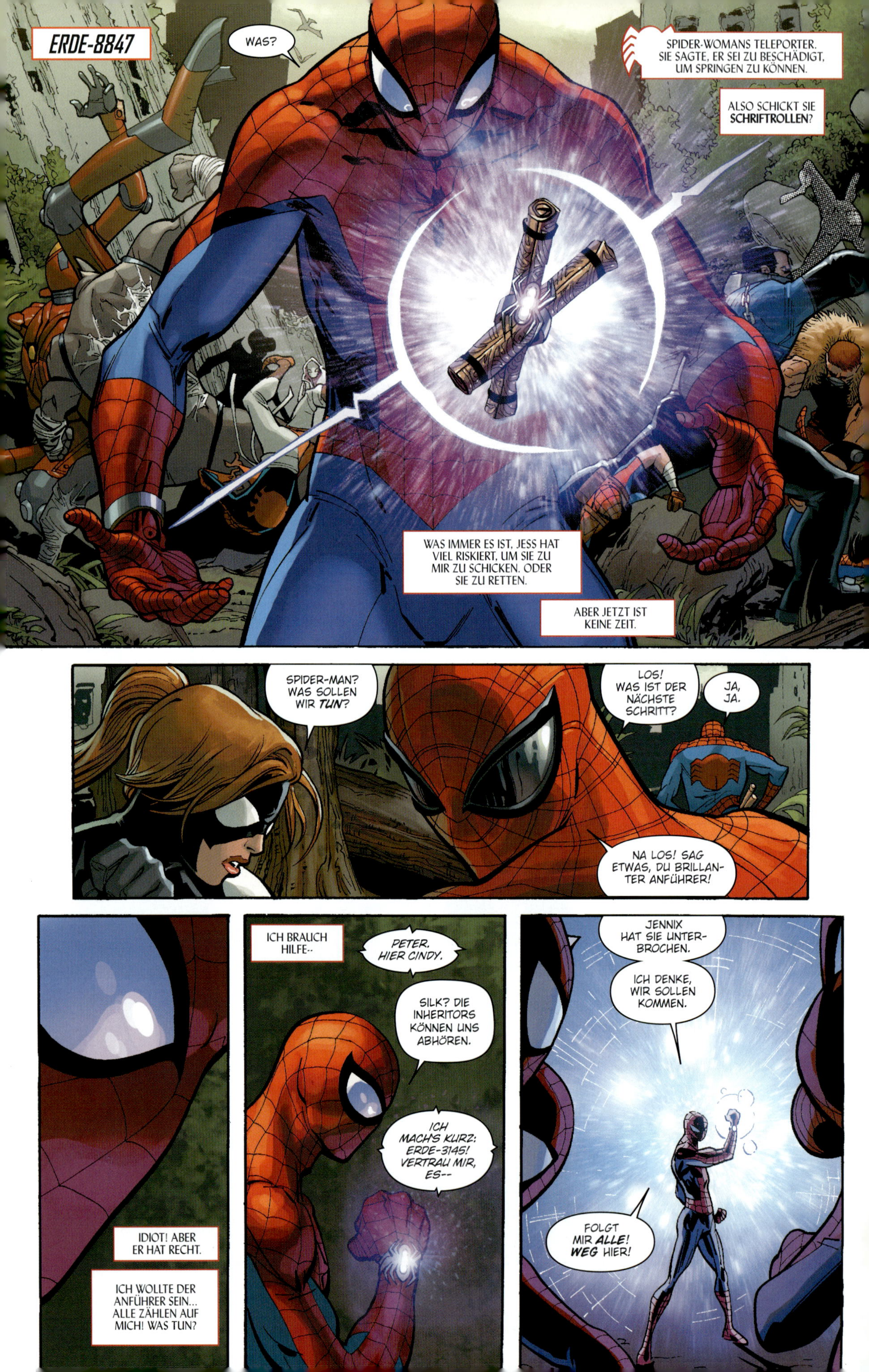

ERDE-8847

WAS?

SPIDER-WOMANS TELEPORTER. SIE SAGTE, ER SEI ZU BESCHÄDIGT, UM SPRINGEN ZU KÖNNEN.

ALSO SCHICKT SIE **SCHRIFTROLLEN**?

WAS IMMER ES IST, JESS HAT VIEL RISKIERT, UM SIE ZU MIR ZU SCHICKEN. ODER SIE ZU RETTEN.

ABER JETZT IST KEINE ZEIT.

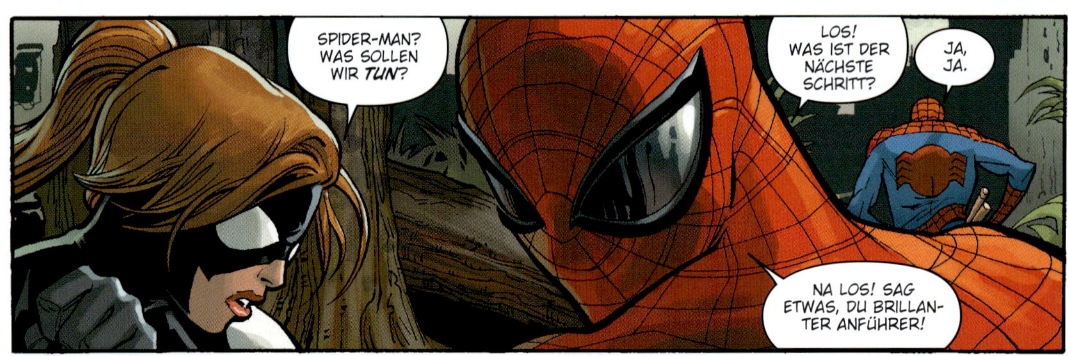

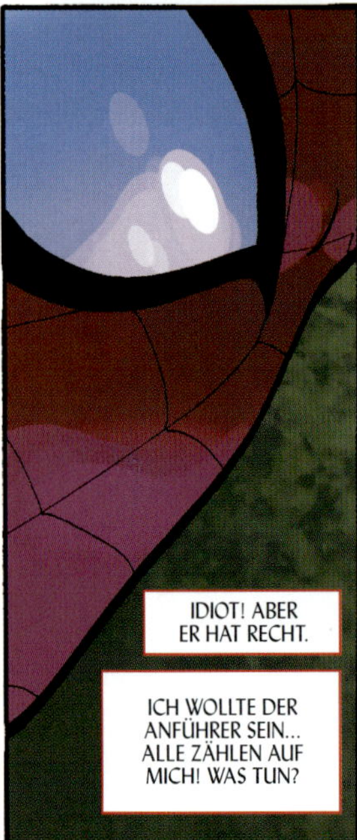

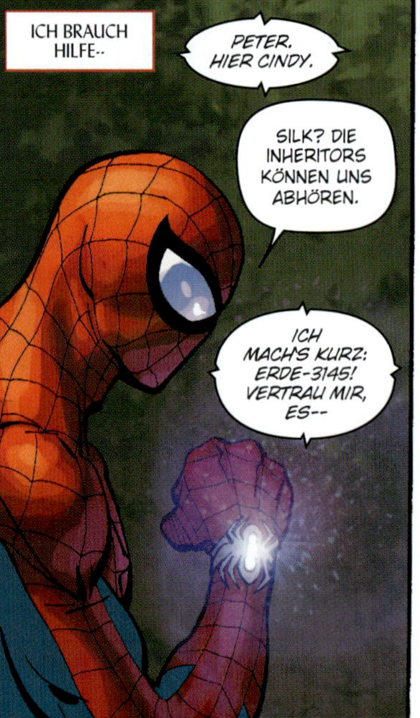

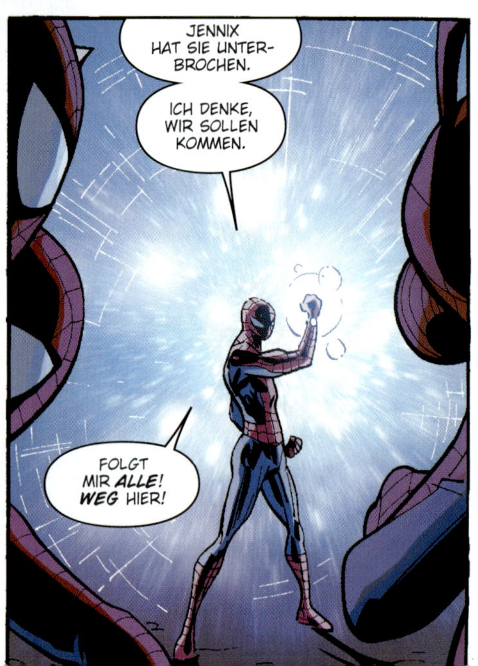

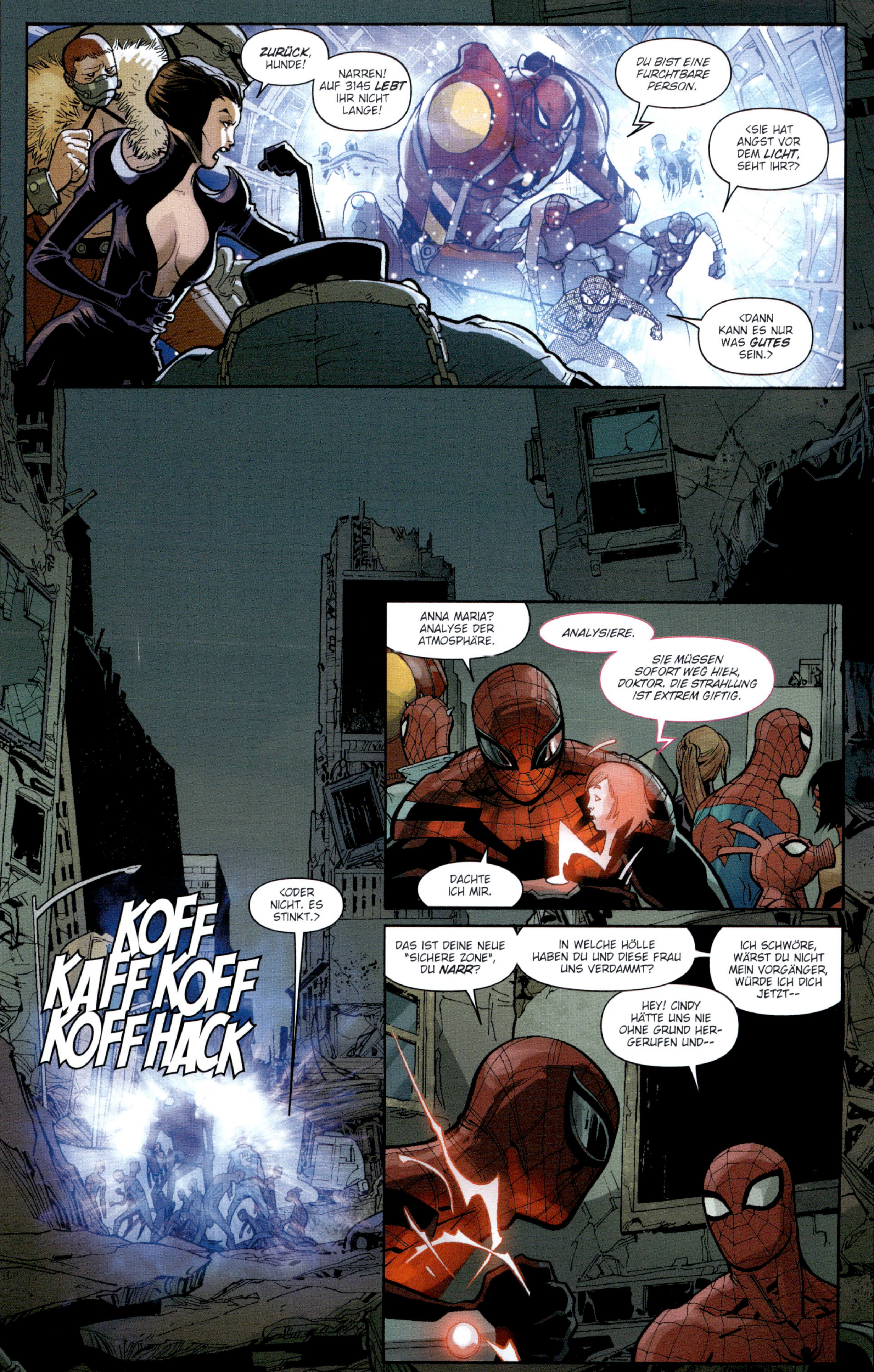
ZURÜCK, HUNDE!
NARREN! AUF 3145 LEBT IHR NICHT LANGE!
DU BIST EINE FURCHTBARE PERSON.
<SIE HAT ANGST VOR DEM LICHT, SEHT IHR?>
<DANN KANN ES NUR WAS GUTES SEIN.>
ANNA MARIA? ANALYSE DER ATMOSPHÄRE.
ANALYSIERE.
SIE MÜSSEN SOFORT WEG HIER, DOKTOR. DIE STRAHLUNG IST EXTREM GIFTIG.
DACHTE ICH MIR.
<ODER NICHT. ES STINKT.>
KOFF KAFF KOFF KOFF HACK
DAS IST DEINE NEUE "SICHERE ZONE", DU NARR?
IN WELCHE HÖLLE HABEN DU UND DIESE FRAU UNS VERDAMMT?
ICH SCHWÖRE, WÄRST DU NICHT MEIN VORGÄNGER, WÜRDE ICH DICH JETZT--
HEY! CINDY HÄTTE UNS NIE OHNE GRUND HERGERUFEN UND--

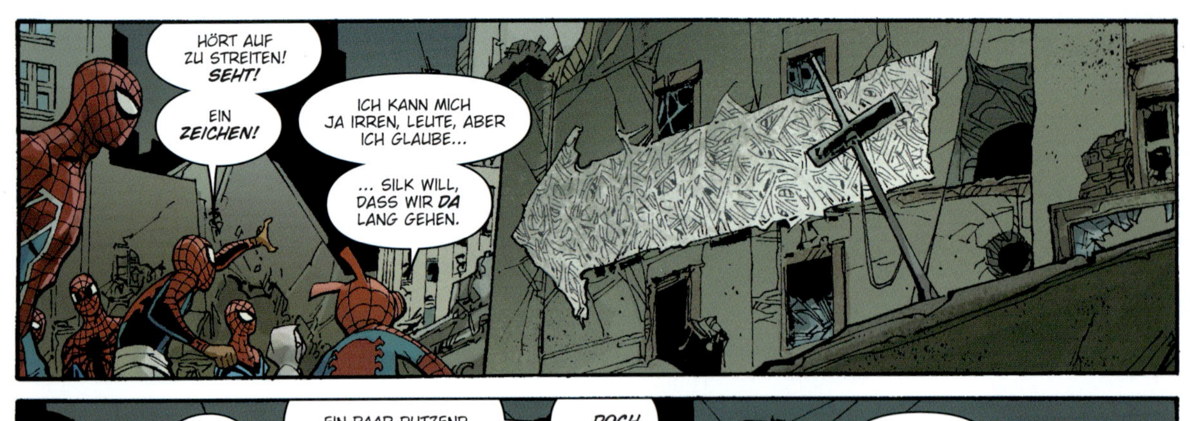
HÖRT AUF ZU STREITEN! **SEHT!**
EIN **ZEICHEN!**
ICH KANN MICH JA IRREN, LEUTE, ABER ICH GLAUBE...
... SILK WILL, DASS WIR **DA** LANG GEHEN.

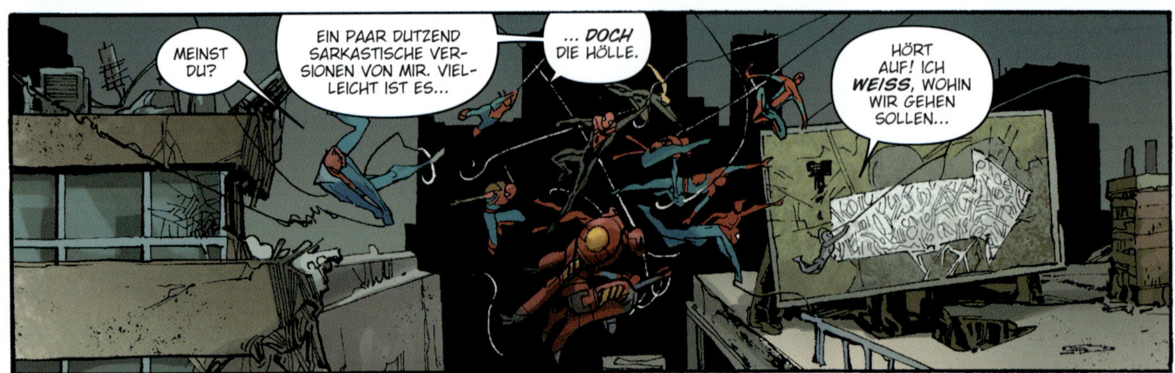
MEINST DU?
EIN PAAR DUTZEND SARKASTISCHE VERSIONEN VON MIR. VIELLEICHT IST ES...
... **DOCH** DIE HÖLLE.
HÖRT AUF! ICH **WEISS**, WOHIN WIR GEHEN SOLLEN...

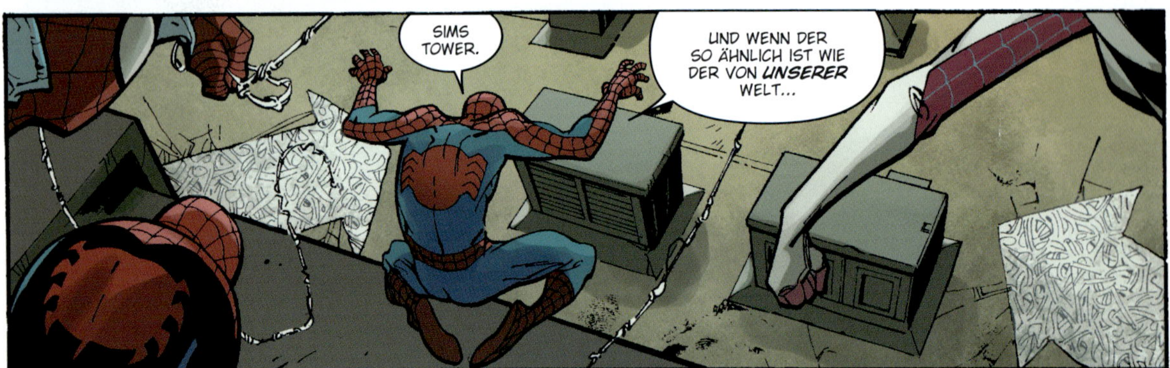
SIMS TOWER.
UND WENN DER SO ÄHNLICH IST WIE DER VON **UNSERER** WELT...

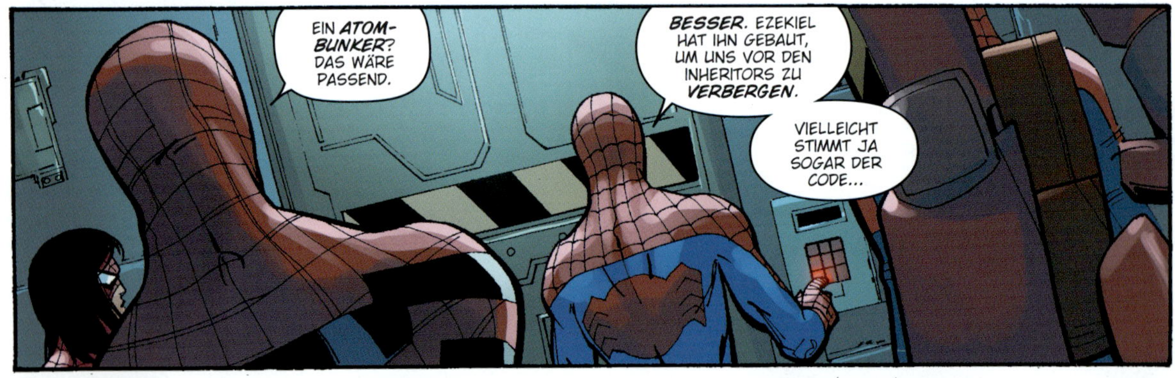
EIN **ATOMBUNKER**? DAS WÄRE PASSEND.
BESSER. EZEKIEL HAT IHN GEBAUT, UM UNS VOR DEN INHERITORS ZU **VERBERGEN**.
VIELLEICHT STIMMT JA SOGAR DER CODE...

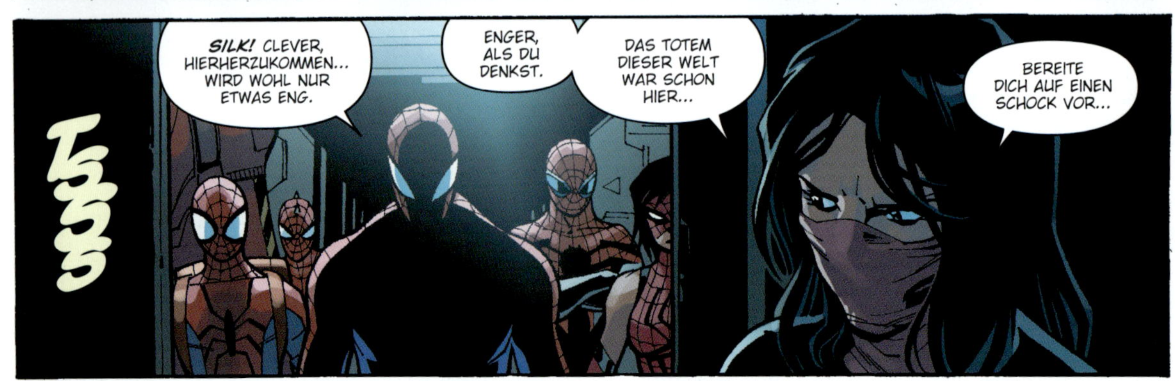
TSSSS
SILK! CLEVER, HIERHERZUKOMMEN... WIRD WOHL NUR ETWAS ENG.
ENGER, ALS DU DENKST.
DAS TOTEM DIESER WELT WAR SCHON HIER...
BEREITE DICH AUF EINEN SCHOCK VOR...

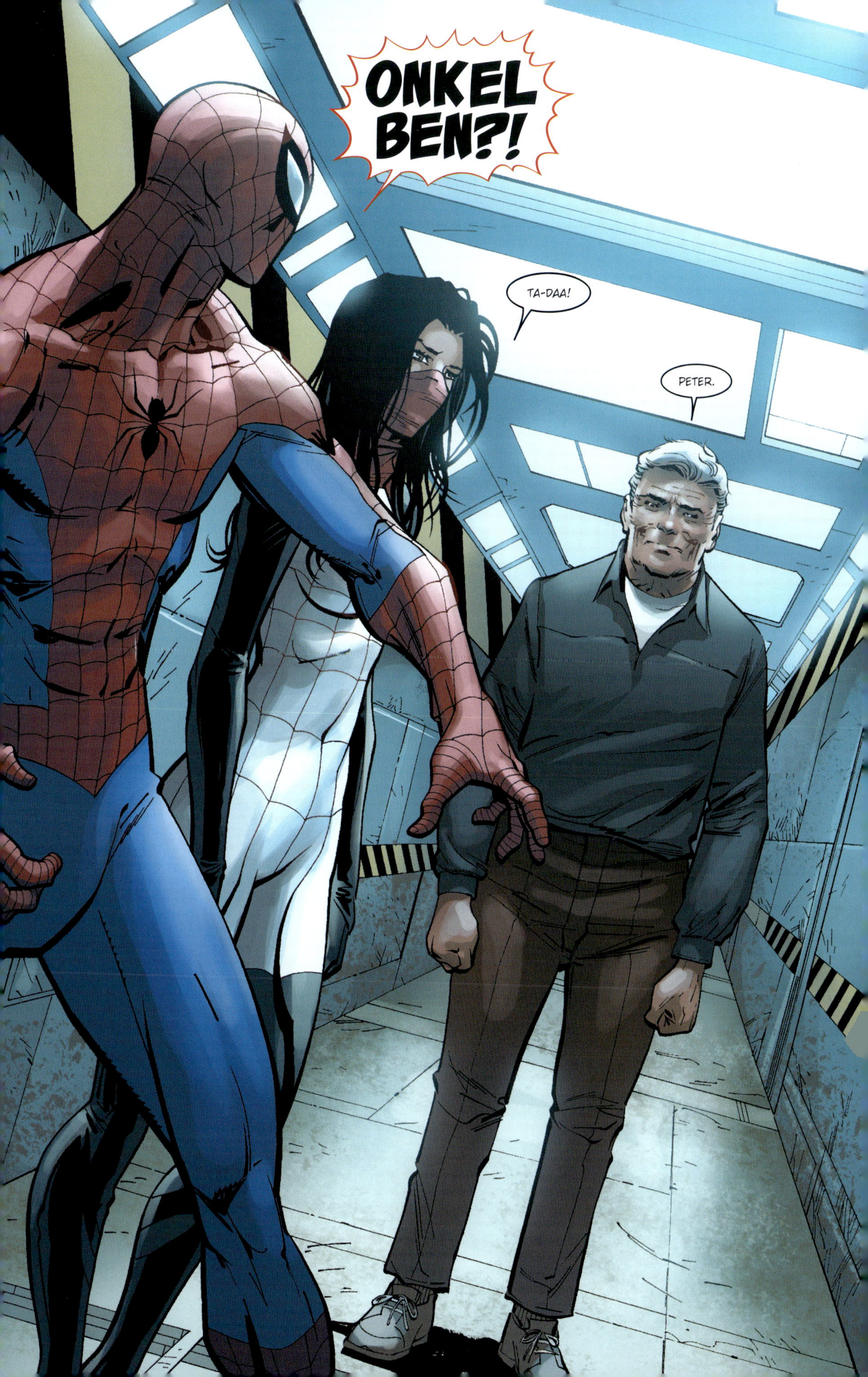
ONKEL BEN?!
TA-DAA!
PETER.

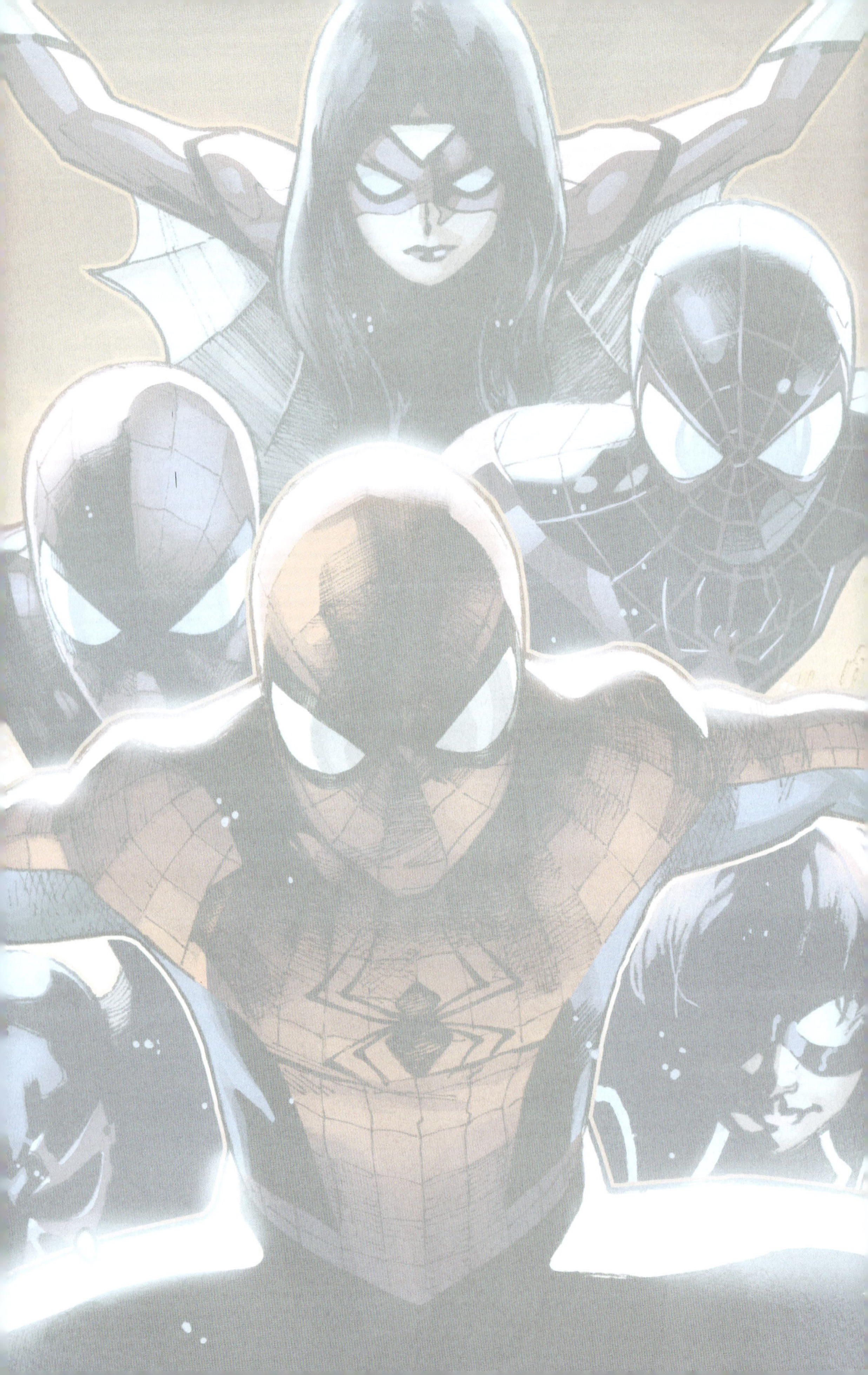

SPIDER-VERSE, TEIL 5: KEINE SPINNEN MEHR

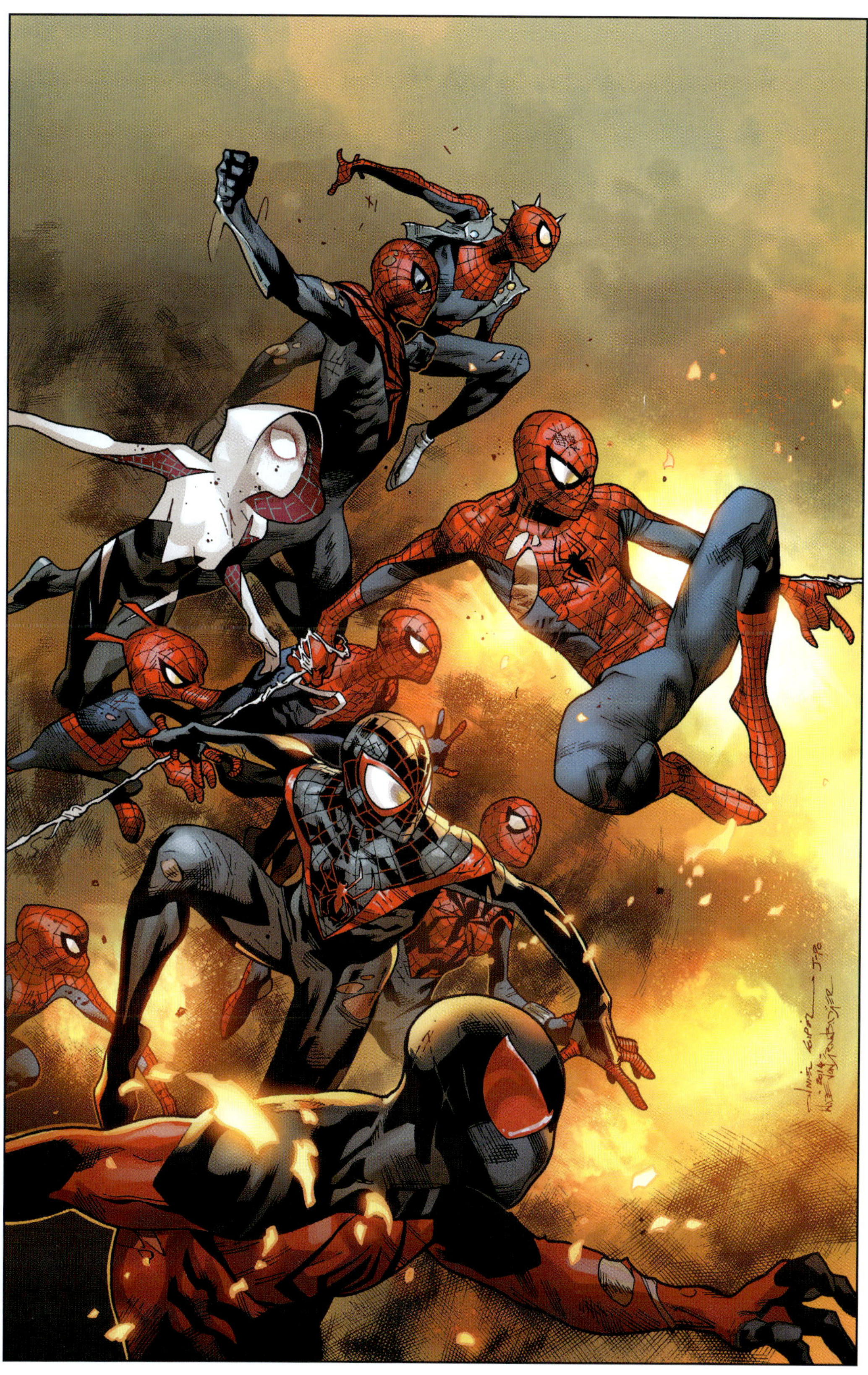

Amazing Spider-Man (2014) 13
Cover von **OLIVIER COIPEL**

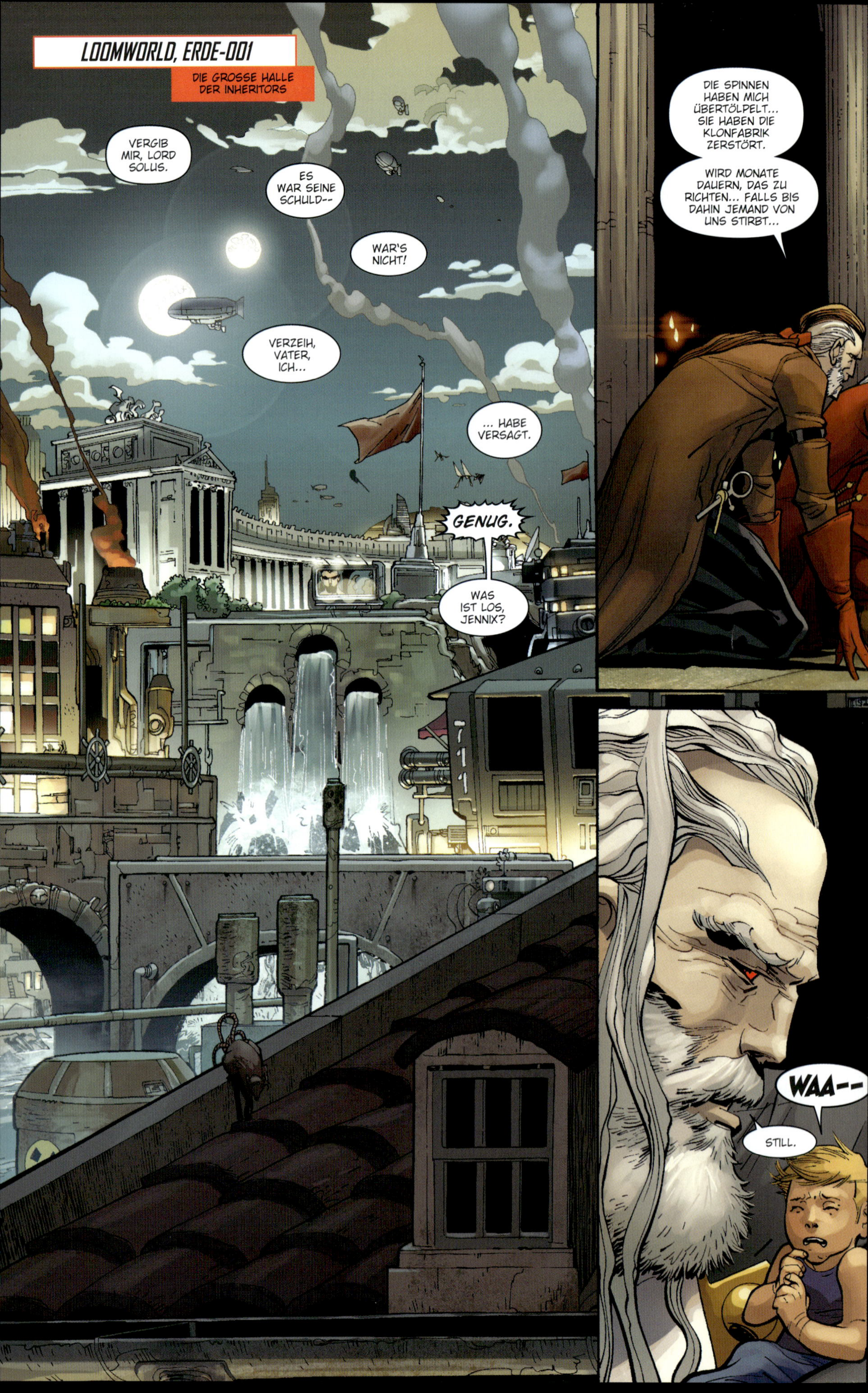
LOOMWORLD, ERDE-001
DIE GROSSE HALLE DER INHERITORS
VERGIB MIR, LORD SOLUS.
ES WAR SEINE SCHULD--
WAR'S NICHT!
VERZEIH, VATER, ICH...
... HABE VERSAGT.
GENUG.
WAS IST LOS, JENNIX?
DIE SPINNEN HABEN MICH ÜBERTÖLPELT... SIE HABEN DIE KLONFABRIK ZERSTÖRT.
WIRD MONATE DAUERN, DAS ZU RICHTEN... FALLS BIS DAHIN JEMAND VON UNS STIRBT...
WAA--
STILL.

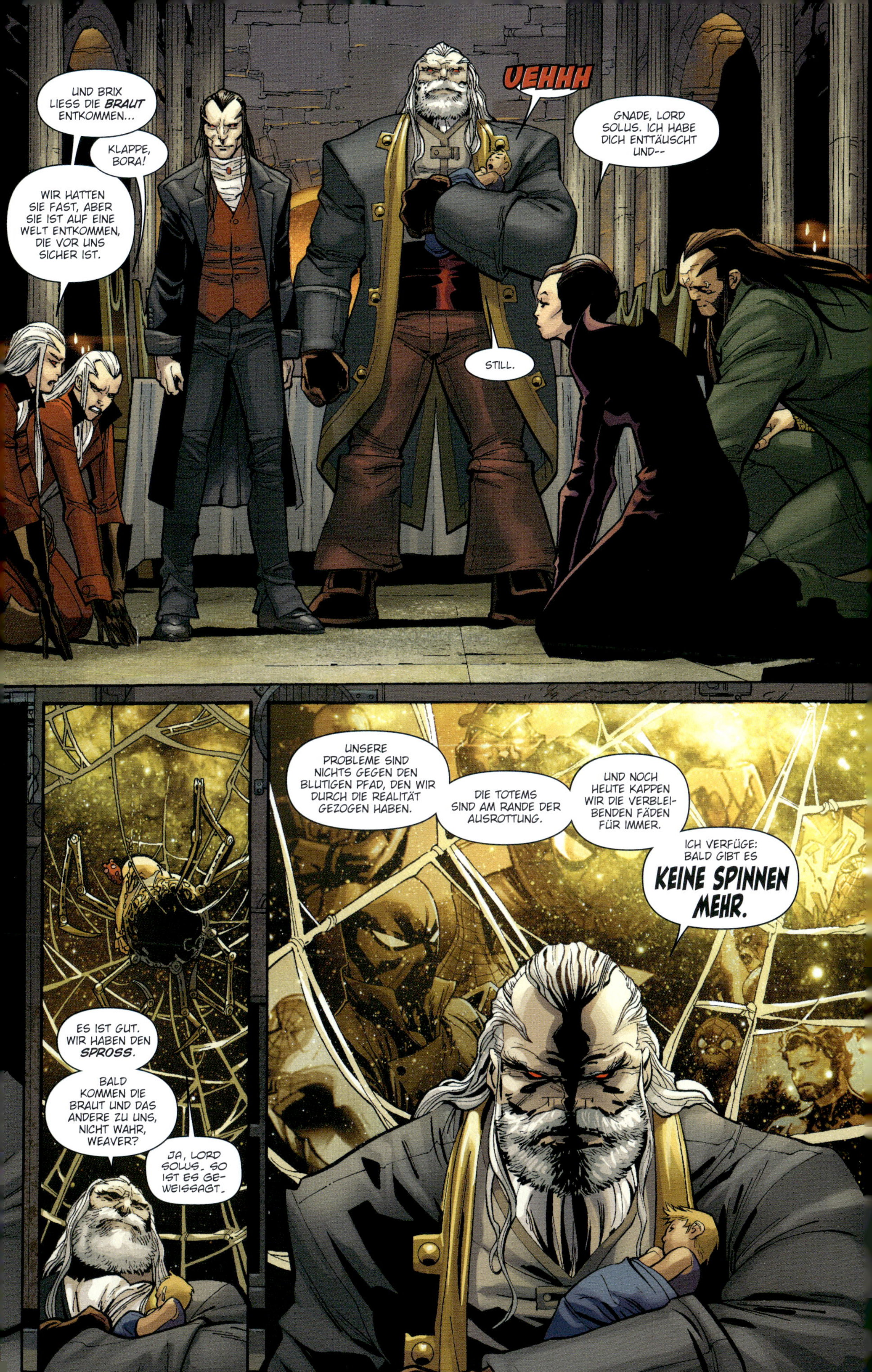
UND BRIX LIESS DIE BRAUT ENTKOMMEN...
KLAPPE, BORA!
WIR HATTEN SIE FAST, ABER SIE IST AUF EINE WELT ENTKOMMEN, DIE VOR UNS SICHER IST.
UEHHH
GNADE, LORD SOLUS. ICH HABE DICH ENTTÄUSCHT UND--
STILL.
ES IST GUT. WIR HABEN DEN SPROSS.
BALD KOMMEN DIE BRAUT UND DAS ANDERE ZU UNS, NICHT WAHR, WEAVER?
JA, LORD SOLUS. SO IST ES GEWEISSAGT.
UNSERE PROBLEME SIND NICHTS GEGEN DEN BLUTIGEN PFAD, DEN WIR DURCH DIE REALITÄT GEZOGEN HABEN.
DIE TOTEMS SIND AM RANDE DER AUSROTTUNG.
UND NOCH HEUTE KAPPEN WIR DIE VERBLEIBENDEN FÄDEN FÜR IMMER.
ICH VERFÜGE: BALD GIBT ES KEINE SPINNEN MEHR.

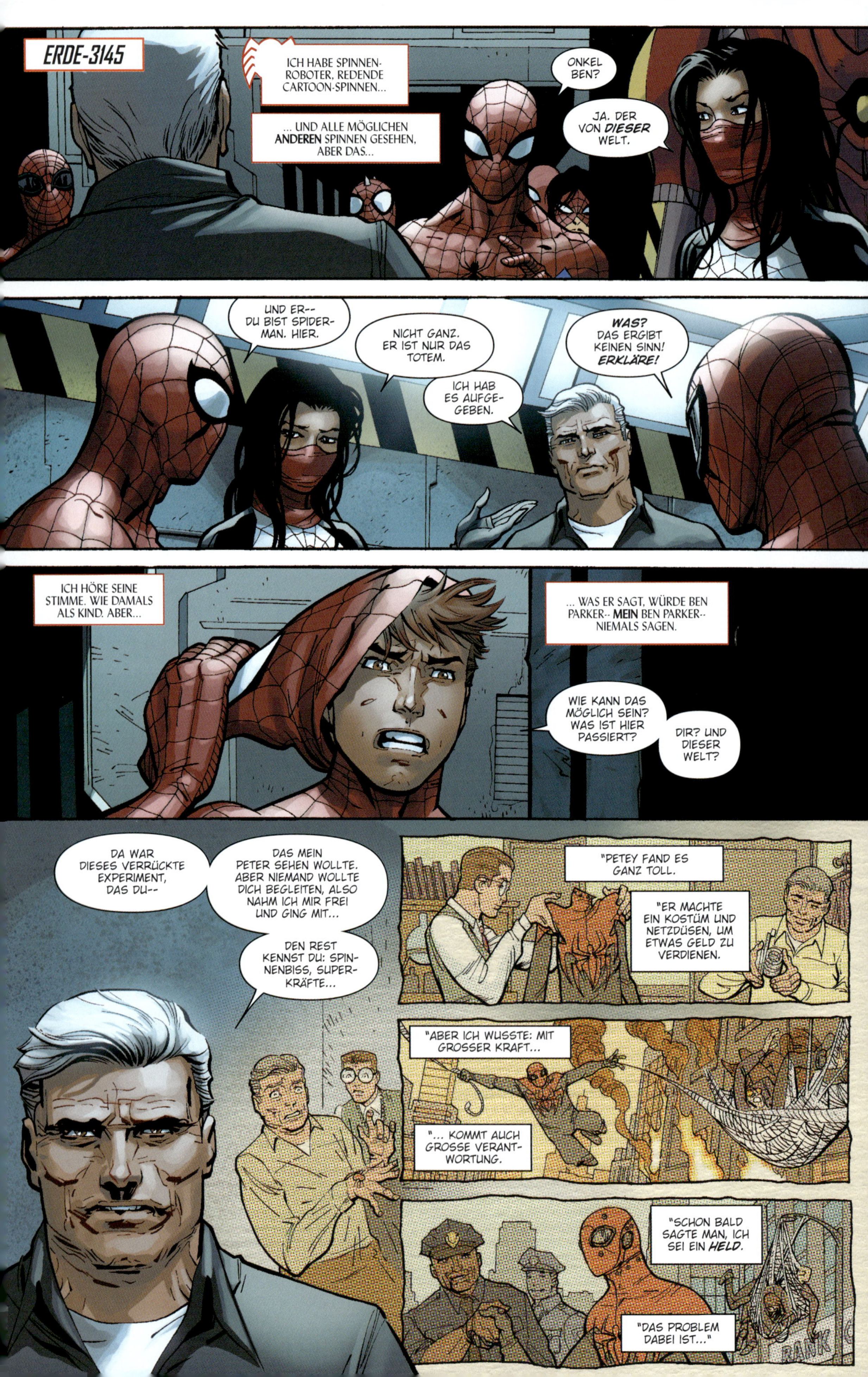
ERDE-3145
ICH HABE SPINNEN-ROBOTER, REDENDE CARTOON-SPINNEN...
... UND ALLE MÖGLICHEN ANDEREN SPINNEN GESEHEN, ABER DAS...
ONKEL BEN?
JA. DER VON DIESER WELT.
UND ER-- DU BIST SPIDER-MAN. HIER.
NICHT GANZ. ER IST NUR DAS TOTEM.
ICH HAB ES AUFGE-GEBEN.
WAS? DAS ERGIBT KEINEN SINN! ERKLÄRE!
ICH HÖRE SEINE STIMME. WIE DAMALS ALS KIND. ABER...
... WAS ER SAGT, WÜRDE BEN PARKER-- MEIN BEN PARKER-- NIEMALS SAGEN.
WIE KANN DAS MÖGLICH SEIN? WAS IST HIER PASSIERT?
DIR? UND DIESER WELT?
DA WAR DIESES VERRÜCKTE EXPERIMENT, DAS DU--
DAS MEIN PETER SEHEN WOLLTE. ABER NIEMAND WOLLTE DICH BEGLEITEN, ALSO NAHM ICH MIR FREI UND GING MIT...
DEN REST KENNST DU: SPIN-NENBISS, SUPER-KRÄFTE...
"PETEY FAND ES GANZ TOLL.
"ER MACHTE EIN KOSTÜM UND NETZDÜSEN, UM ETWAS GELD ZU VERDIENEN.
"ABER ICH WUSSTE: MIT GROSSER KRAFT...
"... KOMMT AUCH GROSSE VERANT-WORTUNG.
"SCHON BALD SAGTE MAN, ICH SEI EIN HELD.
"DAS PROBLEM DABEI IST..."

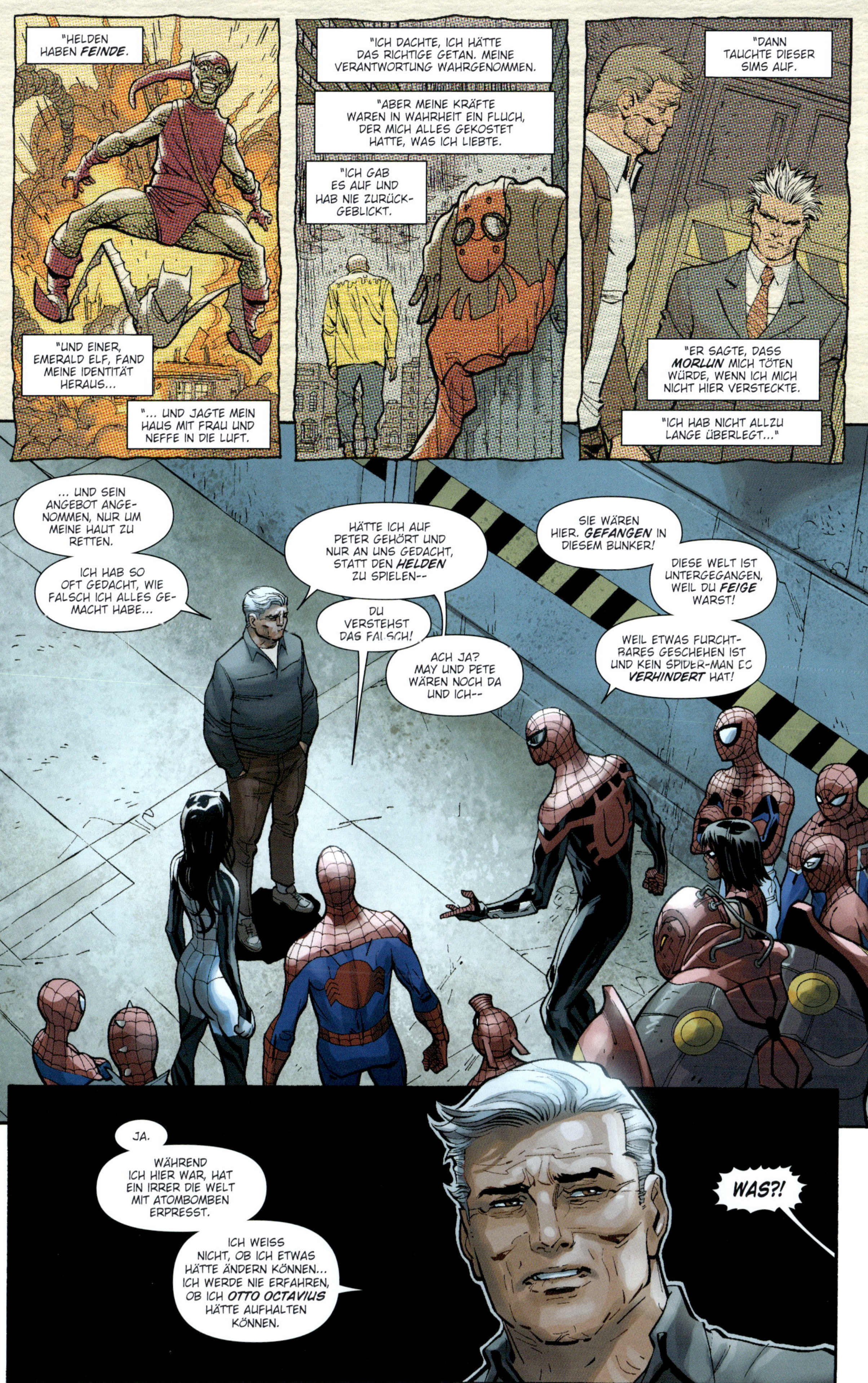
"HELDEN HABEN FEINDE.
"UND EINER, EMERALD ELF, FAND MEINE IDENTITÄT HERAUS...
"... UND JAGTE MEIN HAUS MIT FRAU UND NEFFE IN DIE LUFT.
"ICH DACHTE, ICH HÄTTE DAS RICHTIGE GETAN. MEINE VERANTWORTUNG WAHRGENOMMEN.
"ABER MEINE KRÄFTE WAREN IN WAHRHEIT EIN FLUCH, DER MICH ALLES GEKOSTET HATTE, WAS ICH LIEBTE.
"ICH GAB ES AUF UND HAB NIE ZURÜCK-GEBLICKT.
"DANN TAUCHTE DIESER SIMS AUF.
"ER SAGTE, DASS MORLUN MICH TÖTEN WÜRDE, WENN ICH MICH NICHT HIER VERSTECKTE.
"ICH HAB NICHT ALLZU LANGE ÜBERLEGT..."
... UND SEIN ANGEBOT ANGE-NOMMEN, NUR UM MEINE HAUT ZU RETTEN.
ICH HAB SO OFT GEDACHT, WIE FALSCH ICH ALLES GE-MACHT HABE...
HÄTTE ICH AUF PETER GEHÖRT UND NUR AN UNS GEDACHT, STATT DEN HELDEN ZU SPIELEN--
DU VERSTEHST DAS FALSCH!
ACH JA? MAY UND PETE WÄREN NOCH DA UND ICH--
SIE WÄREN HIER. GEFANGEN IN DIESEM BUNKER!
DIESE WELT IST UNTERGEGANGEN, WEIL DU FEIGE WARST!
WEIL ETWAS FURCHT-BARES GESCHEHEN IST UND KEIN SPIDER-MAN ES VERHINDERT HAT!
JA.
WÄHREND ICH HIER WAR, HAT EIN IRRER DIE WELT MIT ATOMBOMBEN ERPRESST.
ICH WEISS NICHT, OB ICH ETWAS HÄTTE ÄNDERN KÖNNEN... ICH WERDE NIE ERFAHREN, OB ICH OTTO OCTAVIUS HÄTTE AUFHALTEN KÖNNEN.
WAS?!

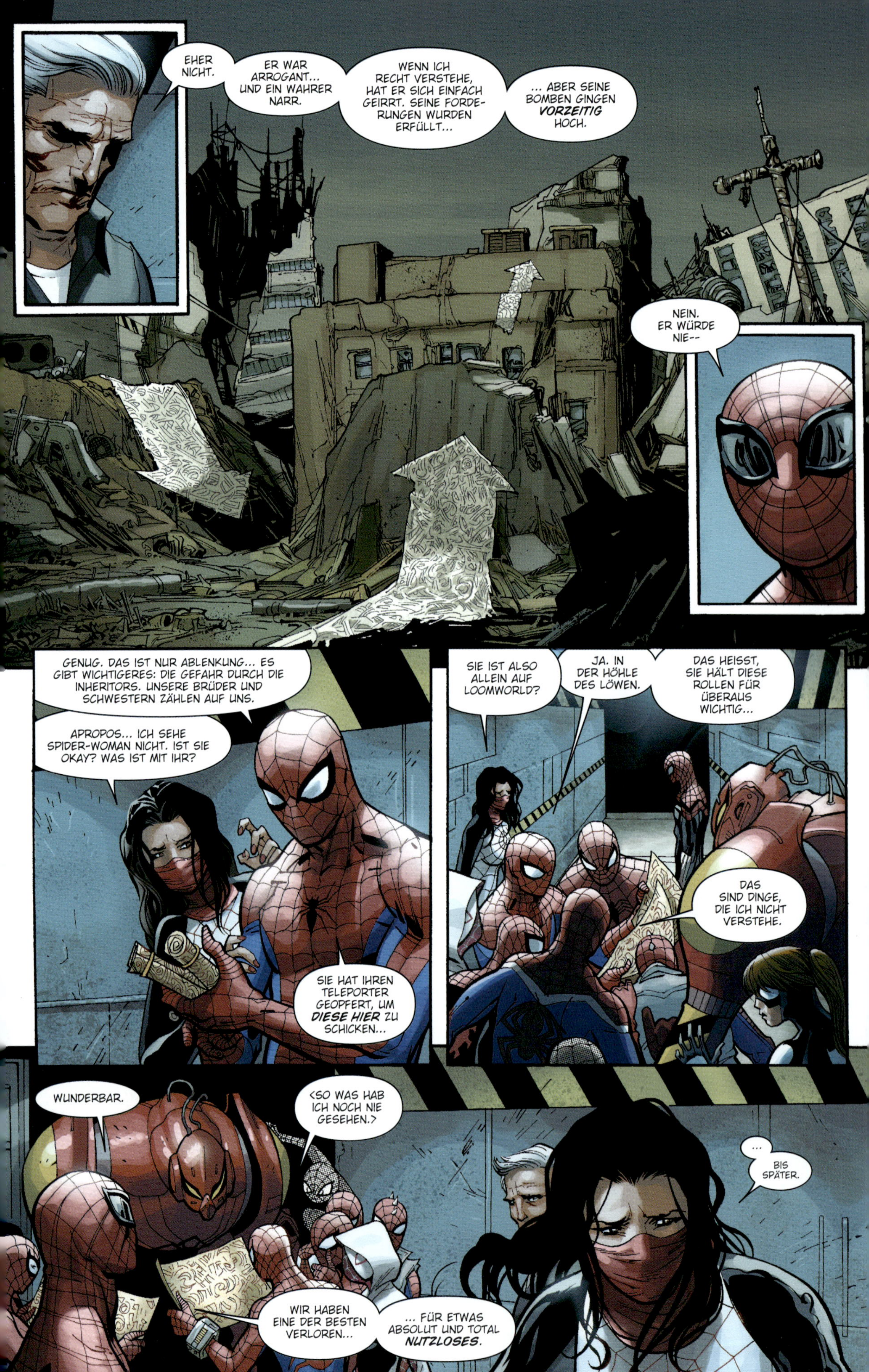
EHER NICHT.
ER WAR ARROGANT… UND EIN WAHRER NARR.
WENN ICH RECHT VERSTEHE, HAT ER SICH EINFACH GEIRRT. SEINE FORDERUNGEN WURDEN ERFÜLLT…
… ABER SEINE BOMBEN GINGEN VORZEITIG HOCH.
NEIN. ER WÜRDE NIE--
GENUG. DAS IST NUR ABLENKUNG… ES GIBT WICHTIGERES: DIE GEFAHR DURCH DIE INHERITORS. UNSERE BRÜDER UND SCHWESTERN ZÄHLEN AUF UNS.
APROPOS… ICH SEHE SPIDER-WOMAN NICHT. IST SIE OKAY? WAS IST MIT IHR?
SIE HAT IHREN TELEPORTER GEOPFERT, UM DIESE HIER ZU SCHICKEN…
SIE IST ALSO ALLEIN AUF LOOMWORLD?
JA. IN DER HÖHLE DES LÖWEN.
DAS HEISST, SIE HÄLT DIESE ROLLEN FÜR ÜBERAUS WICHTIG…
DAS SIND DINGE, DIE ICH NICHT VERSTEHE.
WUNDERBAR.
<SO WAS HAB ICH NOCH NIE GESEHEN.>
WIR HABEN EINE DER BESTEN VERLOREN…
… FÜR ETWAS ABSOLUT UND TOTAL NUTZLOSES.
… BIS SPÄTER.

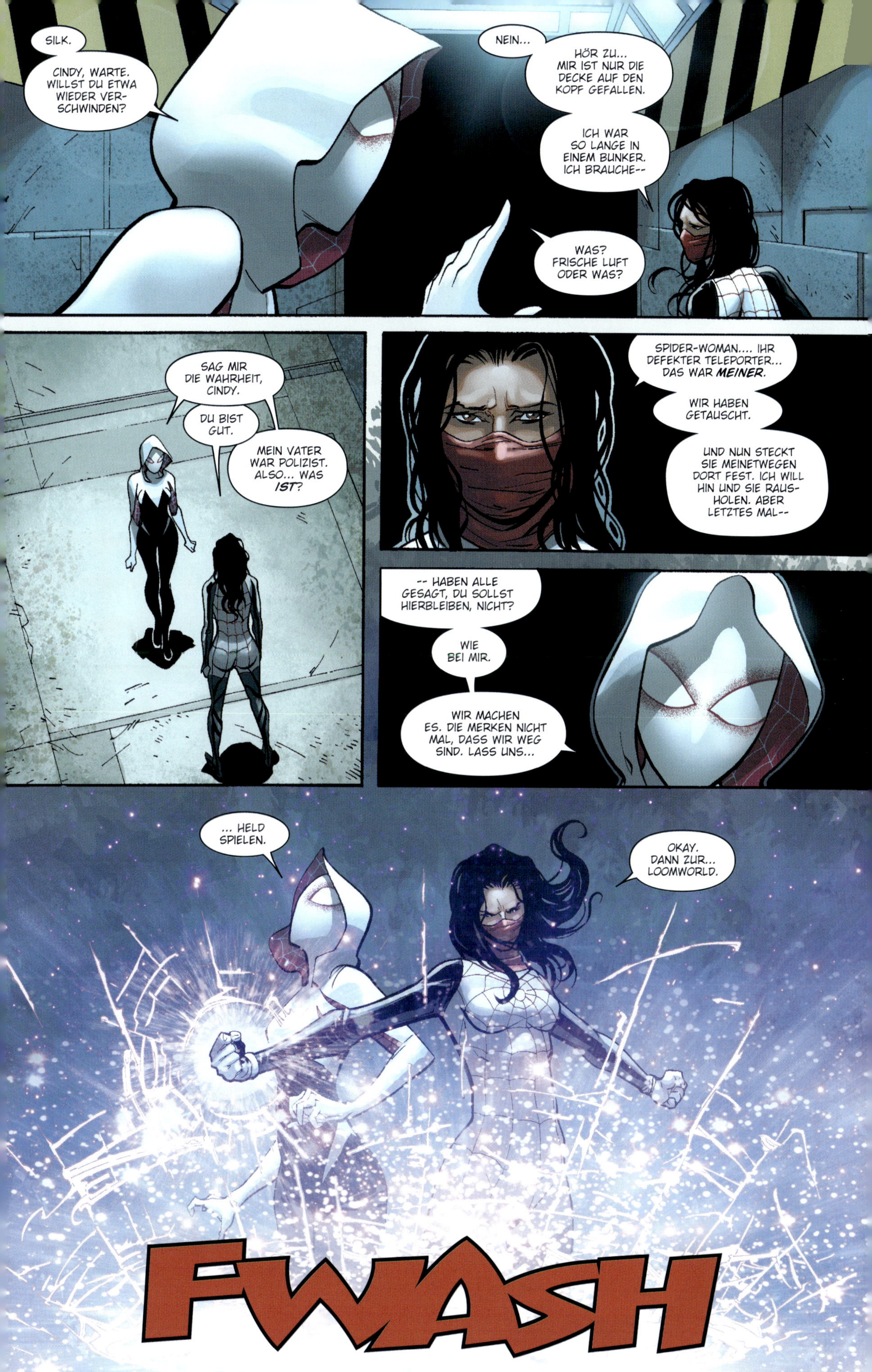
SILK.
CINDY, WARTE. WILLST DU ETWA WIEDER VER-SCHWINDEN?
NEIN...
HÖR ZU... MIR IST NUR DIE DECKE AUF DEN KOPF GEFALLEN.
ICH WAR SO LANGE IN EINEM BUNKER. ICH BRAUCHE--
WAS? FRISCHE LUFT ODER WAS?
SAG MIR DIE WAHRHEIT, CINDY.
DU BIST GUT.
MEIN VATER WAR POLIZIST. ALSO... WAS IST?
SPIDER-WOMAN.... IHR DEFEKTER TELEPORTER... DAS WAR MEINER.
WIR HABEN GETAUSCHT.
UND NUN STECKT SIE MEINETWEGEN DORT FEST. ICH WILL HIN UND SIE RAUS-HOLEN. ABER LETZTES MAL--
-- HABEN ALLE GESAGT, DU SOLLST HIERBLEIBEN, NICHT?
WIE BEI MIR.
WIR MACHEN ES. DIE MERKEN NICHT MAL, DASS WIR WEG SIND. LASS UNS...
... HELD SPIELEN.
OKAY. DANN ZUR... LOOMWORLD.
FWASH

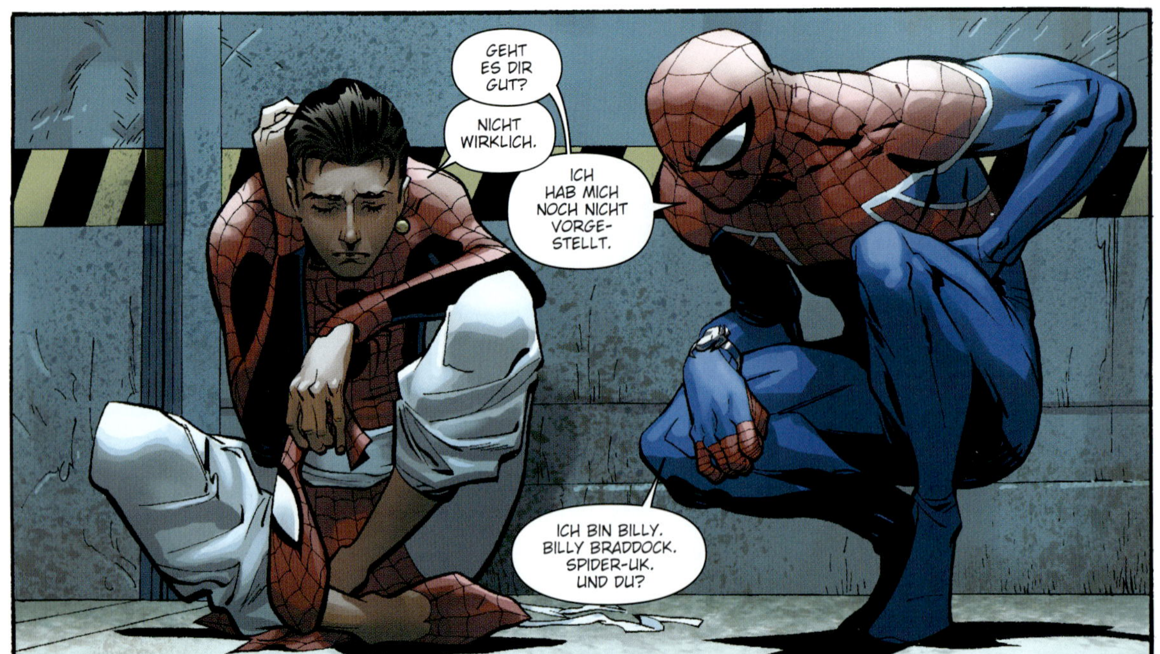
GEHT ES DIR GUT?
NICHT WIRKLICH.
ICH HAB MICH NOCH NICHT VORGE-STELLT.
ICH BIN BILLY. BILLY BRADDOCK. SPIDER-UK. UND DU?

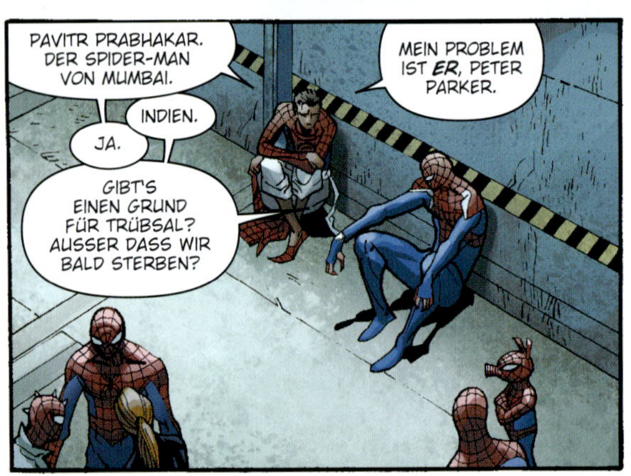
PAVITR PRABHAKAR. DER SPIDER-MAN VON MUMBAI.
INDIEN.
JA.
GIBT'S EINEN GRUND FÜR TRÜBSAL? AUSSER DASS WIR BALD STERBEN?
MEIN PROBLEM IST *ER*, PETER PARKER.

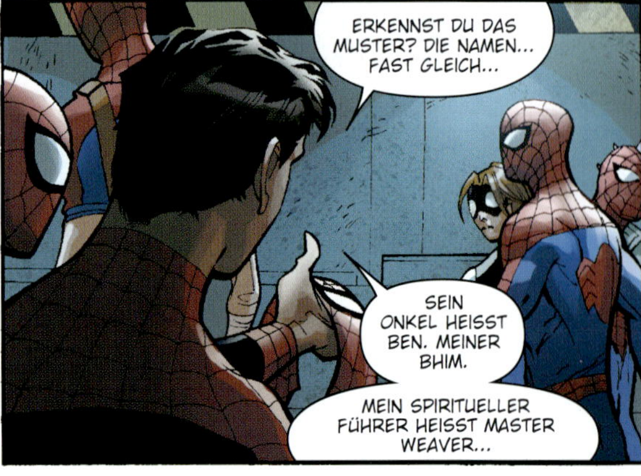
ERKENNST DU DAS MUSTER? DIE NAMEN... FAST GLEICH...
SEIN ONKEL HEISST BEN. MEINER BHIM.
MEIN SPIRITUELLER FÜHRER HEISST MASTER WEAVER...

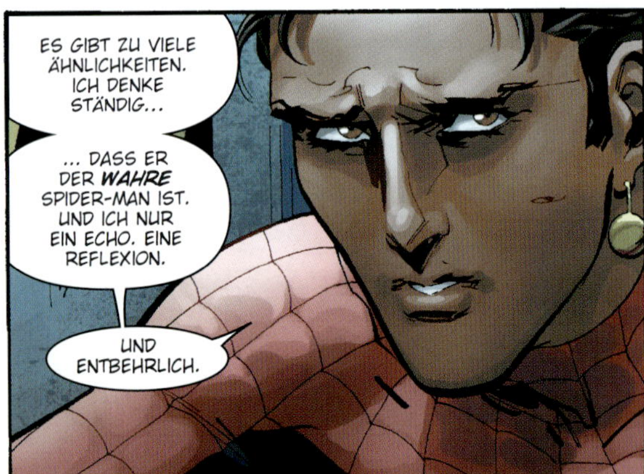
ES GIBT ZU VIELE ÄHNLICHKEITEN. ICH DENKE STÄNDIG...
... DASS ER DER ***WAHRE*** SPIDER-MAN IST. UND ICH NUR EIN ECHO. EINE REFLEXION.
UND ENTBEHRLICH.

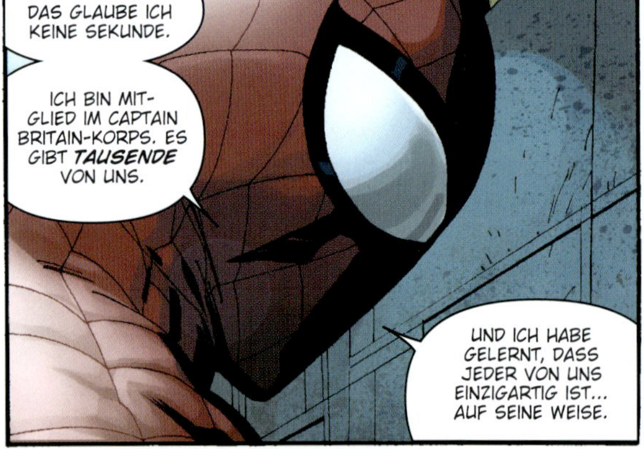
DAS GLAUBE ICH KEINE SEKUNDE.
ICH BIN MIT-GLIED IM CAPTAIN BRITAIN-KORPS. ES GIBT ***TAUSENDE*** VON UNS.
UND ICH HABE GELERNT, DASS JEDER VON UNS EINZIGARTIG IST... AUF SEINE WEISE.

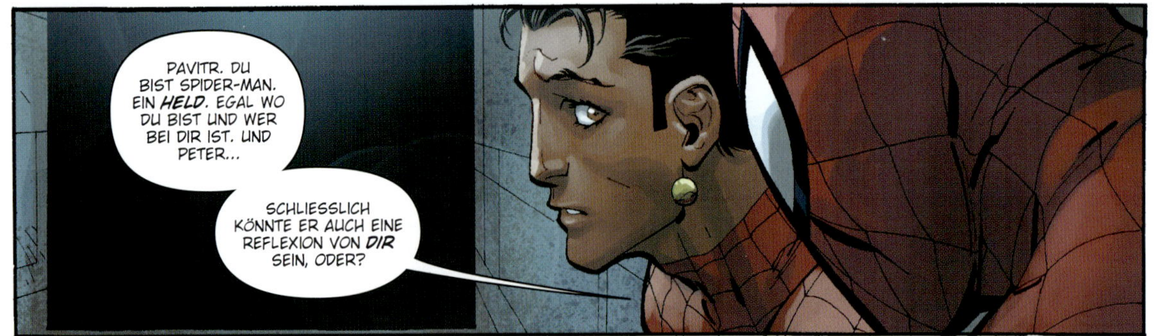
PAVITR. DU BIST SPIDER-MAN. EIN ***HELD***. EGAL WO DU BIST UND WER BEI DIR IST. UND PETER...
SCHLIESSLICH KÖNNTE ER AUCH EINE REFLEXION VON ***DIR*** SEIN, ODER?

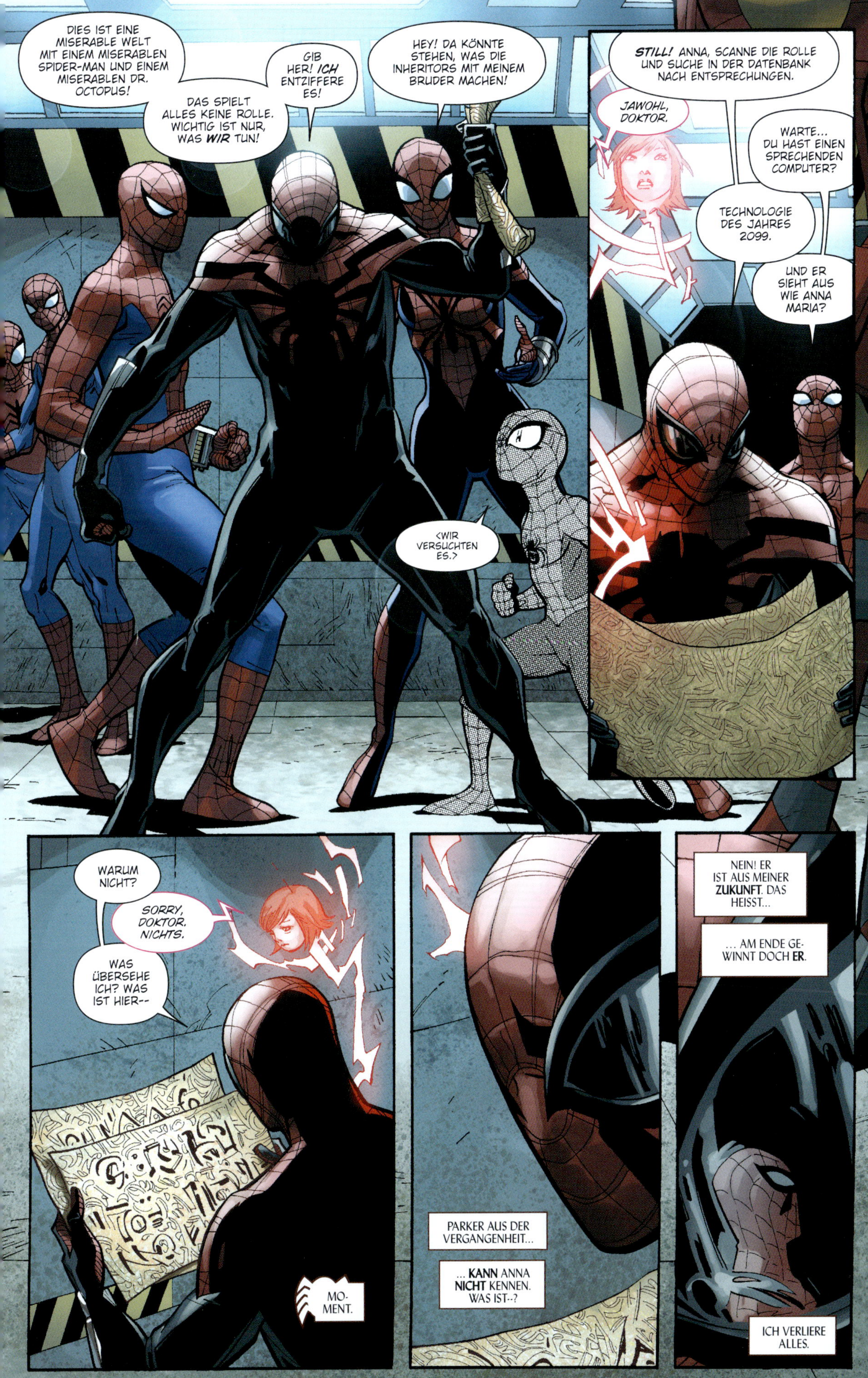
DIES IST EINE MISERABLE WELT MIT EINEM MISERABLEN SPIDER-MAN UND EINEM MISERABLEN DR. OCTOPUS!
DAS SPIELT ALLES KEINE ROLLE. WICHTIG IST NUR, WAS WIR TUN!
GIB HER! ICH ENTZIFFERE ES!
HEY! DA KÖNNTE STEHEN, WAS DIE INHERITORS MIT MEINEM BRUDER MACHEN!
<WIR VERSUCHTEN ES.>
STILL! ANNA, SCANNE DIE ROLLE UND SUCHE IN DER DATENBANK NACH ENTSPRECHUNGEN.
JAWOHL, DOKTOR.
WARTE... DU HAST EINEN SPRECHENDEN COMPUTER?
TECHNOLOGIE DES JAHRES 2099.
UND ER SIEHT AUS WIE ANNA MARIA?
WARUM NICHT?
SORRY, DOKTOR. NICHTS.
WAS ÜBERSEHE ICH? WAS IST HIER--
MO-MENT.
PARKER AUS DER VERGANGENHEIT...
... KANN ANNA NICHT KENNEN. WAS IST--?
NEIN! ER IST AUS MEINER ZUKUNFT. DAS HEISST...
... AM ENDE GE-WINNT DOCH ER.
ICH VERLIERE ALLES.

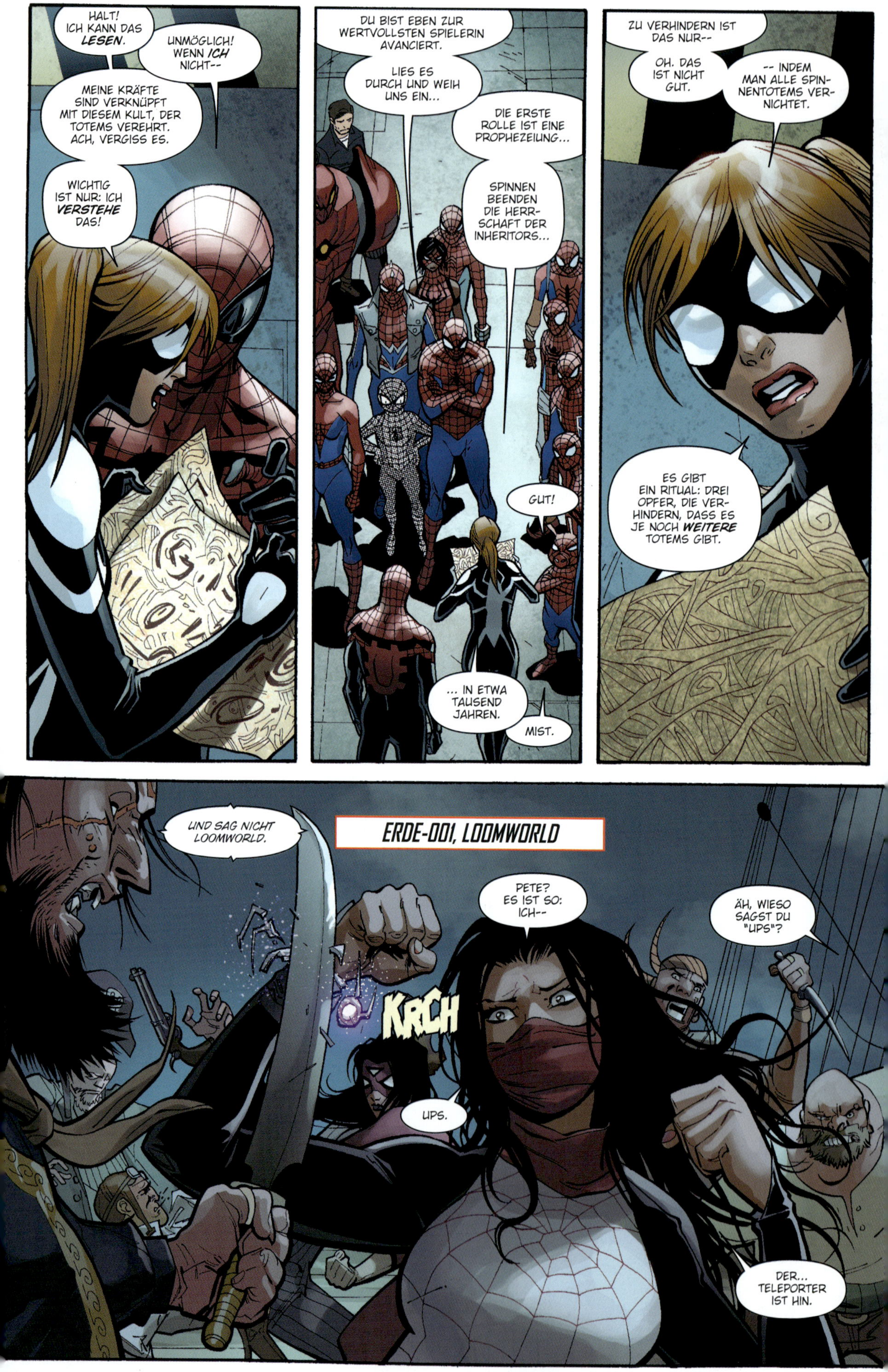

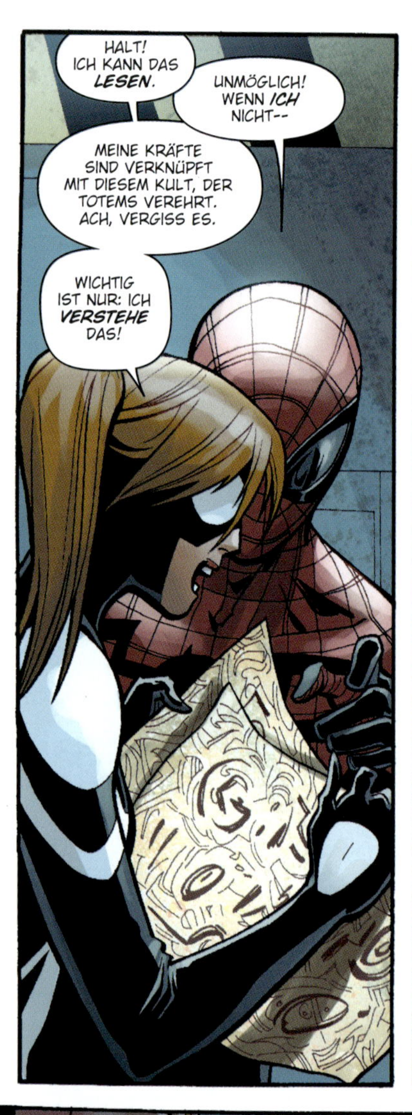

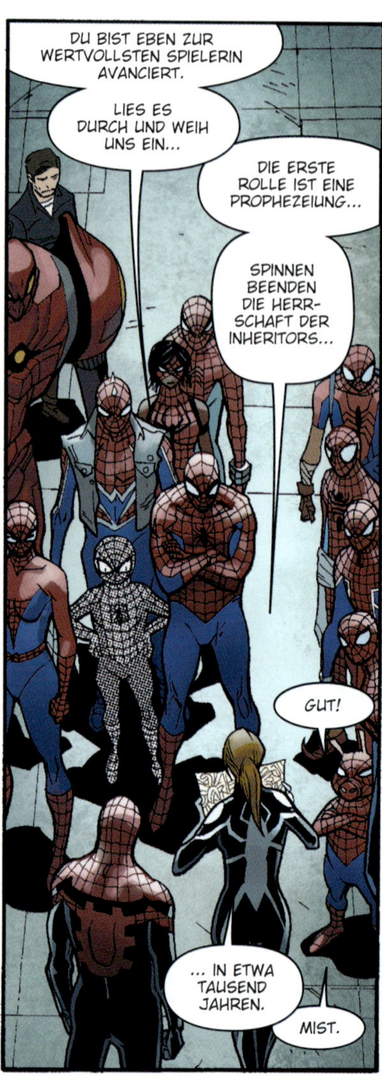

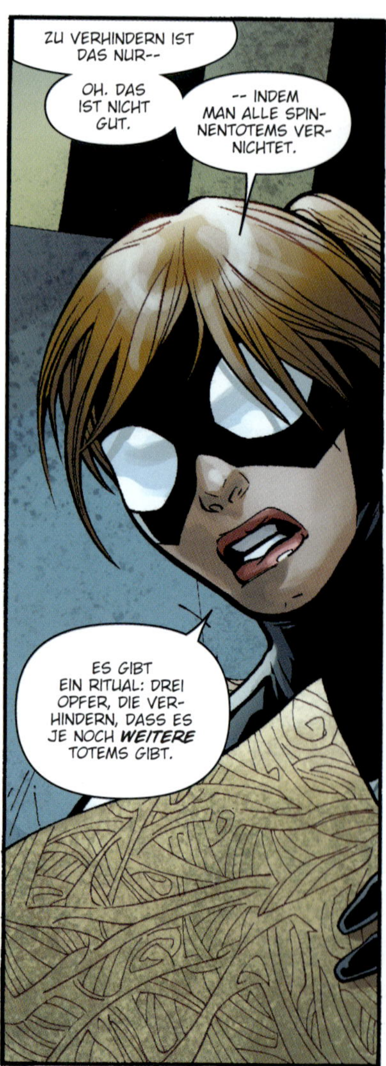

UND SAG NICHT LOOMWORLD.

ERDE-001, LOOMWORLD

PETE? ES IST SO: ICH--

KRCH

UPS.

ÄH, WIESO SAGST DU "UPS"?

DER... TELEPORTER IST HIN.

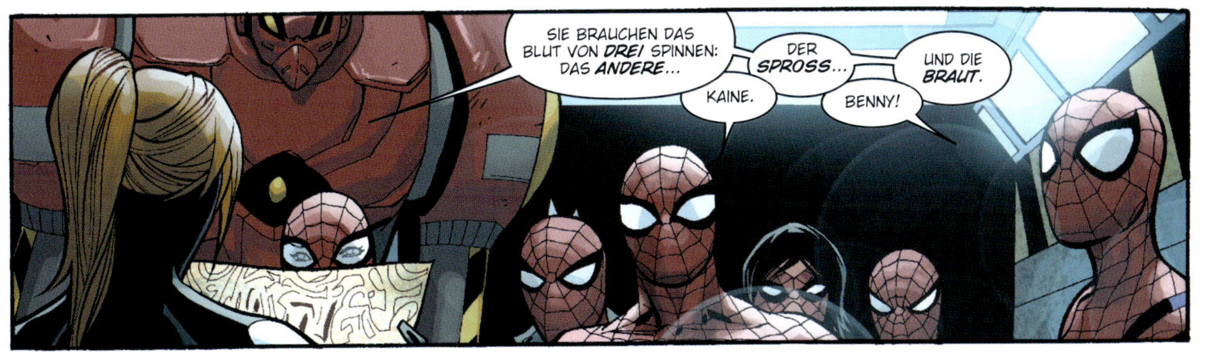
SIE BRAUCHEN DAS BLUT VON **DREI** SPINNEN: DAS **ANDERE**...
KAINE.
DER **SPROSS**...
BENNY!
UND DIE **BRAUT**.

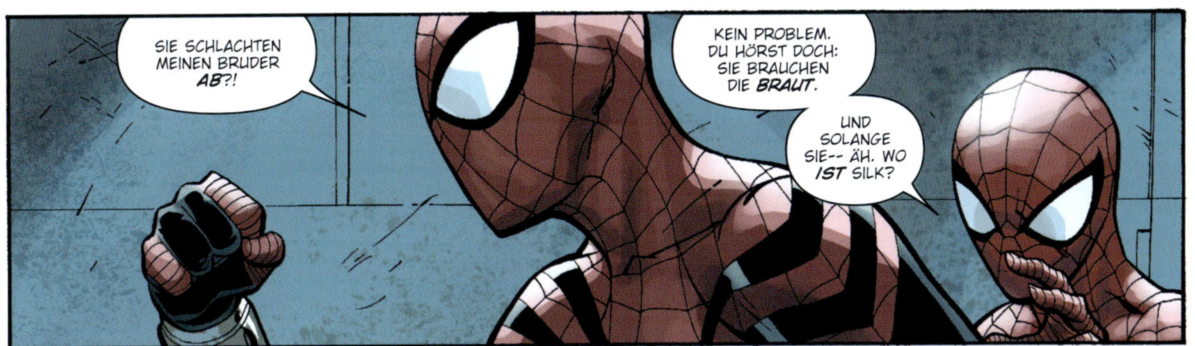
SIE SCHLACHTEN MEINEN BRUDER **AB**?!
KEIN PROBLEM. DU HÖRST DOCH: SIE BRAUCHEN DIE **BRAUT**.
UND SOLANGE SIE-- ÄH. WO **IST** SILK?

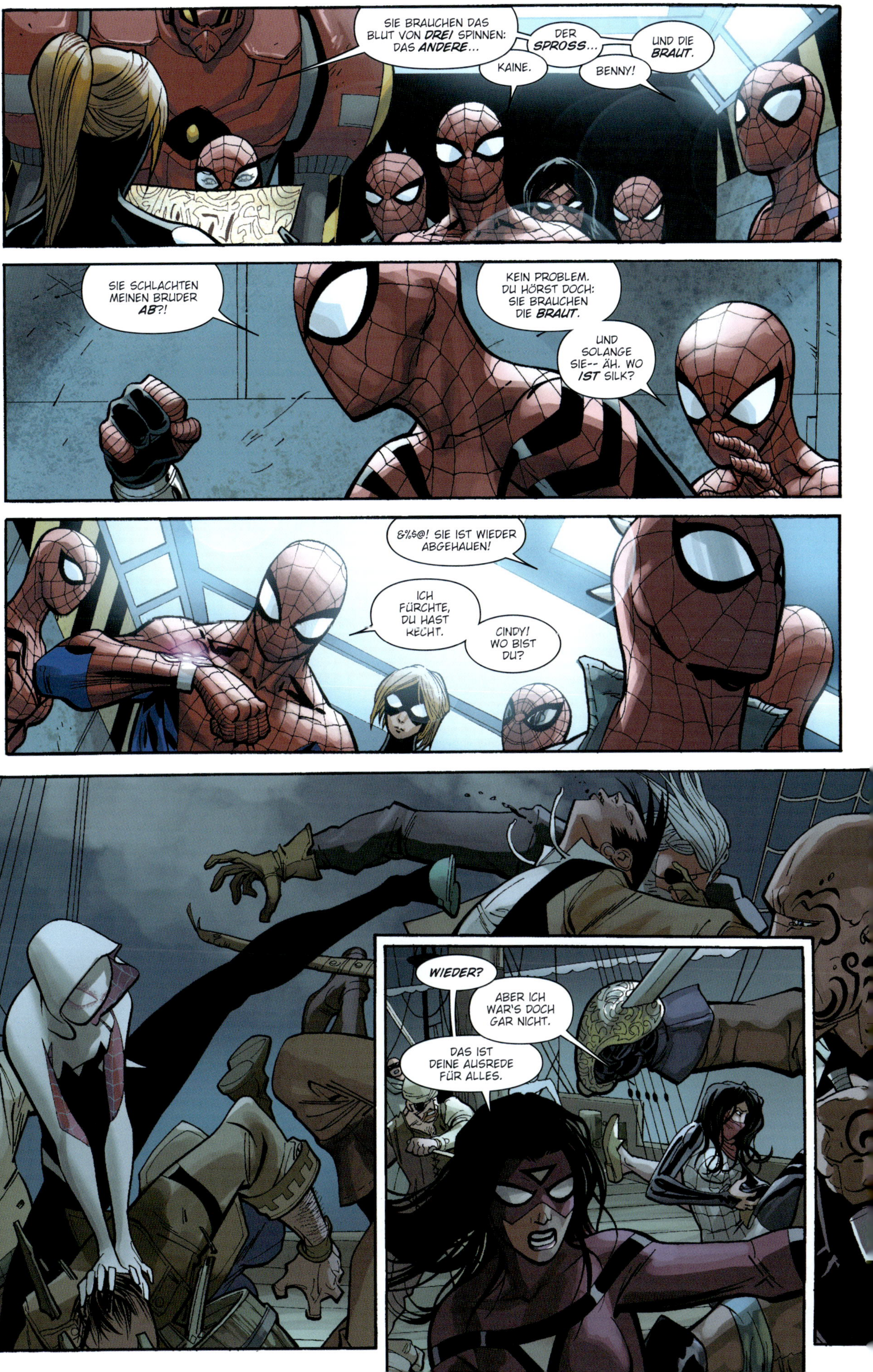

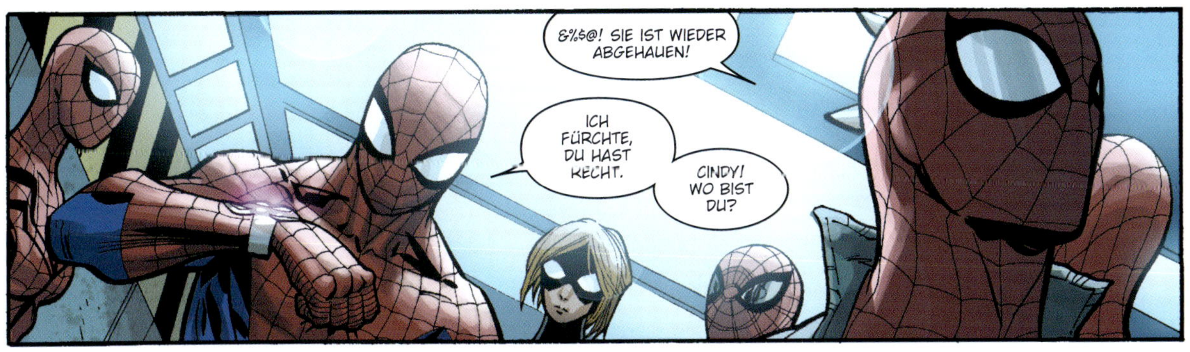
&%$@! SIE IST WIEDER ABGEHAUEN!
ICH FÜRCHTE, DU HAST RECHT.
CINDY! WO BIST DU?

WIEDER?
ABER ICH WAR'S DOCH GAR NICHT.
DAS IST DEINE AUSREDE FÜR ALLES.

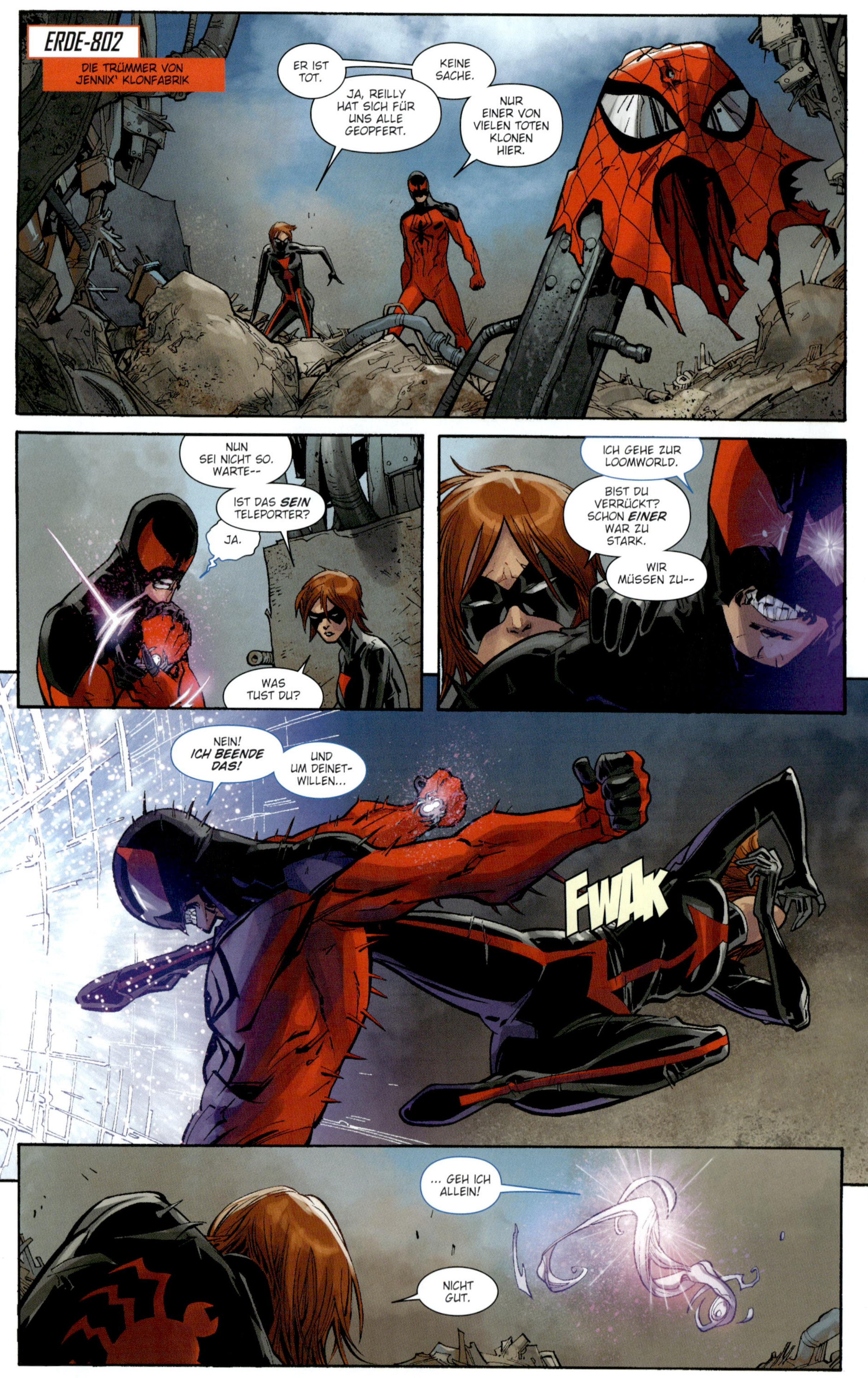
ERDE-802
DIE TRÜMMER VON JENNIX' KLONFABRIK
ER IST TOT.
KEINE SACHE.
JA, REILLY HAT SICH FÜR UNS ALLE GEOPFERT.
NUR EINER VON VIELEN TOTEN KLONEN HIER.
NUN SEI NICHT SO. WARTE--
IST DAS SEIN TELEPORTER?
JA.
WAS TUST DU?
ICH GEHE ZUR LOOMWORLD.
BIST DU VERRÜCKT? SCHON EINER WAR ZU STARK.
WIR MÜSSEN ZU--
NEIN! ICH BEENDE DAS!
UND UM DEINET-WILLEN...
FWAK
... GEH ICH ALLEIN!
NICHT GUT.

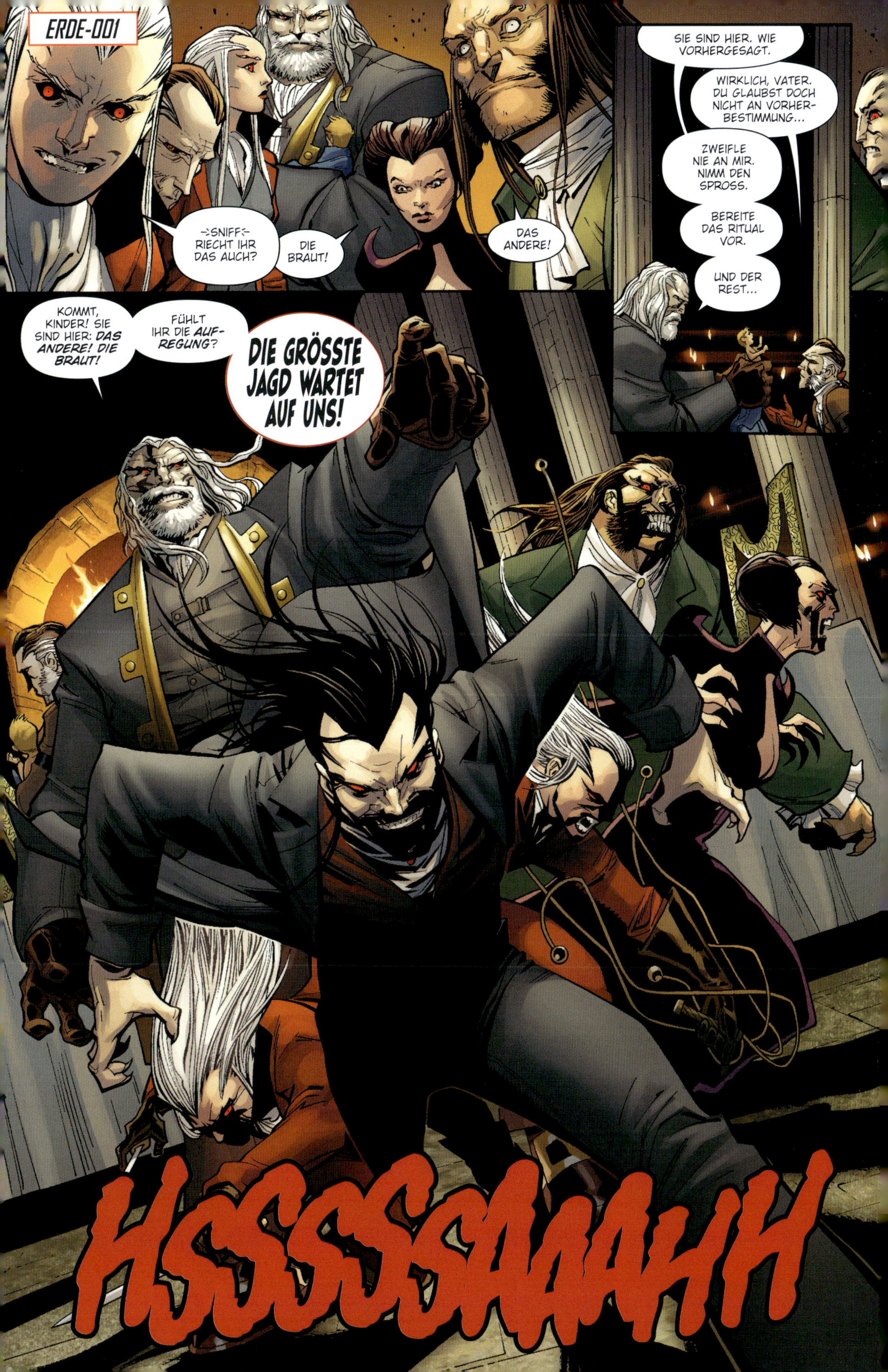

ERDE-001
-SNIFF- RIECHT IHR DAS AUCH?
DIE BRAUT!
DAS ANDERE!
SIE SIND HIER. WIE VORHERGESAGT.
WIRKLICH, VATER. DU GLAUBST DOCH NICHT AN VORHER-BESTIMMUNG...
ZWEIFLE NIE AN MIR. NIMM DEN SPROSS.
BEREITE DAS RITUAL VOR.
UND DER REST...
KOMMT, KINDER! SIE SIND HIER: DAS ANDERE! DIE BRAUT!
FÜHLT IHR DIE AUF-REGUNG?
DIE GRÖSSTE JAGD WARTET AUF UNS!
HSSSSAAAHH

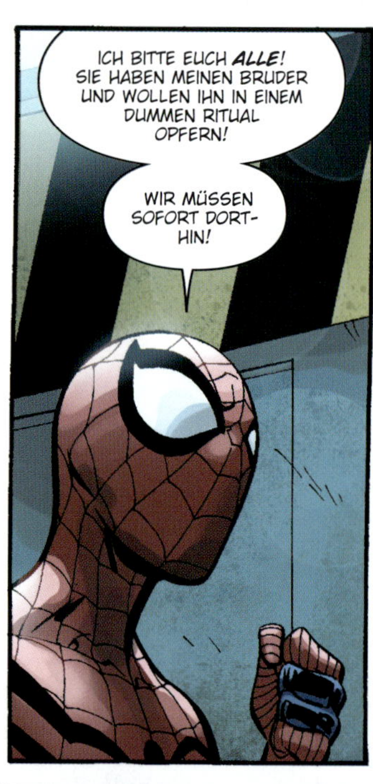

ICH BITTE EUCH ALLE! SIE HABEN MEINEN BRUDER UND WOLLEN IHN IN EINEM DUMMEN RITUAL OPFERN!
WIR MÜSSEN SOFORT DORTHIN!

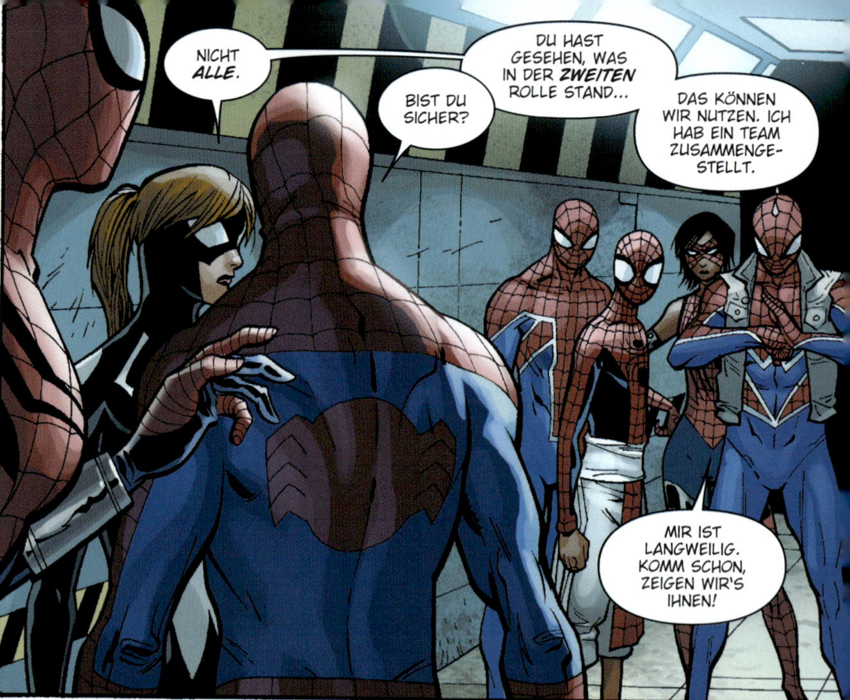

NICHT ALLE.
DU HAST GESEHEN, WAS IN DER ZWEITEN ROLLE STAND...
BIST DU SICHER?
DAS KÖNNEN WIR NUTZEN. ICH HAB EIN TEAM ZUSAMMENGESTELLT.
MIR IST LANGWEILIG. KOMM SCHON, ZEIGEN WIR'S IHNEN!

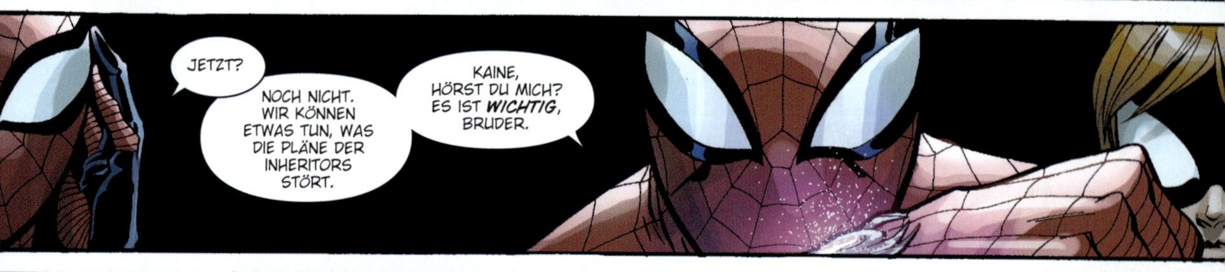

JETZT?
NOCH NICHT. WIR KÖNNEN ETWAS TUN, WAS DIE PLÄNE DER INHERITORS STÖRT.
KAINE, HÖRST DU MICH? ES IST WICHTIG, BRUDER.

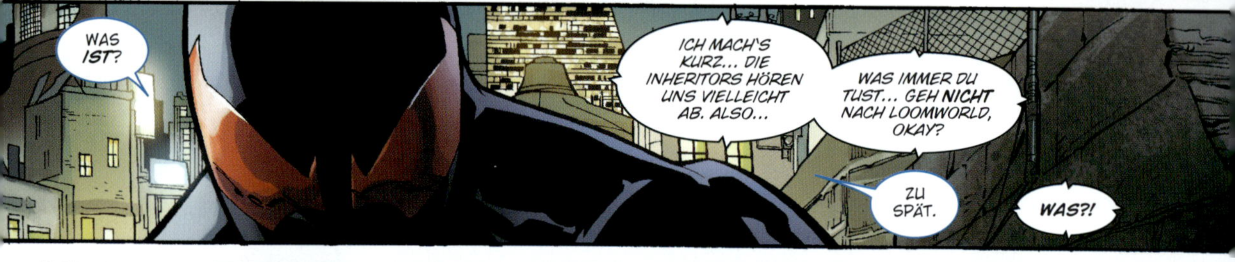

WAS IST?
ICH MACH'S KURZ... DIE INHERITORS HÖREN UNS VIELLEICHT AB. ALSO...
WAS IMMER DU TUST... GEH NICHT NACH LOOMWORLD, OKAY?
ZU SPÄT.
WAS?!

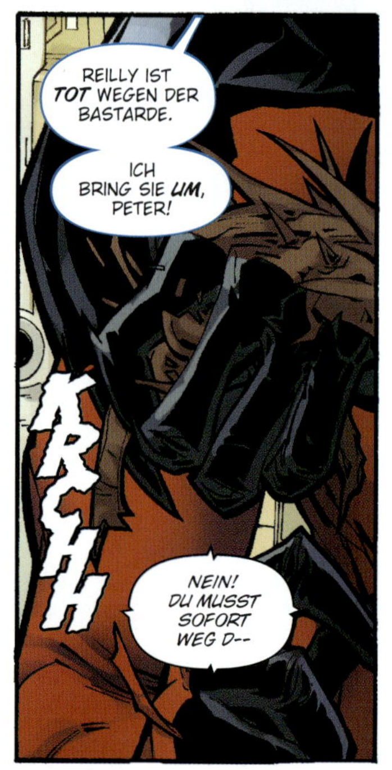

REILLY IST TOT WEGEN DER BASTARDE.
ICH BRING SIE UM, PETER!
KRCHH
NEIN! DU MUSST SOFORT WEG D--

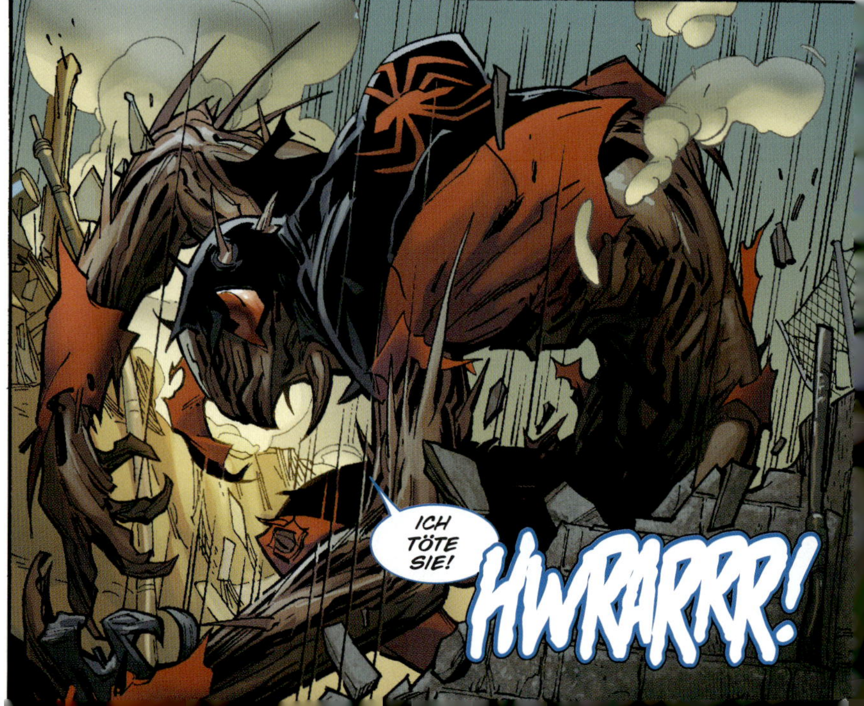

ICH TÖTE SIE!
HWRARRR!

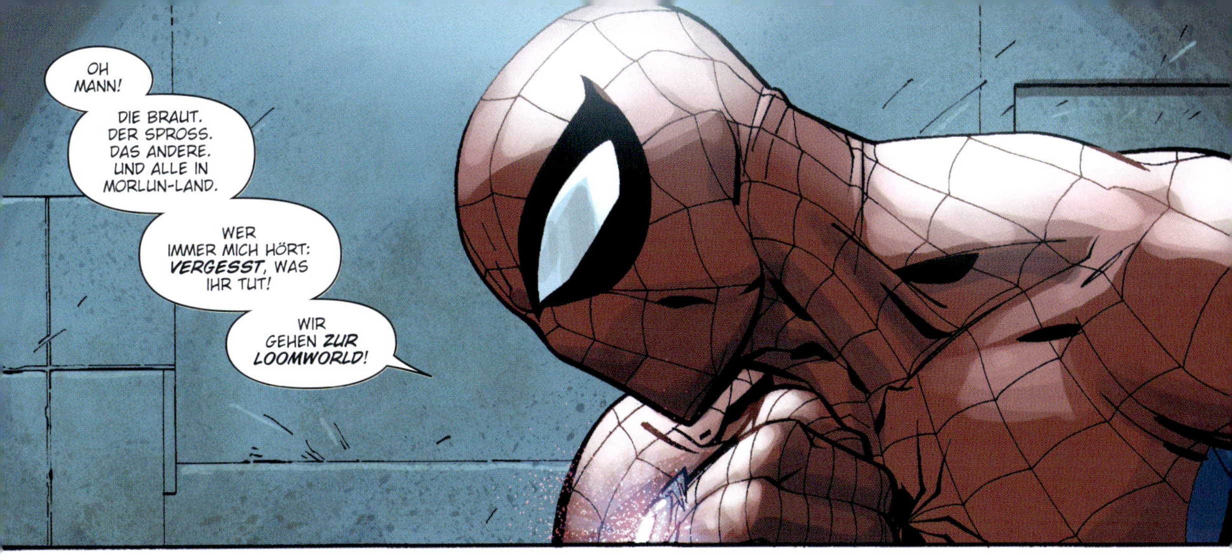
OH MANN!
DIE BRAUT. DER SPROSS. DAS ANDERE. UND ALLE IN MORLUN-LAND.
WER IMMER MICH HÖRT: VERGESST, WAS IHR TUT!
WIR GEHEN ZUR LOOMWORLD!

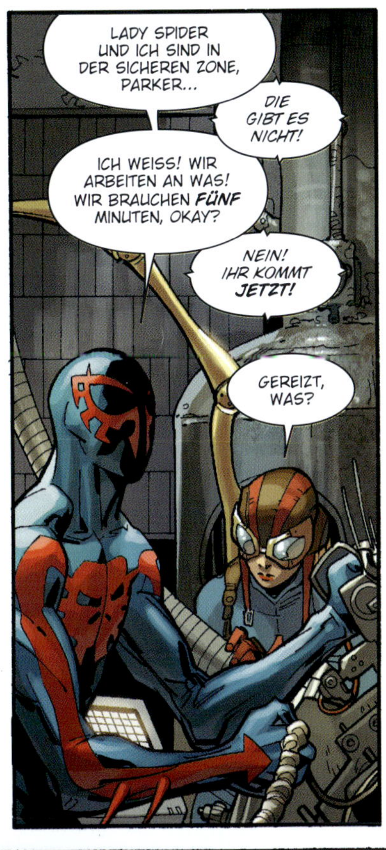
LADY SPIDER UND ICH SIND IN DER SICHEREN ZONE, PARKER...
DIE GIBT ES NICHT!
ICH WEISS! WIR ARBEITEN AN WAS! WIR BRAUCHEN FÜNF MINUTEN, OKAY?
NEIN! IHR KOMMT JETZT!
GEREIZT, WAS?

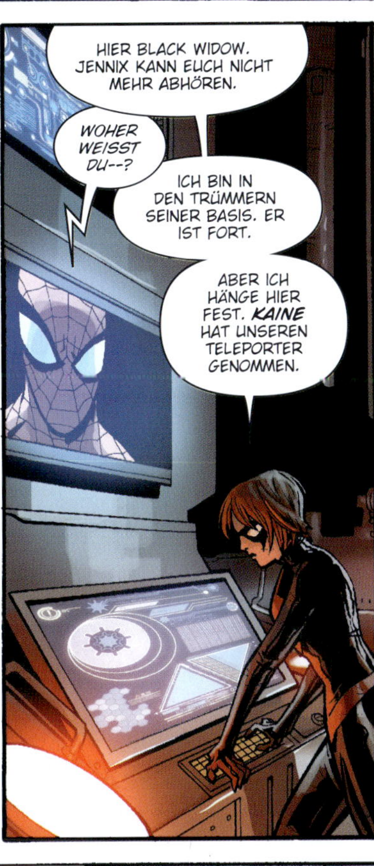
HIER BLACK WIDOW. JENNIX KANN EUCH NICHT MEHR ABHÖREN.
WOHER WEISST DU--?
ICH BIN IN DEN TRÜMMERN SEINER BASIS. ER IST FORT.
ABER ICH HÄNGE HIER FEST. KAINE HAT UNSEREN TELEPORTER GENOMMEN.

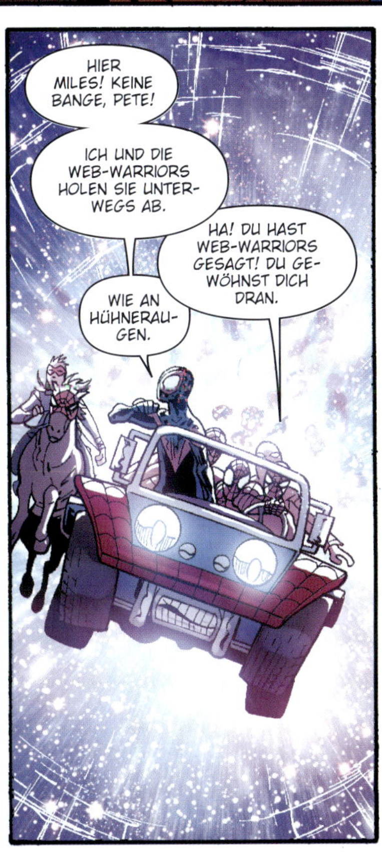
HIER MILES! KEINE BANGE, PETE!
ICH UND DIE WEB-WARRIORS HOLEN SIE UNTERWEGS AB.
HA! DU HAST WEB-WARRIORS GESAGT! DU GEWÖHNST DICH DRAN.
WIE AN HÜHNERAUGEN.

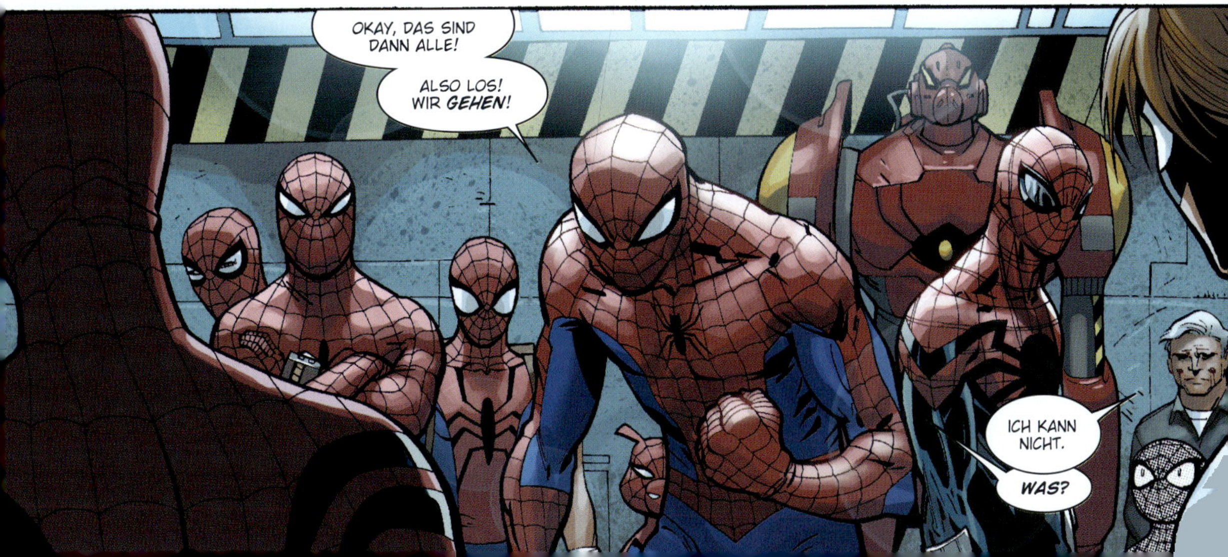
OKAY, DAS SIND DANN ALLE!
ALSO LOS! WIR GEHEN!
ICH KANN NICHT.
WAS?

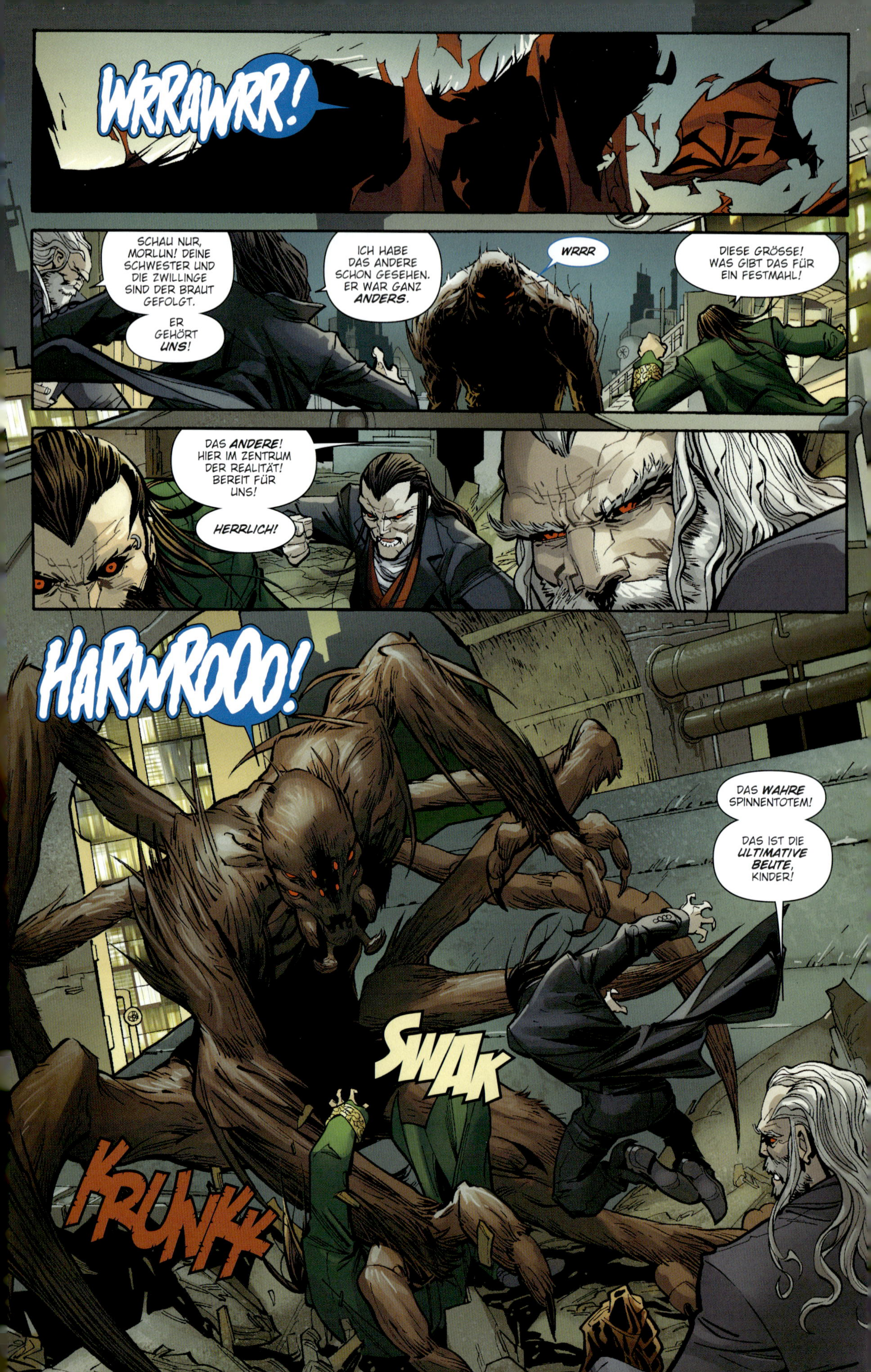
WRRAWRR!
SCHAU NUR, MORLUN! DEINE SCHWESTER UND DIE ZWILLINGE SIND DER BRAUT GEFOLGT.
ER GEHÖRT UNS!
ICH HABE DAS ANDERE SCHON GESEHEN. ER WAR GANZ ANDERS.
WRRR
DIESE GRÖSSE! WAS GIBT DAS FÜR EIN FESTMAHL!
DAS ANDERE! HIER IM ZENTRUM DER REALITÄT! BEREIT FÜR UNS!
HERRLICH!
HARWROOO!
DAS WAHRE SPINNENTOTEM!
DAS IST DIE ULTIMATIVE BEUTE, KINDER!
SWAK
KRUNKK

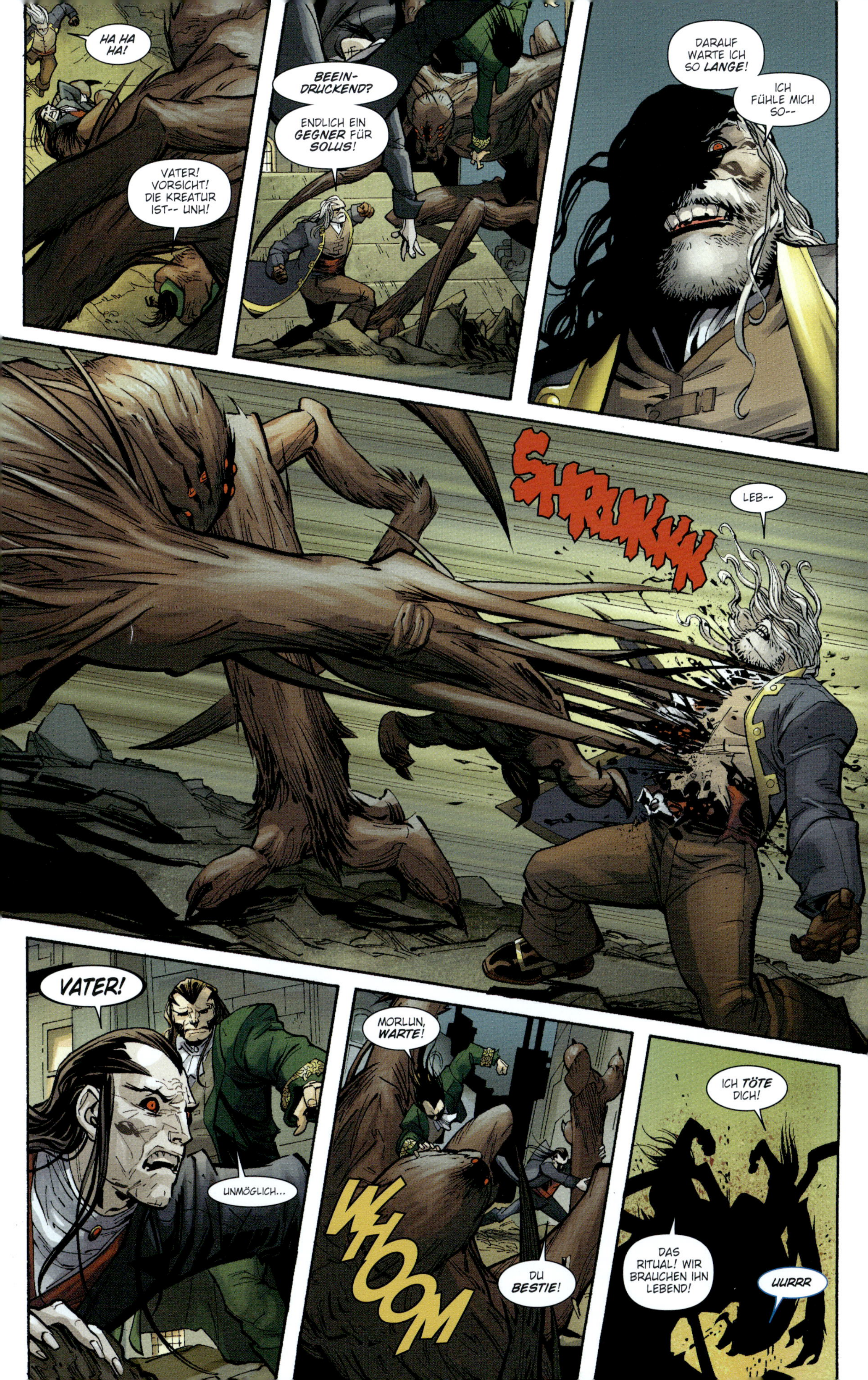
HA HA HA!
VATER! VORSICHT! DIE KREATUR IST-- UNH!
BEEIN-DRUCKEND?
ENDLICH EIN GEGNER FÜR SOLUS!
DARAUF WARTE ICH SO LANGE!
ICH FÜHLE MICH SO--
SHRUKKK
LEB--
VATER!
UNMÖGLICH...
MORLUN, WARTE!
WHOOM
DU BESTIE!
ICH TÖTE DICH!
DAS RITUAL! WIR BRAUCHEN IHN LEBEND!
UURRR

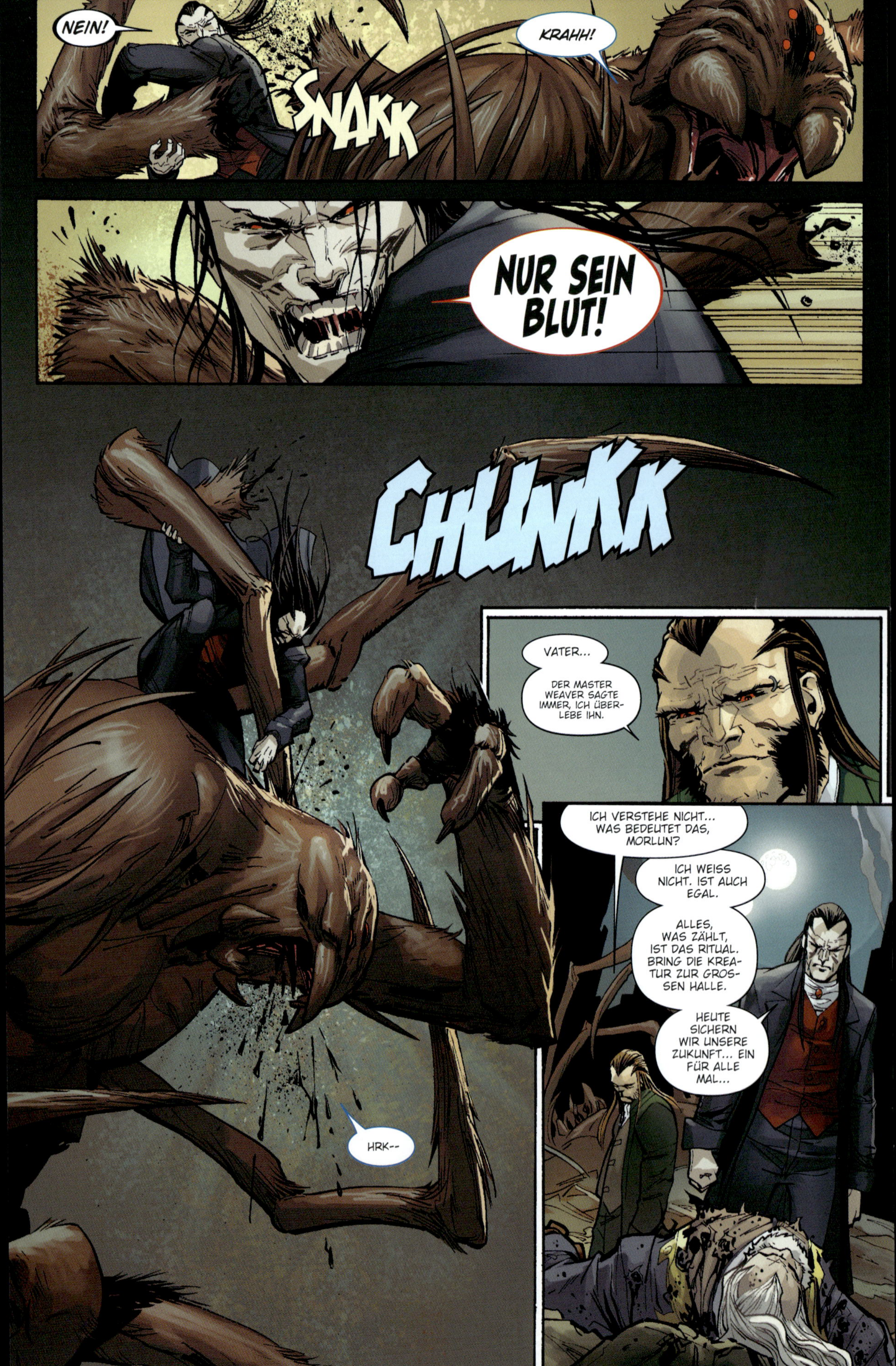
NEIN!
KRAHH!
SNAKK
NUR SEIN BLUT!
CHUNKK
HRK--
VATER...
DER MASTER WEAVER SAGTE IMMER, ICH ÜBERLEBE IHN.
ICH VERSTEHE NICHT... WAS BEDEUTET DAS, MORLUN?
ICH WEISS NICHT. IST AUCH EGAL.
ALLES, WAS ZÄHLT, IST DAS RITUAL. BRING DIE KREATUR ZUR GROSSEN HALLE.
HEUTE SICHERN WIR UNSERE ZUKUNFT... EIN FÜR ALLE MAL...

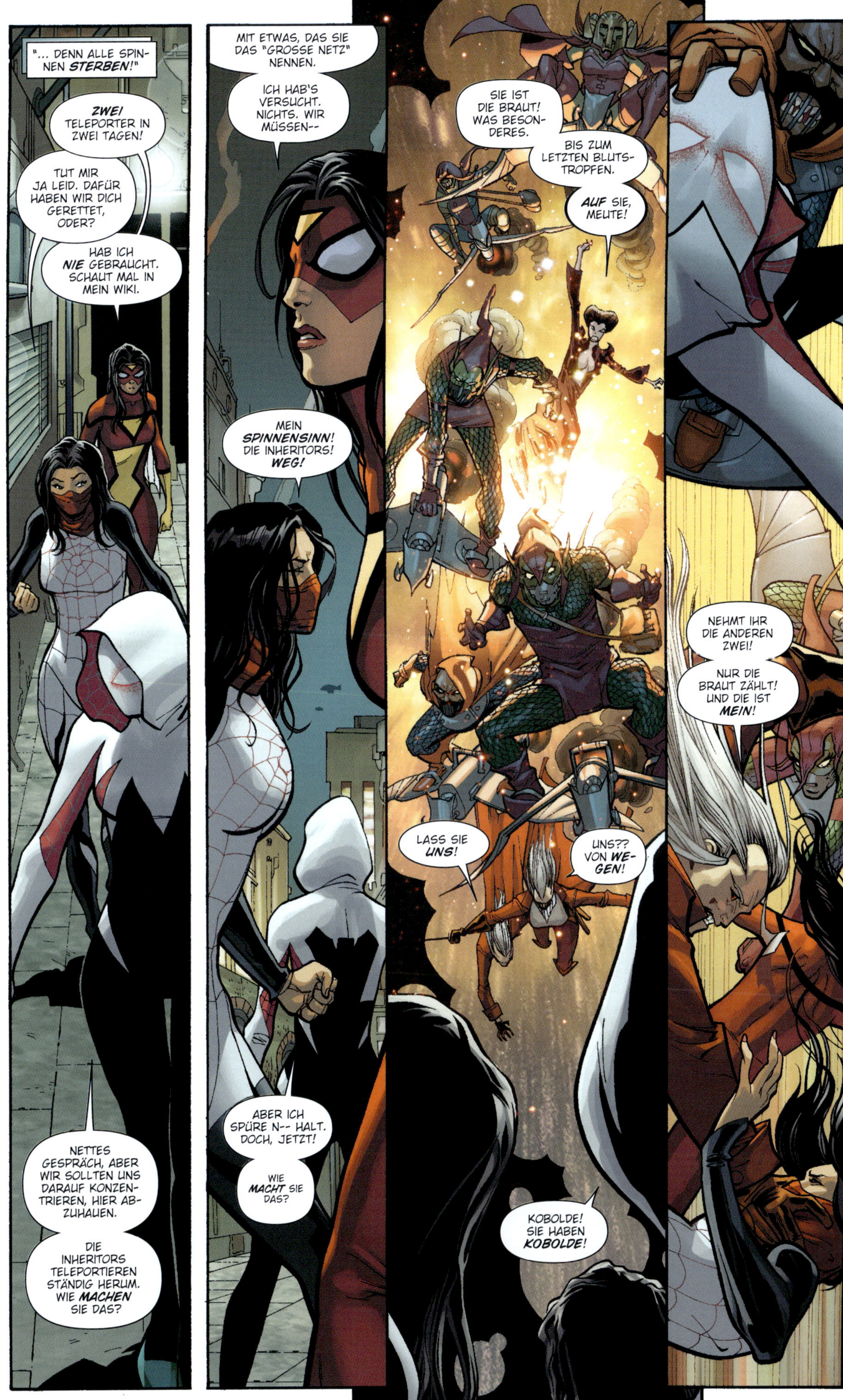
"... DENN ALLE SPINNEN STERBEN!"
ZWEI TELEPORTER IN ZWEI TAGEN!
TUT MIR JA LEID. DAFÜR HABEN WIR DICH GERETTET, ODER?
HAB ICH NIE GEBRAUCHT. SCHAUT MAL IN MEIN WIKI.
NETTES GESPRÄCH, ABER WIR SOLLTEN UNS DARAUF KONZENTRIEREN, HIER ABZUHAUEN.
DIE INHERITORS TELEPORTIEREN STÄNDIG HERUM. WIE MACHEN SIE DAS?
MIT ETWAS, DAS SIE DAS "GROSSE NETZ" NENNEN.
ICH HAB'S VERSUCHT. NICHTS. WIR MÜSSEN--
MEIN SPINNENSINN! DIE INHERITORS! WEG!
ABER ICH SPÜRE N-- HALT. DOCH, JETZT!
WIE MACHT SIE DAS?
SIE IST DIE BRAUT! WAS BESONDERES.
BIS ZUM LETZTEN BLUTSTROPFEN.
AUF SIE, MEUTE!
LASS SIE UNS!
UNS?? VON WEGEN!
KOBOLDE! SIE HABEN KOBOLDE!
NEHMT IHR DIE ANDEREN ZWEI!
NUR DIE BRAUT ZÄHLT! UND DIE IST MEIN!

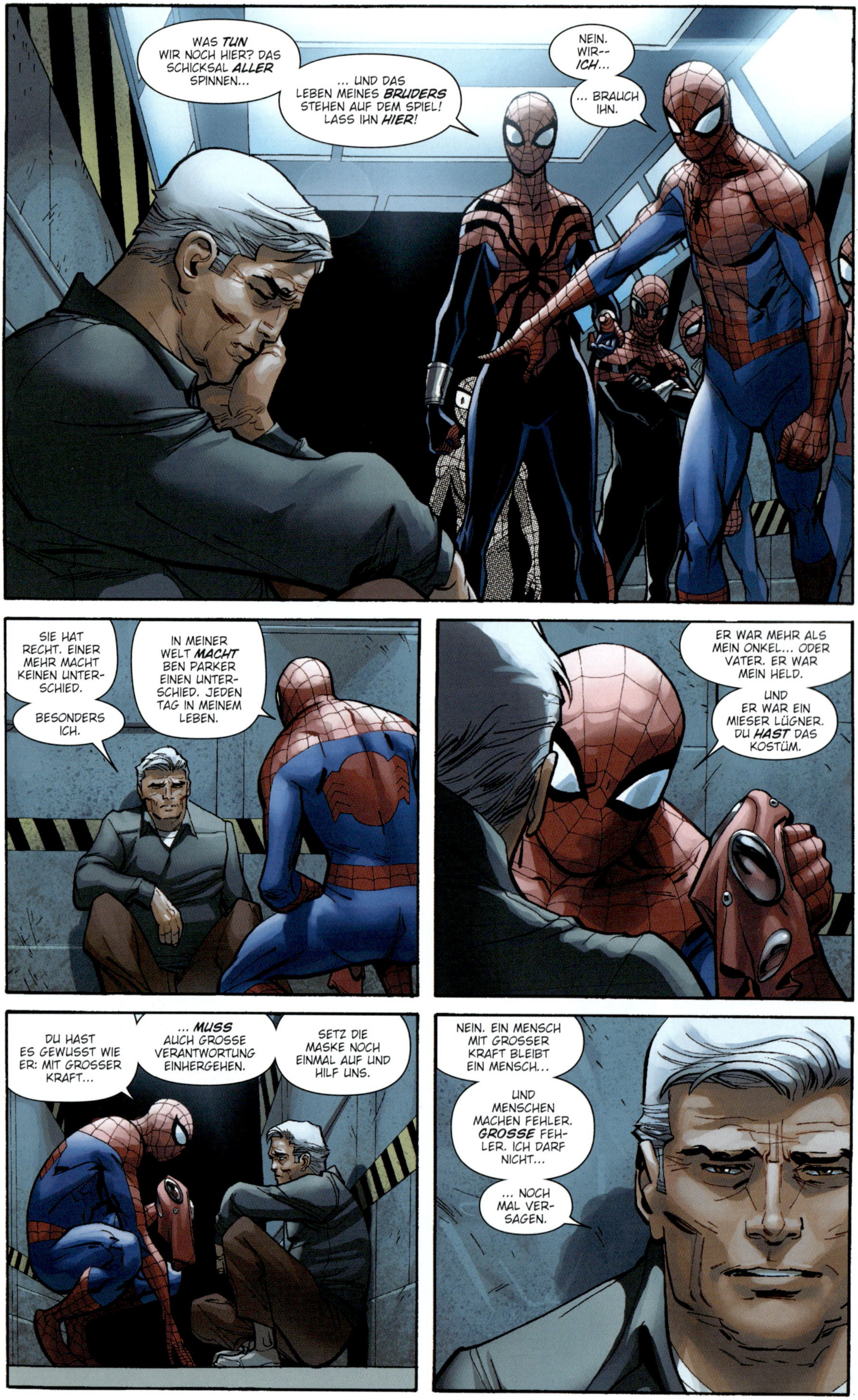

WAS *TUN* WIR NOCH HIER? DAS SCHICKSAL *ALLER* SPINNEN...
... UND DAS LEBEN MEINES *BRUDERS* STEHEN AUF DEM SPIEL! LASS IHN *HIER*!
NEIN. WIR-- *ICH*...
... BRAUCH IHN.

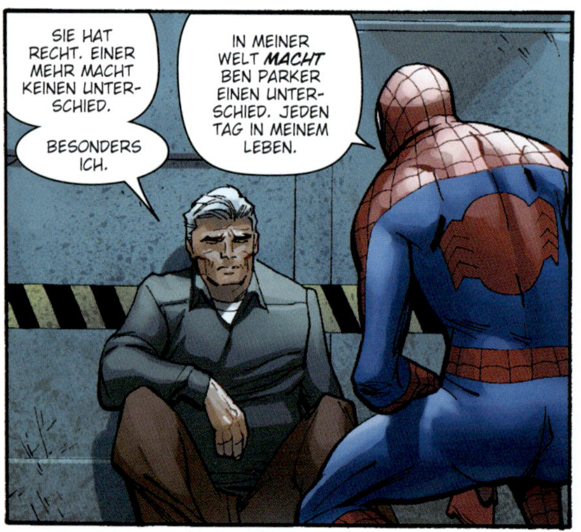

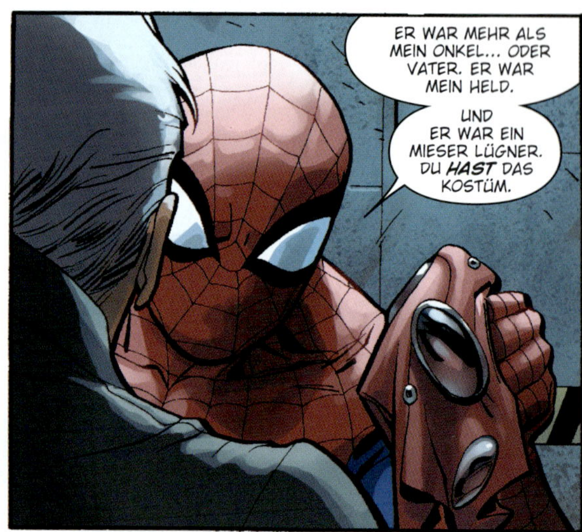

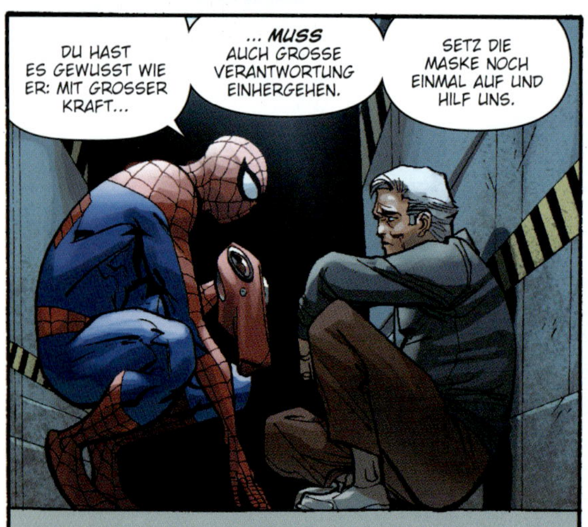

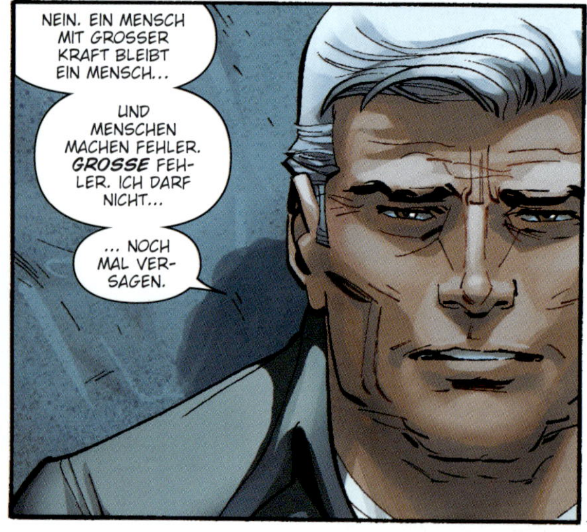

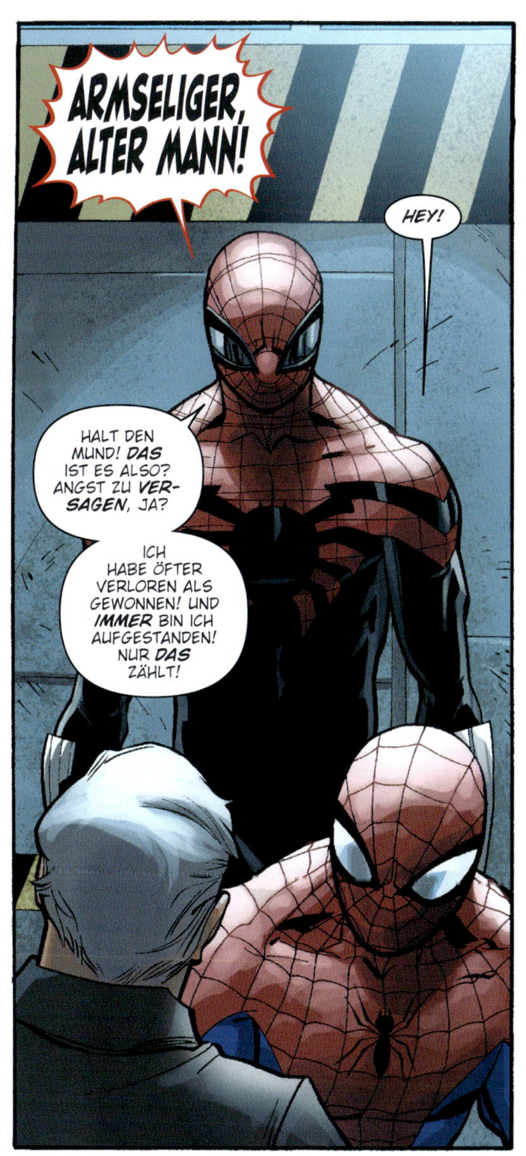

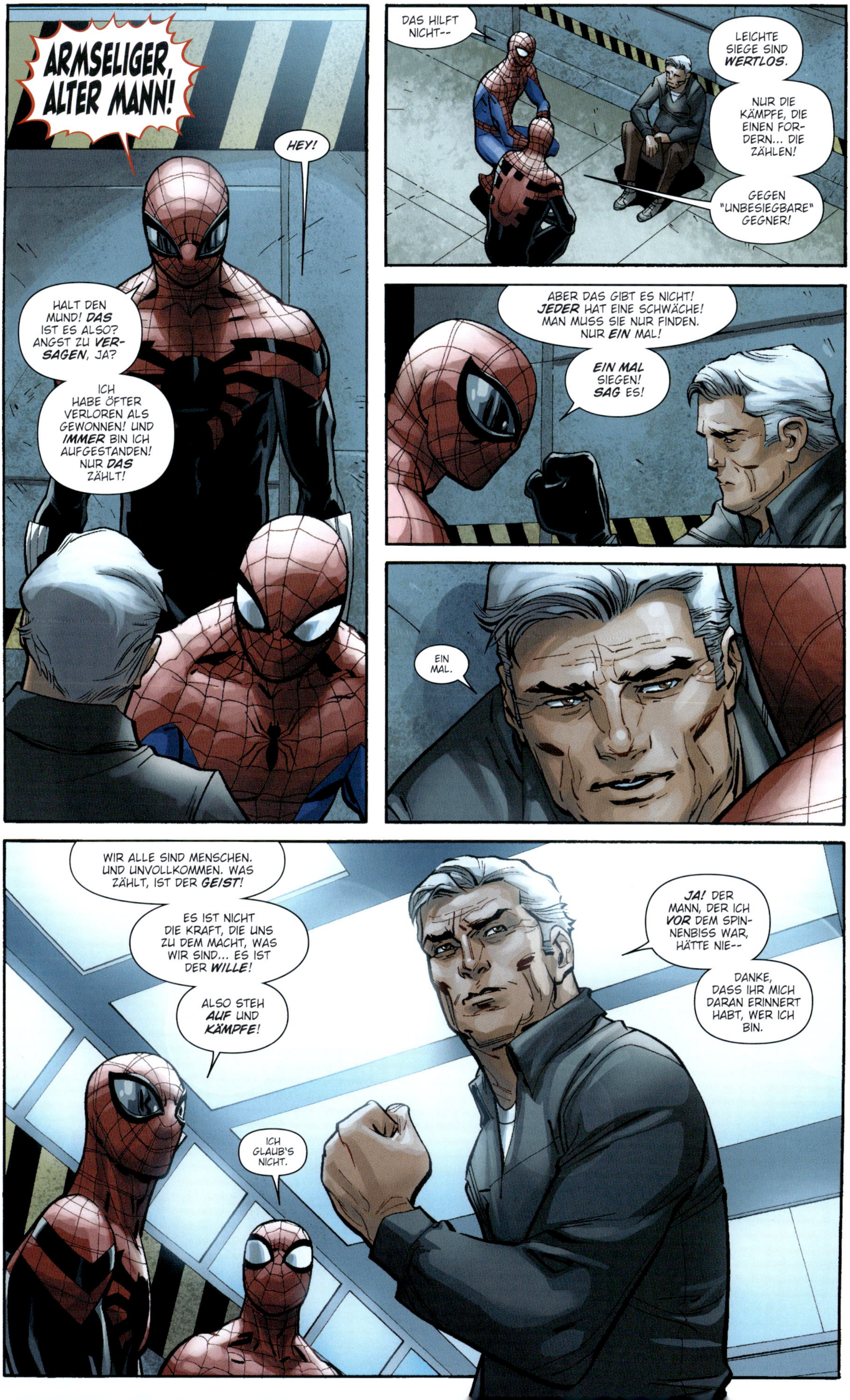

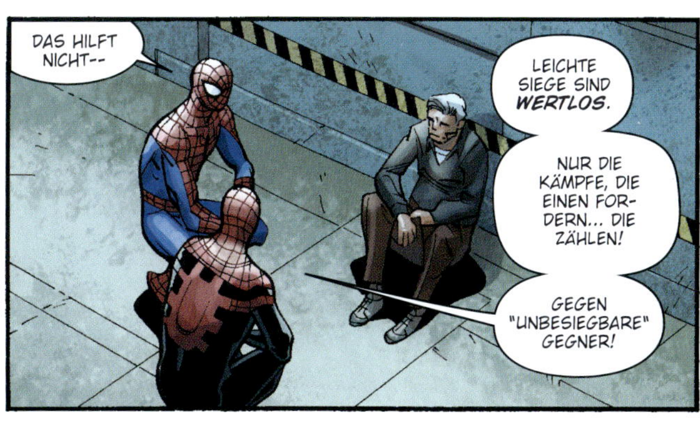

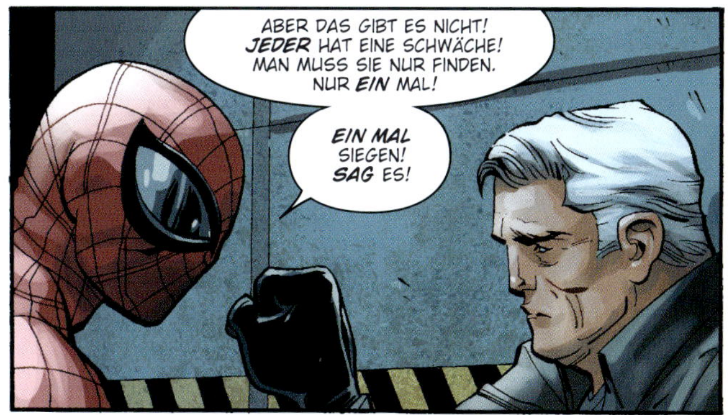

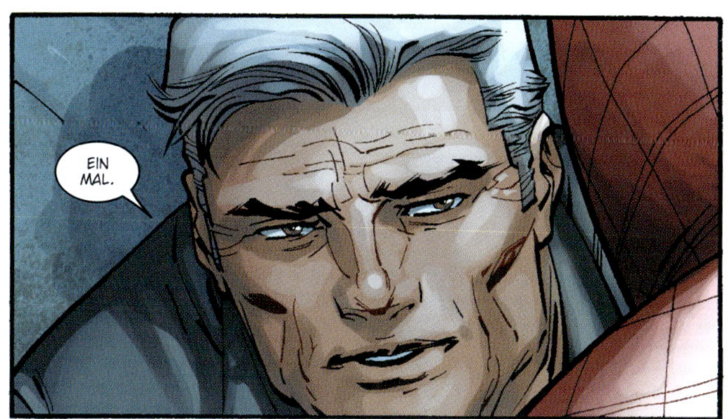

WIR ALLE SIND MENSCHEN. UND UNVOLLKOMMEN. WAS ZÄHLT, IST DER GEIST!
ES IST NICHT DIE KRAFT, DIE UNS ZU DEM MACHT, WAS WIR SIND... ES IST DER WILLE!
ALSO STEH AUF UND KÄMPFE!
ICH GLAUB'S NICHT.
JA! DER MANN, DER ICH VOR DEM SPINNENBISS WAR, HÄTTE NIE--
DANKE, DASS IHR MICH DARAN ERINNERT HABT, WER ICH BIN.

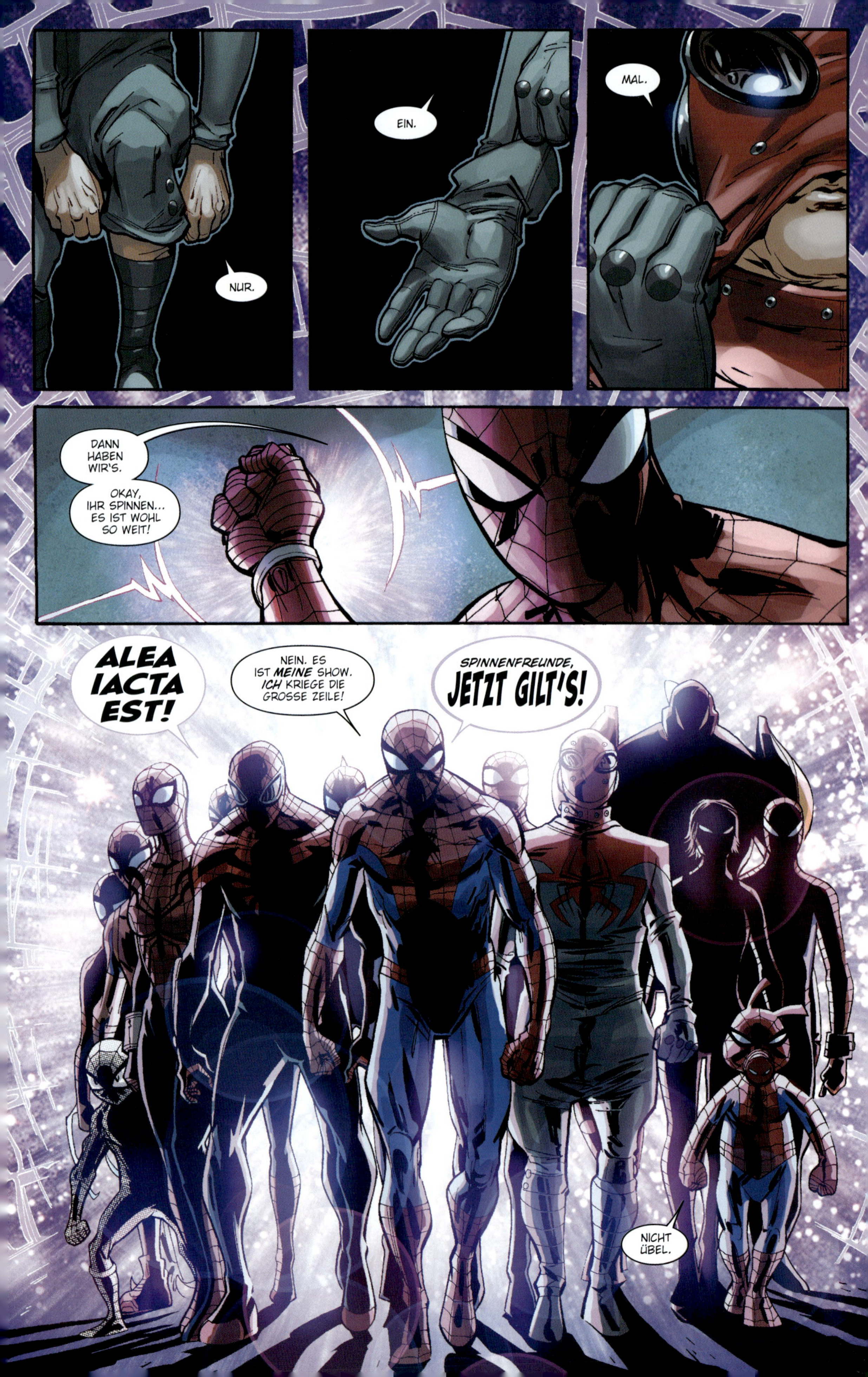
NUR.
EIN.
MAL.
DANN HABEN WIR'S.
OKAY, IHR SPINNEN... ES IST WOHL SO WEIT!
ALEA IACTA EST!
NEIN. ES IST MEINE SHOW. ICH KRIEGE DIE GROSSE ZEILE!
SPINNENFREUNDE, JETZT GILT'S!
NICHT ÜBEL.

SPIDER-VERSE, TEIL 6: WEB-WARRIORS

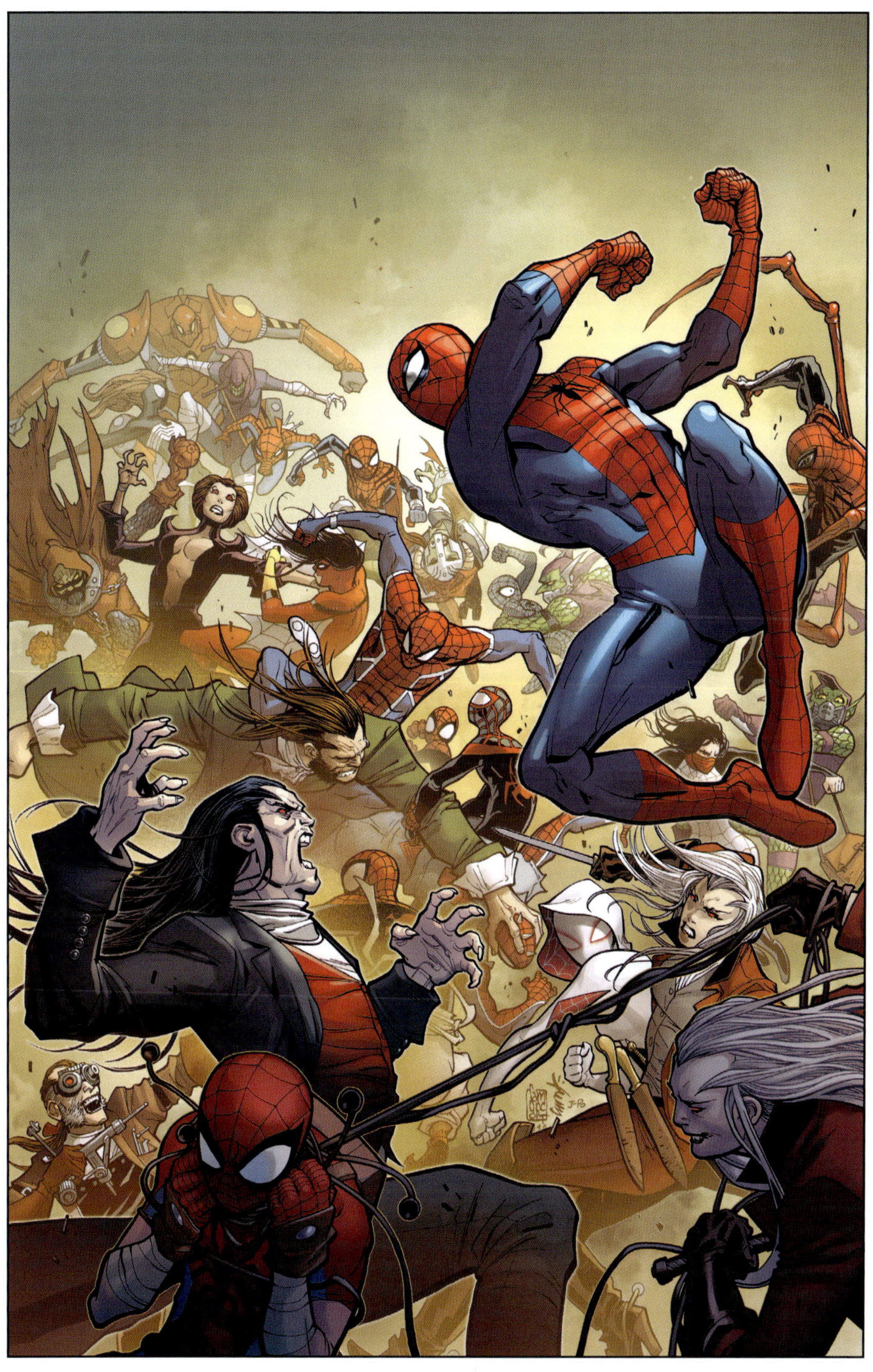

Amazing Spider-Man (2014) 14
Cover von **GIUSEPPE CAMUNCOLI**

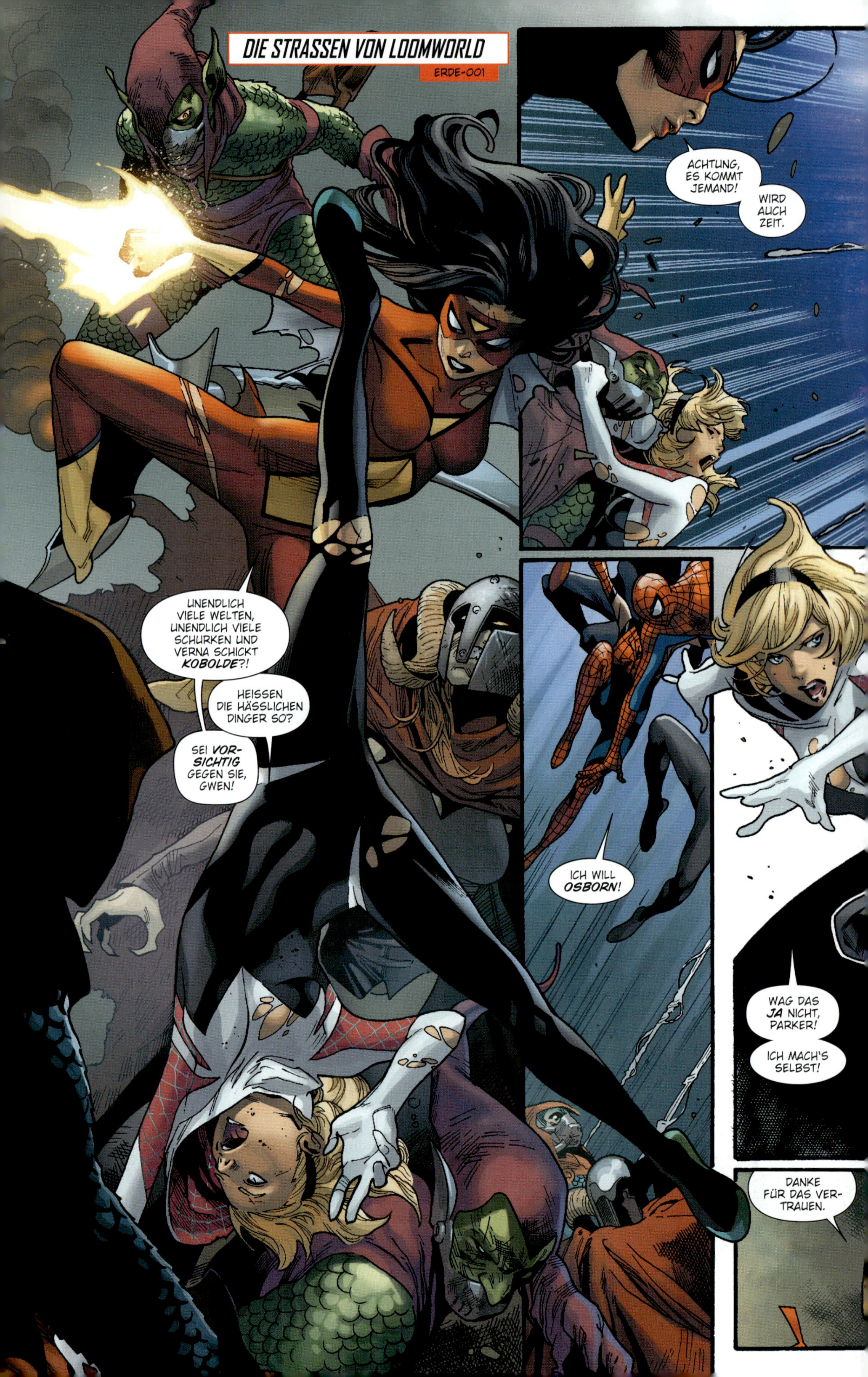
DIE STRASSEN VON LOOMWORLD
ERDE-001
ACHTUNG, ES KOMMT JEMAND!
WIRD AUCH ZEIT.
UNENDLICH VIELE WELTEN, UNENDLICH VIELE SCHURKEN UND VERNA SCHICKT KOBOLDE?!
HEISSEN DIE HÄSSLICHEN DINGER SO?
SEI VORSICHTIG GEGEN SIE, GWEN!
ICH WILL OSBORN!
WAG DAS JA NICHT, PARKER!
ICH MACH'S SELBST!
DANKE FÜR DAS VERTRAUEN.

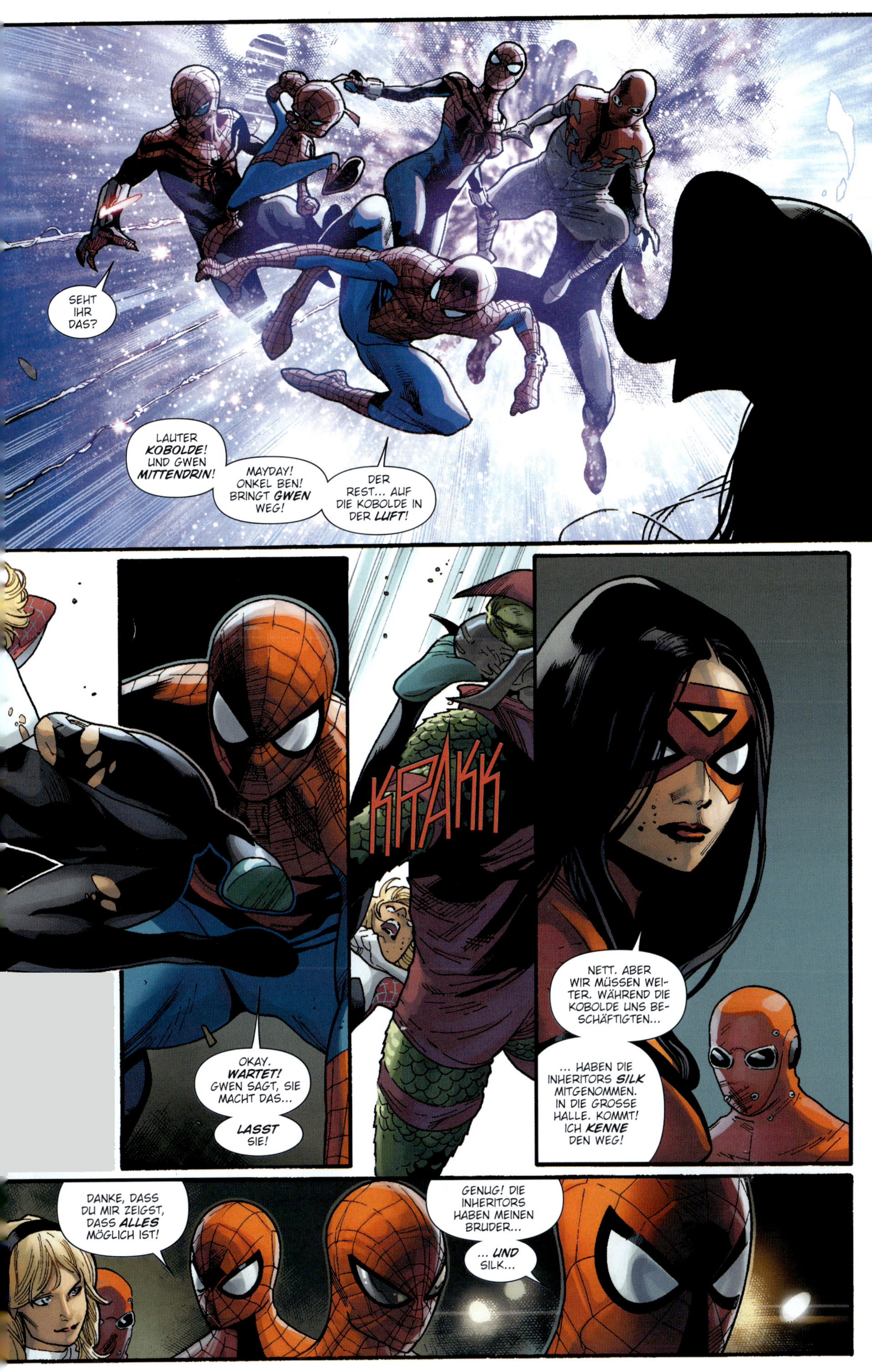

SEHT IHR DAS?
LAUTER KOBOLDE! UND GWEN MITTENDRIN!
MAYDAY! ONKEL BEN! BRINGT GWEN WEG!
DER REST... AUF DIE KOBOLDE IN DER LUFT!
OKAY. WARTET! GWEN SAGT, SIE MACHT DAS...
LASST SIE!
KRAKK
NETT. ABER WIR MÜSSEN WEI-TER. WÄHREND DIE KOBOLDE UNS BE-SCHÄFTIGTEN...
... HABEN DIE INHERITORS SILK MITGENOMMEN. IN DIE GROSSE HALLE. KOMMT! ICH KENNE DEN WEG!
DANKE, DASS DU MIR ZEIGST, DASS ALLES MÖGLICH IST!
GENUG! DIE INHERITORS HABEN MEINEN BRUDER...
... UND SILK...

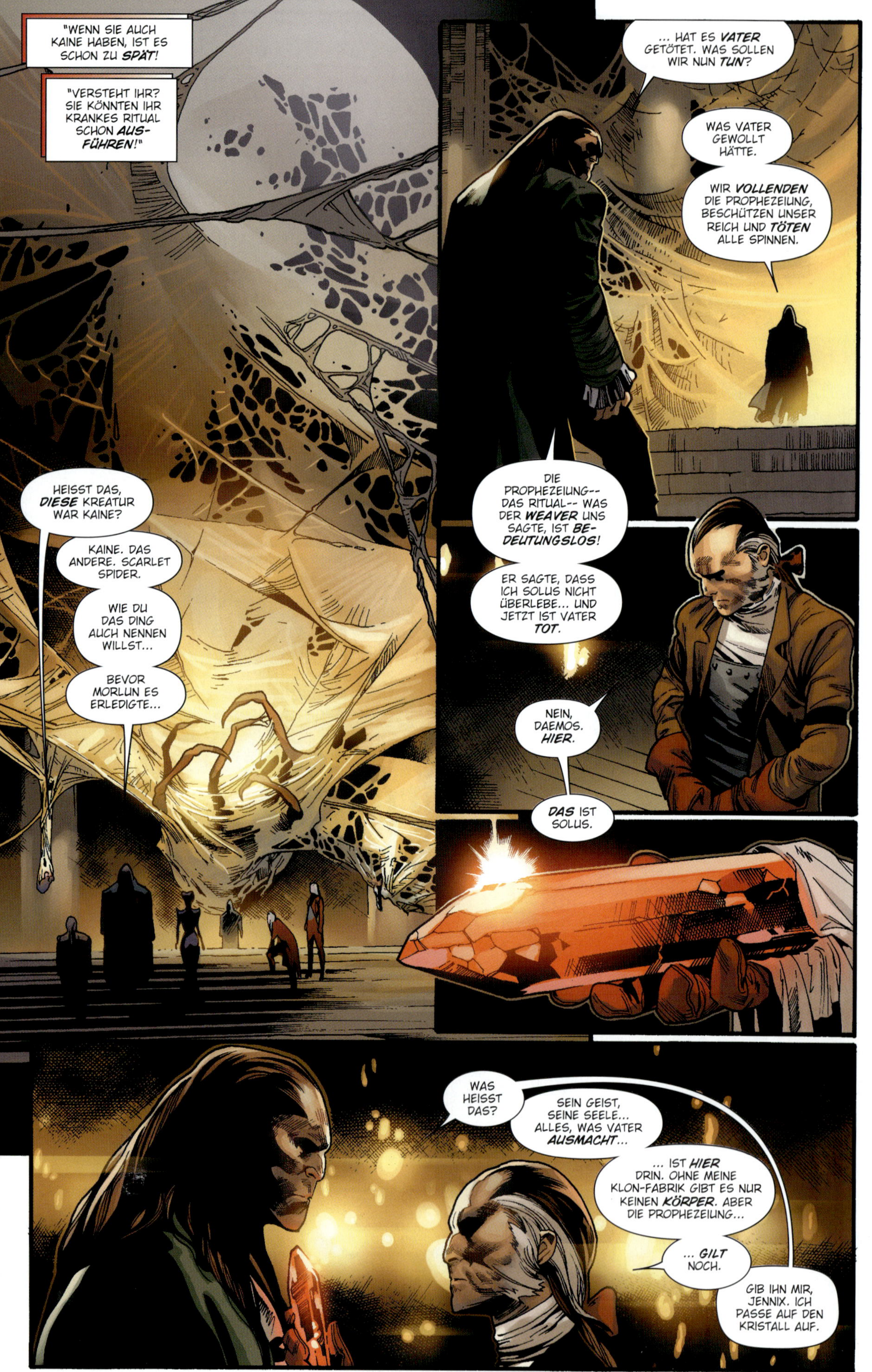
"WENN SIE AUCH KAINE HABEN, IST ES SCHON ZU SPÄT!
"VERSTEHT IHR? SIE KÖNNTEN IHR KRANKES RITUAL SCHON AUS-FÜHREN!"
... HAT ES VATER GETÖTET. WAS SOLLEN WIR NUN TUN?
WAS VATER GEWOLLT HÄTTE.
WIR VOLLENDEN DIE PROPHEZEIUNG, BESCHÜTZEN UNSER REICH UND TÖTEN ALLE SPINNEN.
HEISST DAS, DIESE KREATUR WAR KAINE?
KAINE. DAS ANDERE. SCARLET SPIDER.
WIE DU DAS DING AUCH NENNEN WILLST...
BEVOR MORLUN ES ERLEDIGTE...
DIE PROPHEZEIUNG-- DAS RITUAL-- WAS DER WEAVER UNS SAGTE, IST BE-DEUTUNGSLOS!
ER SAGTE, DASS ICH SOLUS NICHT ÜBERLEBE... UND JETZT IST VATER TOT.
NEIN, DAEMOS. HIER.
DAS IST SOLUS.
WAS HEISST DAS?
SEIN GEIST, SEINE SEELE... ALLES, WAS VATER AUSMACHT...
... IST HIER DRIN. OHNE MEINE KLON-FABRIK GIBT ES NUR KEINEN KÖRPER. ABER DIE PROPHEZEIUNG...
... GILT NOCH.
GIB IHN MIR, JENNIX. ICH PASSE AUF DEN KRISTALL AUF.

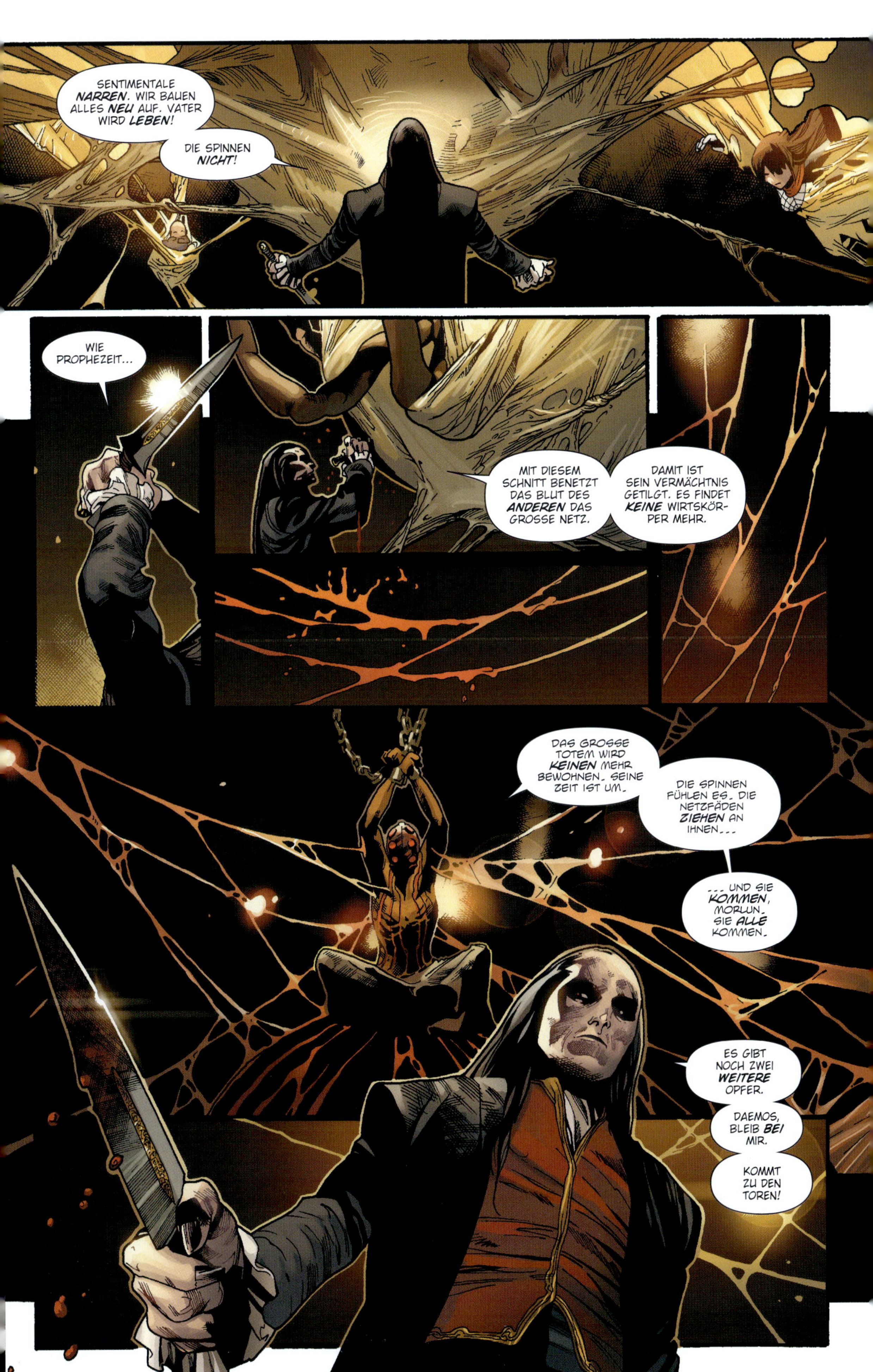
SENTIMENTALE NARREN. WIR BAUEN ALLES NEU AUF. VATER WIRD LEBEN!
DIE SPINNEN NICHT!
WIE PROPHEZEIT...
MIT DIESEM SCHNITT BENETZT DAS BLUT DES ANDEREN DAS GROSSE NETZ.
DAMIT IST SEIN VERMÄCHTNIS GETILGT. ES FINDET KEINE WIRTSKÖRPER MEHR.
DAS GROSSE TOTEM WIRD KEINEN MEHR BEWOHNEN. SEINE ZEIT IST UM.
DIE SPINNEN FÜHLEN ES. DIE NETZFÄDEN ZIEHEN AN IHNEN...
... UND SIE KOMMEN, MORLUN. SIE ALLE KOMMEN.
ES GIBT NOCH ZWEI WEITERE OPFER.
DAEMOS, BLEIB BEI MIR.
KOMMT ZU DEN TOREN!

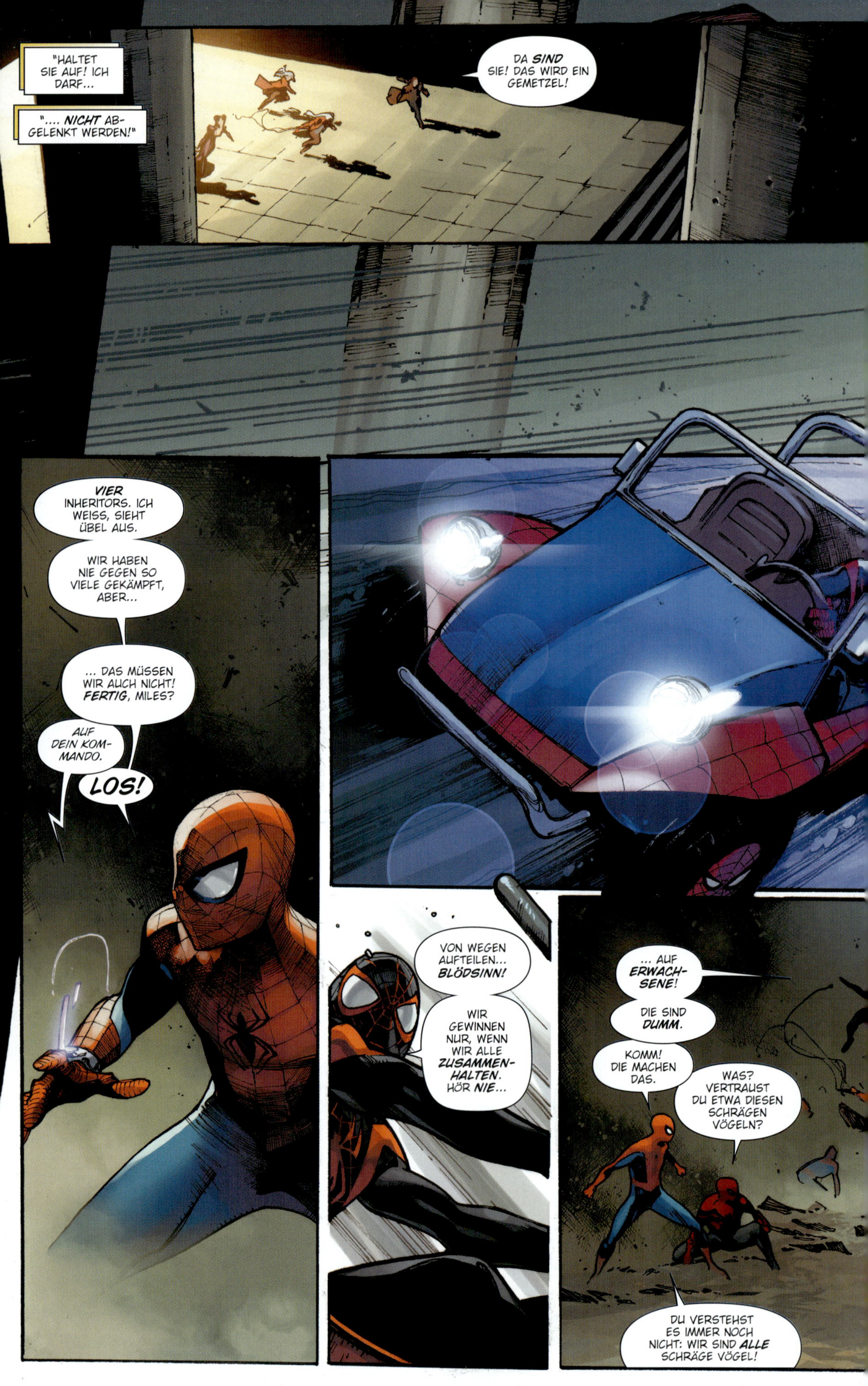
"HALTET SIE AUF! ICH DARF...
".... NICHT ABGELENKT WERDEN!"
DA SIND SIE! DAS WIRD EIN GEMETZEL!
VIER INHERITORS. ICH WEISS, SIEHT ÜBEL AUS.
WIR HABEN NIE GEGEN SO VIELE GEKÄMPFT, ABER...
... DAS MÜSSEN WIR AUCH NICHT! FERTIG, MILES?
AUF DEIN KOMMANDO.
LOS!
VON WEGEN AUFTEILEN... BLÖDSINN!
WIR GEWINNEN NUR, WENN WIR ALLE ZUSAMMENHALTEN. HÖR NIE...
... AUF ERWACHSENE!
DIE SIND DUMM.
KOMM! DIE MACHEN DAS.
WAS? VERTRAUST DU ETWA DIESEN SCHRÄGEN VÖGELN?
DU VERSTEHST ES IMMER NOCH NICHT: WIR SIND ALLE SCHRÄGE VÖGEL!

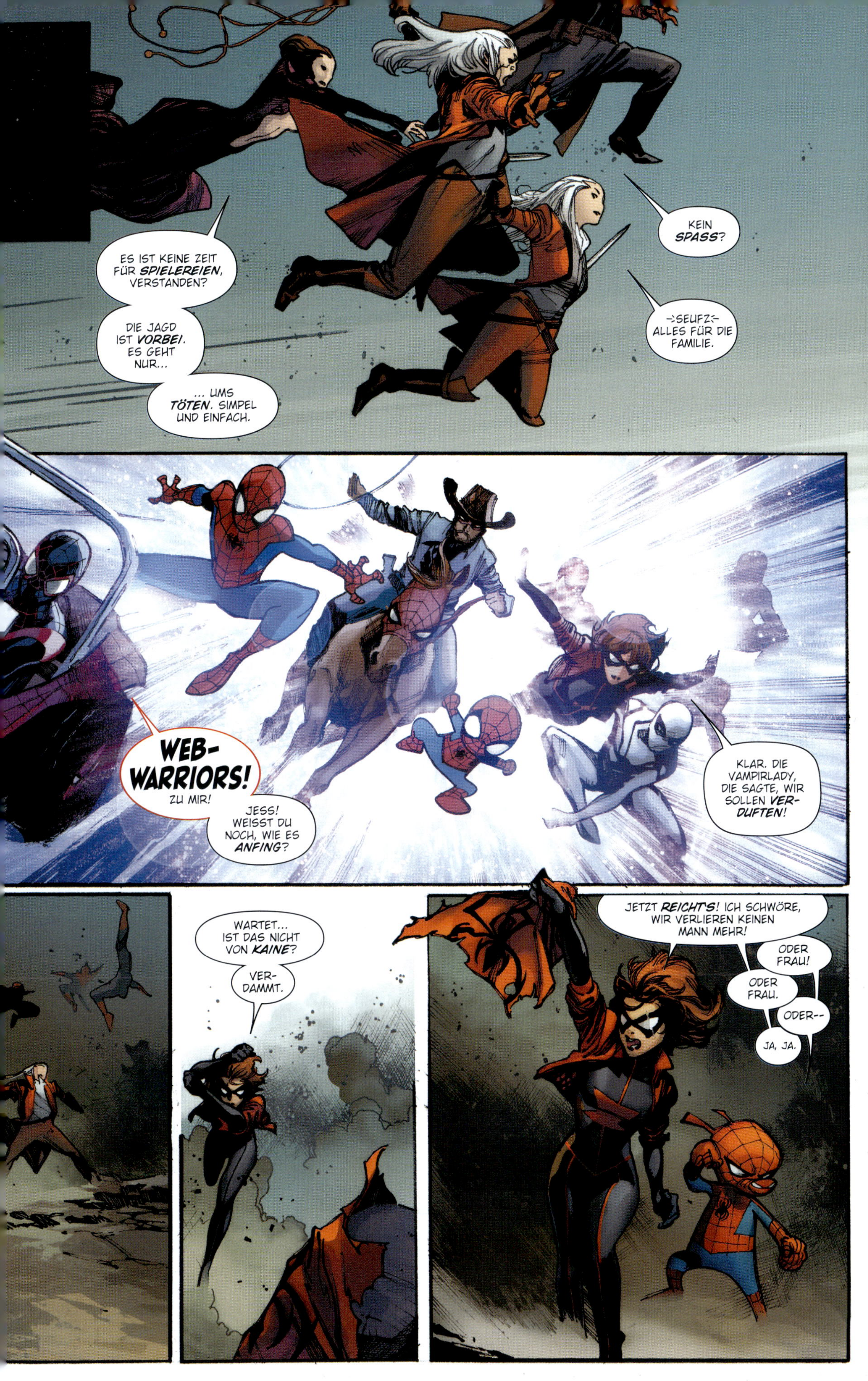

ES IST KEINE ZEIT FÜR SPIELEREIEN, VERSTANDEN?
DIE JAGD IST VORBEI. ES GEHT NUR...
... UMS TÖTEN. SIMPEL UND EINFACH.
KEIN SPASS?
-SEUFZ- ALLES FÜR DIE FAMILIE.
WEB-WARRIORS! ZU MIR!
JESS! WEISST DU NOCH, WIE ES ANFING?
KLAR. DIE VAMPIRLADY, DIE SAGTE, WIR SOLLEN VERDUFTEN!
WARTET... IST DAS NICHT VON KAINE?
VER-DAMMT.
JETZT REICHT'S! ICH SCHWÖRE, WIR VERLIEREN KEINEN MANN MEHR!
ODER FRAU!
ODER FRAU.
ODER--
JA, JA.

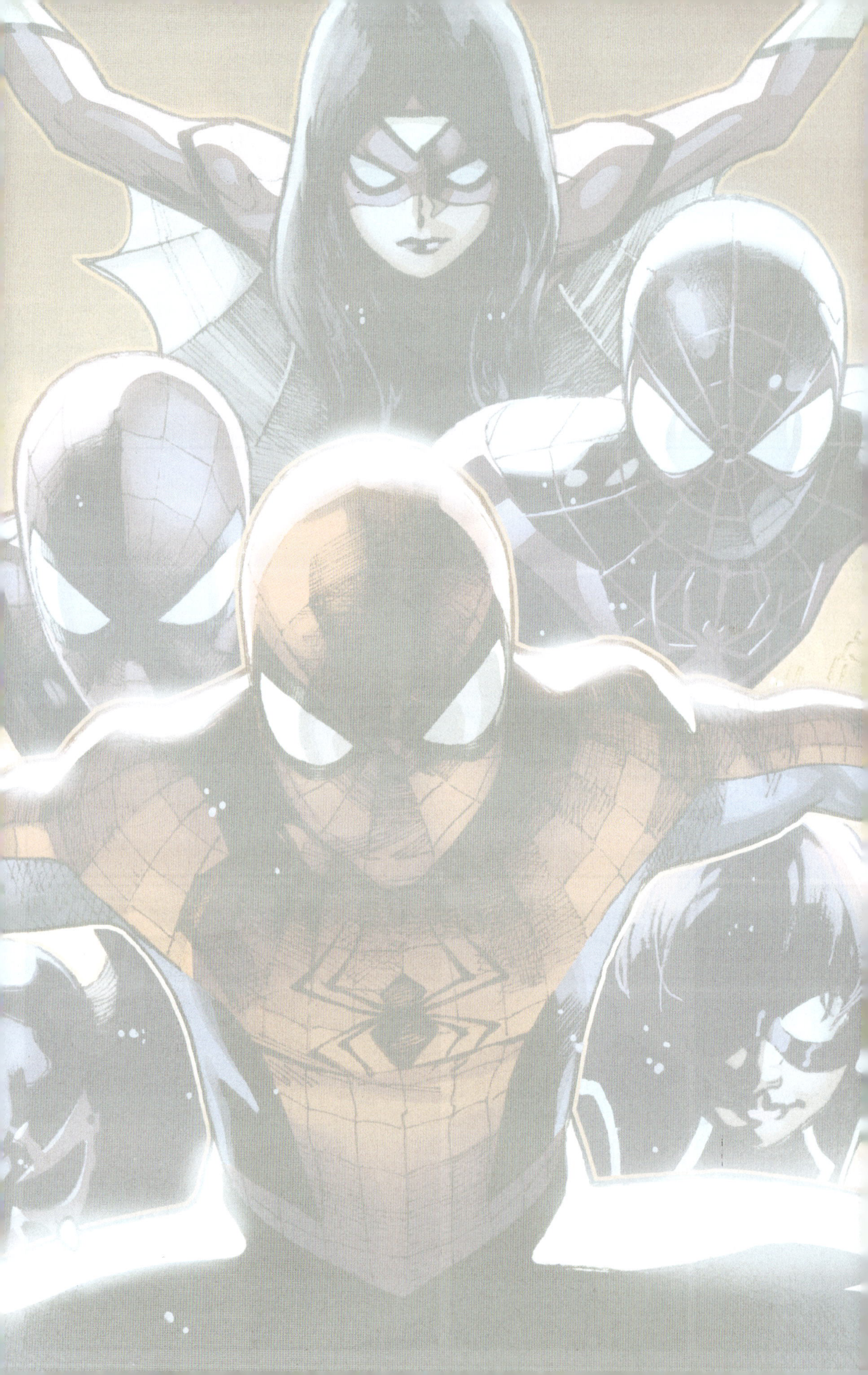

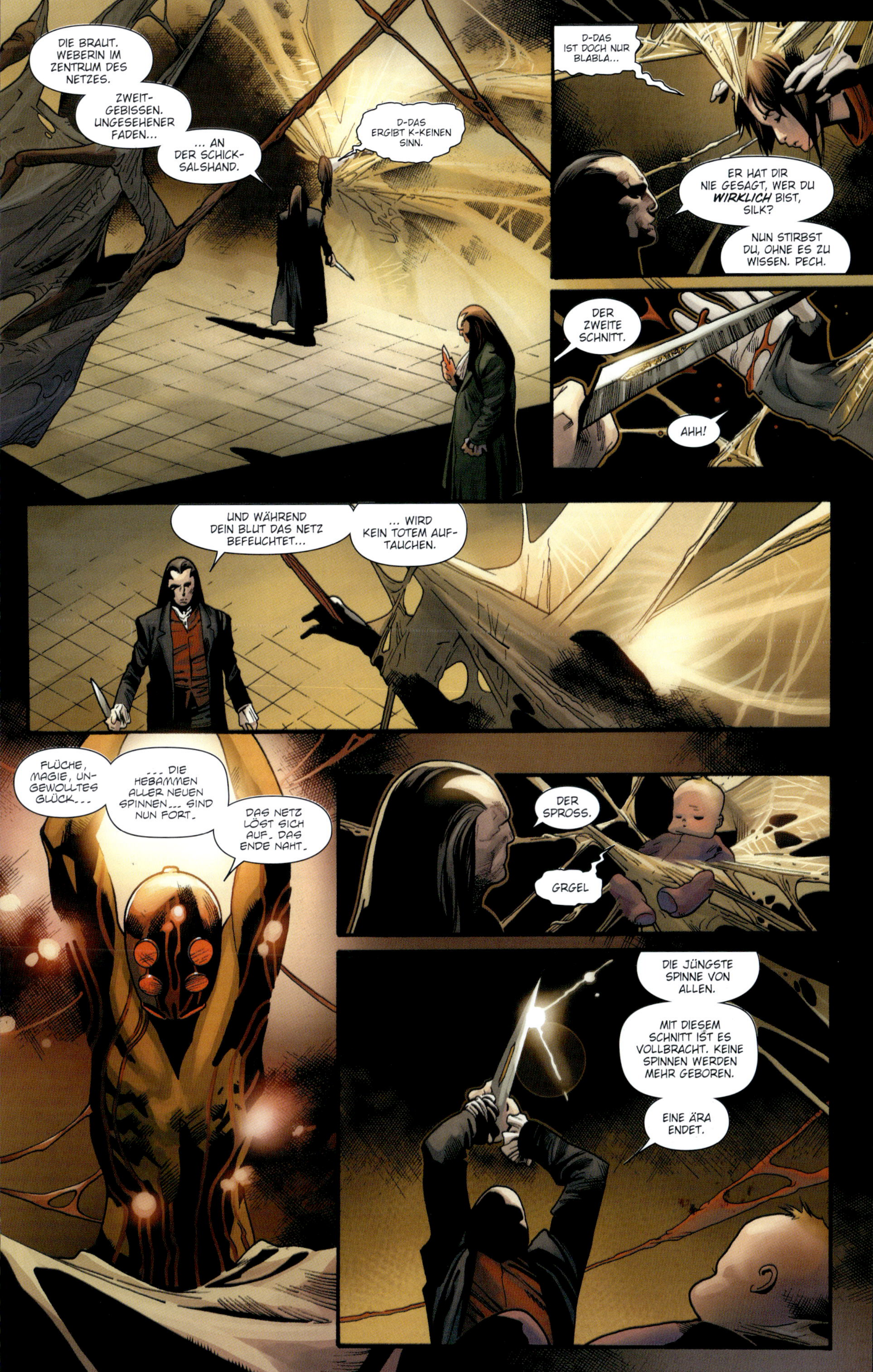
DIE BRAUT. WEBERIN IM ZENTRUM DES NETZES.
ZWEIT-GEBISSEN. UNGESEHENER FADEN...
... AN DER SCHICK-SALSHAND.
D-DAS ERGIBT K-KEINEN SINN.
D-DAS IST DOCH NUR BLABLA...
ER HAT DIR NIE GESAGT, WER DU WIRKLICH BIST, SILK?
NUN STIRBST DU, OHNE ES ZU WISSEN. PECH.
DER ZWEITE SCHNITT.
AHH!
UND WÄHREND DEIN BLUT DAS NETZ BEFEUCHTET...
... WIRD KEIN TOTEM AUF-TAUCHEN.
FLÜCHE, MAGIE, UN-GEWOLLTES GLÜCK...
... DIE HEBAMMEN ALLER NEUEN SPINNEN... SIND NUN FORT.
DAS NETZ LÖST SICH AUF. DAS ENDE NAHT.
DER SPROSS.
GRGEL
DIE JÜNGSTE SPINNE VON ALLEN.
MIT DIESEM SCHNITT IST ES VOLLBRACHT. KEINE SPINNEN WERDEN MEHR GEBOREN.
EINE ÄRA ENDET.

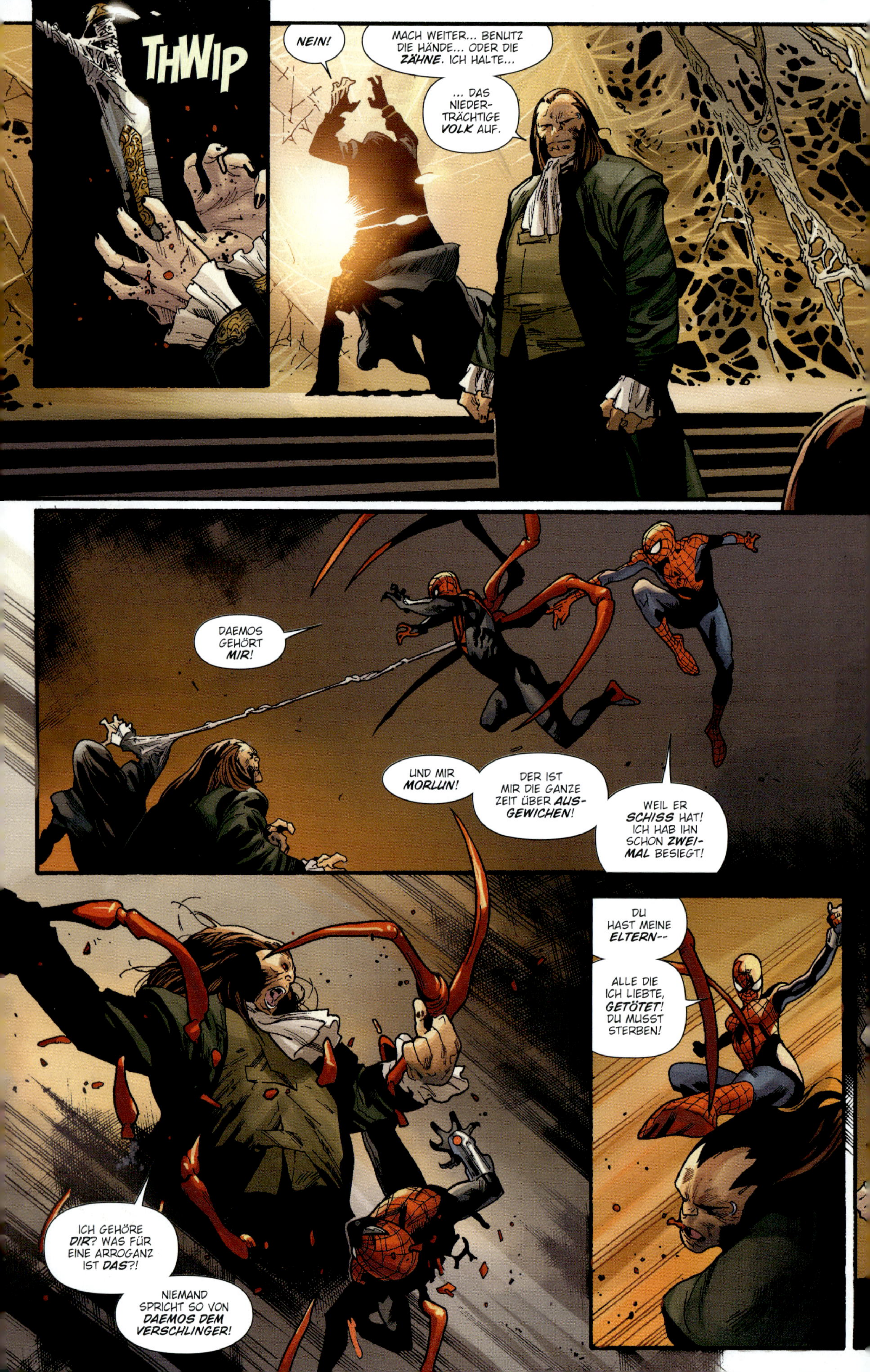
THWIP
NEIN!
MACH WEITER... BENUTZ DIE HÄNDE... ODER DIE ZÄHNE. ICH HALTE...
... DAS NIEDERTRÄCHTIGE VOLK AUF.
DAEMOS GEHÖRT MIR!
UND MIR MORLUN!
DER IST MIR DIE GANZE ZEIT ÜBER AUSGEWICHEN!
WEIL ER SCHISS HAT! ICH HAB IHN SCHON ZWEIMAL BESIEGT!
ICH GEHÖRE DIR? WAS FÜR EINE ARROGANZ IST DAS?!
NIEMAND SPRICHT SO VON DAEMOS DEM VERSCHLINGER!
DU HAST MEINE ELTERN--
ALLE DIE ICH LIEBTE, GETÖTET! DU MUSST STERBEN!

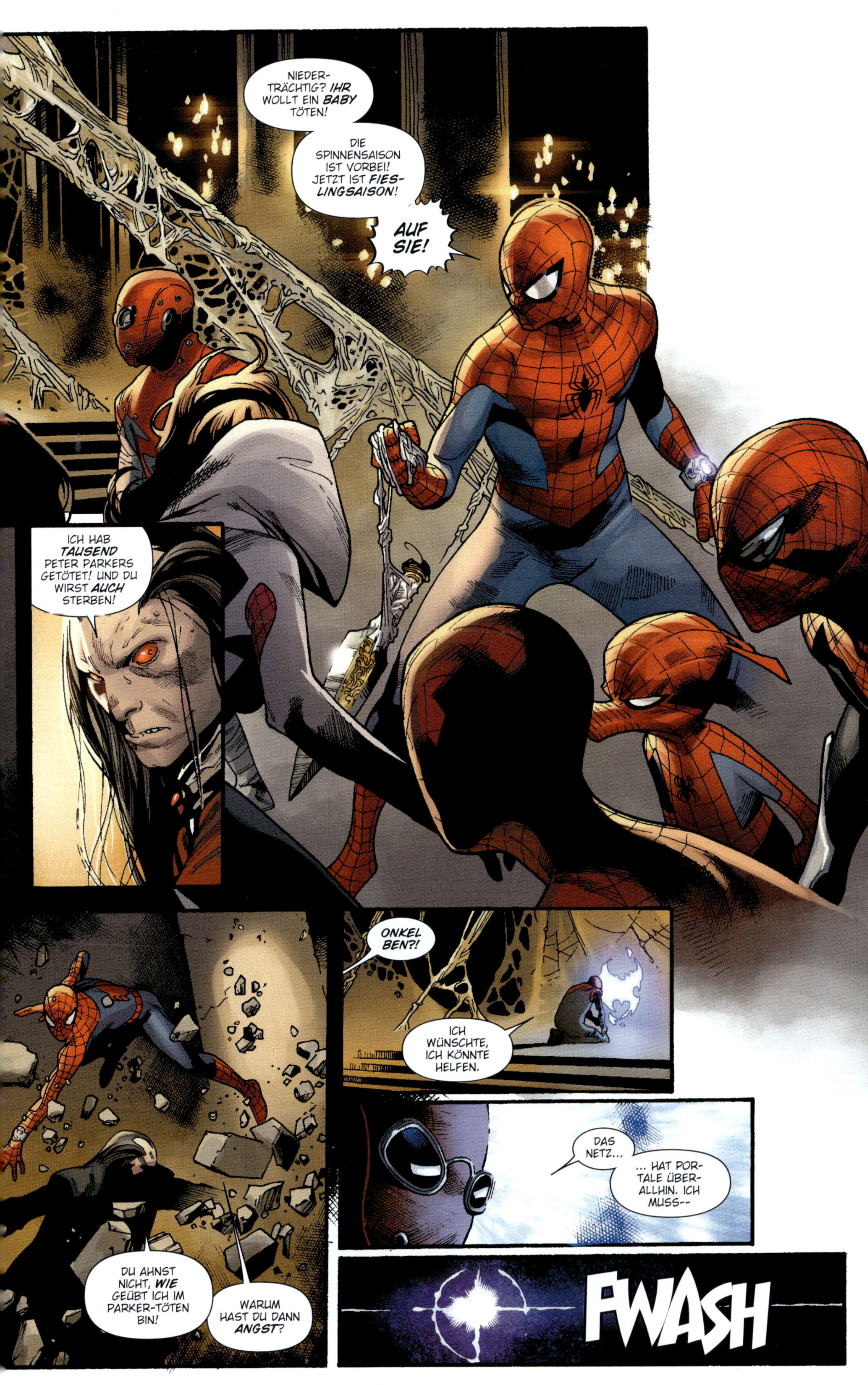
NIEDER-TRÄCHTIG? IHR WOLLT EIN BABY TÖTEN!
DIE SPINNENSAISON IST VORBEI! JETZT IST FIES-LINGSAISON!
AUF SIE!
ICH HAB TAUSEND PETER PARKERS GETÖTET! UND DU WIRST AUCH STERBEN!
DU AHNST NICHT, WIE GEÜBT ICH IM PARKER-TÖTEN BIN!
WARUM HAST DU DANN ANGST?
ONKEL BEN?!
ICH WÜNSCHTE, ICH KÖNNTE HELFEN.
DAS NETZ...
... HAT POR-TALE ÜBER-ALLHIN. ICH MUSS--
FWASH

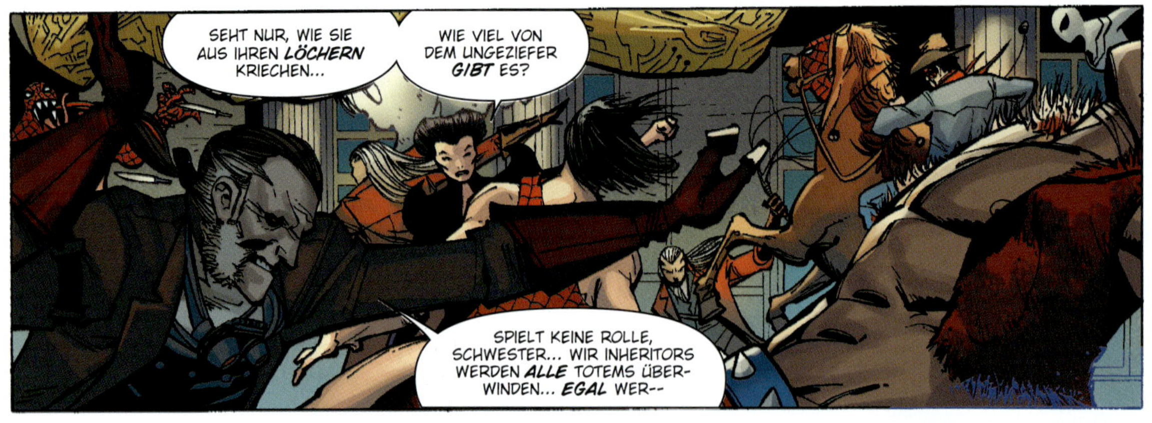
SEHT NUR, WIE SIE AUS IHREN **LÖCHERN** KRIECHEN...
WIE VIEL VON DEM UNGEZIEFER **GIBT** ES?
SPIELT KEINE ROLLE, SCHWESTER... WIR INHERITORS WERDEN **ALLE** TOTEMS ÜBER-WINDEN... **EGAL** WER--

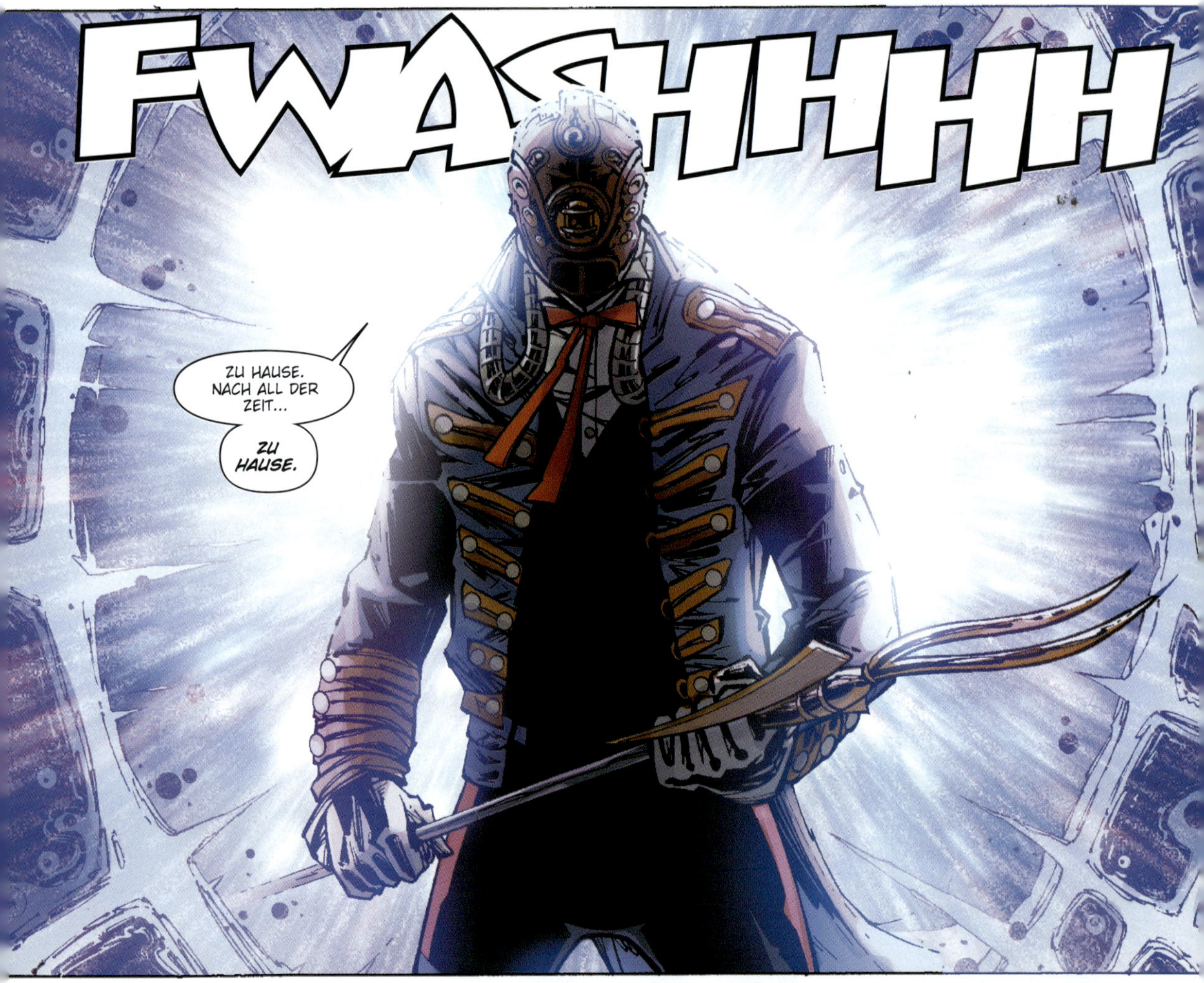

FWASHHHHH
ZU HAUSE. NACH ALL DER ZEIT...
ZU HAUSE.

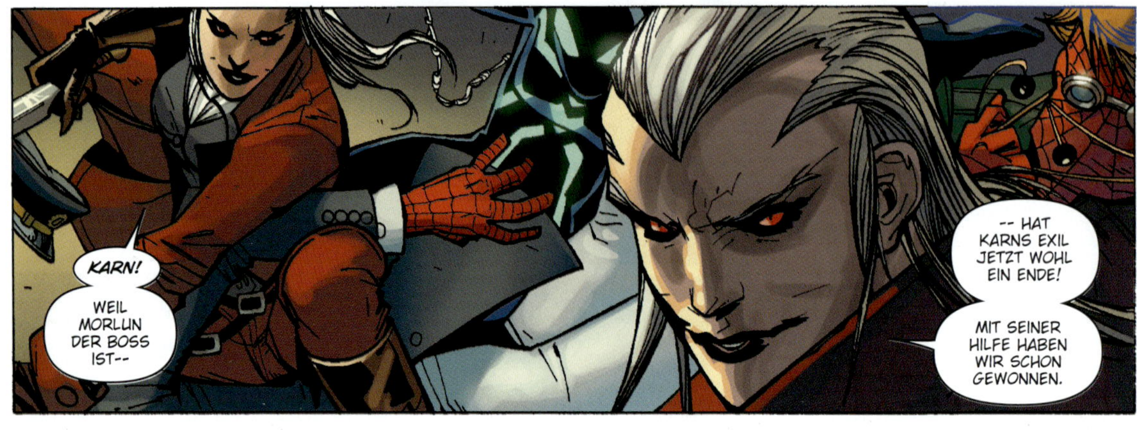
KARN!
WEIL MORLUN DER BOSS IST--
-- HAT KARNS EXIL JETZT WOHL EIN ENDE!
MIT SEINER HILFE HABEN WIR SCHON GEWONNEN.

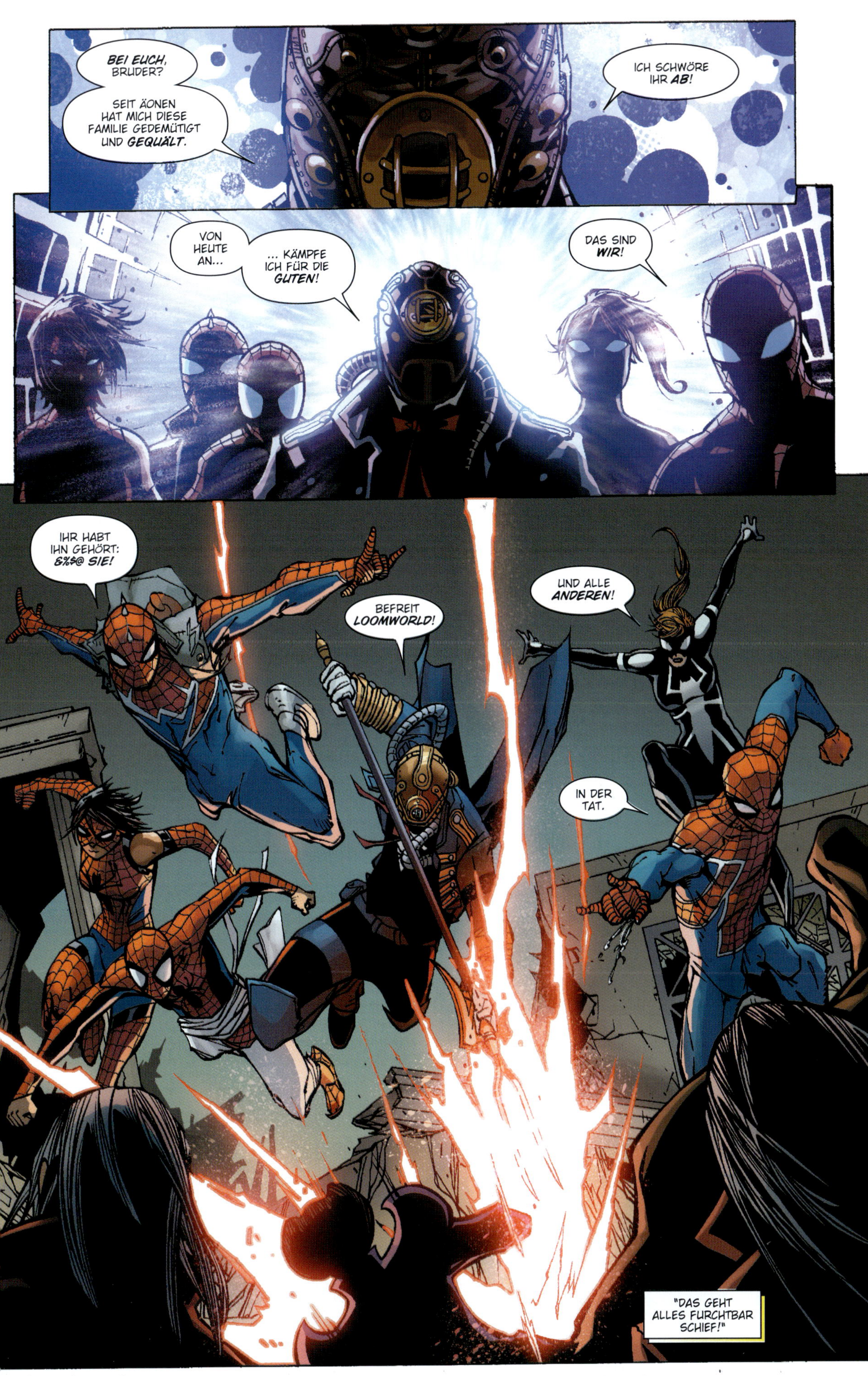
BEI EUCH, BRUDER?
SEIT ÄONEN HAT MICH DIESE FAMILIE GEDEMÜTIGT UND GEQUÄLT.
ICH SCHWÖRE IHR AB!
VON HEUTE AN...
... KÄMPFE ICH FÜR DIE GUTEN!
DAS SIND WIR!
IHR HABT IHN GEHÖRT: &%$@ SIE!
BEFREIT LOOMWORLD!
UND ALLE ANDEREN!
IN DER TAT.
"DAS GEHT ALLES FURCHTBAR SCHIEF!"

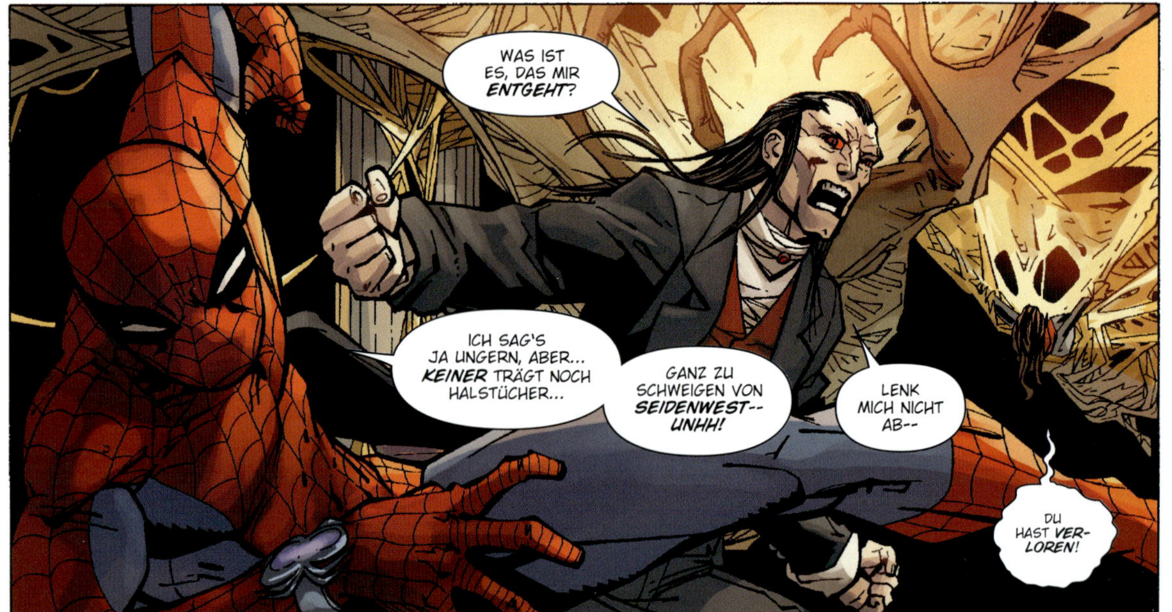
WAS IST ES, DAS MIR ENTGEHT?
ICH SAG'S JA UNGERN, ABER... KEINER TRÄGT NOCH HALSTÜCHER...
GANZ ZU SCHWEIGEN VON SEIDENWEST-- UNHH!
LENK MICH NICHT AB--
DU HAST VERLOREN!

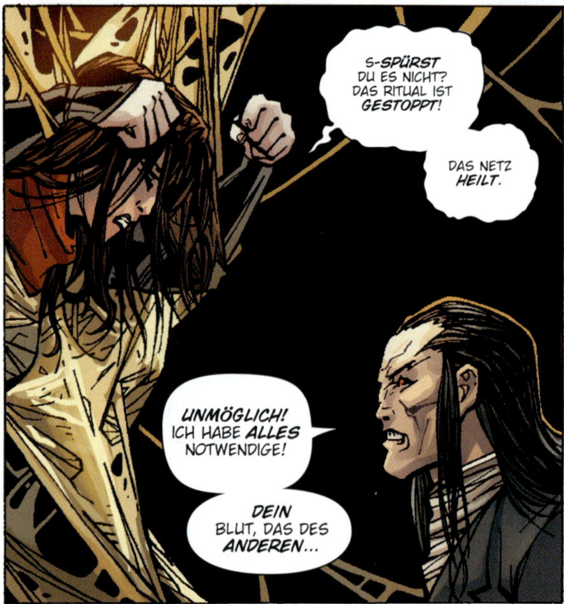
S-SPÜRST DU ES NICHT? DAS RITUAL IST GESTOPPT!
DAS NETZ HEILT.
UNMÖGLICH! ICH HABE ALLES NOTWENDIGE!
DEIN BLUT, DAS DES ANDEREN...

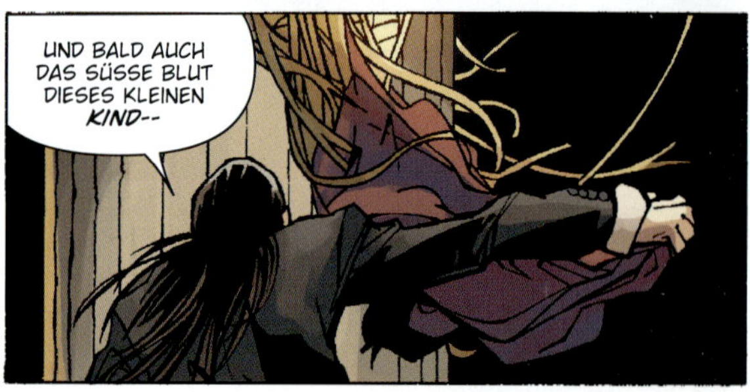
UND BALD AUCH DAS SÜSSE BLUT DIESES KLEINEN KIND--

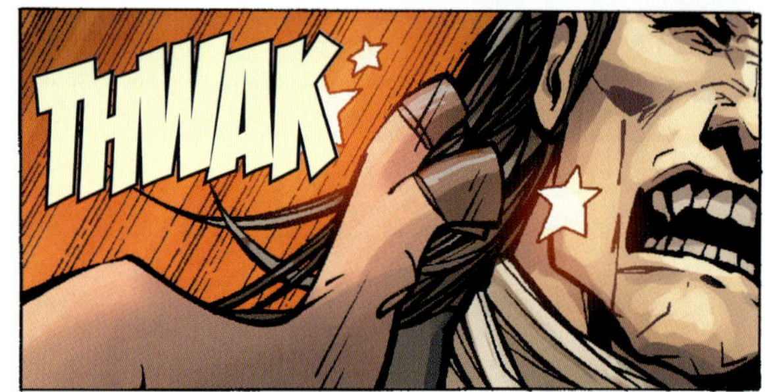
THWAK

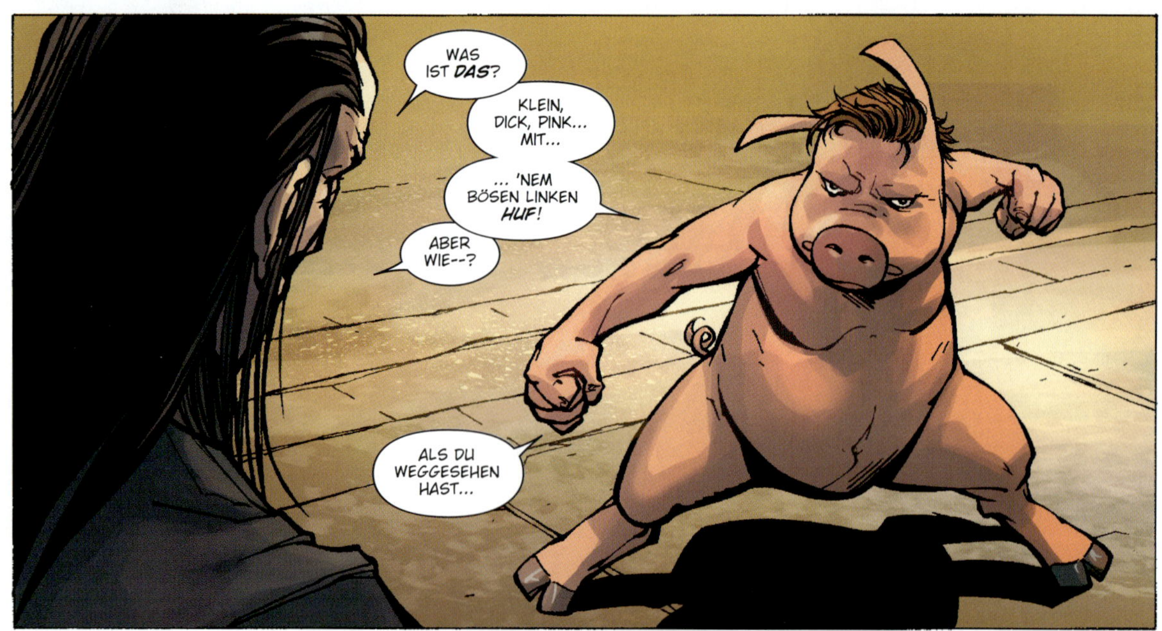
WAS IST DAS?
KLEIN, DICK, PINK... MIT...
... 'NEM BÖSEN LINKEN HUF!
ABER WIE--?
ALS DU WEGGESEHEN HAST...

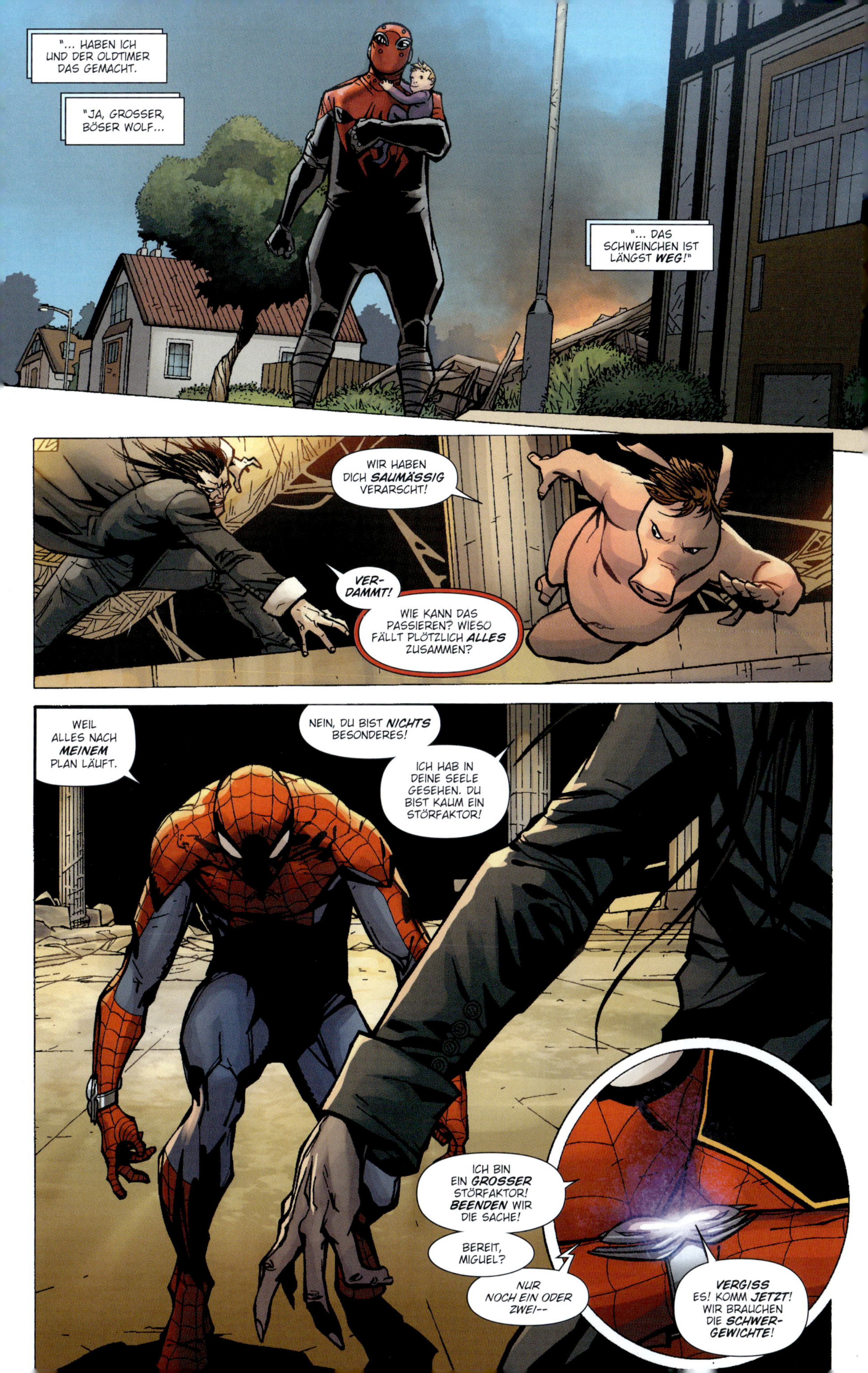

"... HABEN ICH UND DER OLDTIMER DAS GEMACHT.

"JA, GROSSER, BÖSER WOLF...

"... DAS SCHWEINCHEN IST LÄNGST **WEG!**"

WIR HABEN DICH **SAUMÄSSIG** VERARSCHT!

VER-DAMMT!

WIE KANN DAS PASSIEREN? WIESO FÄLLT PLÖTZLICH **ALLES** ZUSAMMEN?

WEIL ALLES NACH **MEINEM** PLAN LÄUFT.

NEIN, DU BIST **NICHTS** BESONDERES!

ICH HAB IN DEINE SEELE GESEHEN. DU BIST KAUM EIN STÖRFAKTOR!

ICH BIN EIN **GROSSER** STÖRFAKTOR! **BEENDEN** WIR DIE SACHE!

BEREIT, MIGUEL?

NUR NOCH EIN ODER ZWEI--

VERGISS *ES! KOMM* ***JETZT!*** *WIR BRAUCHEN DIE* ***SCHWER-GEWICHTE!***

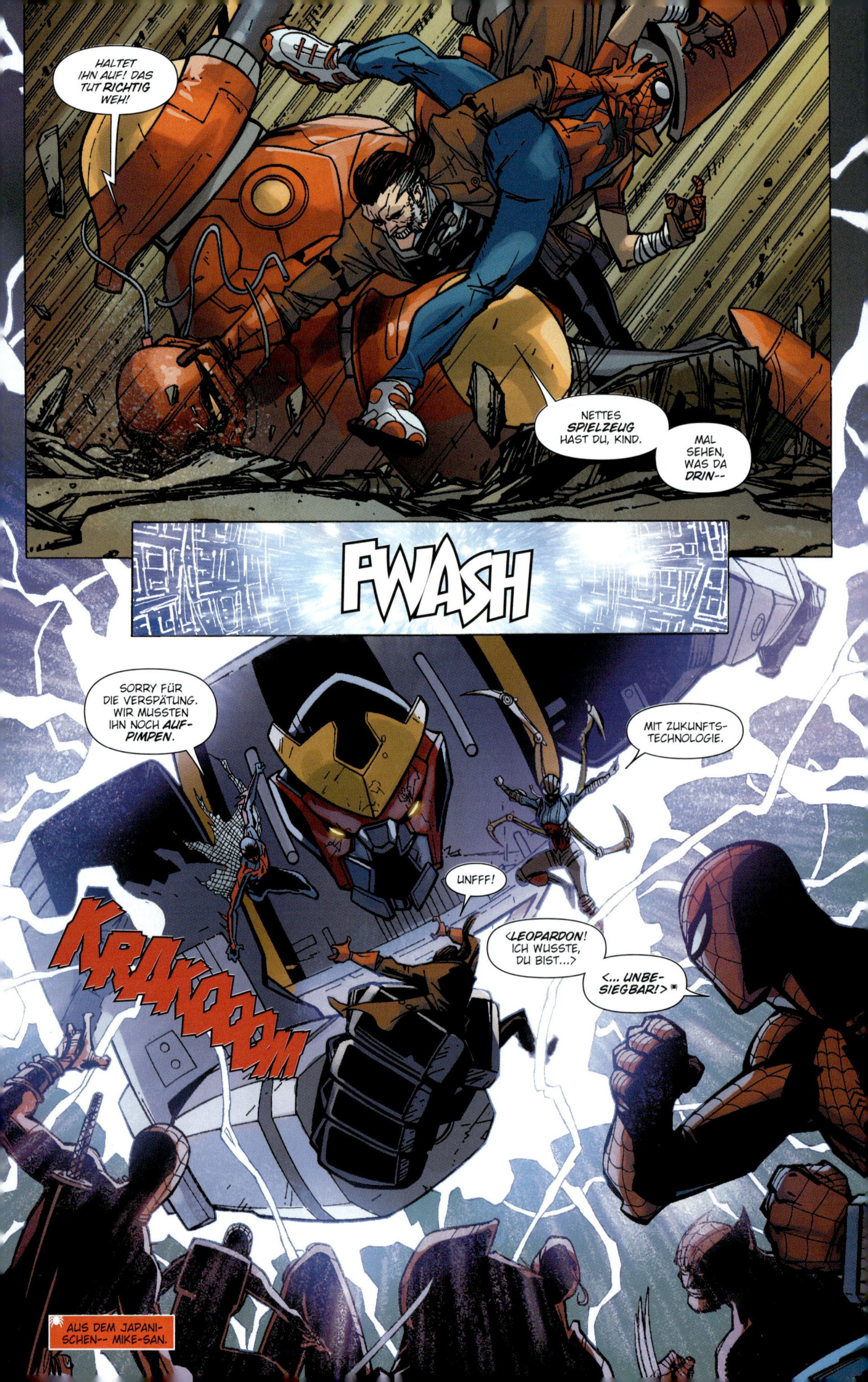
HALTET IHN AUF! DAS TUT RICHTIG WEH!
NETTES SPIELZEUG HAST DU, KIND.
MAL SEHEN, WAS DA DRIN--
FWASH
SORRY FÜR DIE VERSPÄTUNG. WIR MUSSTEN IHN NOCH AUFPIMPEN.
MIT ZUKUNFTS-TECHNOLOGIE.
UNFFF!
KRAKOOOM
<LEOPARDON! ICH WUSSTE, DU BIST...>
<... UNBESIEGBAR!>*
*AUS DEM JAPANISCHEN-- MIKE-SAN.

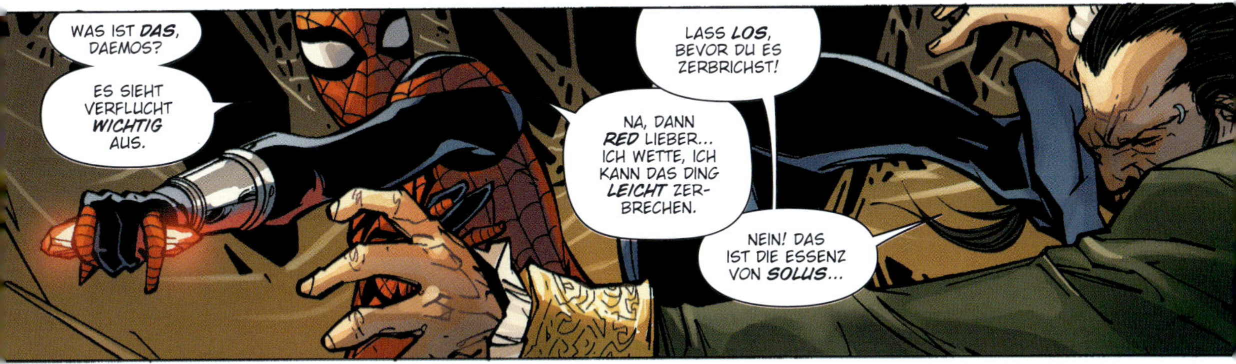
WAS IST DAS, DAEMOS?
ES SIEHT VERFLUCHT WICHTIG AUS.
LASS LOS, BEVOR DU ES ZERBRICHST!
NA, DANN RED LIEBER... ICH WETTE, ICH KANN DAS DING LEICHT ZERBRECHEN.
NEIN! DAS IST DIE ESSENZ VON SOLUS...
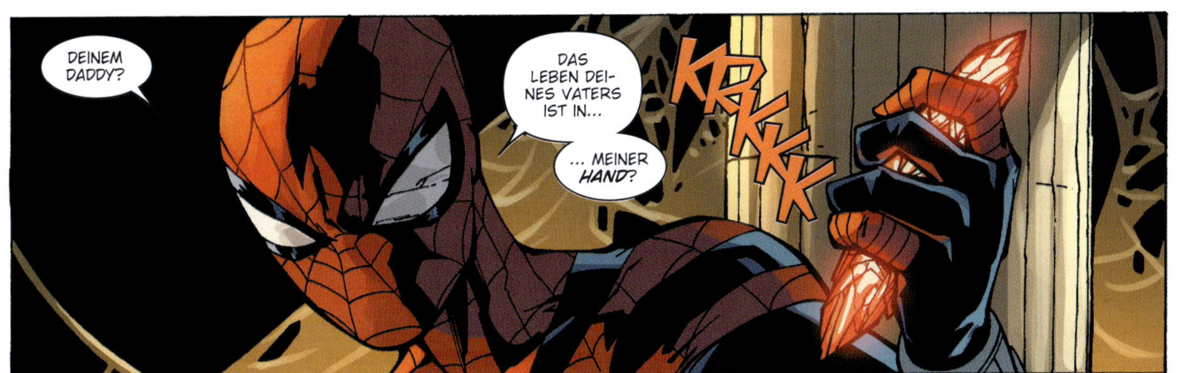
DEINEM DADDY?
DAS LEBEN DEINES VATERS IST IN...
... MEINER HAND?
KRKKKK
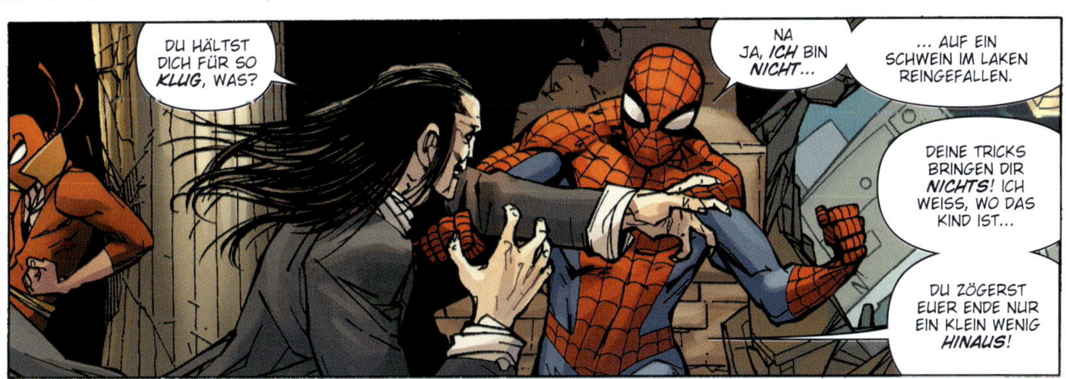
DU HÄLTST DICH FÜR SO KLUG, WAS?
NA JA, ICH BIN NICHT...
... AUF EIN SCHWEIN IM LAKEN REINGEFALLEN.
DEINE TRICKS BRINGEN DIR NICHTS! ICH WEISS, WO DAS KIND IST...
DU ZÖGERST EUER ENDE NUR EIN KLEIN WENIG HINAUS!
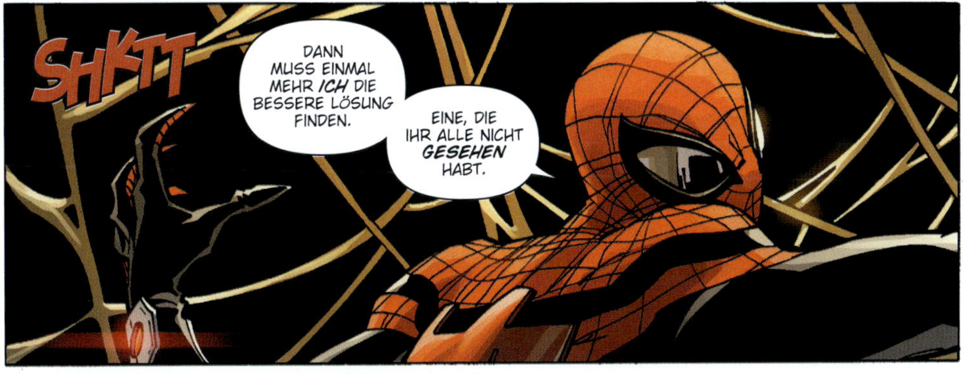
SHKTT
DANN MUSS EINMAL MEHR ICH DIE BESSERE LÖSUNG FINDEN.
EINE, DIE IHR ALLE NICHT GESEHEN HABT.
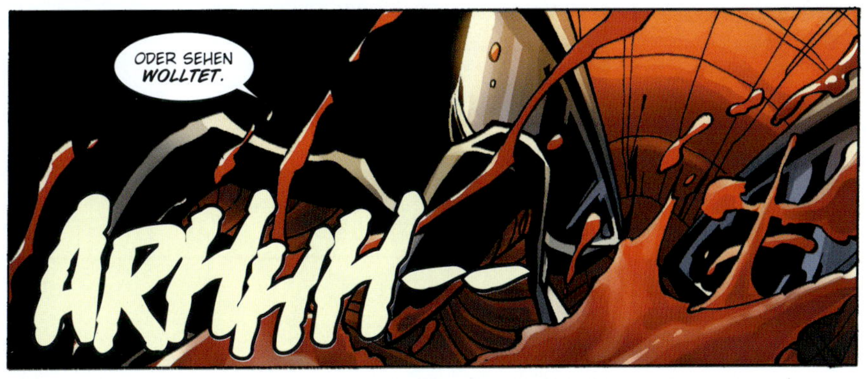
ODER SEHEN WOLLTET.
ARHHH--

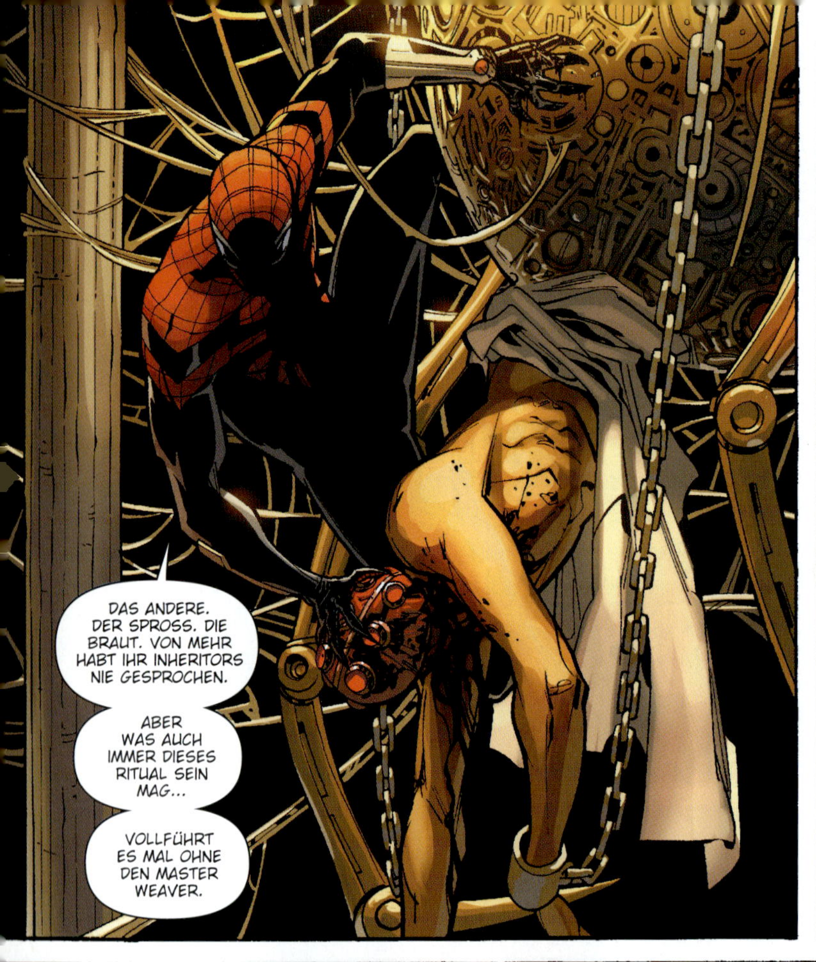
DAS ANDERE. DER SPROSS. DIE BRAUT. VON MEHR HABT IHR INHERITORS NIE GESPROCHEN.
ABER WAS AUCH IMMER DIESES RITUAL SEIN MAG...
VOLLFÜHRT ES MAL OHNE DEN MASTER WEAVER.

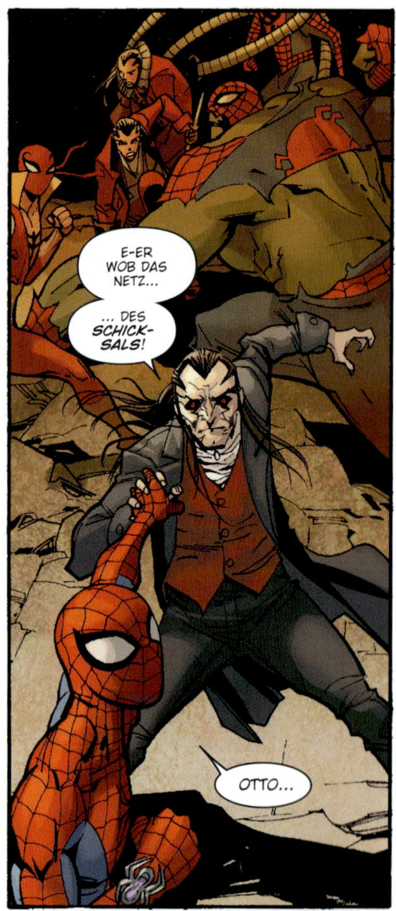
E-ER WOB DAS NETZ...
... DES *SCHICKSALS!*
OTTO...

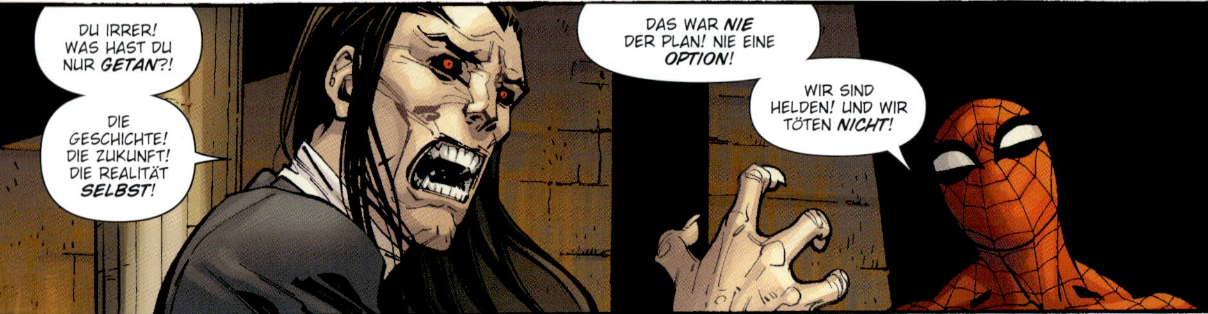
DU IRRER! WAS HAST DU NUR *GETAN*?!
DIE GESCHICHTE! DIE ZUKUNFT! DIE REALITÄT *SELBST*!
DAS WAR *NIE* DER PLAN! NIE EINE *OPTION*!
WIR SIND HELDEN! UND WIR TÖTEN *NICHT*!

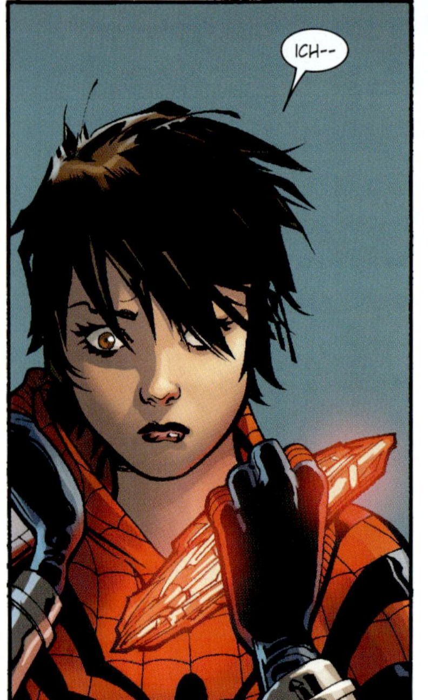
ICH--

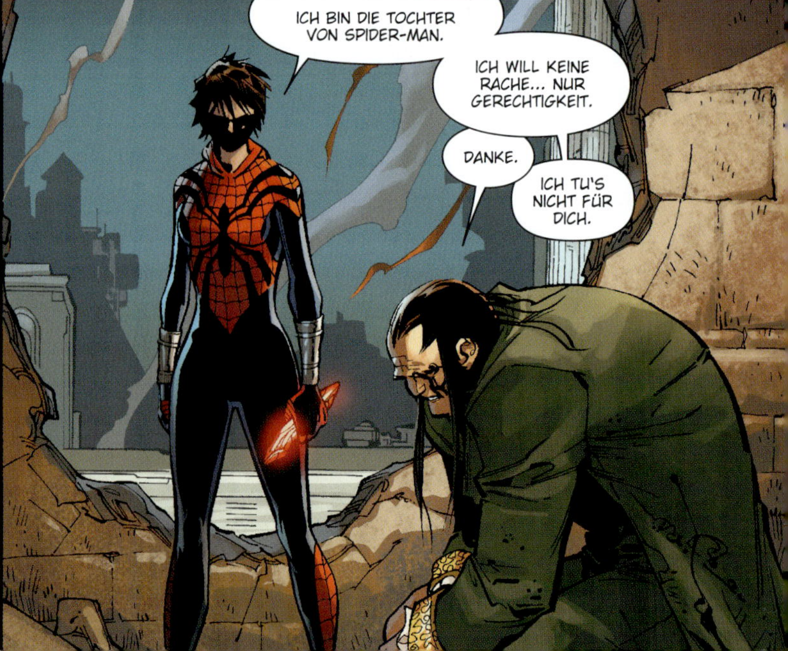
ICH BIN DIE TOCHTER VON SPIDER-MAN.
ICH WILL KEINE RACHE... NUR GERECHTIGKEIT.
DANKE.
ICH TU'S NICHT FÜR DICH.

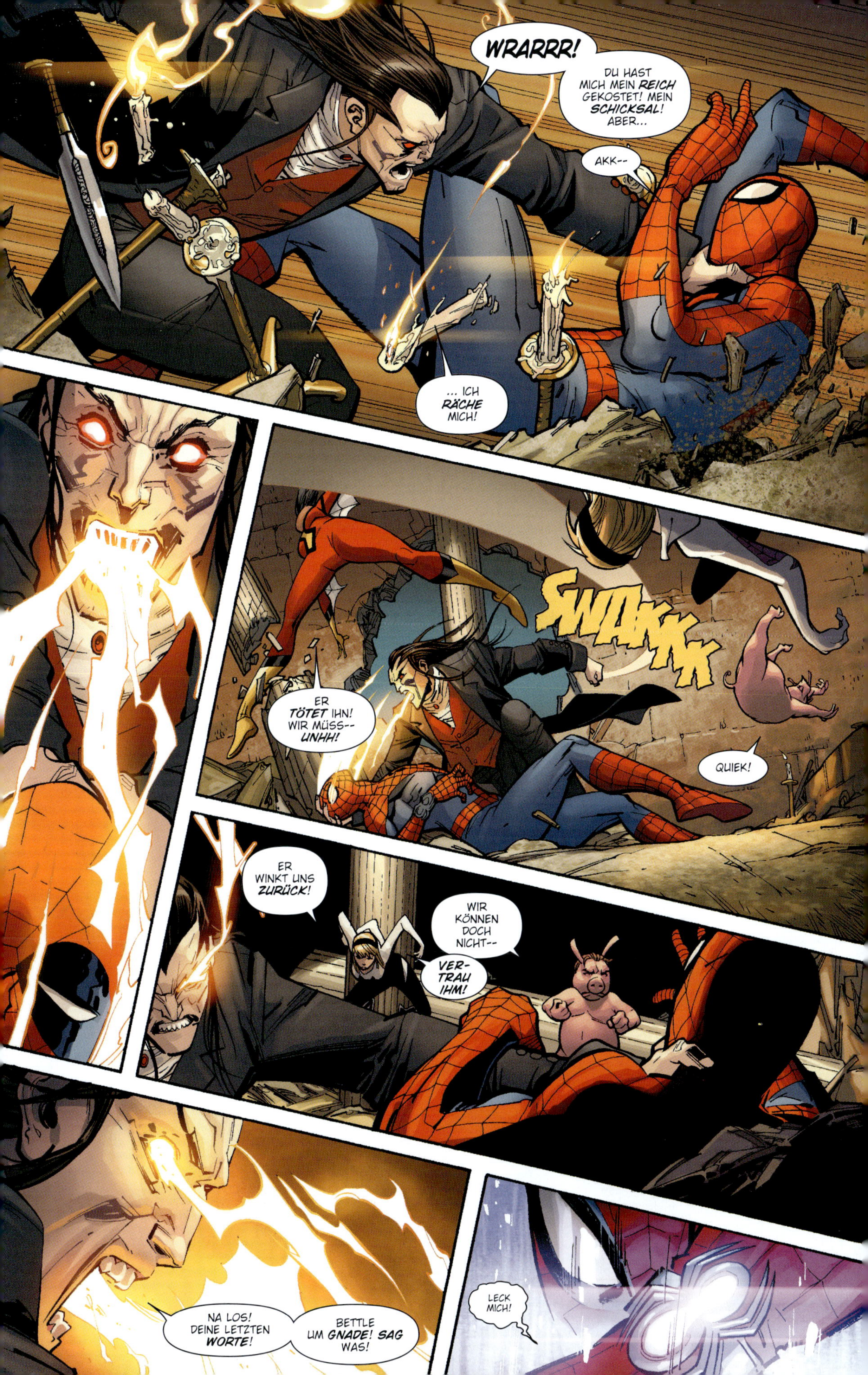
WRARRR!
DU HAST MICH MEIN REICH GEKOSTET! MEIN SCHICKSAL! ABER...
AKK--
... ICH RÄCHE MICH!
SWAKKK
ER TÖTET IHN! WIR MÜSS-- UNHH!
QUIEK!
ER WINKT UNS ZURÜCK!
WIR KÖNNEN DOCH NICHT--
VER-TRAU IHM!
NA LOS! DEINE LETZTEN WORTE!
BETTLE UM GNADE! SAG WAS!
LECK MICH!

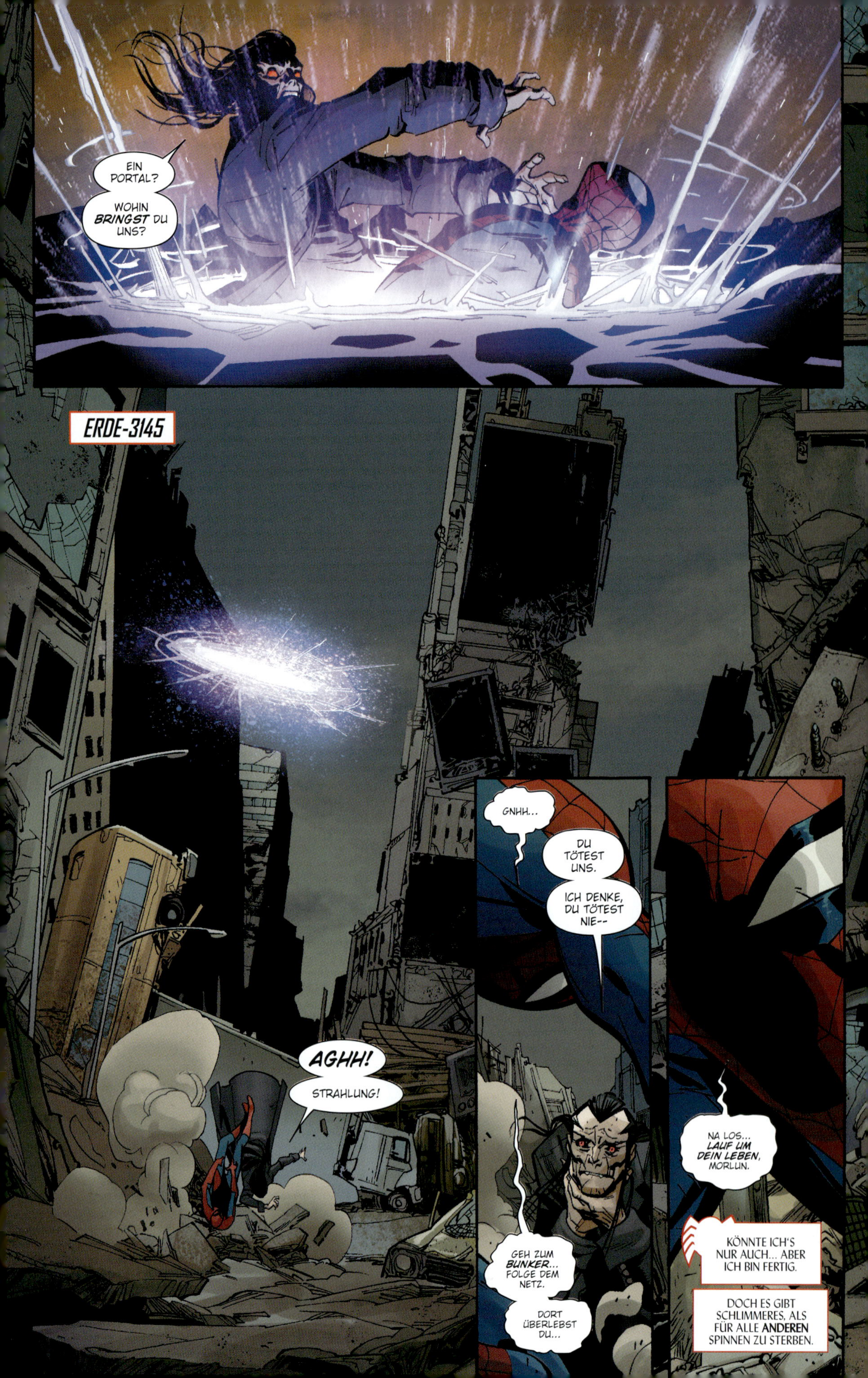

EIN PORTAL?
WOHIN BRINGST DU UNS?
ERDE-3145
AGHH!
STRAHLUNG!
GNHH...
DU TÖTEST UNS.
ICH DENKE, DU TÖTEST NIE--
GEH ZUM BUNKER... FOLGE DEM NETZ.
DORT ÜBERLEBST DU...
NA LOS... LAUF UM DEIN LEBEN, MORLUN.
KÖNNTE ICH'S NUR AUCH... ABER ICH BIN FERTIG.
DOCH ES GIBT SCHLIMMERES, ALS FÜR ALLE ANDEREN SPINNEN ZU STERBEN.

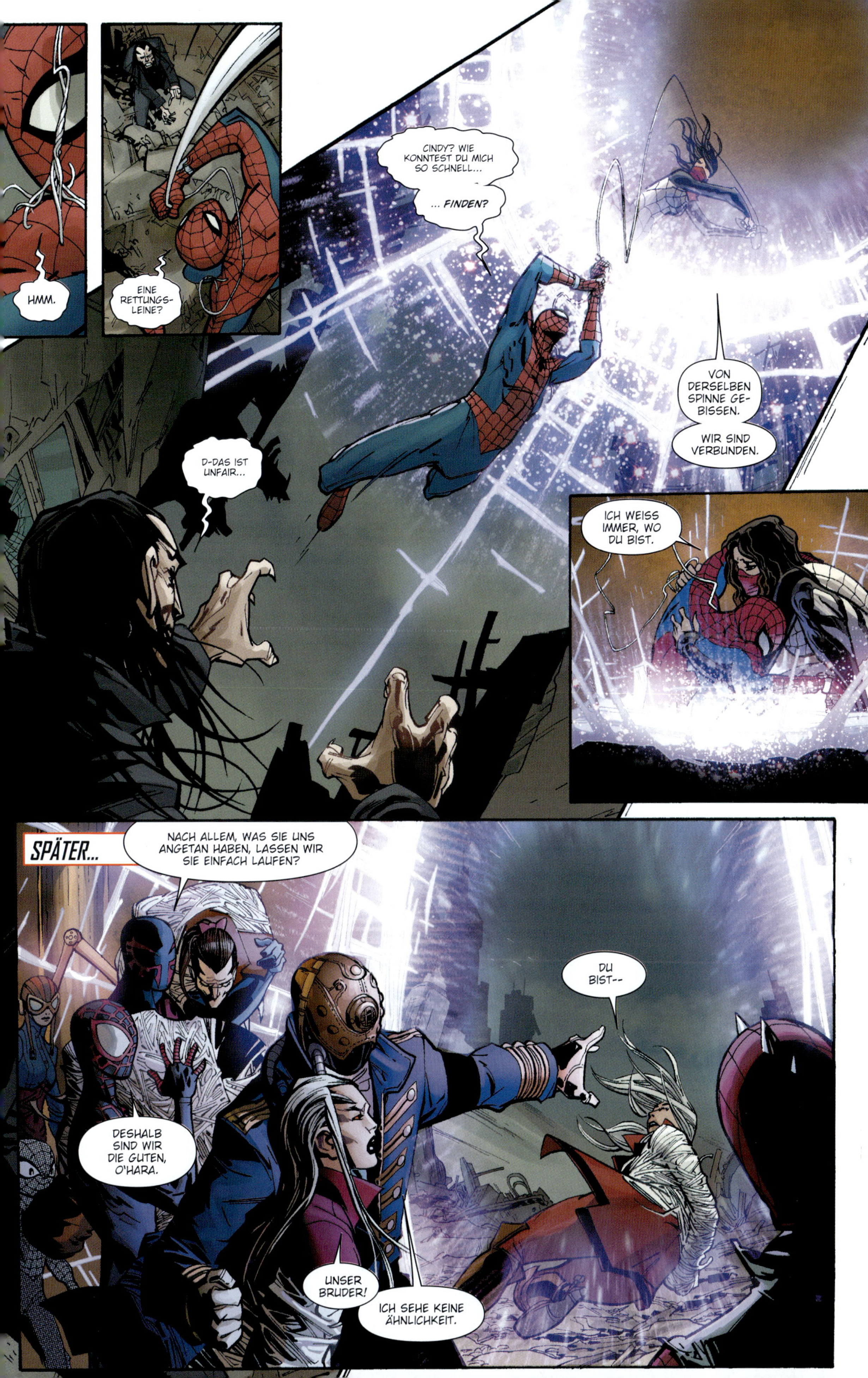
HMM.
EINE RETTUNGS-LEINE?
CINDY? WIE KONNTEST DU MICH SO SCHNELL...
... FINDEN?
VON DERSELBEN SPINNE GE-BISSEN.
WIR SIND VERBUNDEN.
D-DAS IST UNFAIR...
ICH WEISS IMMER, WO DU BIST.
SPÄTER...
NACH ALLEM, WAS SIE UNS ANGETAN HABEN, LASSEN WIR SIE EINFACH LAUFEN?
DESHALB SIND WIR DIE GUTEN, O'HARA.
DU BIST--
UNSER BRUDER!
ICH SEHE KEINE ÄHNLICHKEIT.

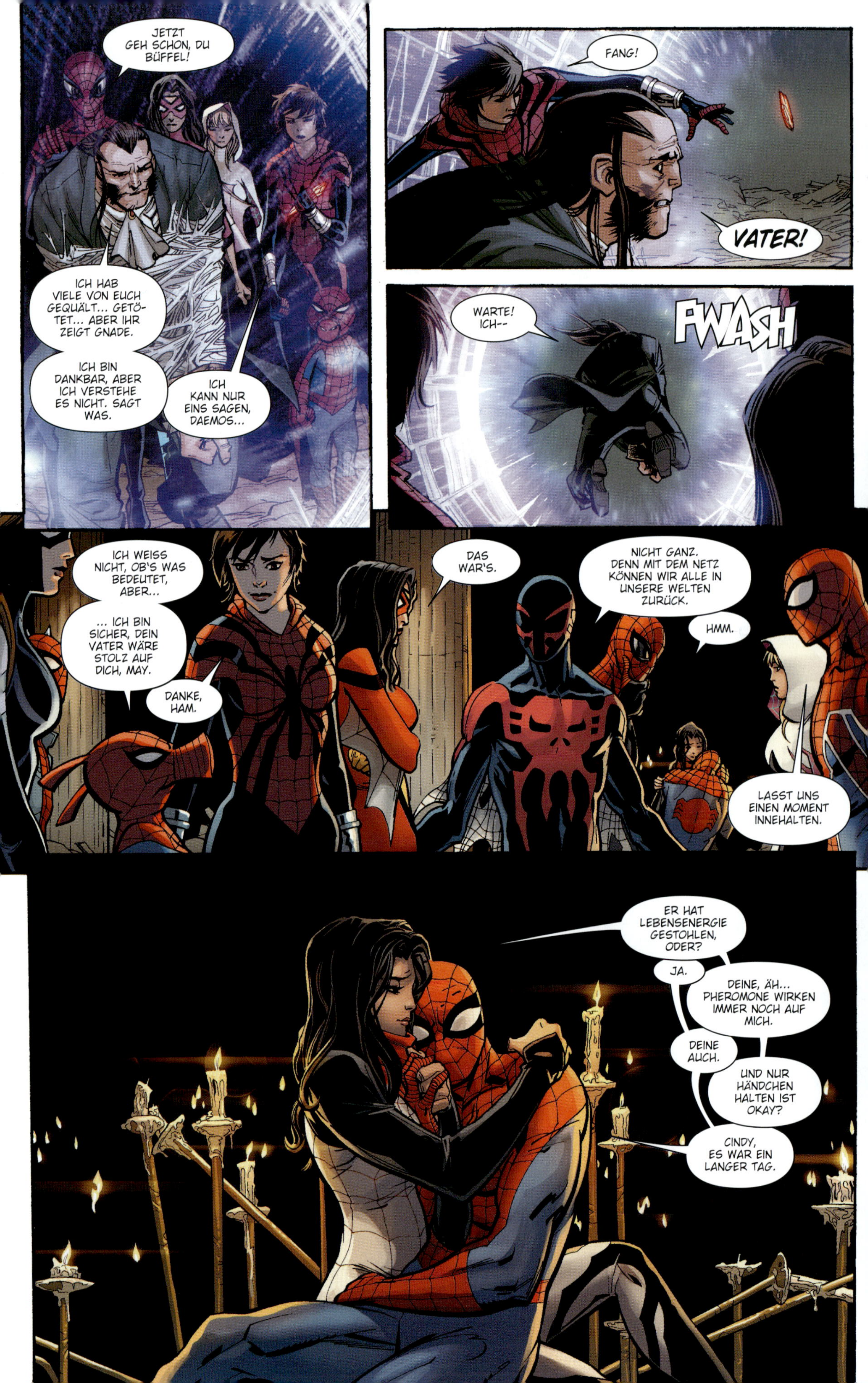
JETZT GEH SCHON, DU BÜFFEL!
ICH HAB VIELE VON EUCH GEQUÄLT... GETÖTET... ABER IHR ZEIGT GNADE.
ICH BIN DANKBAR, ABER ICH VERSTEHE ES NICHT. SAGT WAS.
ICH KANN NUR EINS SAGEN, DAEMOS...
FANG!
VATER!
WARTE! ICH--
FWASH
ICH WEISS NICHT, OB'S WAS BEDEUTET, ABER...
... ICH BIN SICHER, DEIN VATER WÄRE STOLZ AUF DICH, MAY.
DANKE, HAM.
DAS WAR'S.
NICHT GANZ. DENN MIT DEM NETZ KÖNNEN WIR ALLE IN UNSERE WELTEN ZURÜCK.
HMM.
LASST UNS EINEN MOMENT INNEHALTEN.
ER HAT LEBENSENERGIE GESTOHLEN, ODER?
JA.
DEINE, ÄH... PHEROMONE WIRKEN IMMER NOCH AUF MICH.
DEINE AUCH.
UND NUR HÄNDCHEN HALTEN IST OKAY?
CINDY, ES WAR EIN LANGER TAG.

SPIDER-VERSE, EPILOG

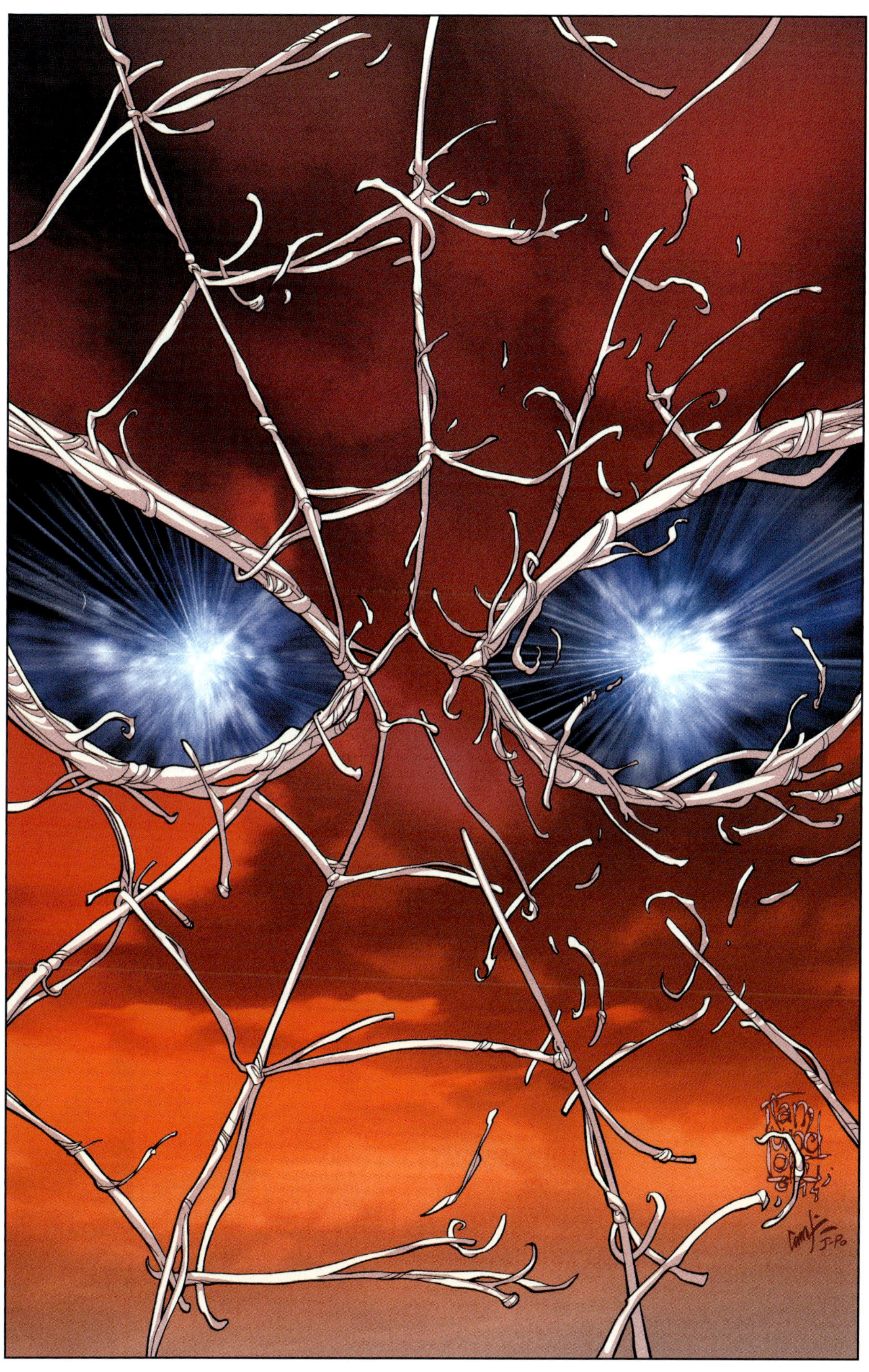

Amazing Spider-Man (2014) 15
Cover von **GIUSEPPE CAMUNCOLI**

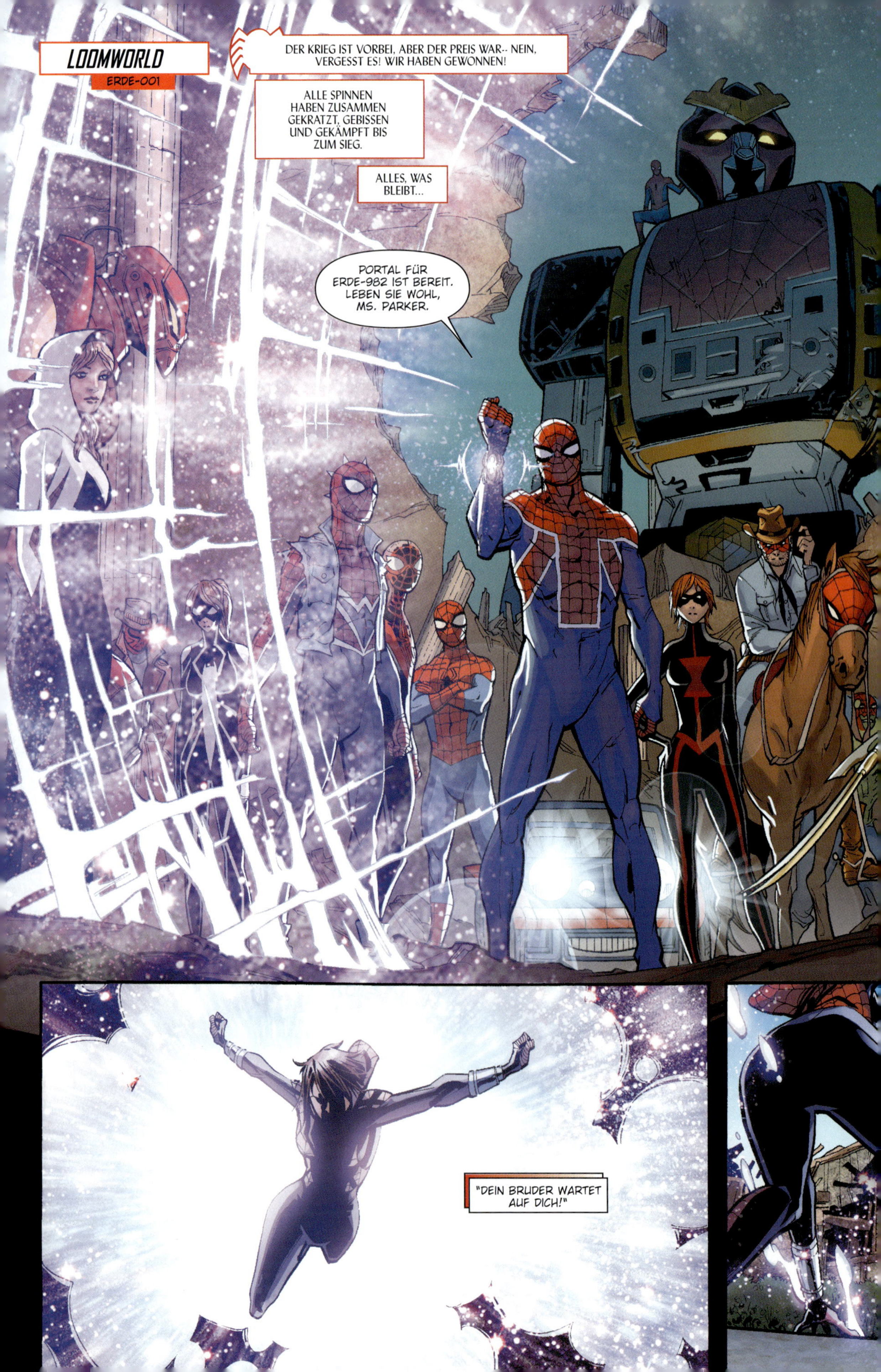
LOOMWORLD
ERDE-001
DER KRIEG IST VORBEI, ABER DER PREIS WAR-- NEIN, VERGESST ES! WIR HABEN GEWONNEN!
ALLE SPINNEN HABEN ZUSAMMEN GEKRATZT, GEBISSEN UND GEKÄMPFT BIS ZUM SIEG.
ALLES, WAS BLEIBT...
PORTAL FÜR ERDE-982 IST BEREIT. LEBEN SIE WOHL, MS. PARKER.
"DEIN BRUDER WARTET AUF DICH!"

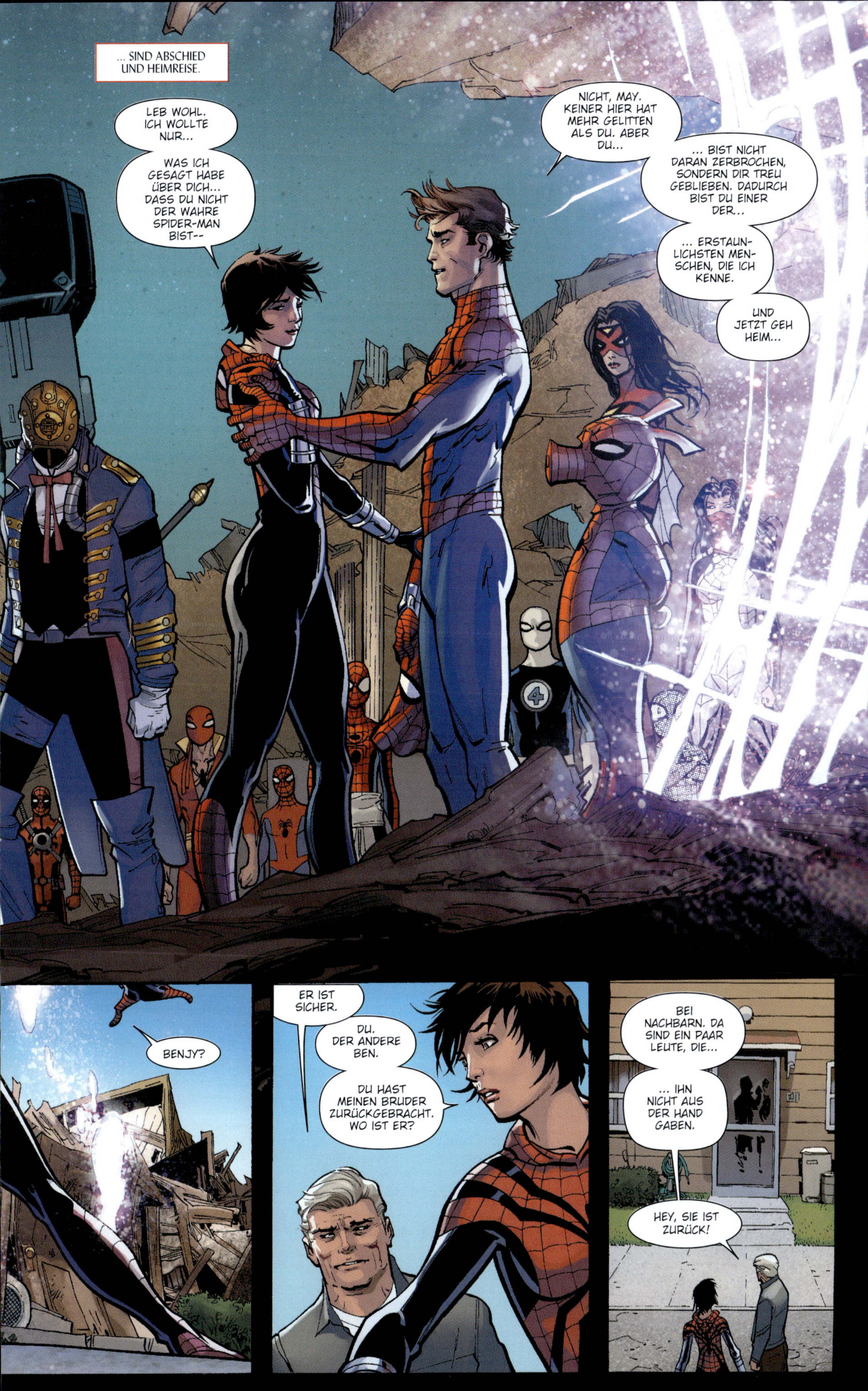
... SIND ABSCHIED UND HEIMREISE.
LEB WOHL. ICH WOLLTE NUR...
WAS ICH GESAGT HABE ÜBER DICH... DASS DU NICHT DER WAHRE SPIDER-MAN BIST--
NICHT, MAY. KEINER HIER HAT MEHR GELITTEN ALS DU. ABER DU...
... BIST NICHT DARAN ZERBROCHEN, SONDERN DIR TREU GEBLIEBEN. DADURCH BIST DU EINER DER...
... ERSTAUN-LICHSTEN MEN-SCHEN, DIE ICH KENNE.
UND JETZT GEH HEIM...
BENJY?
ER IST SICHER.
DU. DER ANDERE BEN.
DU HAST MEINEN BRUDER ZURÜCKGEBRACHT. WO IST ER?
BEI NACHBARN. DA SIND EIN PAAR LEUTE, DIE...
... IHN NICHT AUS DER HAND GABEN.
HEY, SIE IST ZURÜCK!

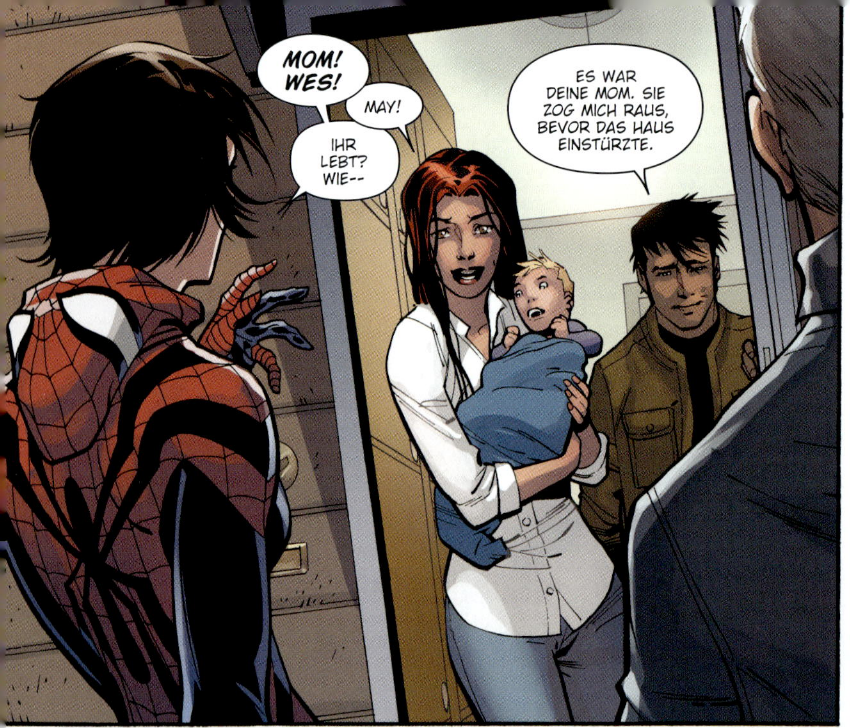
MOM! WES!
IHR LEBT? WIE--
MAY!
ES WAR DEINE MOM. SIE ZOG MICH RAUS, BEVOR DAS HAUS EINSTÜRZTE.

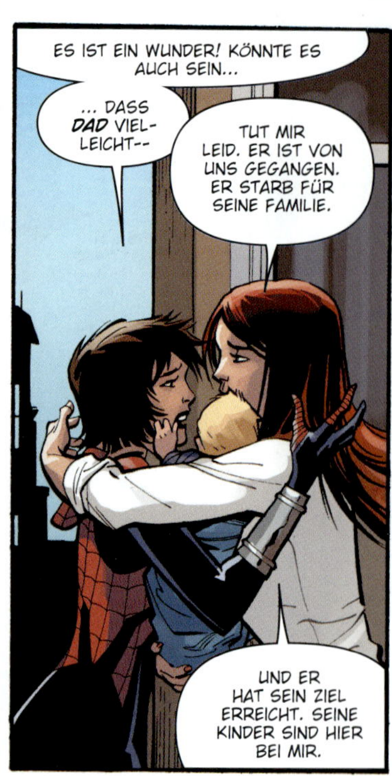
ES IST EIN WUNDER! KÖNNTE ES AUCH SEIN...
... DASS DAD VIELLEICHT--
TUT MIR LEID. ER IST VON UNS GEGANGEN. ER STARB FÜR SEINE FAMILIE.
UND ER HAT SEIN ZIEL ERREICHT. SEINE KINDER SIND HIER BEI MIR.

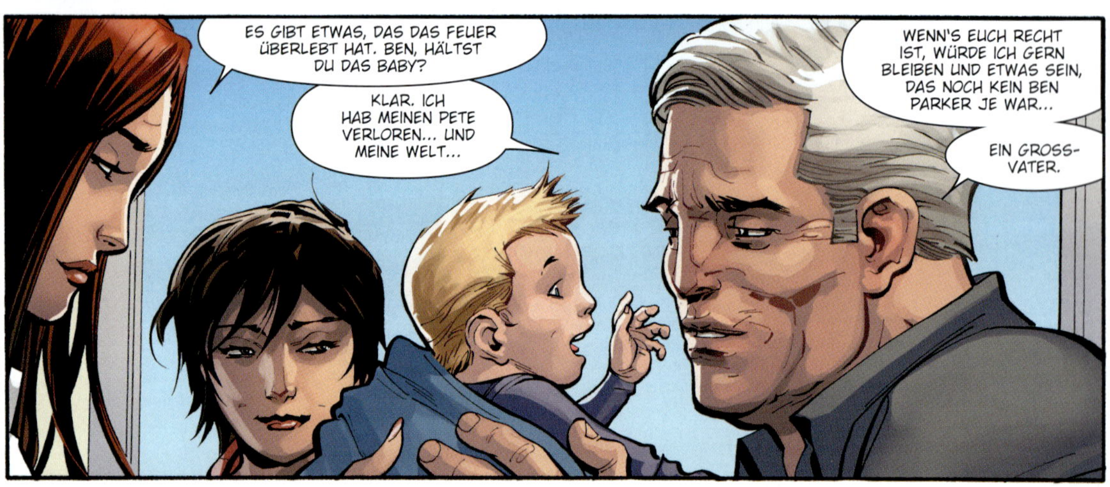
ES GIBT ETWAS, DAS DAS FEUER ÜBERLEBT HAT. BEN, HÄLTST DU DAS BABY?
KLAR. ICH HAB MEINEN PETE VERLOREN... UND MEINE WELT...
WENN'S EUCH RECHT IST, WÜRDE ICH GERN BLEIBEN UND ETWAS SEIN, DAS NOCH KEIN BEN PARKER JE WAR...
EIN GROSSVATER.

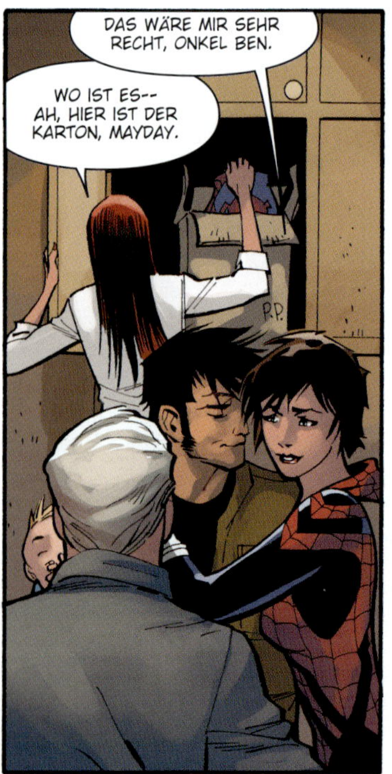
DAS WÄRE MIR SEHR RECHT, ONKEL BEN.
WO IST ES-- AH, HIER IST DER KARTON, MAYDAY.

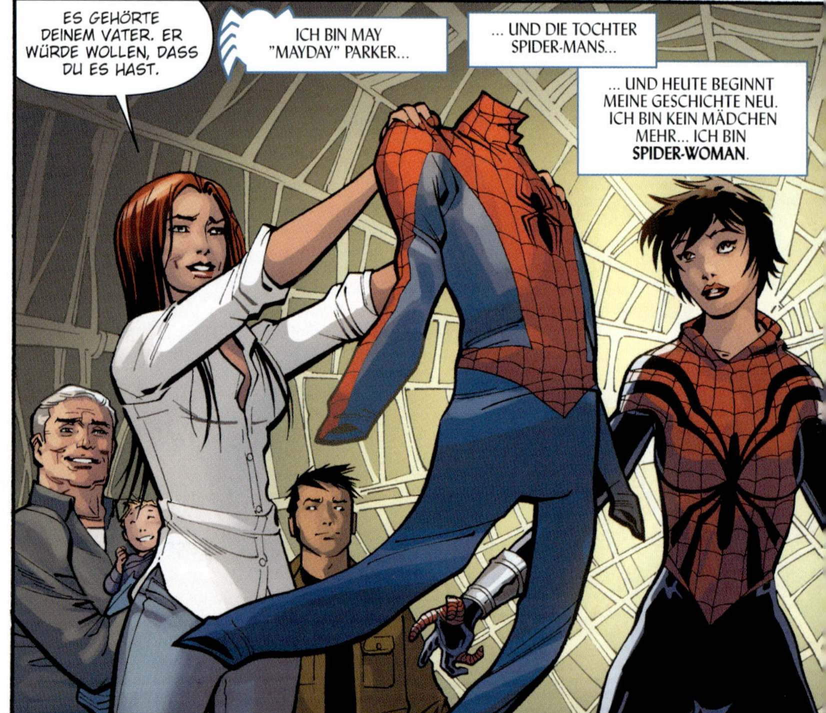
ES GEHÖRTE DEINEM VATER. ER WÜRDE WOLLEN, DASS DU ES HAST.
ICH BIN MAY "MAYDAY" PARKER...
... UND DIE TOCHTER SPIDER-MANS...
... UND HEUTE BEGINNT MEINE GESCHICHTE NEU. ICH BIN KEIN MÄDCHEN MEHR... ICH BIN SPIDER-WOMAN.

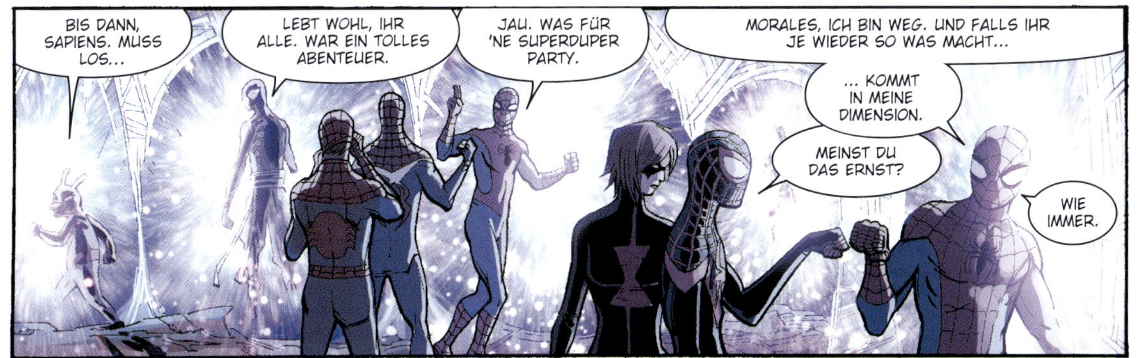
BIS DANN, SAPIENS. MUSS LOS...
LEBT WOHL, IHR ALLE. WAR EIN TOLLES ABENTEUER.
JAU. WAS FÜR 'NE SUPERDUPER PARTY.
MORALES, ICH BIN WEG. UND FALLS IHR JE WIEDER SO WAS MACHT...
... KOMMT IN MEINE DIMENSION.
MEINST DU DAS ERNST?
WIE IMMER.

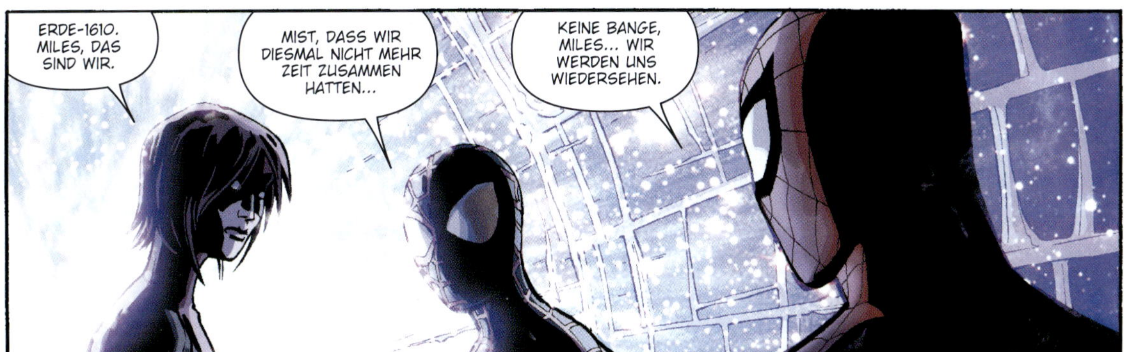
ERDE-1610. MILES, DAS SIND WIR.
MIST, DASS WIR DIESMAL NICHT MEHR ZEIT ZUSAMMEN HATTEN...
KEINE BANGE, MILES... WIR WERDEN UNS WIEDERSEHEN.

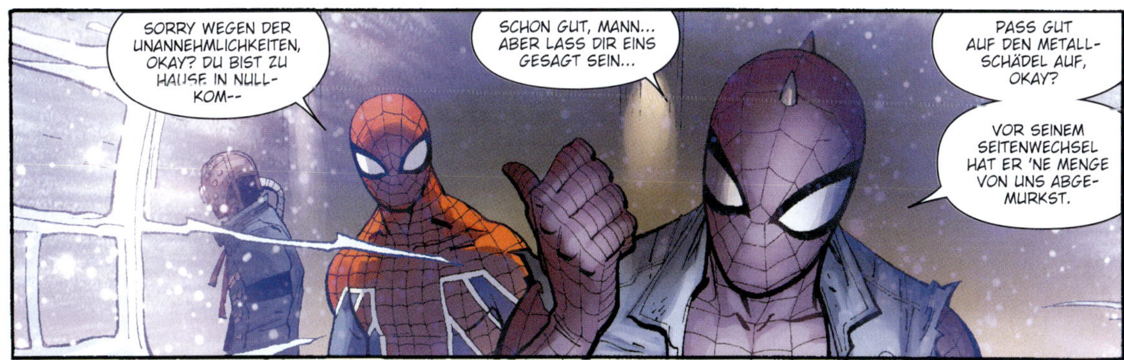
SORRY WEGEN DER UNANNEHMLICHKEITEN, OKAY? DU BIST ZU HAUSE IN NULL-KOM--
SCHON GUT, MANN... ABER LASS DIR EINS GESAGT SEIN...
PASS GUT AUF DEN METALL-SCHÄDEL AUF, OKAY?
VOR SEINEM SEITENWECHSEL HAT ER 'NE MENGE VON UNS ABGE-MURKST.

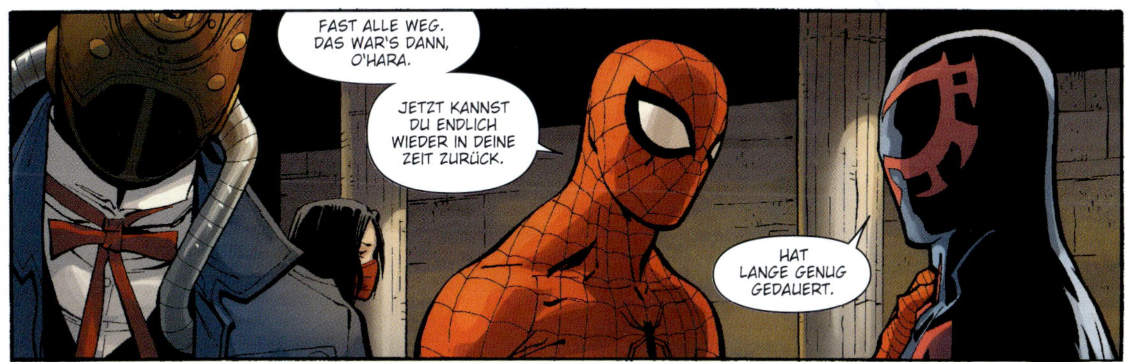
FAST ALLE WEG. DAS WAR'S DANN, O'HARA.
JETZT KANNST DU ENDLICH WIEDER IN DEINE ZEIT ZURÜCK.
HAT LANGE GENUG GEDAUERT.

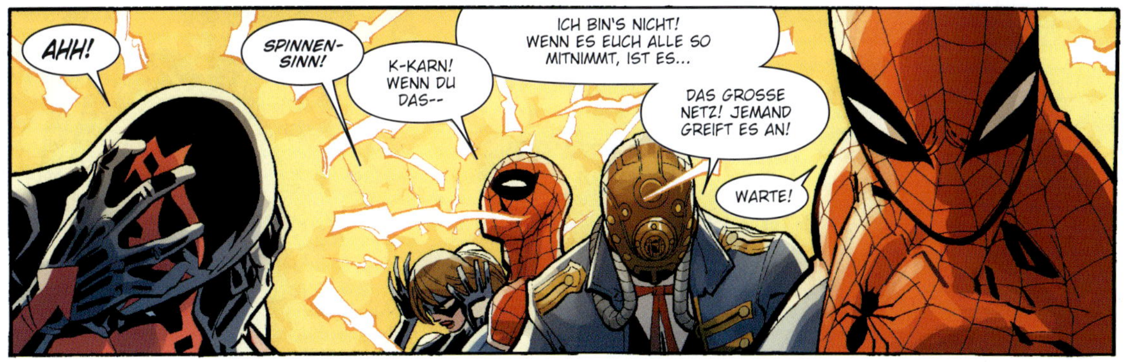
AHH!
SPINNEN-SINN!
K-KARN! WENN DU DAS--
ICH BIN'S NICHT! WENN ES EUCH ALLE SO MITNIMMT, IST ES...
DAS GROSSE NETZ! JEMAND GREIFT ES AN!
WARTE!

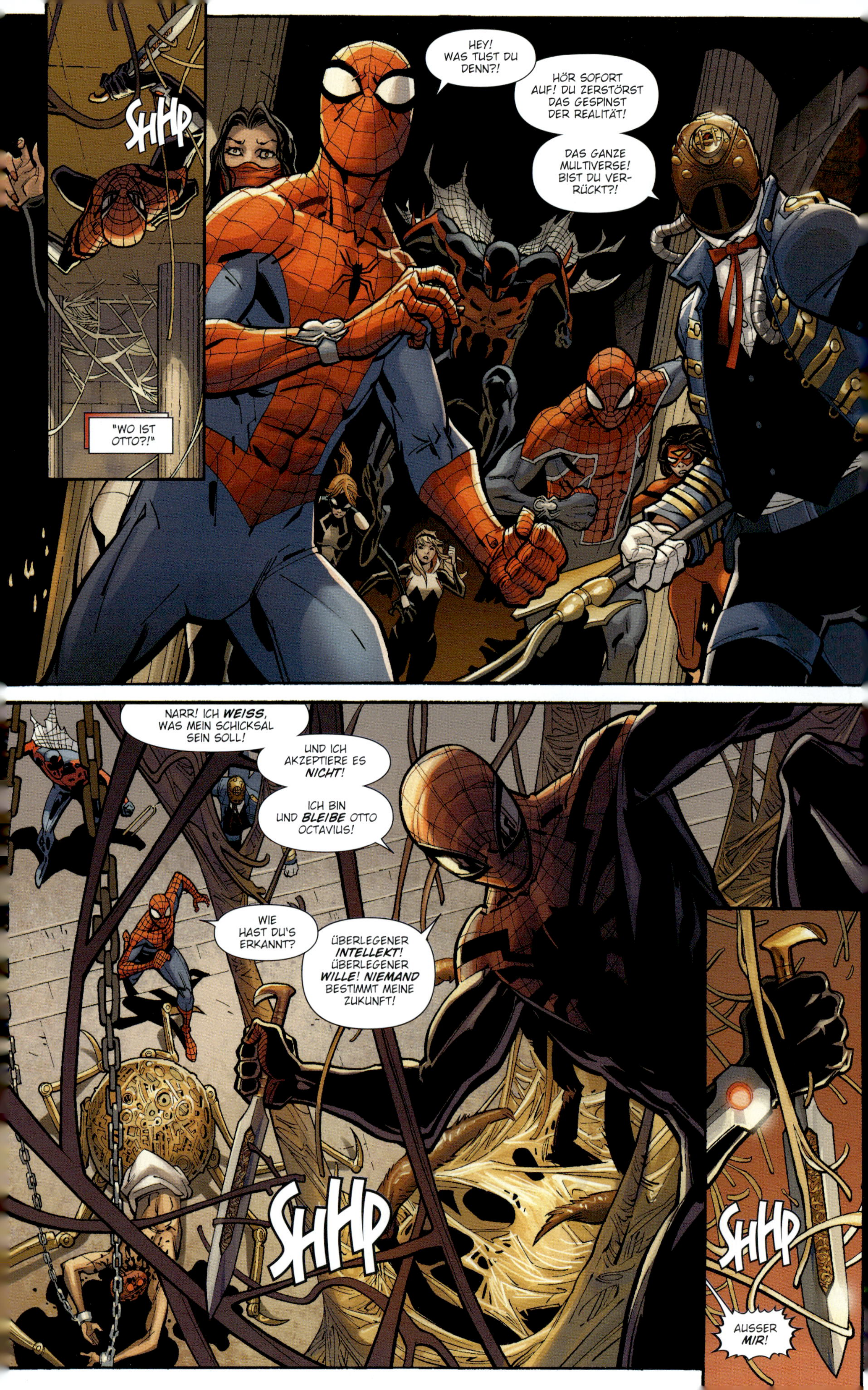

SHHP
"WO IST OTTO?!"
HEY! WAS TUST DU DENN?!
HÖR SOFORT AUF! DU ZERSTÖRST DAS GESPINST DER REALITÄT!
DAS GANZE MULTIVERSE! BIST DU VERRÜCKT?!
NARR! ICH WEISS, WAS MEIN SCHICKSAL SEIN SOLL!
UND ICH AKZEPTIERE ES NICHT!
ICH BIN UND BLEIBE OTTO OCTAVIUS!
WIE HAST DU'S ERKANNT?
ÜBERLEGENER INTELLEKT! ÜBERLEGENER WILLE! NIEMAND BESTIMMT MEINE ZUKUNFT!
SHHP
SHHP
AUSSER MIR!

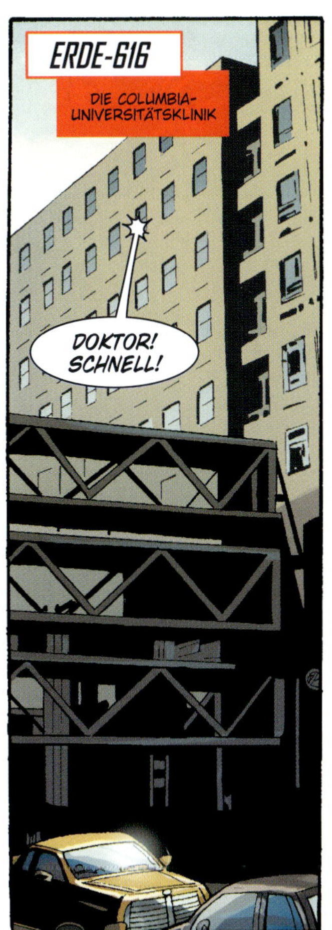
ERDE-616
DIE COLUMBIA-UNIVERSITÄTSKLINIK
DOKTOR! SCHNELL!

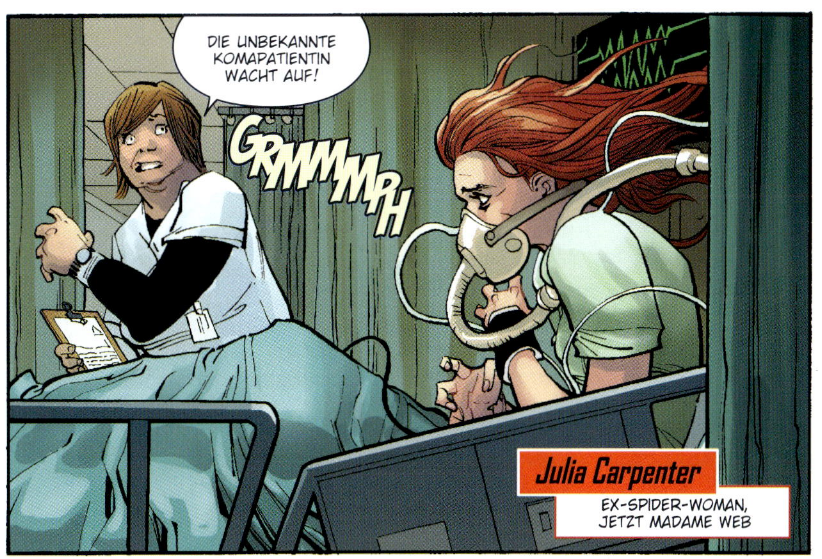
DIE UNBEKANNTE KOMAPATIENTIN WACHT AUF!
GRMMMPH
Julia Carpenter
EX-SPIDER-WOMAN, JETZT MADAME WEB

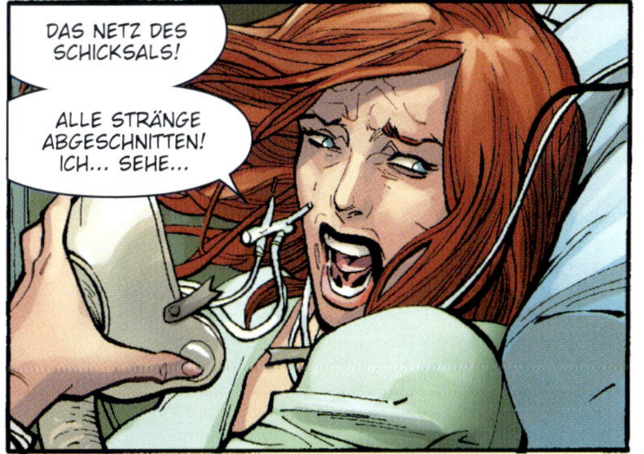
DAS NETZ DES SCHICKSALS!
ALLE STRÄNGE ABGESCHNITTEN! ICH... SEHE...

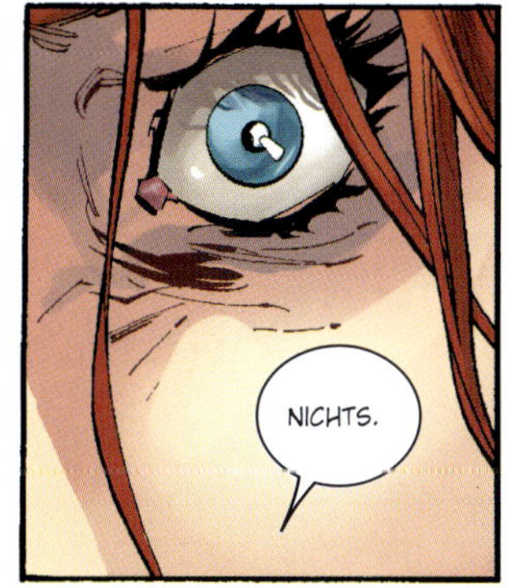
NICHTS.

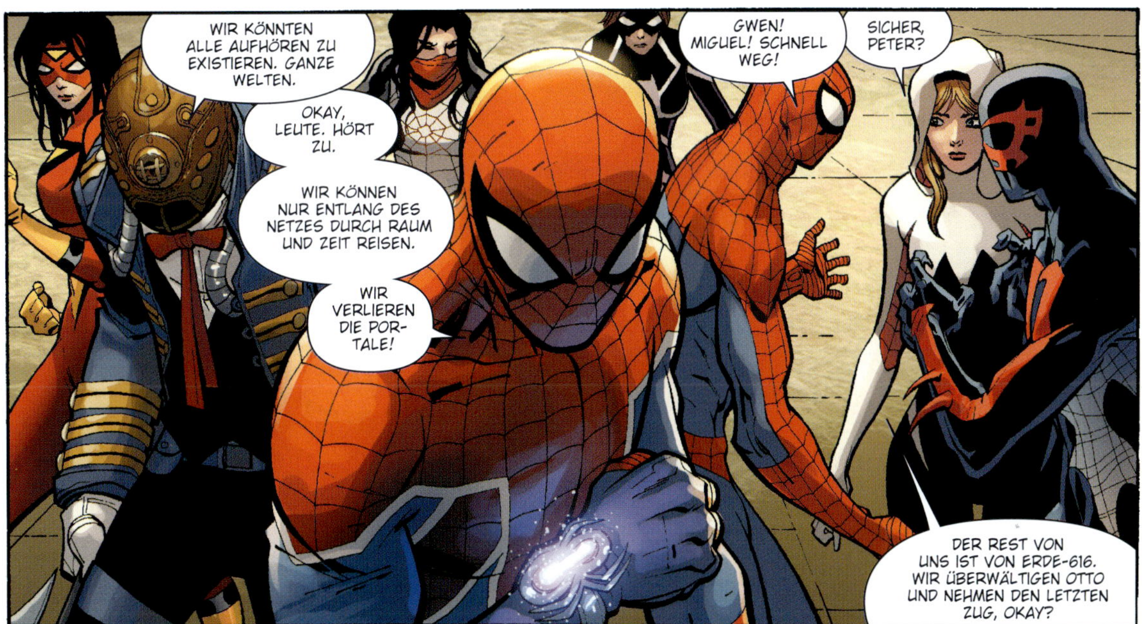
WIR KÖNNTEN ALLE AUFHÖREN ZU EXISTIEREN. GANZE WELTEN.
OKAY, LEUTE. HÖRT ZU.
WIR KÖNNEN NUR ENTLANG DES NETZES DURCH RAUM UND ZEIT REISEN.
WIR VERLIEREN DIE PORTALE!
GWEN! MIGUEL! SCHNELL WEG!
SICHER, PETER?
DER REST VON UNS IST VON ERDE-616. WIR ÜBERWÄLTIGEN OTTO UND NEHMEN DEN LETZTEN ZUG, OKAY?

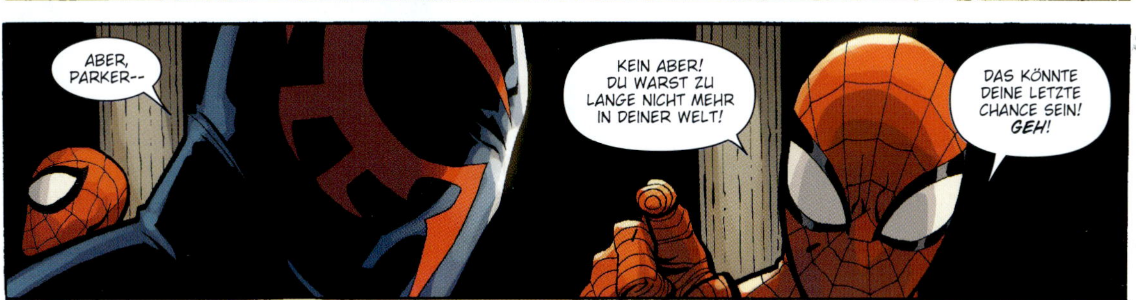
ABER, PARKER--
KEIN ABER! DU WARST ZU LANGE NICHT MEHR IN DEINER WELT!
DAS KÖNNTE DEINE LETZTE CHANCE SEIN! GEH!

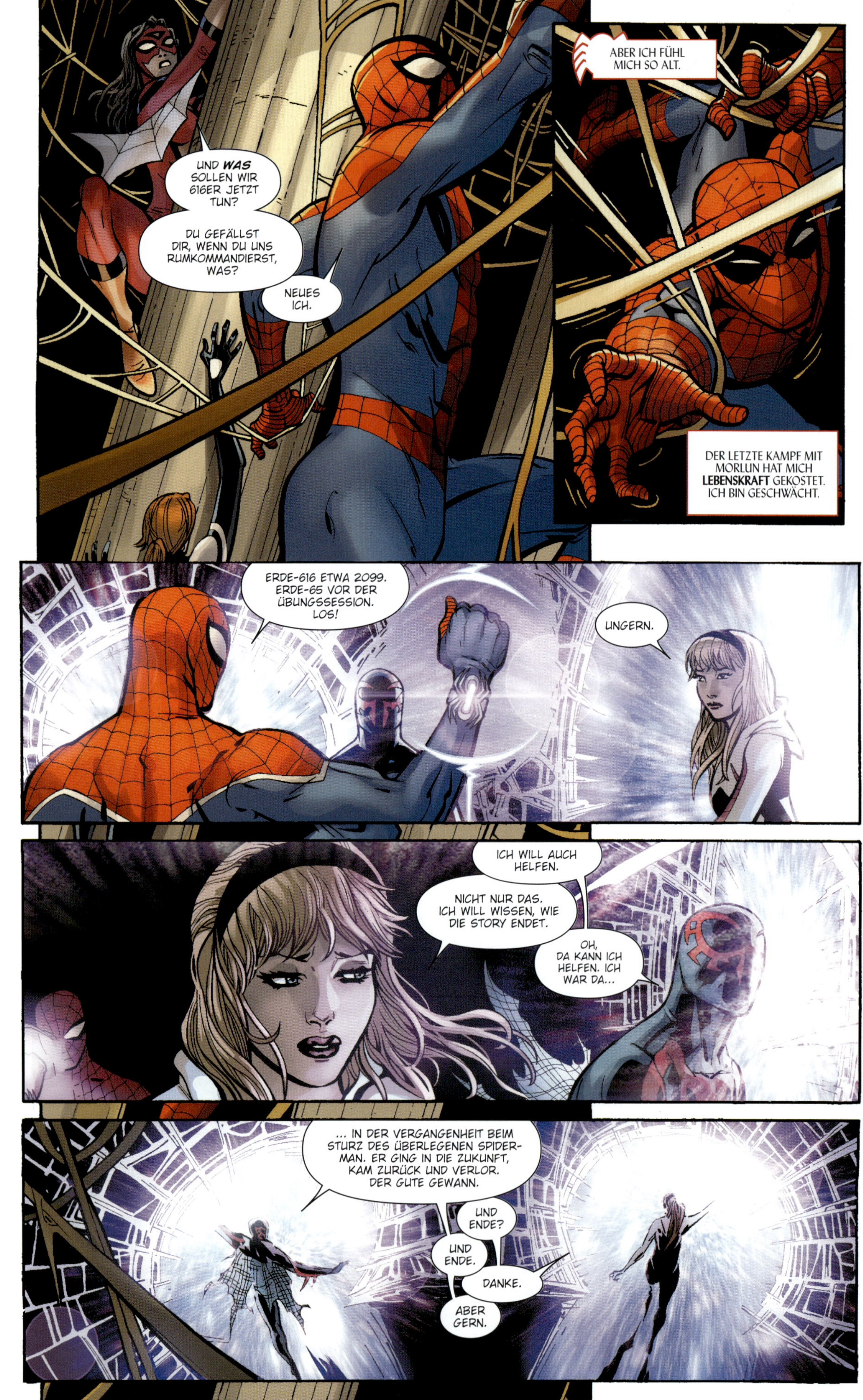
UND WAS SOLLEN WIR 616ER JETZT TUN?
DU GEFÄLLST DIR, WENN DU UNS RUMKOMMANDIERST, WAS?
NEUES ICH.
ABER ICH FÜHL MICH SO ALT.
DER LETZTE KAMPF MIT MORLUN HAT MICH LEBENSKRAFT GEKOSTET. ICH BIN GESCHWÄCHT.
ERDE-616 ETWA 2099. ERDE-65 VOR DER ÜBUNGSSESSION. LOS!
UNGERN.
ICH WILL AUCH HELFEN.
NICHT NUR DAS. ICH WILL WISSEN, WIE DIE STORY ENDET.
OH, DA KANN ICH HELFEN. ICH WAR DA...
... IN DER VERGANGENHEIT BEIM STURZ DES ÜBERLEGENEN SPIDER-MAN. ER GING IN DIE ZUKUNFT, KAM ZURÜCK UND VERLOR. DER GUTE GEWANN.
UND ENDE?
UND ENDE.
DANKE.
ABER GERN.

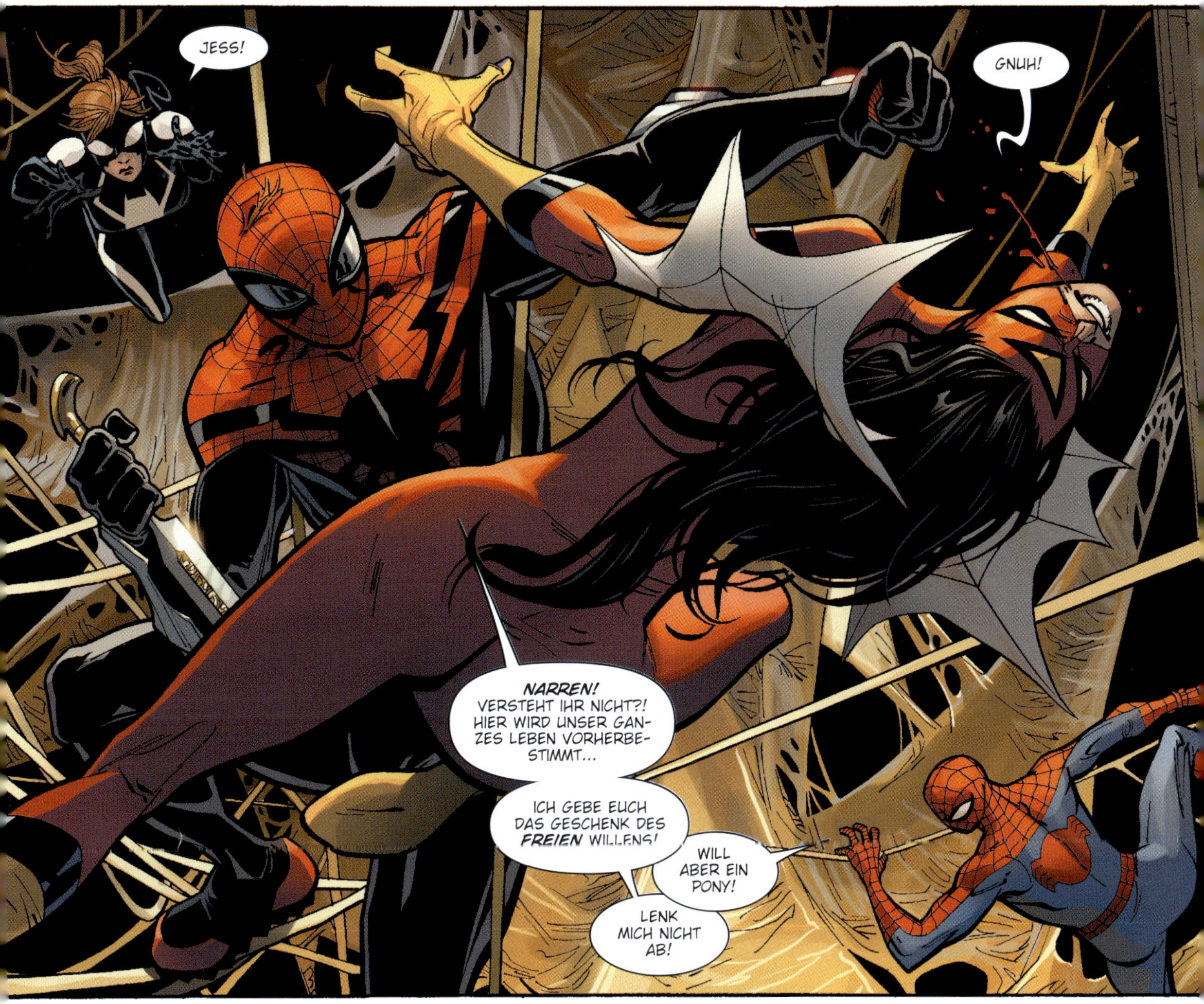

JESS!
GNUH!
NARREN! VERSTEHT IHR NICHT?! HIER WIRD UNSER GANZES LEBEN VORHERBESTIMMT...
ICH GEBE EUCH DAS GESCHENK DES FREIEN WILLENS!
WILL ABER EIN PONY!
LENK MICH NICHT AB!

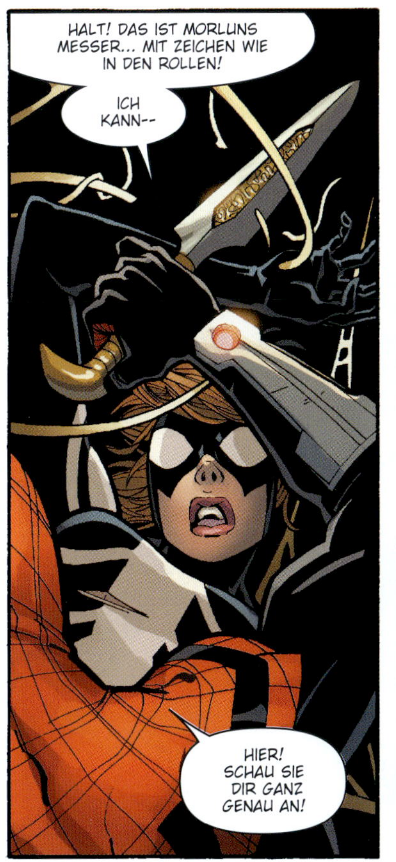
HALT! DAS IST MORLUNS MESSER... MIT ZEICHEN WIE IN DEN ROLLEN!
ICH KANN--
HIER! SCHAU SIE DIR GANZ GENAU AN!

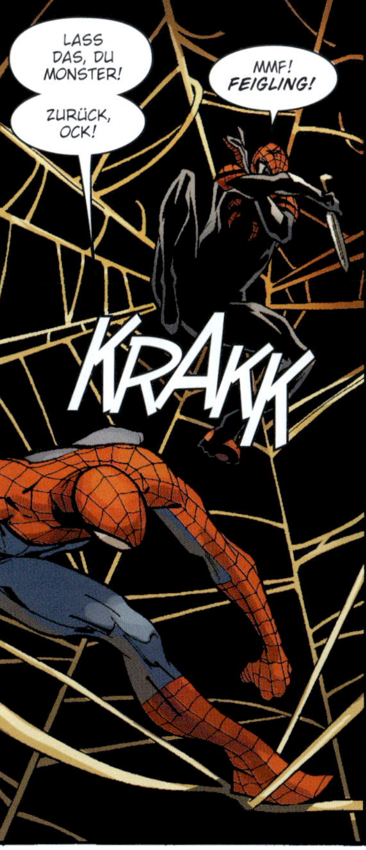
LASS DAS, DU MONSTER!
ZURÜCK, OCK!
MMF! FEIGLING!
KRAKK

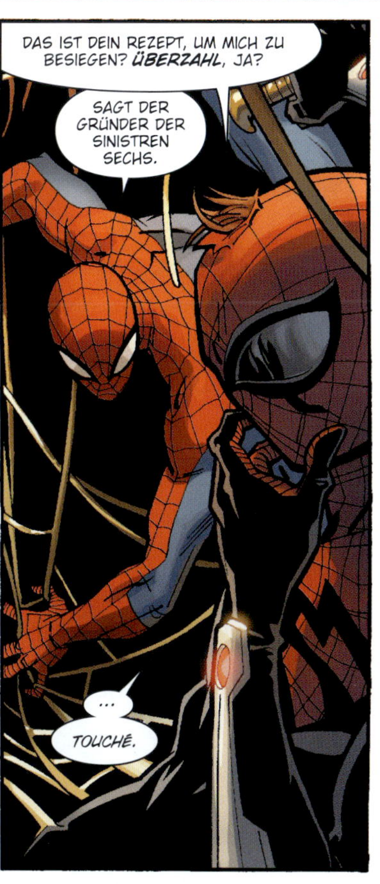
DAS IST DEIN REZEPT, UM MICH ZU BESIEGEN? ÜBERZAHL, JA?
SAGT DER GRÜNDER DER SINISTREN SECHS.
...
TOUCHÉ.

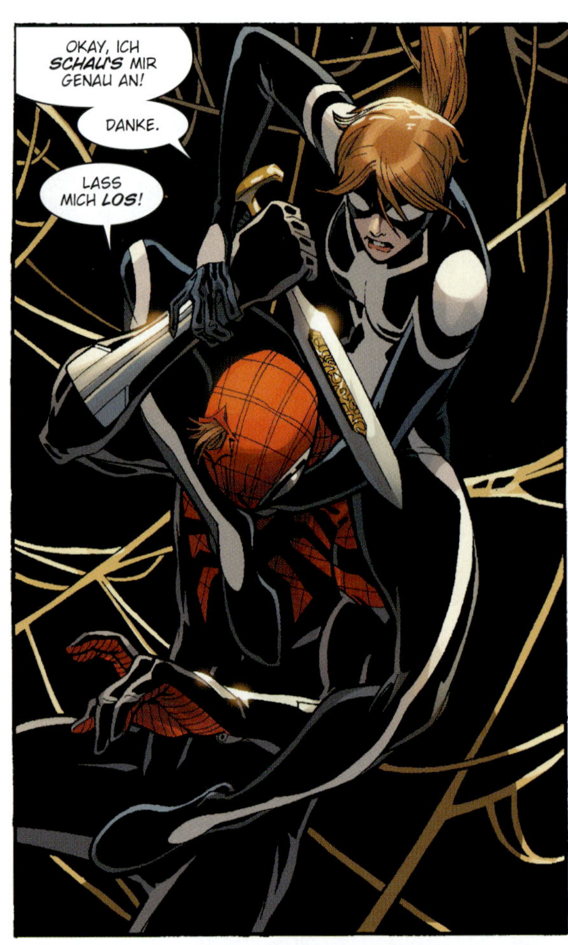
OKAY, ICH SCHAU'S MIR GENAU AN!
DANKE.
LASS MICH LOS!

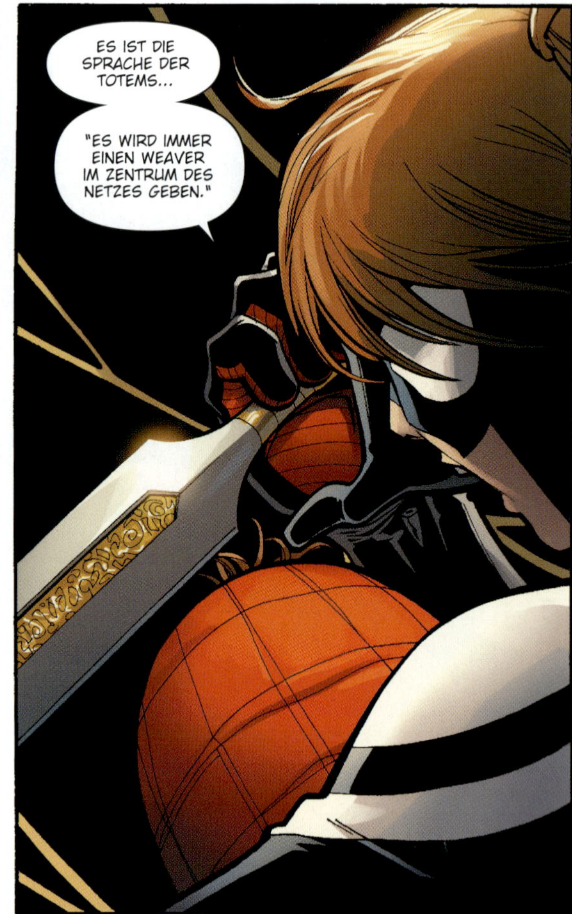
ES IST DIE SPRACHE DER TOTEMS...
"ES WIRD IMMER EINEN WEAVER IM ZENTRUM DES NETZES GEBEN."

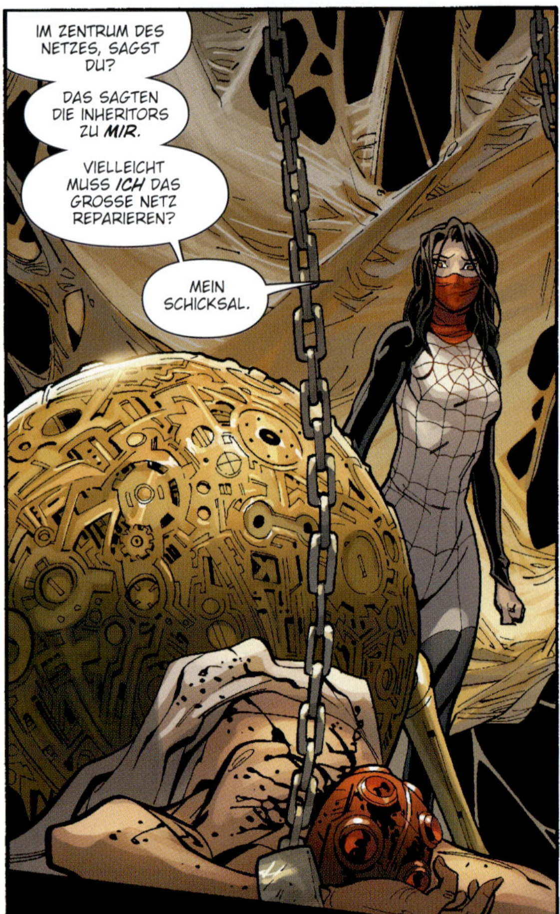
IM ZENTRUM DES NETZES, SAGST DU?
DAS SAGTEN DIE INHERITORS ZU MIR.
VIELLEICHT MUSS ICH DAS GROSSE NETZ REPARIEREN?
MEIN SCHICKSAL.

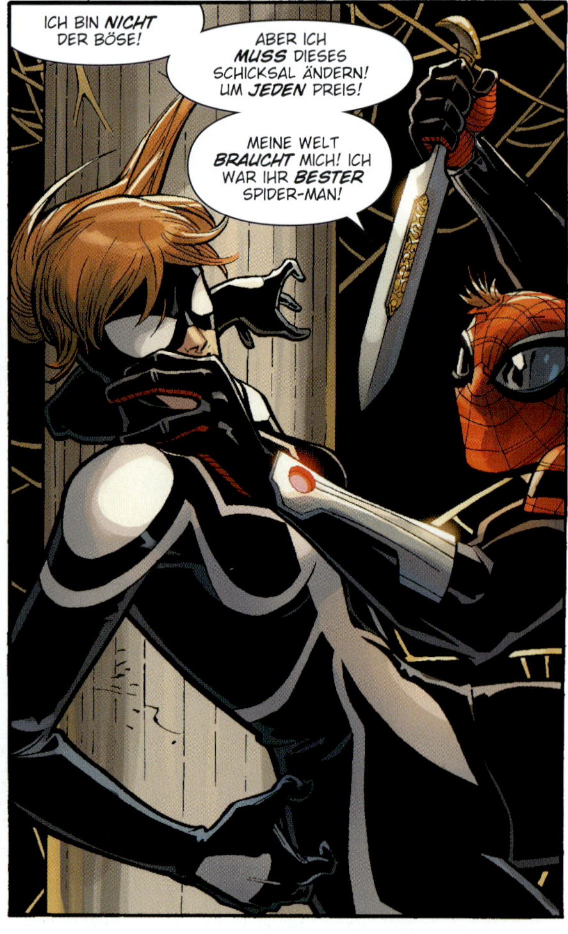
ICH BIN NICHT DER BÖSE!
ABER ICH MUSS DIESES SCHICKSAL ÄNDERN! UM JEDEN PREIS!
MEINE WELT BRAUCHT MICH! ICH WAR IHR BESTER SPIDER-MAN!

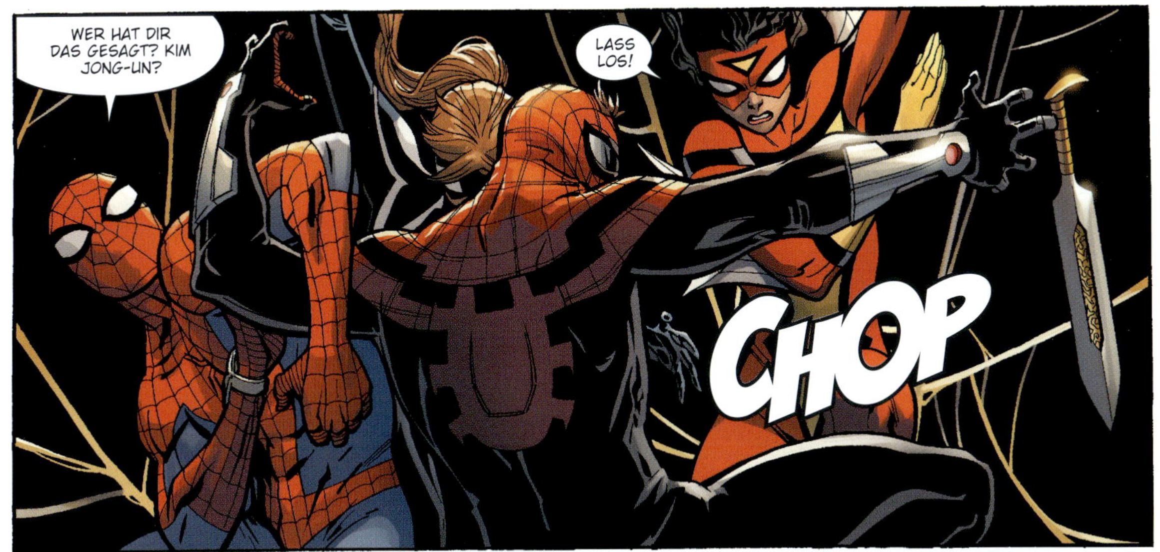
WER HAT DIR DAS GESAGT? KIM JONG-UN?
LASS LOS!
CHOP

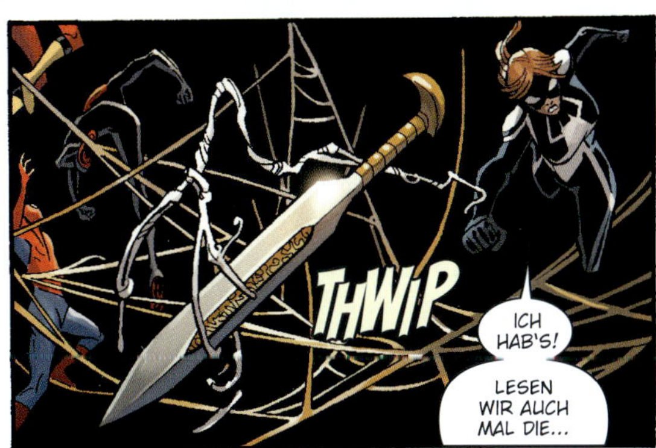
THWIP
ICH HAB'S!
LESEN WIR AUCH MAL DIE...

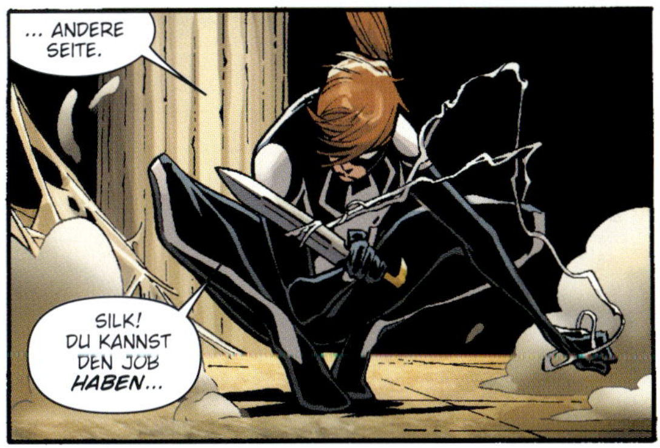
... ANDERE SEITE.
SILK! DU KANNST DEN JOB HABEN...

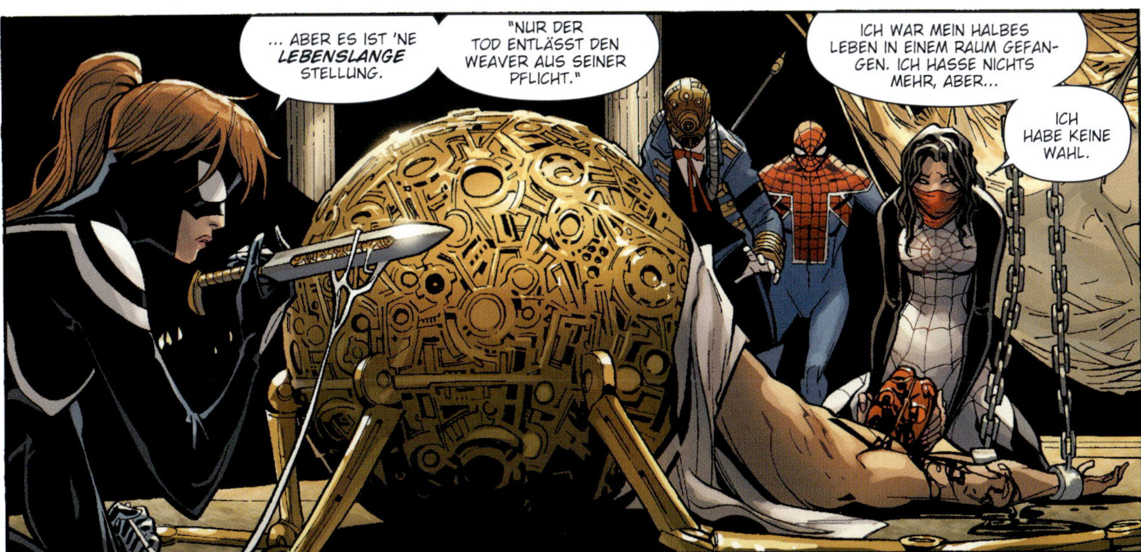
... ABER ES IST 'NE LEBENSLANGE STELLUNG.
"NUR DER TOD ENTLÄSST DEN WEAVER AUS SEINER PFLICHT."
ICH WAR MEIN HALBES LEBEN IN EINEM RAUM GEFANGEN. ICH HASSE NICHTS MEHR, ABER...
ICH HABE KEINE WAHL.

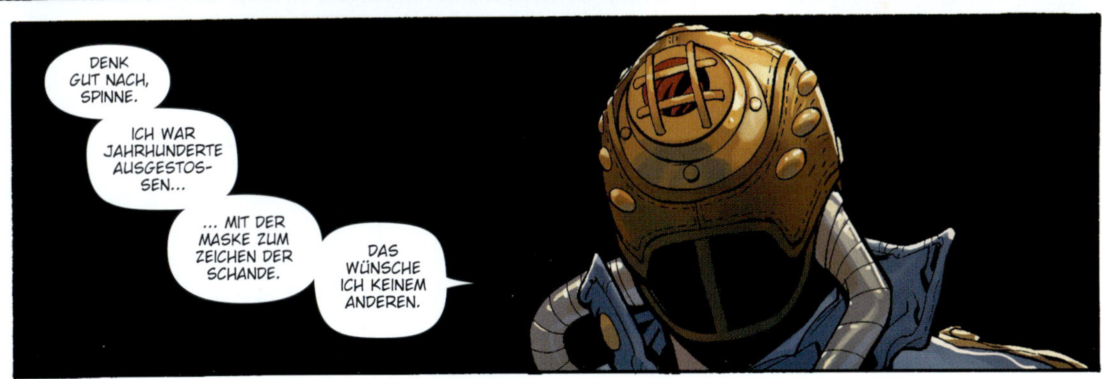
DENK GUT NACH, SPINNE.
ICH WAR JAHRHUNDERTE AUSGESTOSSEN...
... MIT DER MASKE ZUM ZEICHEN DER SCHANDE.
DAS WÜNSCHE ICH KEINEM ANDEREN.

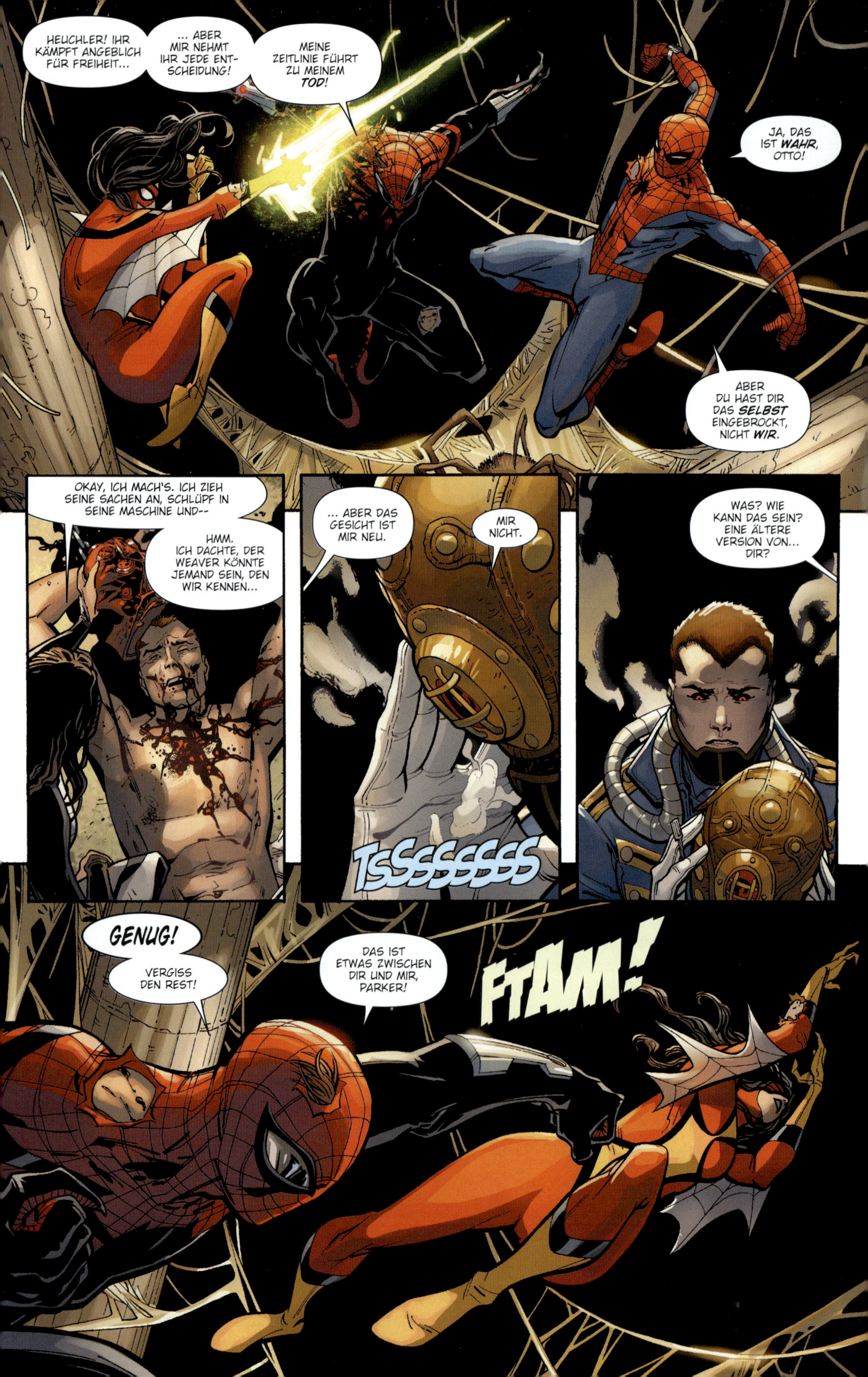
HEUCHLER! IHR KÄMPFT ANGEBLICH FÜR FREIHEIT...
... ABER MIR NEHMT IHR JEDE ENT-SCHEIDUNG!
MEINE ZEITLINIE FÜHRT ZU MEINEM TOD!
JA, DAS IST WAHR, OTTO!
ABER DU HAST DIR DAS SELBST EINGEBROCKT, NICHT WIR.
OKAY, ICH MACH'S. ICH ZIEH SEINE SACHEN AN, SCHLÜPF IN SEINE MASCHINE UND--
HMM. ICH DACHTE, DER WEAVER KÖNNTE JEMAND SEIN, DEN WIR KENNEN...
... ABER DAS GESICHT IST MIR NEU.
MIR NICHT.
TSSSSSSSS
WAS? WIE KANN DAS SEIN? EINE ÄLTERE VERSION VON... DIR?
GENUG!
VERGISS DEN REST!
DAS IST ETWAS ZWISCHEN DIR UND MIR, PARKER!
FTAM!

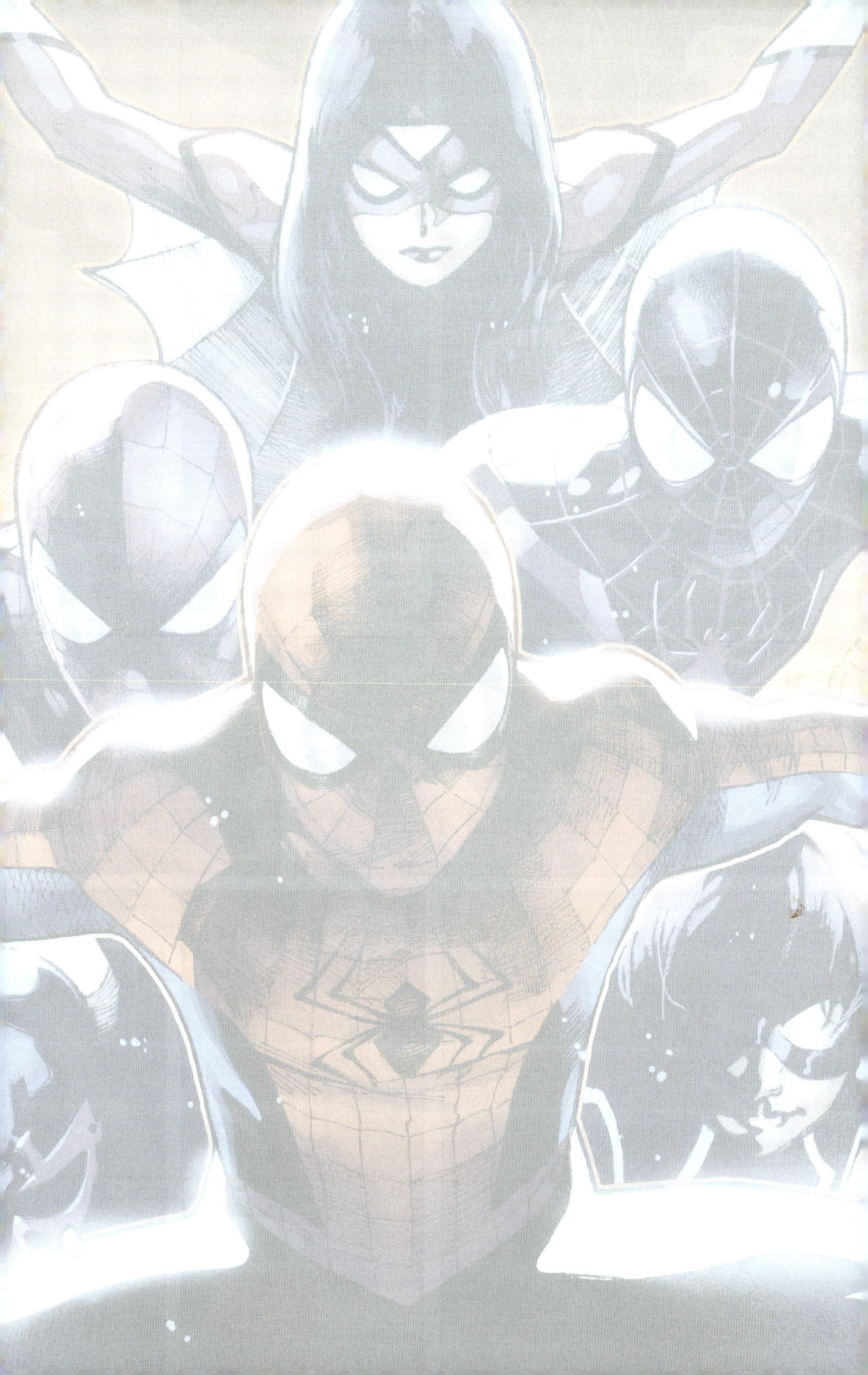

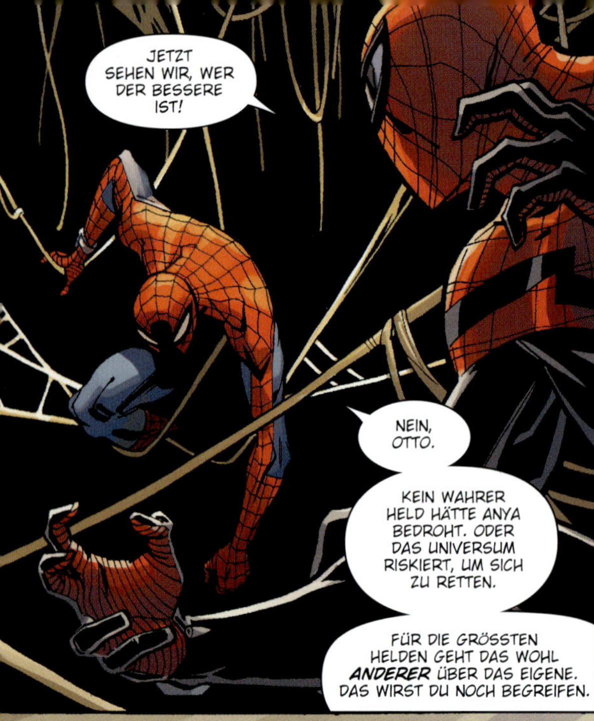
JETZT SEHEN WIR, WER DER BESSERE IST!
NEIN, OTTO.
KEIN WAHRER HELD HÄTTE ANYA BEDROHT. ODER DAS UNIVERSUM RISKIERT, UM SICH ZU RETTEN.
FÜR DIE GRÖSSTEN HELDEN GEHT DAS WOHL ANDERER ÜBER DAS EIGENE. DAS WIRST DU NOCH BEGREIFEN.

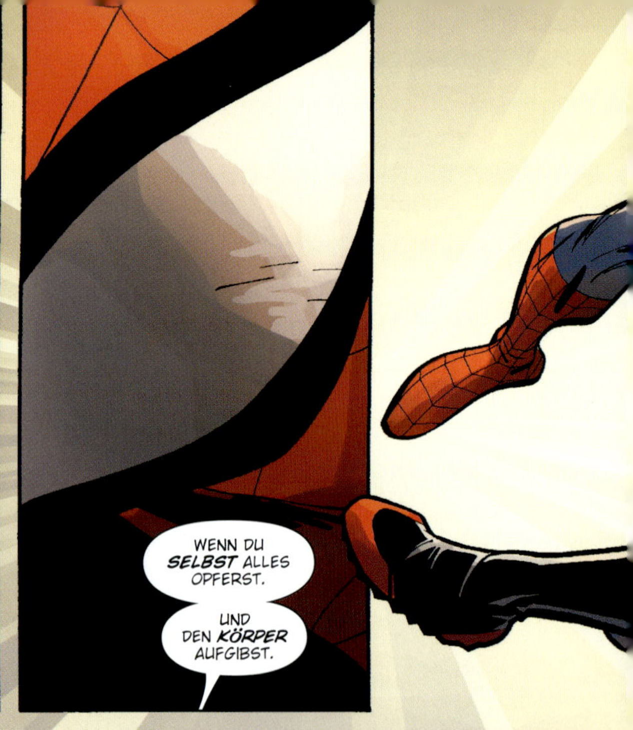
WENN DU SELBST ALLES OPFERST.
UND DEN KÖRPER AUFGIBST.

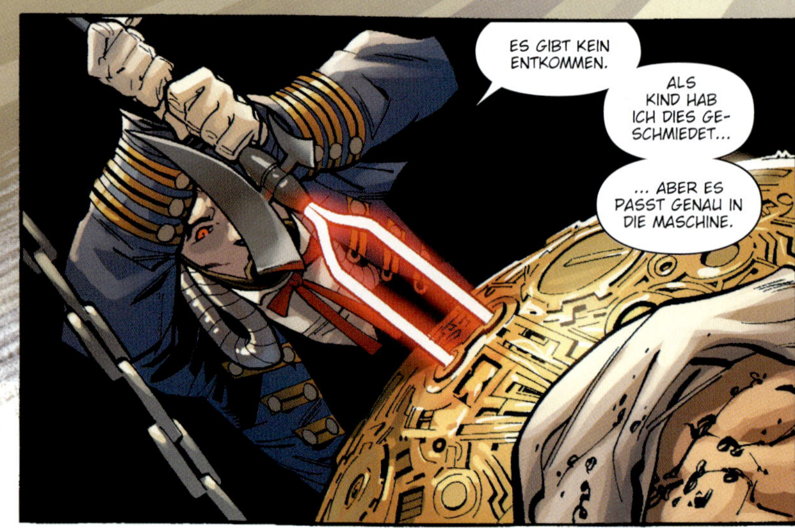
ES GIBT KEIN ENTKOMMEN.
ALS KIND HAB ICH DIES GE-SCHMIEDET...
... ABER ES PASST GENAU IN DIE MASCHINE.

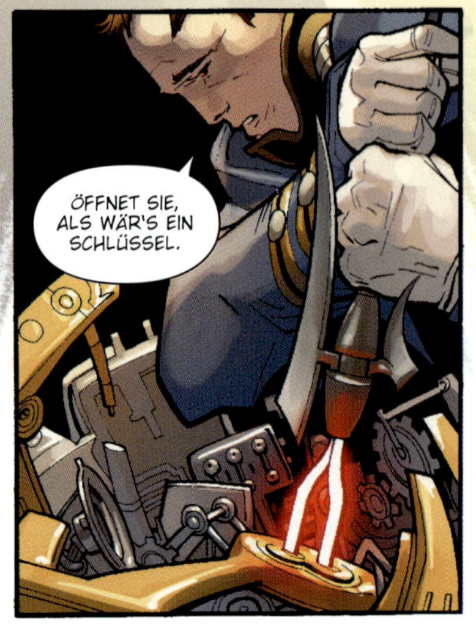
ÖFFNET SIE, ALS WÄR'S EIN SCHLÜSSEL.

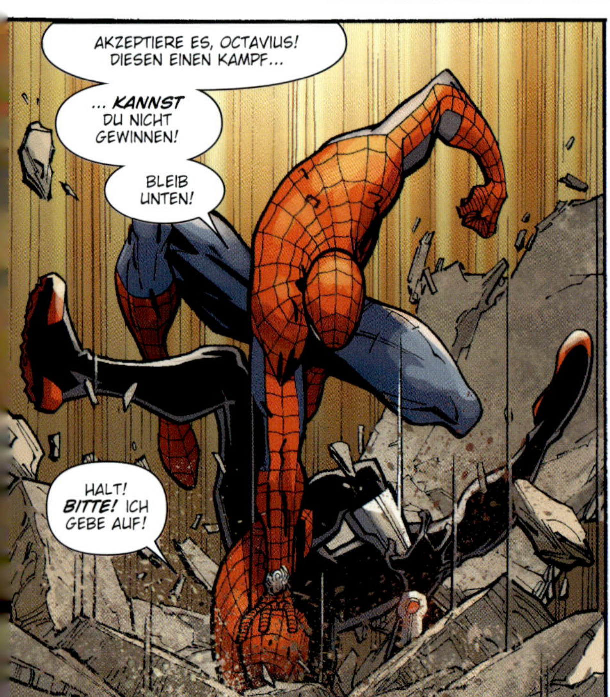
AKZEPTIERE ES, OCTAVIUS! DIESEN EINEN KAMPF...
... KANNST DU NICHT GEWINNEN!
BLEIB UNTEN!
HALT! BITTE! ICH GEBE AUF!

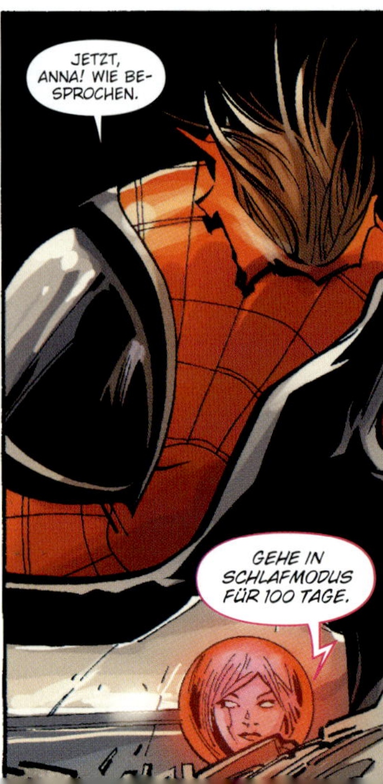
JETZT, ANNA! WIE BE-SPROCHEN.
GEHE IN SCHLAFMODUS FÜR 100 TAGE.

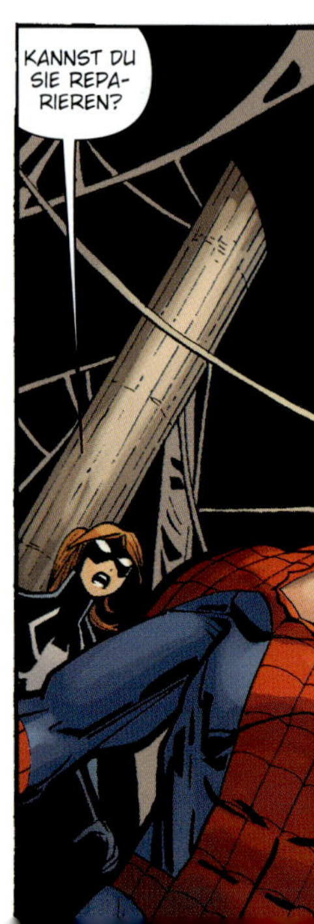
KANNST DU SIE REPA-RIEREN?

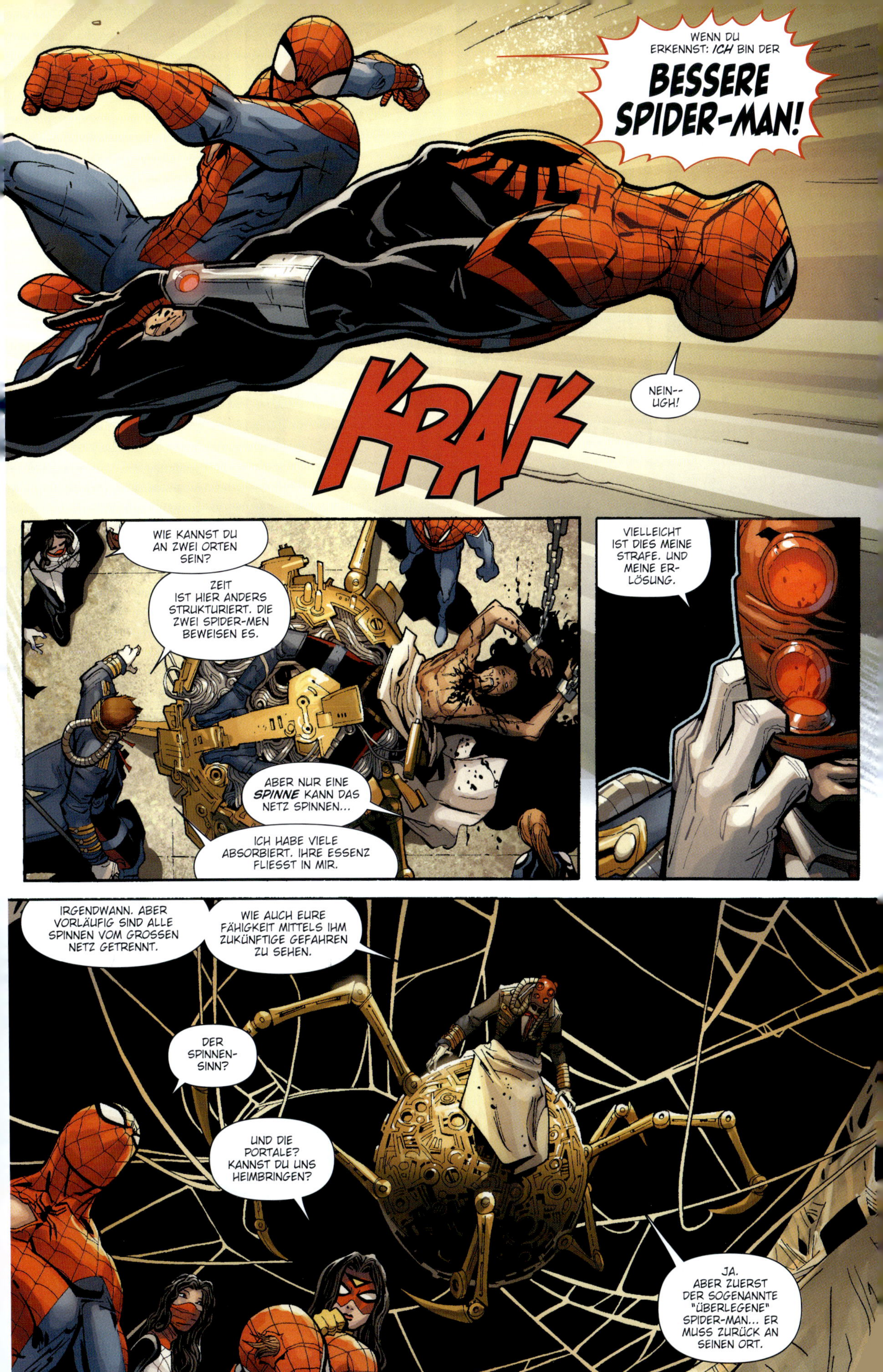
WENN DU ERKENNST: ICH BIN DER
BESSERE SPIDER-MAN!
KRAK
NEIN-- UGH!
WIE KANNST DU AN ZWEI ORTEN SEIN?
ZEIT IST HIER ANDERS STRUKTURIERT. DIE ZWEI SPIDER-MEN BEWEISEN ES.
ABER NUR EINE SPINNE KANN DAS NETZ SPINNEN...
ICH HABE VIELE ABSORBIERT. IHRE ESSENZ FLIESST IN MIR.
VIELLEICHT IST DIES MEINE STRAFE. UND MEINE ERLÖSUNG.
IRGENDWANN. ABER VORLÄUFIG SIND ALLE SPINNEN VOM GROSSEN NETZ GETRENNT.
WIE AUCH EURE FÄHIGKEIT MITTELS IHM ZUKÜNFTIGE GEFAHREN ZU SEHEN.
DER SPINNENSINN?
UND DIE PORTALE? KANNST DU UNS HEIMBRINGEN?
JA. ABER ZUERST DER SOGENANNTE "ÜBERLEGENE" SPIDER-MAN... ER MUSS ZURÜCK AN SEINEN ORT.

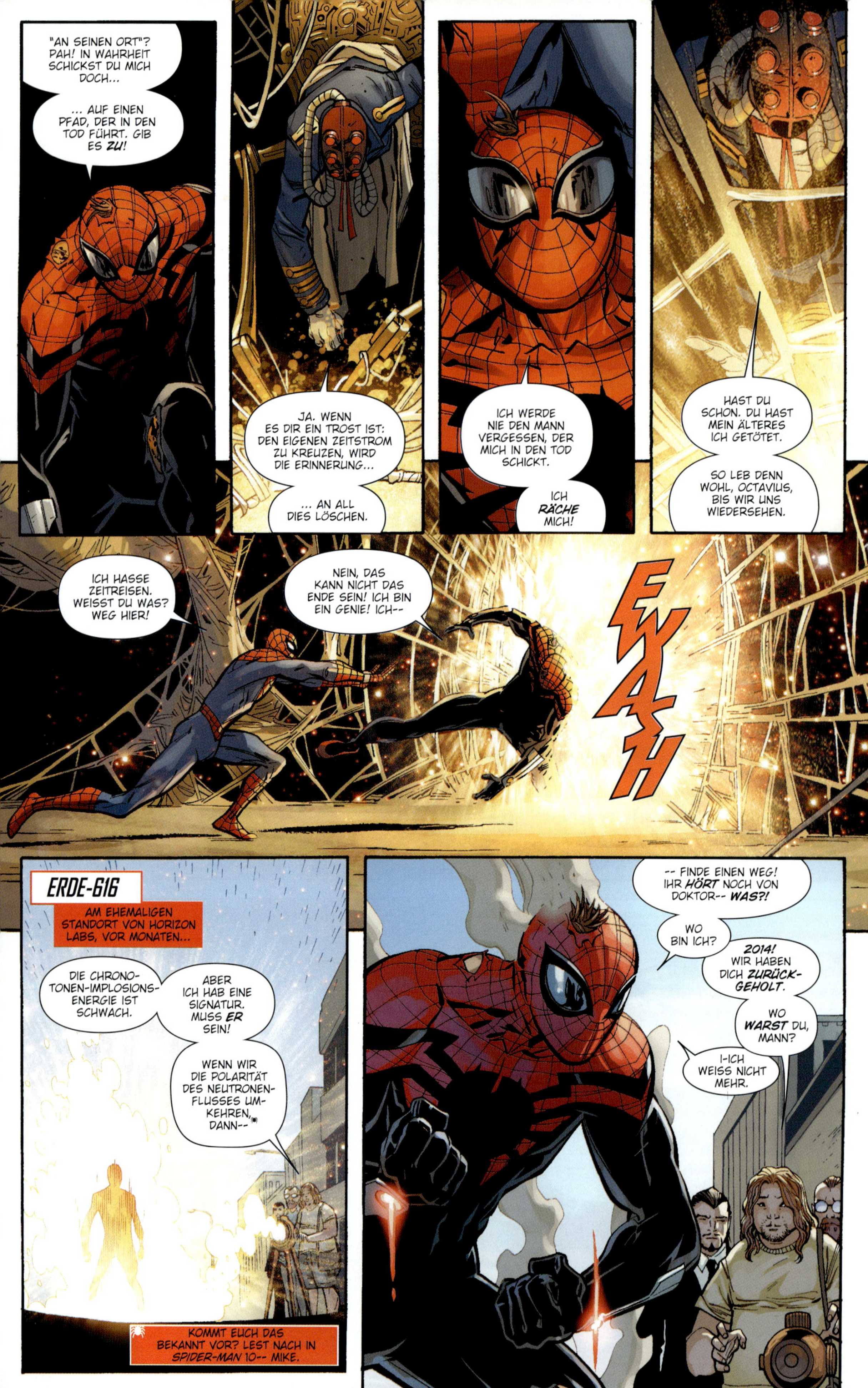
"AN SEINEN ORT"? PAH! IN WAHRHEIT SCHICKST DU MICH DOCH...
... AUF EINEN PFAD, DER IN DEN TOD FÜHRT. GIB ES ZU!
JA. WENN ES DIR EIN TROST IST: DEN EIGENEN ZEITSTROM ZU KREUZEN, WIRD DIE ERINNERUNG...
... AN ALL DIES LÖSCHEN.
ICH WERDE NIE DEN MANN VERGESSEN, DER MICH IN DEN TOD SCHICKT.
ICH RÄCHE MICH!
HAST DU SCHON. DU HAST MEIN ÄLTERES ICH GETÖTET.
SO LEB DENN WOHL, OCTAVIUS, BIS WIR UNS WIEDERSEHEN.
ICH HASSE ZEITREISEN. WEISST DU WAS? WEG HIER!
NEIN, DAS KANN NICHT DAS ENDE SEIN! ICH BIN EIN GENIE! ICH--
EWAH
ERDE-616
AM EHEMALIGEN STANDORT VON HORIZON LABS, VOR MONATEN...
DIE CHRONO-TONEN-IMPLOSIONS-ENERGIE IST SCHWACH.
ABER ICH HAB EINE SIGNATUR. MUSS ER SEIN!
WENN WIR DIE POLARITÄT DES NEUTRONEN-FLUSSES UM-KEHREN, DANN--
KOMMT EUCH DAS BEKANNT VOR? LEST NACH IN SPIDER-MAN 10-- MIKE.
-- FINDE EINEN WEG! IHR HÖRT NOCH VON DOKTOR-- WAS?!
WO BIN ICH?
2014! WIR HABEN DICH ZURÜCK-GEHOLT.
WO WARST DU, MANN?
I-ICH WEISS NICHT MEHR.

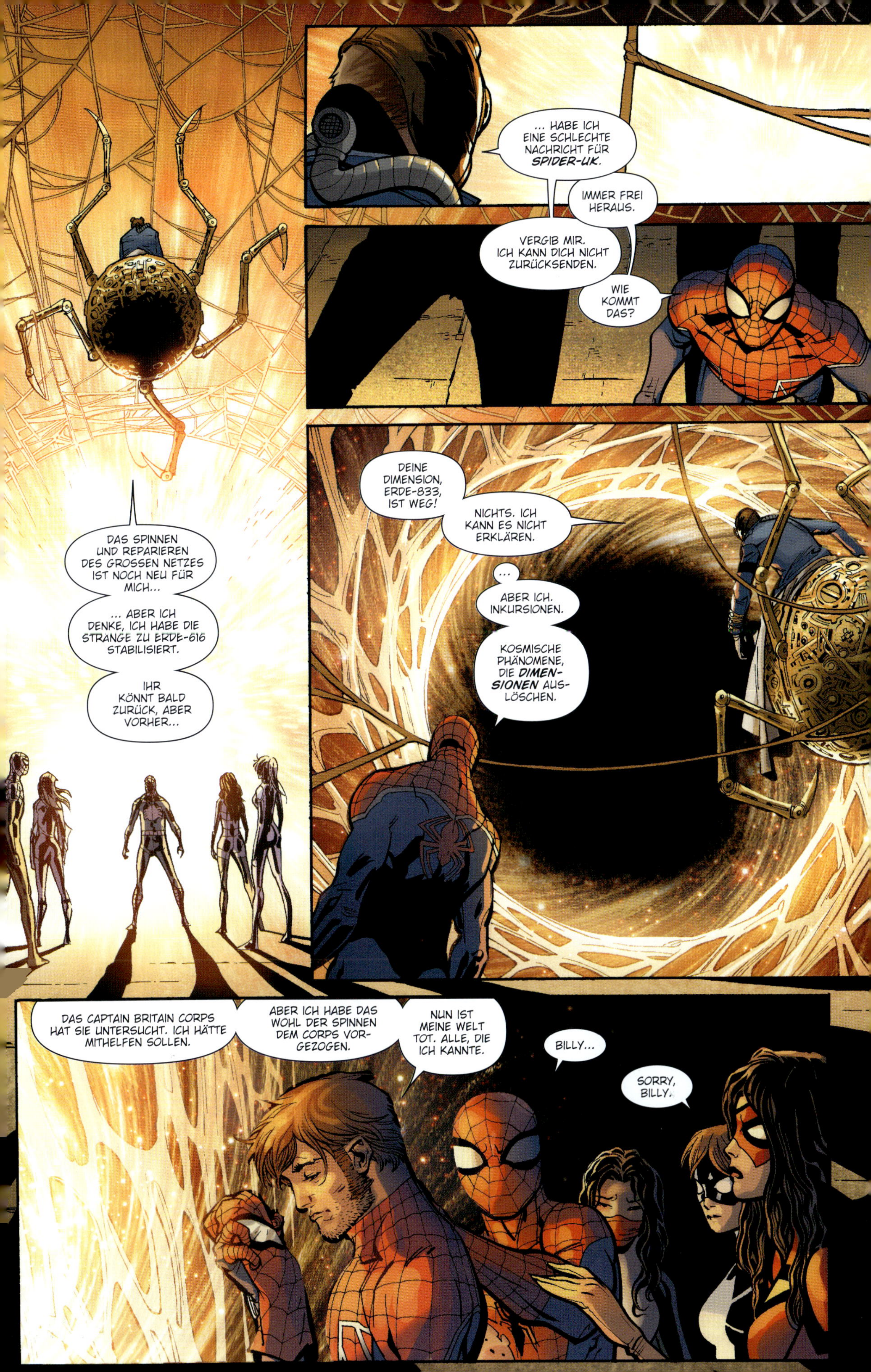

... HABE ICH EINE SCHLECHTE NACHRICHT FÜR *SPIDER-UK*.
IMMER FREI HERAUS.
VERGIB MIR. ICH KANN DICH NICHT ZURÜCKSENDEN.
WIE KOMMT DAS?
DAS SPINNEN UND REPARIEREN DES GROSSEN NETZES IST NOCH NEU FÜR MICH...
... ABER ICH DENKE, ICH HABE DIE STRANGE ZU ERDE-616 STABILISIERT.
IHR KÖNNT BALD ZURÜCK, ABER VORHER...
DEINE DIMENSION, ERDE-833, IST WEG!
NICHTS. ICH KANN ES NICHT ERKLÄREN.
...
ABER ICH. INKURSIONEN.
KOSMISCHE PHÄNOMENE, DIE *DIMENSIONEN* AUSLÖSCHEN.
DAS CAPTAIN BRITAIN CORPS HAT SIE UNTERSUCHT. ICH HÄTTE MITHELFEN SOLLEN.
ABER ICH HABE DAS WOHL DER SPINNEN DEM CORPS VORGEZOGEN.
NUN IST MEINE WELT TOT. ALLE, DIE ICH KANNTE.
BILLY...
SORRY, BILLY.

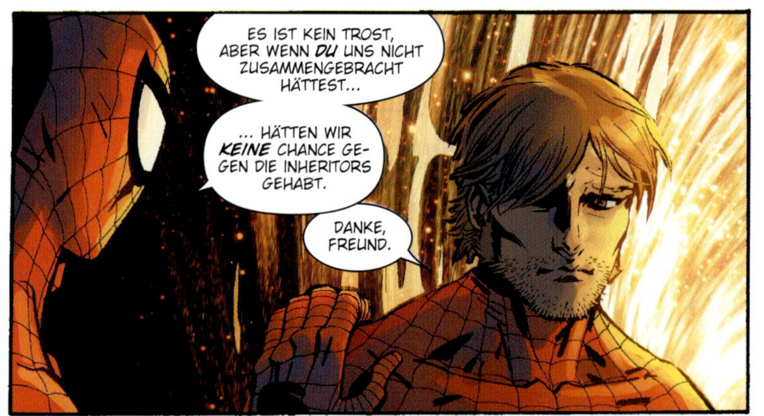

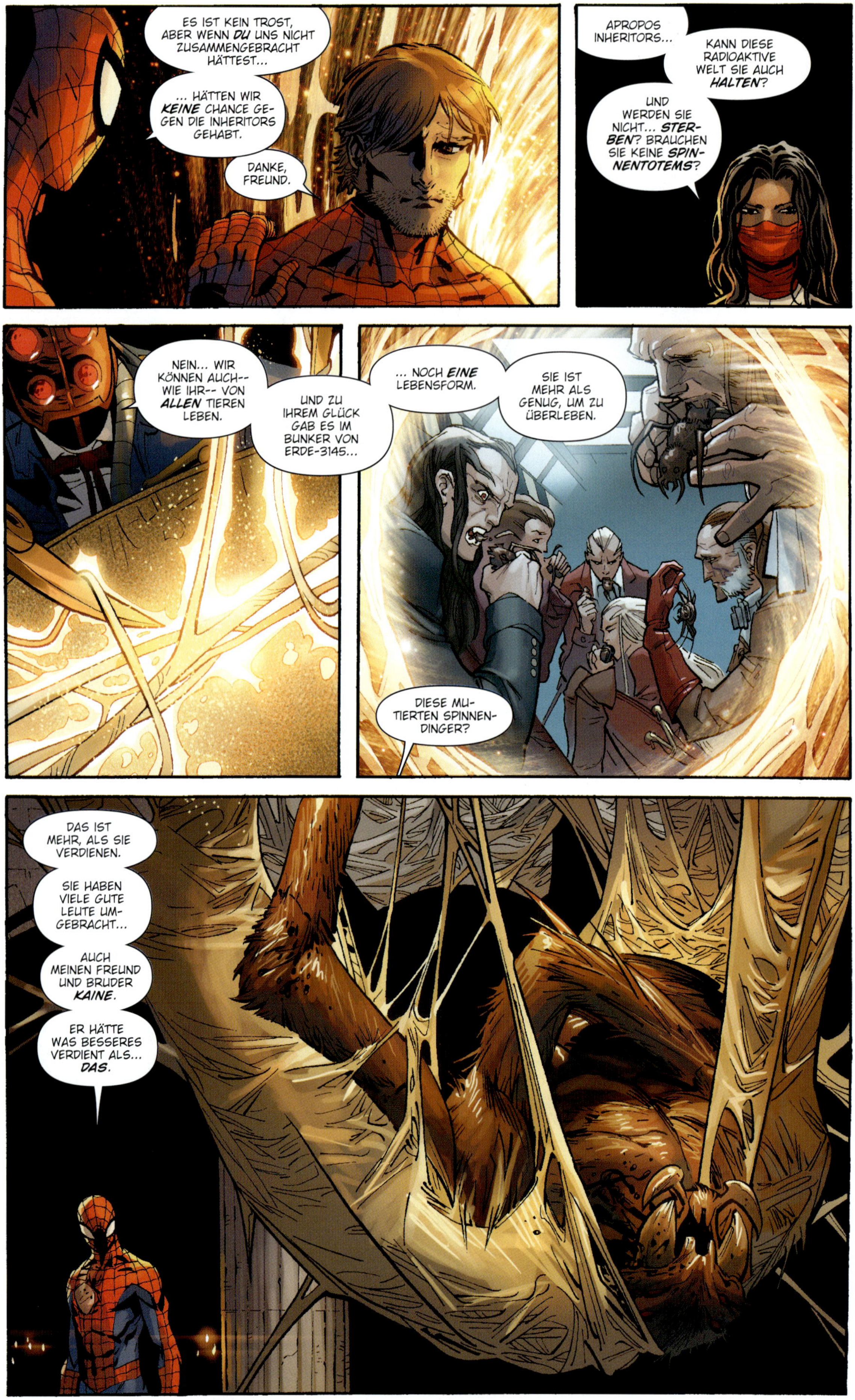

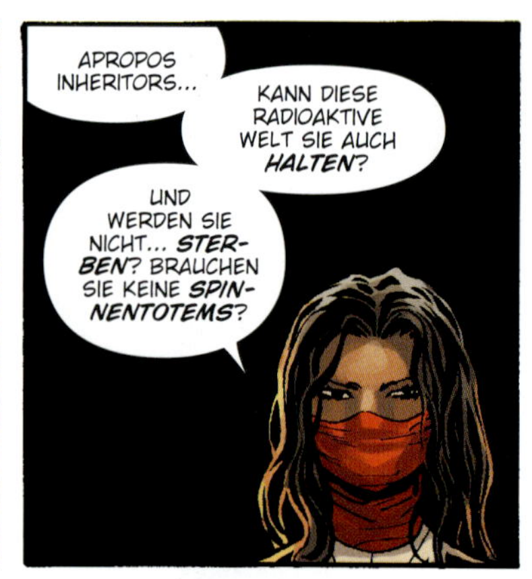

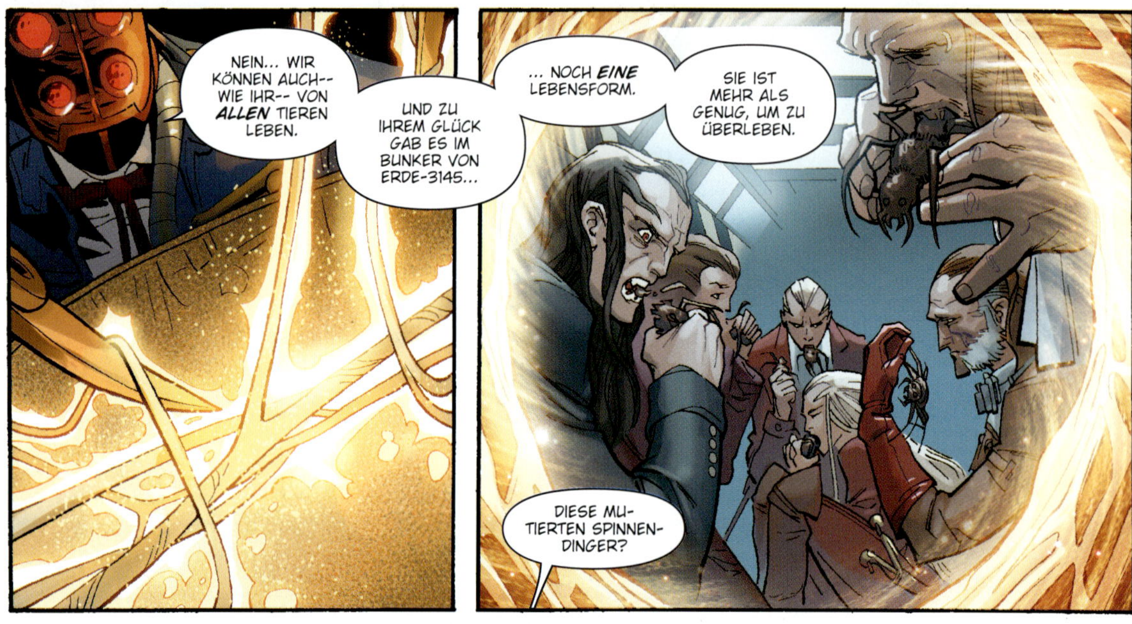

DAS IST MEHR, ALS SIE VERDIENEN.
SIE HABEN VIELE GUTE LEUTE UMGEBRACHT...
AUCH MEINEN FREUND UND BRUDER *KAINE*.
ER HÄTTE WAS BESSERES VERDIENT ALS... *DAS*.

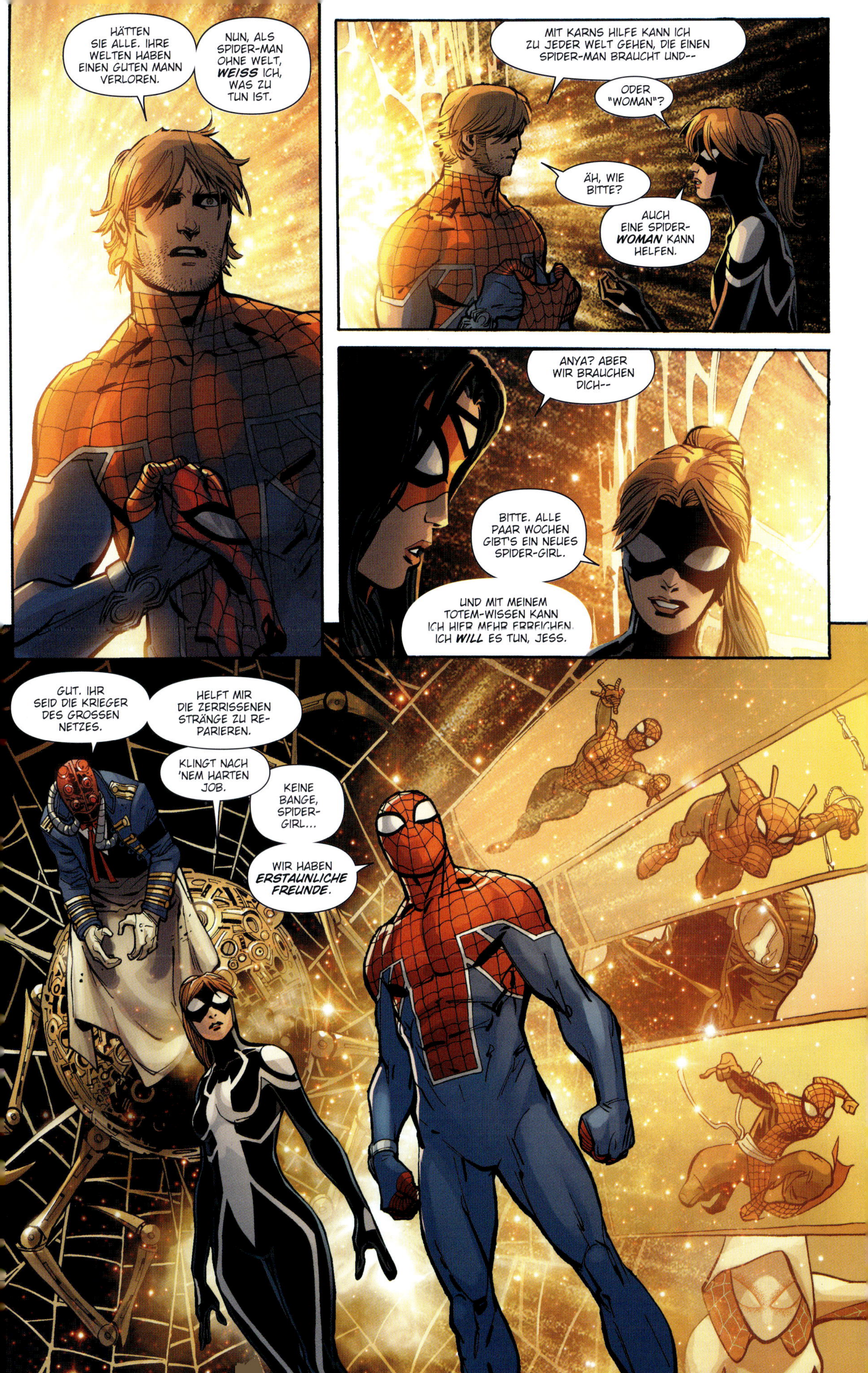
HÄTTEN SIE ALLE. IHRE WELTEN HABEN EINEN GUTEN MANN VERLOREN.
NUN, ALS SPIDER-MAN OHNE WELT, WEISS ICH, WAS ZU TUN IST.
MIT KARNS HILFE KANN ICH ZU JEDER WELT GEHEN, DIE EINEN SPIDER-MAN BRAUCHT UND--
ODER "WOMAN"?
ÄH, WIE BITTE?
AUCH EINE SPIDER-WOMAN KANN HELFEN.
ANYA? ABER WIR BRAUCHEN DICH--
BITTE. ALLE PAAR WOCHEN GIBT'S EIN NEUES SPIDER-GIRL.
UND MIT MEINEM TOTEM-WISSEN KANN ICH HIER MEHR ERREICHEN. ICH WILL ES TUN, JESS.
GUT. IHR SEID DIE KRIEGER DES GROSSEN NETZES.
HELFT MIR DIE ZERRISSENEN STRÄNGE ZU REPARIEREN.
KLINGT NACH 'NEM HARTEN JOB.
KEINE BANGE, SPIDER-GIRL...
WIR HABEN ERSTAUNLICHE FREUNDE.

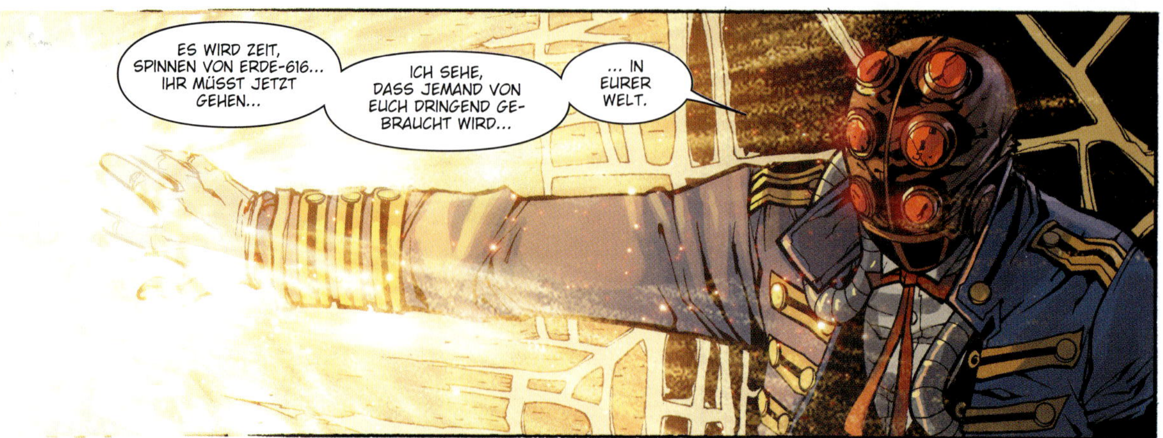

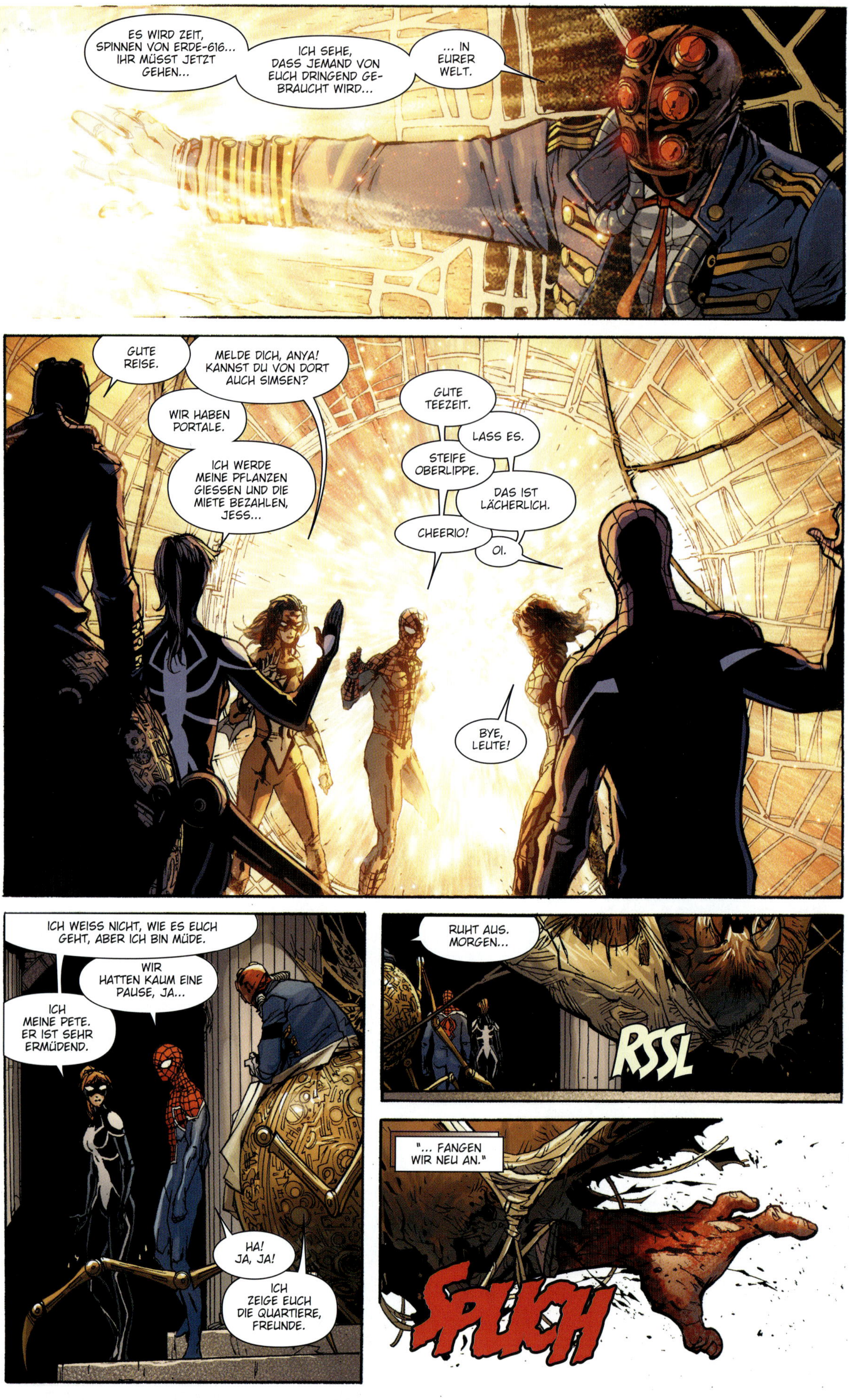

GUTE REISE.
MELDE DICH, ANYA! KANNST DU VON DORT AUCH SIMSEN?
WIR HABEN PORTALE.
ICH WERDE MEINE PFLANZEN GIESSEN UND DIE MIETE BEZAHLEN, JESS...
GUTE TEEZEIT.
LASS ES.
STEIFE OBERLIPPE.
DAS IST LÄCHERLICH.
CHEERIO!
OI.
BYE, LEUTE!

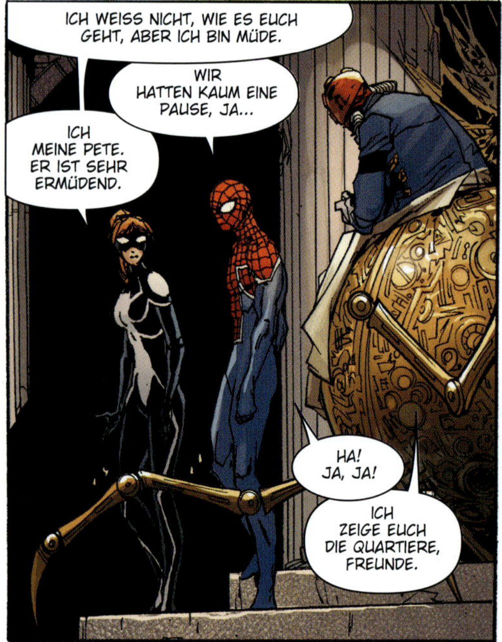

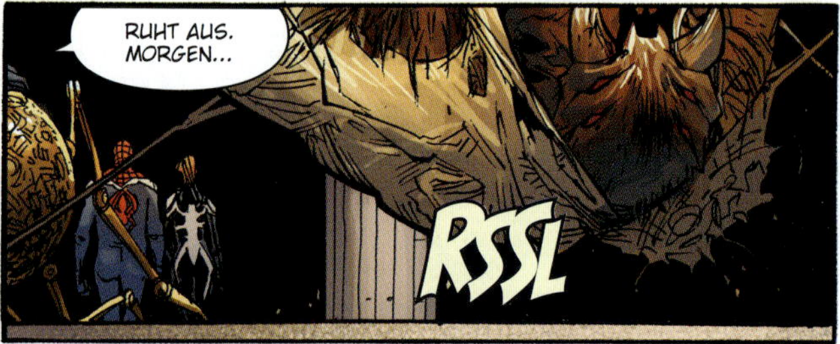

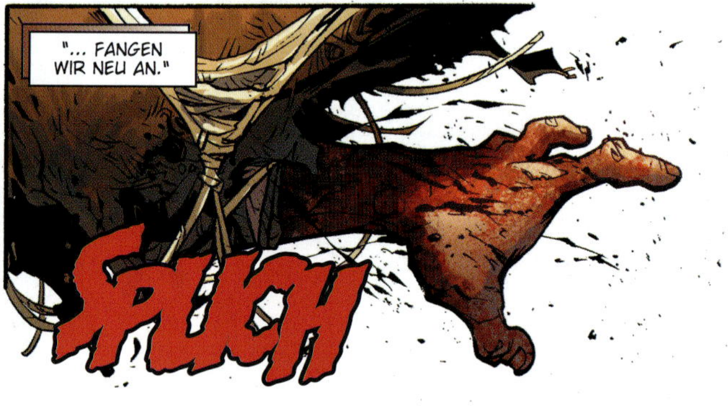

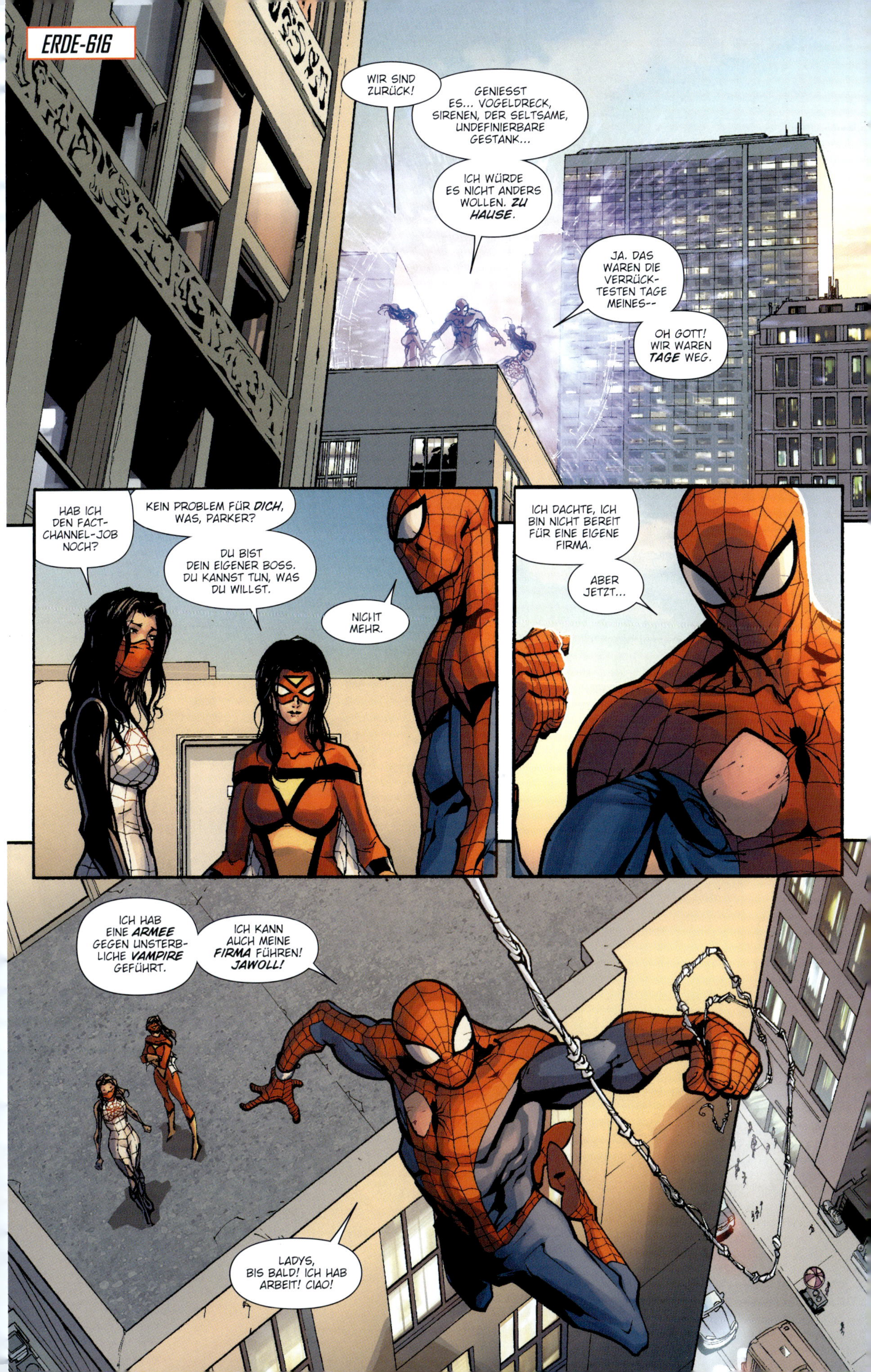
ERDE-616
WIR SIND ZURÜCK!
GENIESST ES... VOGELDRECK, SIRENEN, DER SELTSAME, UNDEFINIERBARE GESTANK...
ICH WÜRDE ES NICHT ANDERS WOLLEN. ZU HAUSE.
JA. DAS WAREN DIE VERRÜCKTESTEN TAGE MEINES--
OH GOTT! WIR WAREN TAGE WEG.
HAB ICH DEN FACT-CHANNEL-JOB NOCH?
KEIN PROBLEM FÜR DICH, WAS, PARKER?
DU BIST DEIN EIGENER BOSS. DU KANNST TUN, WAS DU WILLST.
NICHT MEHR.
ICH DACHTE, ICH BIN NICHT BEREIT FÜR EINE EIGENE FIRMA.
ABER JETZT...
ICH HAB EINE ARMEE GEGEN UNSTERBLICHE VAMPIRE GEFÜHRT.
ICH KANN AUCH MEINE FIRMA FÜHREN! JAWOLL!
LADYS, BIS BALD! ICH HAB ARBEIT! CIAO!

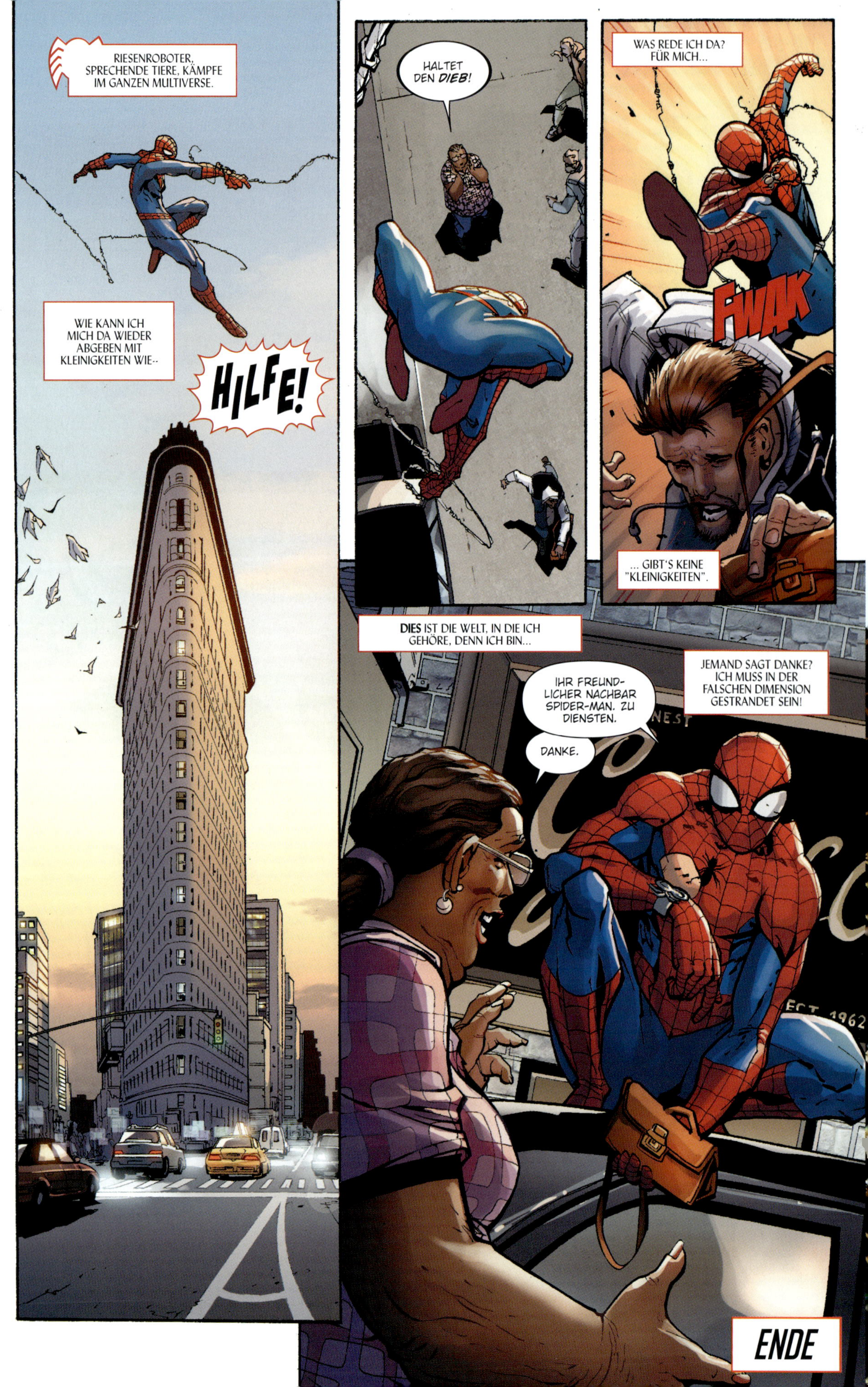
RIESENROBOTER, SPRECHENDE TIERE, KÄMPFE IM GANZEN MULTIVERSE.
WIE KANN ICH MICH DA WIEDER ABGEBEN MIT KLEINIGKEITEN WIE--
HILFE!
HALTET DEN DIEB!
WAS REDE ICH DA? FÜR MICH...
FWAK
... GIBT'S KEINE "KLEINIGKEITEN".
DIES IST DIE WELT, IN DIE ICH GEHÖRE, DENN ICH BIN...
IHR FREUNDLICHER NACHBAR SPIDER-MAN. ZU DIENSTEN.
DANKE.
JEMAND SAGT DANKE? ICH MUSS IN DER FALSCHEN DIMENSION GESTRANDET SEIN!
ENDE

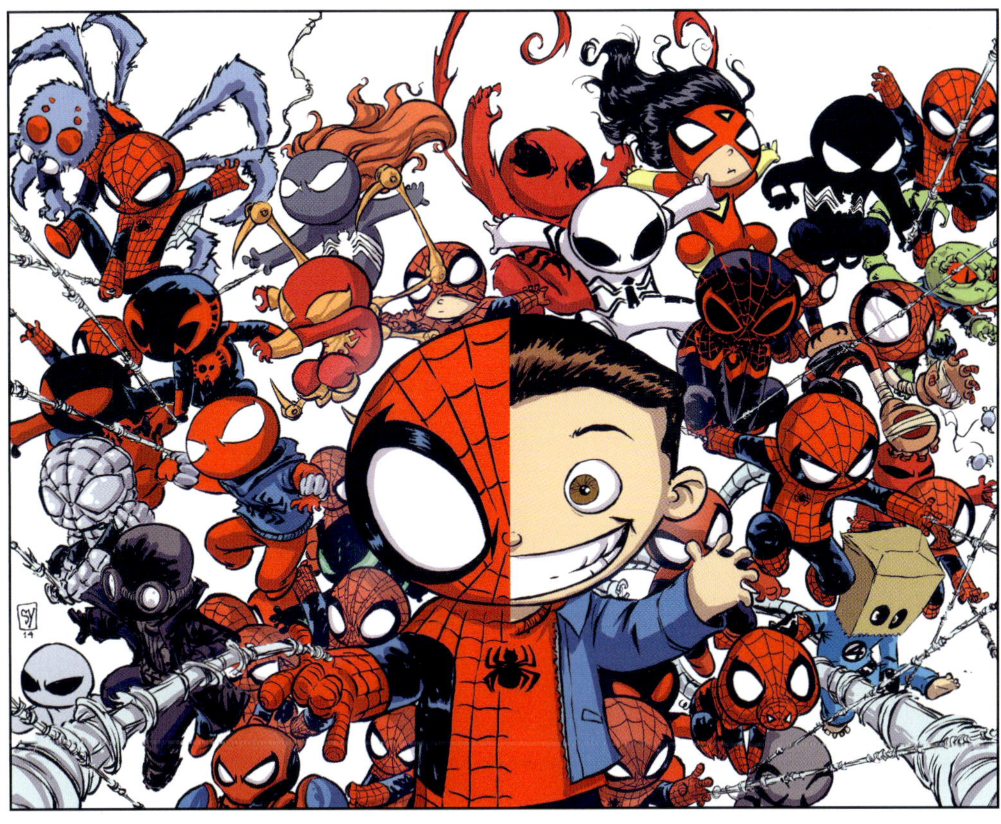

Amazing Spider-Man (2014) 9
Variant-Cover von **SKOTTIE YOUNG**

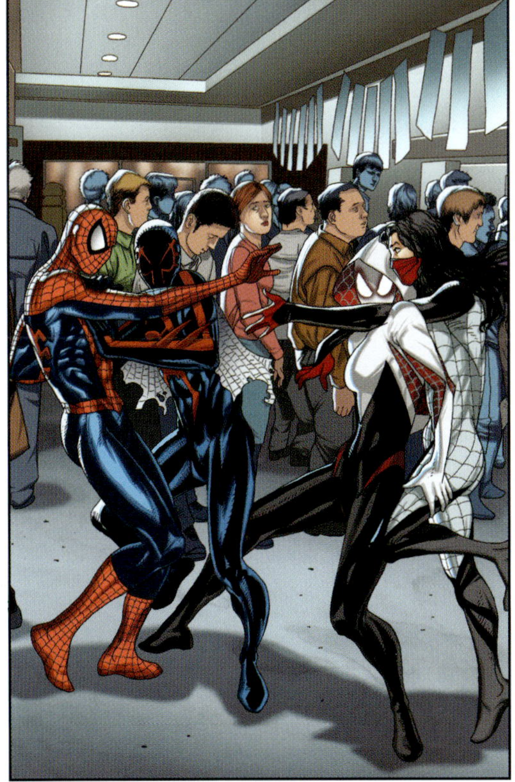

Amazing Spider-Man (2014) 13
Variant-Cover von **SALVADOR LARROCA**

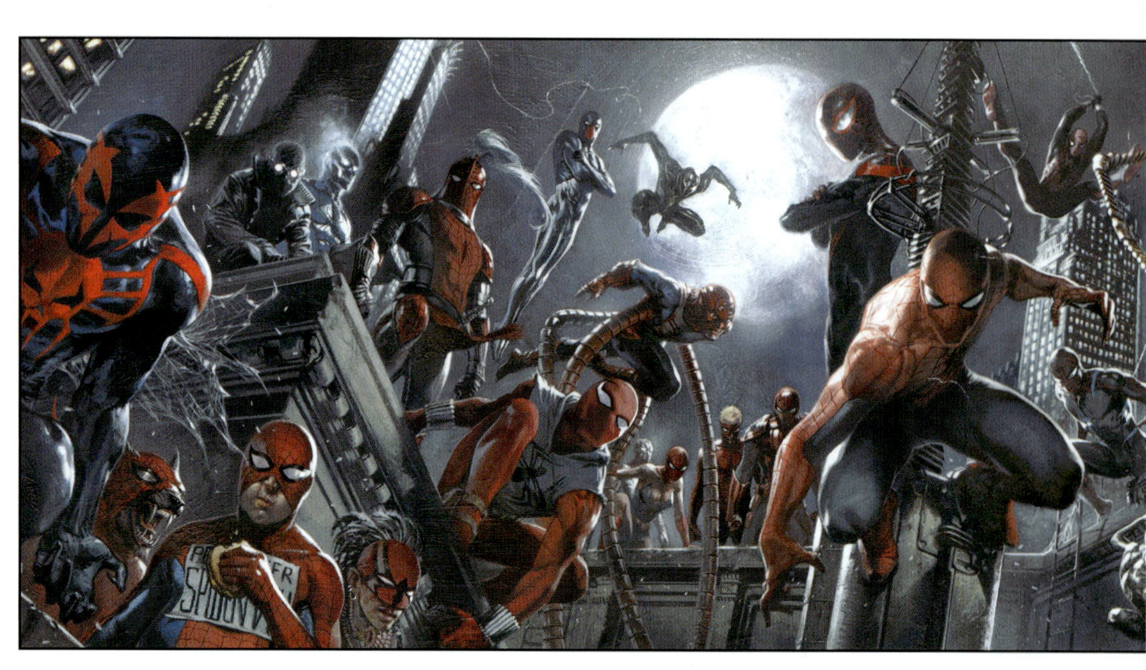

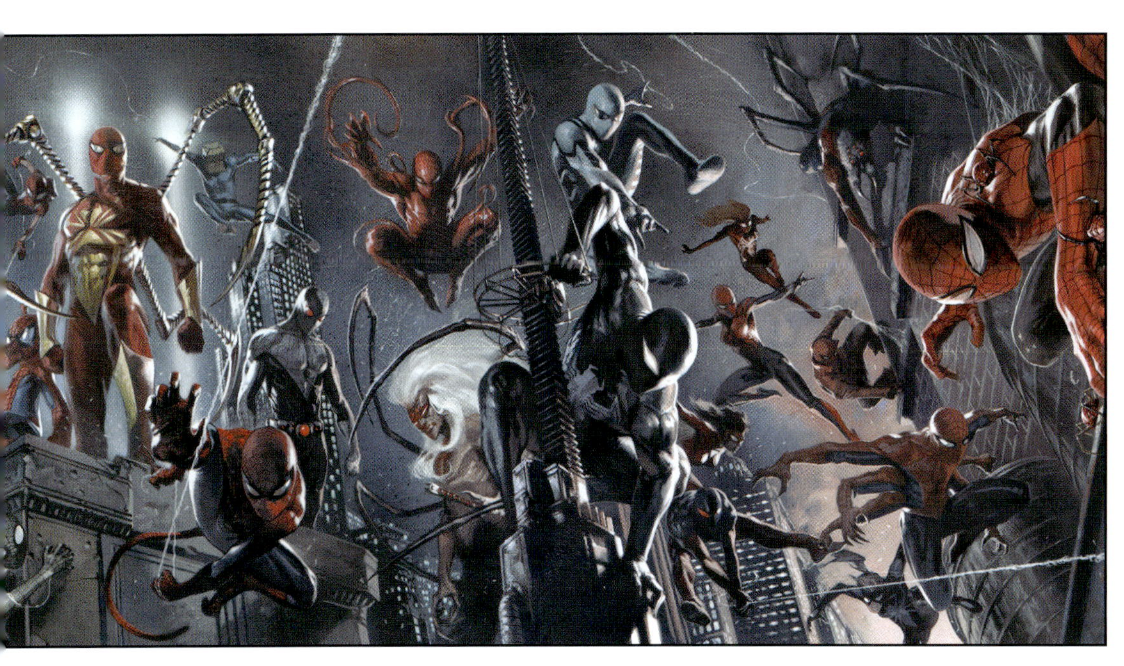

Amazing Spider-Man (2014) 9-14
Variant-Cover von **GABRIELE DELL'OTTO**

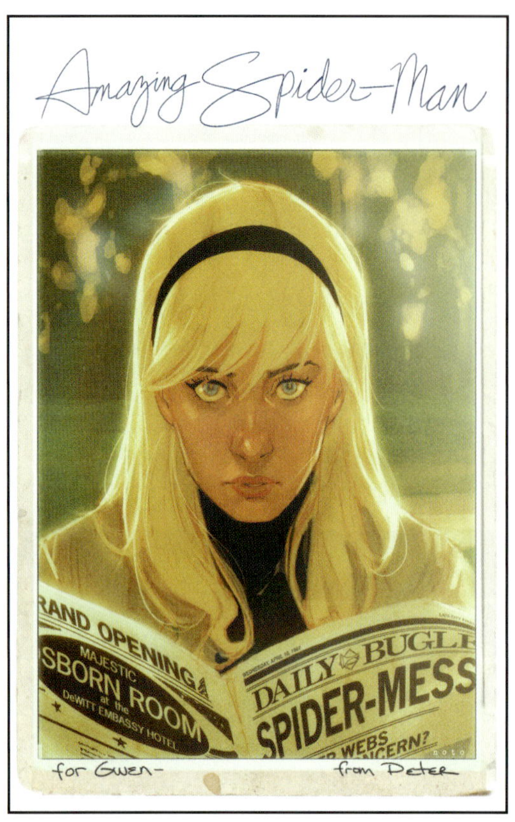

Amazing Spider-Man (2014) 14
Variant-Cover von **PHIL NOTO**

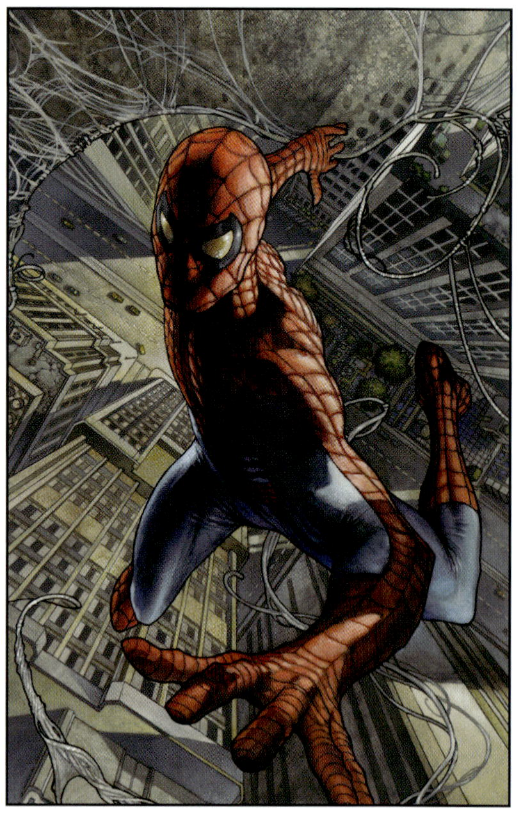

Amazing Spider-Man (2014) 15
Variant-Cover von **SIMONE BIANCHI**

SPIDER-VERZEICHNIS

Miles Morales
Miles debütierte 2011 in einer Story für *Ultimate Fallout* 4 von US-Autor **Brian Michael Bendis** und der italienischen Zeichnerin **Sara Pichelli**. Der afroamerikanisch-hispanische Teenager, der von einer genetisch veränderten Spinne gebissen wurde, trat in der Parallelwelt-Realität des **Ultimativen Universums** die Nachfolge von **Peter Parker** an, der in dieser Wirklichkeit im Kampf mit dem **Grünen Kobold** gestorben war. Durch das Event **Secret Wars**, das 2015 und 2016 in der Fiktion der Comics alle Marvel-Realitäten zerstörte, wiederherstellte und veränderte, wurden Miles und sein Umfeld in die Marvel-Hauptrealität verpflanzt.

Spider-Gwen
Die **Gwen Stacy** von Erde-65 feierte 2014 in einem Prolog zu *Spider-Verse* in *Edge of Spider-Verse* 2 von **Jason Latour** und **Robbi Rodriguez** ihren Einstand. Während Gwen in der Marvel-Hauptrealität Petes große Liebe war und vom Grünen Kobold in den Tod gestürzt wurde, ist diese jüngere Gwen seit einem Spinnenbiss **Spider-Woman** – Peter, der ebenfalls Kräfte wollte, verwandelte sich in die **Echse** und starb. Die Heldin mit Hoodie sprang mehrere Male als Beschützerin durchs Multiverse und nannte sich später **Ghost-Spider**.

Jessica Drew
Jess, die 1977 von **Archie Goodwin**, **Marie Severin** und **Sal Buscema** für *Marvel Spotlight* 32 ersonnen wurde, verdankt ihre Kräfte den Genetiker-Fähigkeiten ihres Vaters, die einst ihr Leben retteten. Fast wäre aus ihr eine **Hydra**-Schurkin geworden, doch schließlich kämpfte sie als taffe Spider-Woman für das Gute. Sie war schon Alien-Jägerin, eine Agentin von **SHIELD**, Teil diverser **Avengers**-Teams und Privatdetektivin. Sie ist **Carol Danvers'** beste Freundin und inzwischen Mutter eines Sohnes.

Mayday Parker
Am Ende der legendären *Klonsaga*-Storyline der 90er brachte **Mary Jane** ein Baby zur Welt, das jedoch aus den Comics herausgeschrieben wurde und starb. Doch Autor **Tom DeFalco** und Zeichner **Ron Frenz** kreierten für Petes und MJs Tochter **Mayday Parker** ab *What If?* 105 von 1998 eine alternative Zukunft in der **MC2**-Realität. In ihren Soloserien erlebte Mayday als **Spider-Girl** viele Abenteuer in bewährter Spidey-Manier.

Leopardon
Zwischen 1978 und 1979 wurde in Japan eine *Spider-Man*-Live-Action-Fernsehserie ausgestrahlt, die auf den dortigen Markt zugeschnitten war. Der Motorradfahrer **Takuya Yamashiro** untersuchte darin einen UFO-Absturz und begegnete der Alien-Spinne **Garia**. Ihr Blut gab Takuya außergewöhnliche Kräfte. Zudem vermochte Takuya fortan Garias Raumschiff zu bedienen, das sich in den gigantischen Kampfroboter **Leopardon** verwandeln kann.

Captain Universe
1989 wurde Spider-Man **Peter Parker** erstmals zum Träger der kosmischen Enigma-Kraft bestimmt und somit zu **Captain Universe**. Das passierte während des **Acts of Vengeance**-Crossovers, genauer gesagt in *The Spectacular Spider-Man* 158 von **Gerry Conway** und **Sal Buscema** sowie *Amazing Spider-Man* 329 von **David Michelinie** und **Erik Larsen**. Die Version Peter Parkers von Erde-13 gab diese unglaublichen universalen Kräfte nicht auf.

Christian Endres

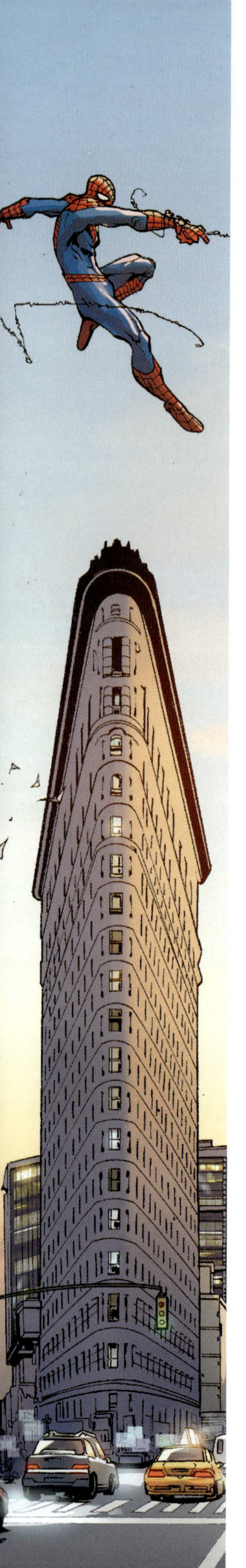

DIE MACHER

DAN SLOTT verfasste zunächst Comics zu Zeichentrickserien wie *Ren & Stimpy, Looney Tunes* und *Batman Adventures*. Bei Marvel tat er sich durch She-Hulks Comic-Abenteuer, eine Miniserie über Spider-Man und die Fackel sowie die Avengers-Ableger DIE RÄCHER: DIE INITIATIVE und DIE RUHMREICHEN RÄCHER hervor. 2008 wurde Slott Teil des Autorenkollektivs hinter dem Spidey-Neustart in SPIDER-MAN: EIN NEUER TAG, zwei Jahre später übernahm er die Hauptserie des Netzkopfes als Soloautor. Slott inszenierte viel beachtete Storylines wie *Spider-Verse* und das Event **Spider-Island**, machte in der Ära Marvel NOW! Dr. Octopus vorübergehend zum arroganten Wandkrabbler und schrieb über die Jahre mehrere Jubiläumshefte der Traditionsserie *Amazing Spider-Man*. Slott blieb dem Netzschwinger bis 2018 treu und ist einer der produktivsten Spidey-Autoren aller Zeiten. Des Weiteren zeichnete er verantwortlich für die Geschichte des Videogames *Spider-Man: Shattered Dimensions* von 2010. Zudem inszenierte der in den USA geborene Slott, der seine Jugend in London verbrachte, die Marvel-Comics SILVER SURFER, TONY STARK: IRON MAN und FANTASTIC FOUR.

OLIVIER COIPEL begann seine künstlerische Laufbahn im Animationsbereich, wo der gebürtige Franzose in London erst für Amblin Entertainment und später in Los Angeles für DreamWorks arbeitete, u. a. an den Filmen *Balto*, *Der Prinz von Ägypten* und *Der Weg nach El Dorado*. In Sachen Comics zeichnete Coipel viele Abenteuer der Legion of Super-Heroes bei DC, einige Missionen der Avengers, die Hochzeit von Jessica Jones und Luke Cage, das Marvel-Event HOUSE OF M von Brian Michael Bendis, die hoch gelobte THOR-Neudefinition von J. Michael Straczynski, die Event-Hauptserien THE SIEGE – DIE BELAGERUNG und AVENGERS VS. X-MEN, UNCANNY AVENGERS, DER UNWÜRDIGE THOR und natürlich SPIDER-MAN: SPIDER-VERSE. Mit Mark Millar setzte er außerdem den Comic-Hit THE MAGIC ORDER um.

GIUSEPPE CAMUNCOLI veröffentlichte in seiner italienischen Heimat erste Comics im Eigenverlag, darunter das auch auf Deutsch erschienene BONEREST. Für die US-amerikanischen Verlage realisierte Camuncoli anschließend *Swamp Thing* von Brian K. Vaughan, HELLBLAZER unter anderem mit Autorenlegende Peter Milligan, BATMAN: EUROPA, ALL-STAR BATMAN, FF – FANTASTIC FOUR von Jonathan Hickman, DAKEN – DARK WOLVERINE, STAR WARS: DARTH VADER, das eigenständige *Green Valley* und die unabhängige Serie *Undiscovered Country* von den Autoren Scott Snyder und Charles Soule. Während Dan Slott Spideys Welt lenkte, gehörte der 1975 in Reggio Emilia geborene Camuncoli zu den emsigsten Spider-Man-Zeichnern.

SPIDER-MAN

SPIDER-VERSE

HINTER DEN KULISSEN

TIMELINE

WEITERE LEKTÜRE

ANMERKUNGEN

WEITERE MUST-HAVE-TITEL

Viel größer als *Spider-Verse* kann man sich eine **Spider-Man**-Story nicht vorstellen! Es war eine epische, wagemutige Geschichte, die Spinnenhelden aus hunderten Welten präsentierte und die Ecke des Marvel-Universums, die unserem Netzkopf gehört, für immer veränderte.

Hier könnt ihr alles über die Ereignisse lesen, die zu dieser Spider-Saga führten, und über die neuen, netzspinnenden Helden, die zu Lieblingen der Fans – und mehr! – wurden.

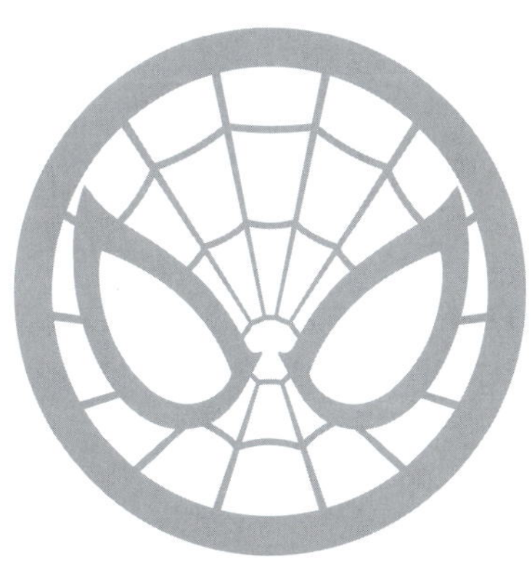

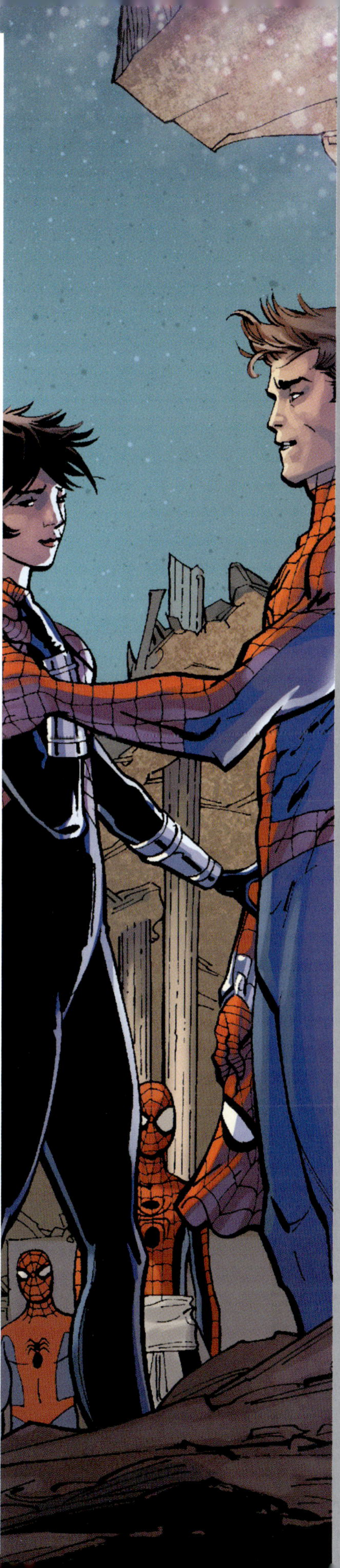

BONUSTEIL

Das Netz spinnen

Spider-Autor *extraordinaire* **Dan Slott** hatte gerade die Hälfte seiner zehnjährigen Reise durch *Amazing Spider-Man* hinter sich, als er den Kopfsprung ins **Spider-Verse** wagte.

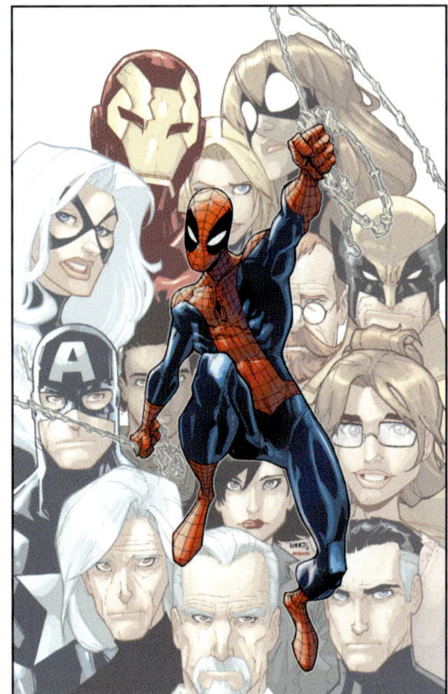

Spidey kommt groß raus, als Dan Slott zum Hauptautor wird. Cover von *Amazing Spider-Man* 648 von **Humberto Ramos**.

Ab dem von **Steve McNiven** illustrierten *Amazing Spider-Man* 546 gehörte Slott einem wechselnden Team von **Spidey**-Autoren und -Zeichnern an, übernahm das Ruder aber mit Nr. 648 allein. Er hatte nie Angst davor, Grenzen zu überschreiten, und präsentierte actionreiche, emotionale Geschichten. Er verfasste einige geniale Storys, darunter *Spider-Island* (in der alle Bewohner Manhattans Spinnenkräfte bekamen) und das revolutionäre *Superior Spider-Man* (siehe Box unten). Aber das von **Olivier Coipel** illustrierte *Spider-Verse* ist definitiv seine größte Geschichte.

Spideys Ecke des Marvel-Universums war seit seinem Debüt 1962 sichtlich gewachsen. Spider-Man war nicht mehr Marvels einziger arachnider Held, hinzu kamen Heldinnen und Klone. Es wurde Zeit, diese ganzen Netz-Krieger zusammenzubringen.

Slott sagt, dass *Spider-Verse* seine Entstehung einem Computerspiel verdankt: „Ich schrieb die Story für *Spider-Man: Shattered Dimensions* [2010]. Dabei dachte ich: ‚Warum können wir das nicht machen, nur größer?' Das war das Spiel mit vier Spider-Men und vier Universen. ‚Warum können wir nicht alle haben?'"

In einem Gespräch über den Rahmen des Projekts sagte Redakteur **Nick Lowe** damals, dass sie „von dem Tag an, als ich das Spider-Man-Büro betrat, daran arbeiteten, und es war die größte, durchgeknallteste und beängstigendste Story, an der ich je beteiligt war. ALLE SPIDER-MEN ALLER ZEITEN kommen zusammen und kämpfen gegen die gefährlichsten Widersacher, die jeder Spider-Man oder -Woman je hatten."

Um die mögliche Zahl der Figuren zu

▶ *Superior Spider-Man* zeigte, höchst unerwartet, aber genial durchdacht, wie der sterbende **Dr. Octopus** seinen Geist in **Peters** Körper transferiert und schwört, dass er ein größerer Held als Peter sein wird – der „überlegene" Spider-Man! Nach 31 Ausgaben und zwei Annuals wurde die Ordnung wiederhergestellt. Aber durch Zeitreise-Tricks konnte der fiese Spider-Man zurückkehren und eine wichtige Rolle in der *Spider-Verse*-Saga spielen.

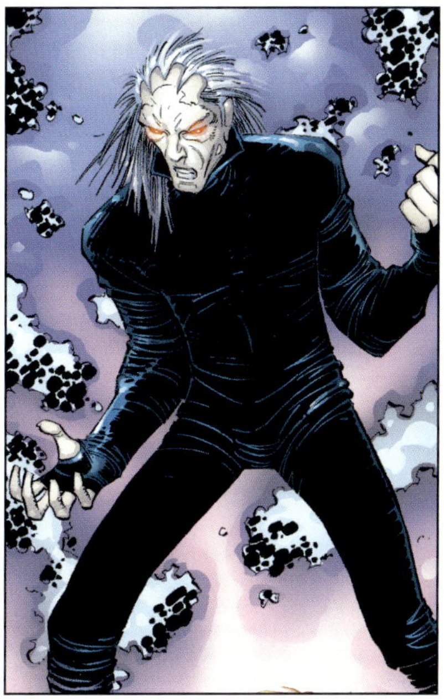
Die Spider-Jagd beginnt mit Morluns Debüt. Zeichnung von John Romita Jr.

betonen, sagte er: „Es gab etwa acht Spideys, die wir aus rechtlichen Gründen nicht nutzen konnten, dennoch blieben Hunderte, wenn nicht Tausende Spider-Figuren, die zu-sammenfinden. Alle Spiders kommen, aber nicht alle gehen auch lebend wieder."

Slott wusste, diese Versammlung von Helden ließ sich nur mit einem großen Schurken rechtfertigen, der untrennbar zum Spider-Man-Mythos gehörte. Der vampirische **Morlun** war die Lösung. Geschaffen hatten den unaufhaltsamen Gegner, der sich von Spider-Totems ernährte und erstmals 2001 in *Amazing Spider-Man* (1999) 30 auftrat, **J. Michael Straczynski** und **John Romita Jr.** Vor *Spider-Verse* war er scheinbar schon dreimal gestorben und wieder auferstanden, und jedes Mal stärker. Aber seine Vergangenheit lag noch im Dunkel, was ihn zum perfekten Protagonisten für Slott machte.

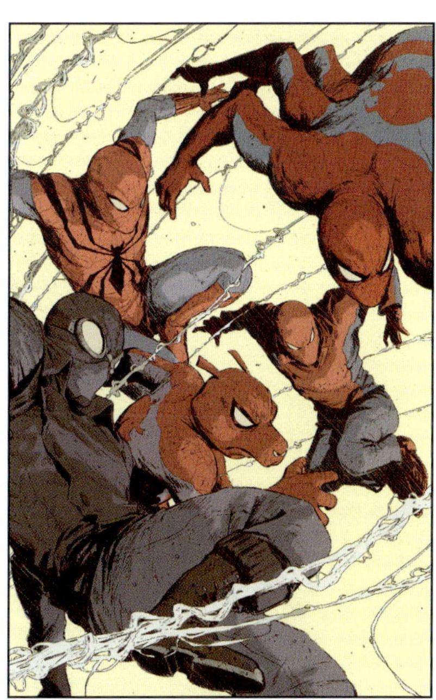
Dieses Variant-Cover von **Dave Rapoza** zu *Spider-Verse Team-Up* 1 versammelt das Spider-Verse.

Bevor die Hauptserie begann, wurde die riesige Besetzung von *Spider-Verse* in einleitenden Storys vorgestellt. Zuerst kam eine von **Giuseppe Camuncoli** illustrierte Kurzgeschichte in Marvels *Free Comic Book Day 2014*, worin sich Morlun an einem Spider-Man des Elisabethanischen Zeitalters gütlich tut. Dann präsentierten zwei neue, von **Ryan Stegman** gezeichnete Ausgaben der eingestellten *Superior Spider-Man*-Serie (32 & 33) den Lesern die anderen Mitglieder von Morluns Familie, die **Inheritors**. In *Spider-Man 2099* 5 von **Peter David** und **Will Sliney** brachten sie den Spidey der Zukunft ins Spiel.

Eine ganze Schar neuer Spider-Helden trat in der fünfteiligen Auftakt-Serie *Edge of Spider-Verse* auf. Über diese neuen Figuren sagte Slott: „Wir lassen nicht nur fast jeden bekannten Spider-Man auftreten, sondern bringen auch neue auf die Bühne. Es macht Spaß, wenn man nicht nur den Autoren freie Hand lässt, sondern auch den Zeichnern sagt: ‚Dreht mal so richtig auf. Gebt mir ein paar neue Spider-Men.'"

Obwohl sie mit so vielen Helden jonglieren mussten, gewährleisteten Slotts Fähigkeiten als Autor und Coipels Illustrationen, dass die Story ein Hit werden würde. Lowe fasste die Serie am besten zusammen: „Es gibt SO VIELE Charaktere in dieser Story, aber sie hat auch SO VIEL Charakter. Man findet selten ein so gewaltiges Epos mit so viel Herz!"

***Web of Spider-Man* 119 (1994)**
TERRY KAVANAGH
RANDY EMBERLIN
***Kaine Parker** (**das Andere**), ein vom **Schakal** erschaffener, defekter Klon Peter Parkers, tritt zum ersten Mal auf.*

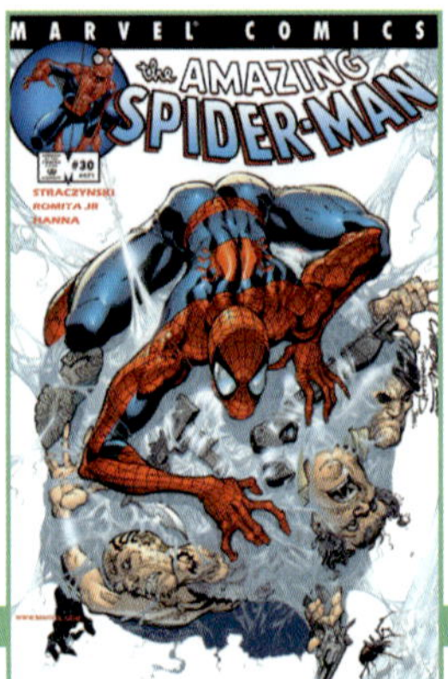

***Amazing Spider-Man* (1999) 30, 2001**
J. MICHAEL STRACZYNSKI
JOHN ROMITA JR.
*Als **Spider-Man** sich fragt, ob seine Kräfte einen tieferen Sinn haben, tritt der tödliche **Morlun** erstmals auf.*

SPIDER-MAN
SPIDER-VERSE

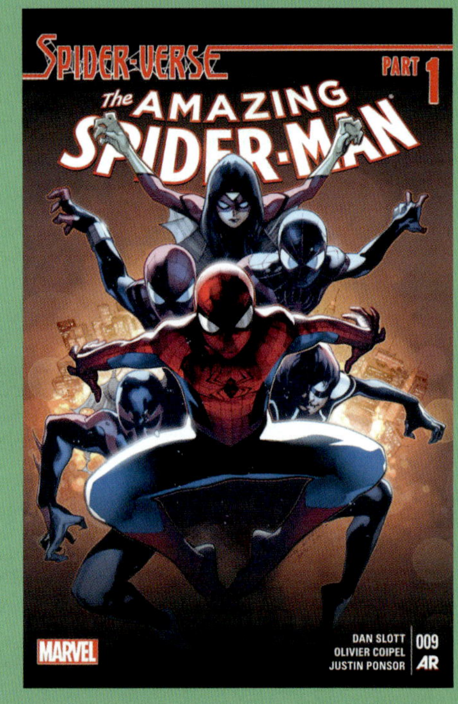

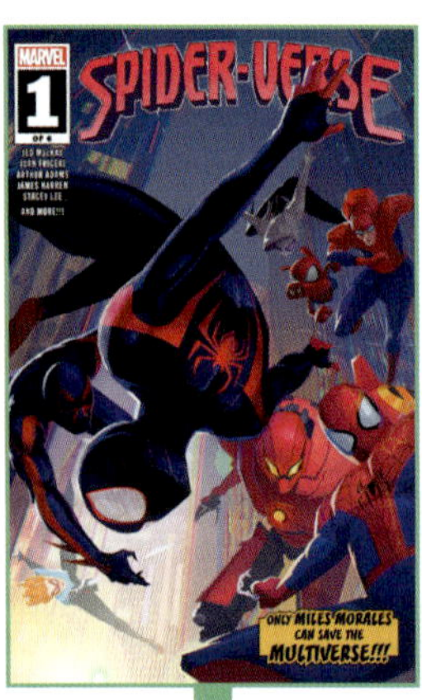

***Spider-Verse* 1 (2019)**
JED MacKAY
SHELDON VELLA
JUAN FRIGERI
ARTHUR ADAMS
JAMES HARREN
STACEY LEE
DIKE RUAN
*Die Spinnenhelden von tausend Welten kommen erneut zusammen, als **Miles Morales** herausfindet, dass das neu gesponnene Netz des Lebens und Schicksals bedroht wird.*

***Spider-Geddon* 1 (2018)**
CHRISTOS GAGE
JORGE MOLINA
*Neues Unheil sucht das **Spider-Verse** heim, als die Inheritors aus ihrem Gefängnis entkommen!*

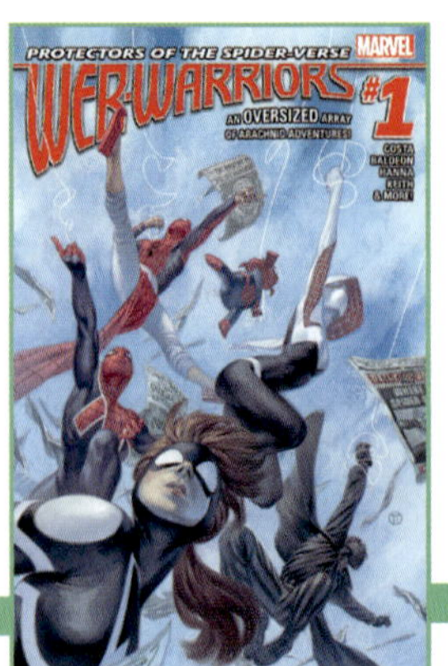

***Web-Warriors* 1 (2015)**
MIKE COSTA
JULIAN TOTINO TEDESCO
*Als **Electro** die gesamte Realität bedroht, bilden **Spider-Gwen**, **Spider-Man Noir**, **Spider-Man India**, **Spider-UK** und **Spider-Ham** ein Team und versuchen, ihn mit multidimensionalen Mitteln aufzuhalten.*

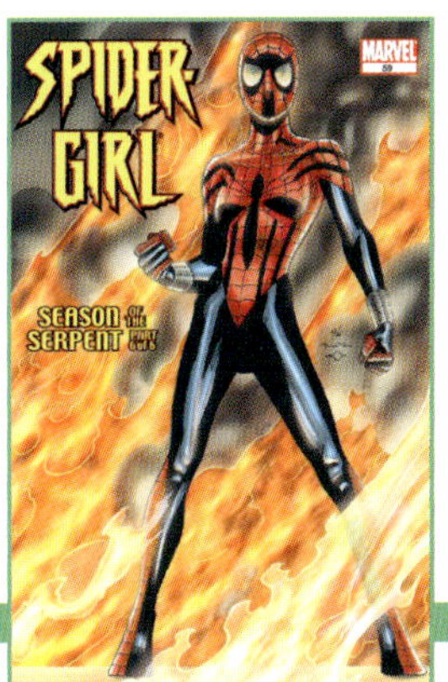

***Spider-Girl* 59 (2003)**
TOM DEFALCO
RON FRENZ
In naher Zukunft wird in einem Paralleluniversum der Spross geboren – ***Benjamin J. Parker****, Sohn von* ***Peter*** *und* ***Mary Jane Parker*** *und jüngerer Bruder von* ***May Parker*** *alias* ***Spider-Girl****.*

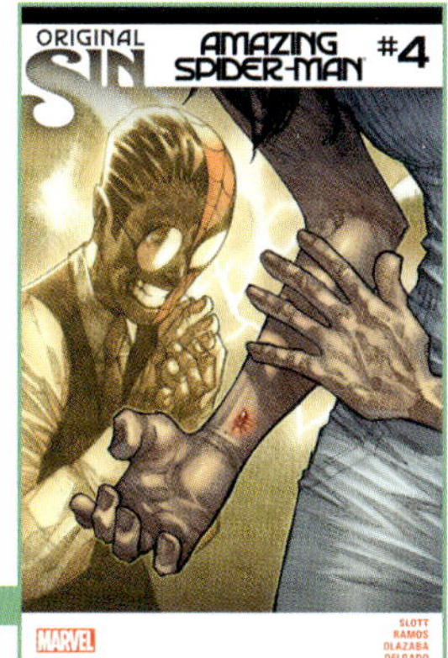

***Amazing Spider-Man* (2014) 4, 2014**
DAN SLOTT
HUMBERTO RAMOS
Das Debüt von ***Cindy Moon*** *(die Braut). Sie kommt aus ihrem versiegelten Bunker frei – und warnt Spider-Man, dass Morlun abermals zurückkehren wird.*

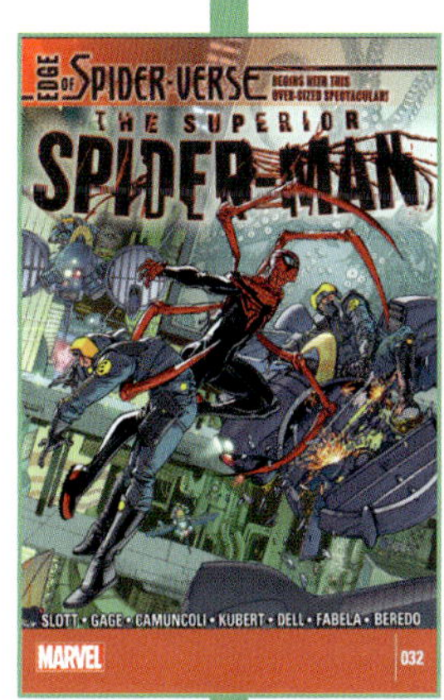

***Superior Spider-Man* 32 (2014)**
DAN SLOTT
CHRISTOS GAGE
GIUSEPPE CAMUNCOLI
Beim Versuch, dem Jahr 2099 zu entkommen, besucht der fiese Spider-Man eine Anzahl Paralleluniversen und findet heraus, dass etwas Helden mit Spider-Kräften jagt.

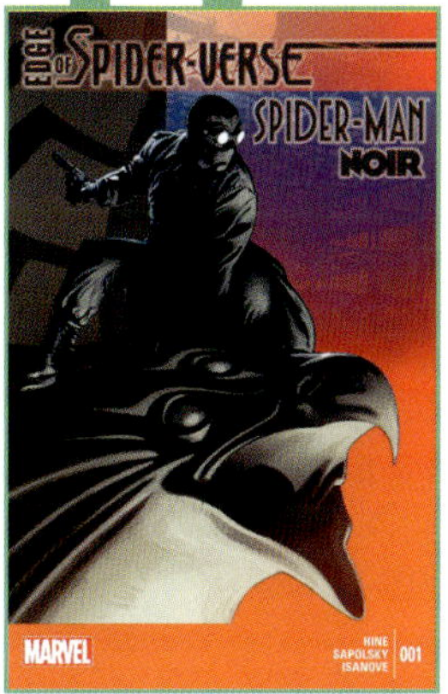

***Edge of Spider-Verse* 1 (2014)**
DAVID HINE
FABRICE SAPOLSKY
RICHARD ISANOVE
Im ganzen Multiverse tun sich Myriaden von Spider-Helden zusammen und schlagen gegen die ***Inheritors*** *zurück.*

Spider-Verse, ein Weckruf für alle Netzspinner im Multiverse, vereinigte Marvels arachnide Abenteurer in einem tödlichen Überlebenskampf. Es ging buchstäblich um alles und der Konflikt kostete am Ende Hunderte tapferer **Spider-Men** und -**Women** das Leben. Eine derartige Versammlung von Spider-Helden hatte die Welt noch nicht gesehen, doch es sollte nur der erste von vielen multidimensionalen Einsätzen sein.

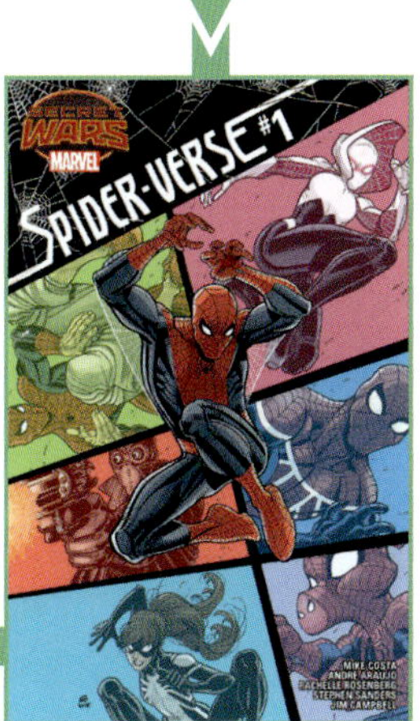

***Spider-Verse: Warzones!* 1 (2015)**
MIKE COSTA
ANDRÉ ARAUJO
Als das Multiverse durch ***Dr. Doom*** *in* ***Secret Wars*** *zusammenbricht, werden die Hauptakteure von Spider-Verse auf einer seltsamen, fremden Welt wiedervereint.*

Spider-Freunde und Gegner

Der Sturzbach neuer Helden, die in *Spider-Verse* vorgestellt wurden, sorgte unter Fans für Aufregung, aber eine von ihnen erlangte ganz besondere Popularität: **Spider-Gwen**. Erschaffen wurde sie von **Jason Latour** und **Robbi Rodriguez** für *Edge of Spider-Verse* 2, doch ihre große Beliebtheit garantierte ihr mehr oder weniger eine eigene Serie. Nach *Spider-Verse* schrieben Latour und Rodriguez noch drei Jahre lang Abenteuer für Spider-Gwen. 2018 kam es zu einem Neustart der Serie als *Spider-Gwen: Ghost-Spider*, die 2019 schlicht in *Ghost-Spider* umbenannt wurde.

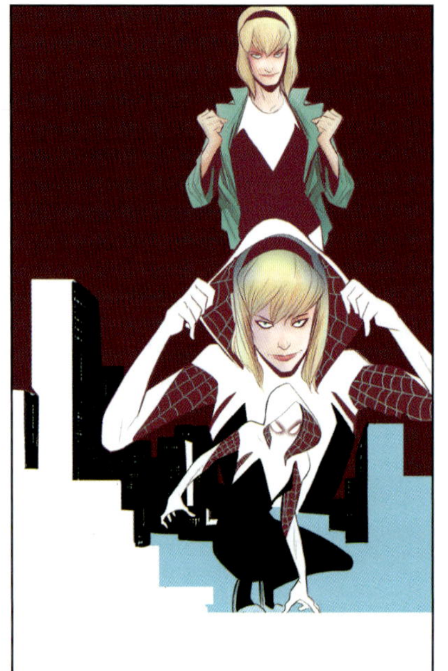

Robbi Rodriguez' atemberaubendes Cover von *Edge of Spider-Verse* 2, das Spider-Gwen zeigt.

In *Spider-Women* begann 2016 für Spider-Gwen ein achtteiliges Multiverse-Abenteuer, das sie mit **Silk** und **Spider-Woman** erlebte, und das sich durch ihre verschiedenen Serien zog.

In *Spider-Verse* sahen die Leser **Otto Octavius** als „heroischen" überlegenen Spider-Man nicht zum letzten Mal. In Dan Slotts Spider-Epos *Die Klon-Verschwörung* (2016) wurde Ottos Bewusstsein in einen neuen Körper transferiert, der aus Peters und seiner eigenen DNA erschaffen worden war, was ihn schlussendlich zum **überlegenen Octopus** machte. Doch nach einer kurzen Allianz mit **Hydra** in *Secret Empire*, beschloss Otto, seine heroischen Aktivitäten fortzusetzen, nahm den Namen **Elliot Tolliver** an und zog nach San Francisco.

Als Beweis, dass nichts einen guten Schurken aufhalten kann, erlebten die **Inheritors** eine triumphale Rückkehr in *Spider-Geddon* (2018-2019). Wie bei *Spider-Verse*, gingen auch *Spider-Geddon* das vierteilige *Edge of Spider-Geddon* und das Einzelheft *Superior Octopus* voraus, das verriet, wie Otto Octavius die Klon-Technologie der Inheritors erlangte. Leider nutzten das die Inheritors aus, um ihrem Gefängnis zu entkommen, und die Spinnenhelden vom Multiverse befanden sich abermals in großer Gefahr.

Die Gebete der Marvel-Fans, die einen Spider-Helden mit Schinkengeschmack bevorzugten, wurden 2020 erhört, als der einzig wahre **Spider-Ham** in einer fünfteiligen Mini-Serie zurückkehrte. Als Spider-Ham herausfand, dass jemand oder etwas die ganze Farbe aus seiner Dimension stahl, tat er sich mit Erde-616 zusammen und erlebte ein surreales, dimensionsübergreifendes Abenteuer.

Arachnide Abenteurer

Die von **Tom DeFalco** und **Ron Frenz** geschaffene **May „Mayday" Parker** alias **Spider-Girl** hatte ihren ersten Auftritt 1998 in einer *What If?*-Story. Die Geschichte ging der Frage nach, was passiert wäre, hätte die Tochter von **Peter Parker** und **Mary Jane** überlebt, und wurde so populär, dass bald eine eigene Serie daraus entstand. Die Figur zog einige neue Titel nach sich, die im sogenannten MC2-Universum angesiedelt waren, einer Paralleldimension, die dem Marvel-Universum zu der Zeit eine Generation voraus war.

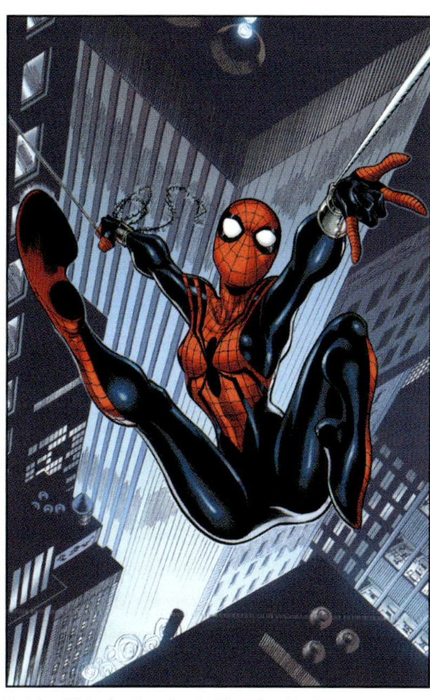

Spider-Girl schwingt hoch über der Stadt. Von Ron Frenz.

1992 etablierte Marvel eine Neuerung: *2099*, das mehr als hundert Jahre in der Zukunft spielte. Eine dystopische Welt korrupter Konzerne, die dringend neue Helden brauchte. Einer der ersten Titel war *Spider-Man 2099*, geschaffen von **Peter David** und **Rick Leonardi**. Star der Serie war **Miguel O'Hara**, ein genialer Wissenschaftler, der für den Megakonzern **Alchemax** arbeitete. Miguel erlangte Spinnenkräfte, nachdem ein Gensplitting-Prozess durch seinen Boss sabotiert wurde, und nutzte sie im Kampf gegen Alchemax, um die Menschen vor den skrupellosen Behörden der Welt zu schützen. Die verschiedenen *2099*-Serien fanden 1998 mit der Ausgabe *2099: Manifest Destiny* ihr Ende. Aber Miguel sollte 15 Jahre später in *Superior Spider-Man* 17 zurückkehren, nachdem er im modernen Marvel-Universum gestrandet war. Er beschloss, in der aktuellen Zeit zu bleiben, damit er den neu gegründeten Alchemax-Konzern im Auge behalten konnte.

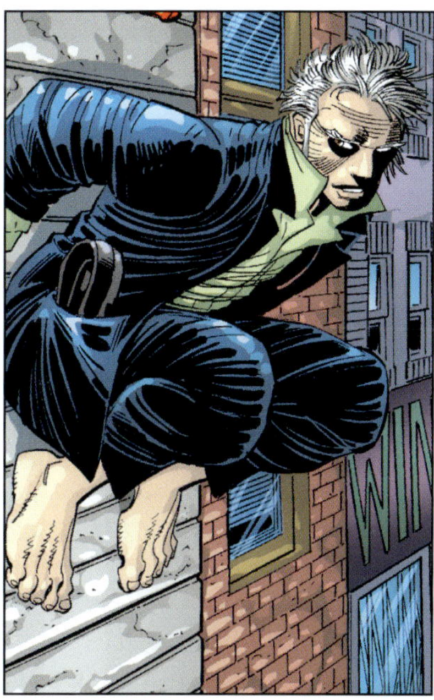

Der geheimnisvolle Ezekiel schwingt vorbei und stellt Peter Parkers Welt auf den Kopf. Zeichnung von John Romita Jr.

Ezekiel, ein scheinbar gebrechlicher alter Mann mit Kräften, die denen von Spidey glichen, brachte Peter Parker als Erster auf den Gedanken, dass seine arachniden Fähigkeiten Totem-Charakter hatten und mit einem größeren Netz des Lebens verbunden waren. Geschaffen hatten ihn **J. Michael Straczynski** und **John Romita Jr.**, und er gab sein Debüt in *Amazing Spider-Man* (1999) 30. Peter Parker hinterfragte durch ihn nicht nur seine Kräfte, er half ihm bei ihrer ersten Begegnung auch, **Morlun** zu besiegen. Darüber hinaus half er mit, **Cindy Moon** vor den Inheritors zu verstecken.

WEITERE MUST-HAVE-TITEL

BEREITS ERHÄLTLICH

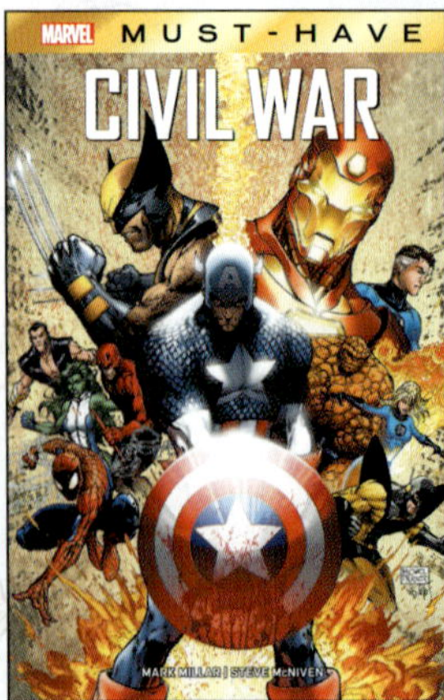

CIVIL WAR

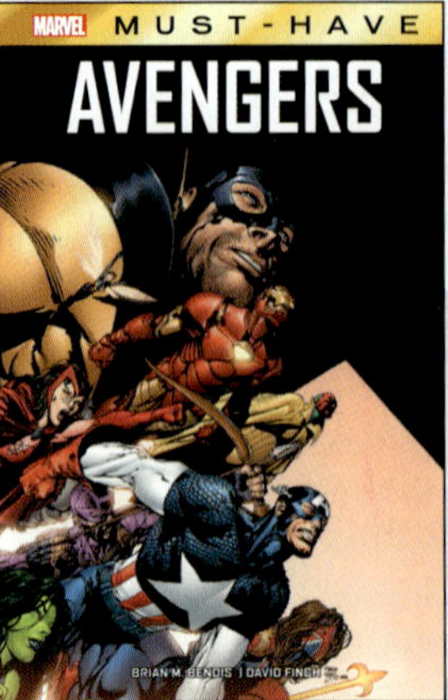

AVENGERS: HELDENFALL

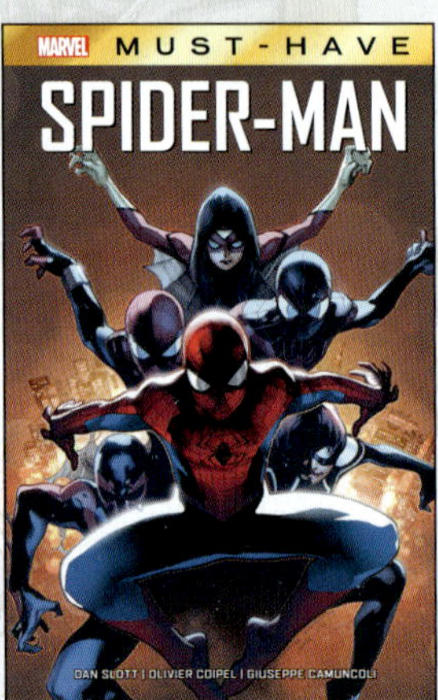

SPIDER-MAN: SPIDER-VERSE

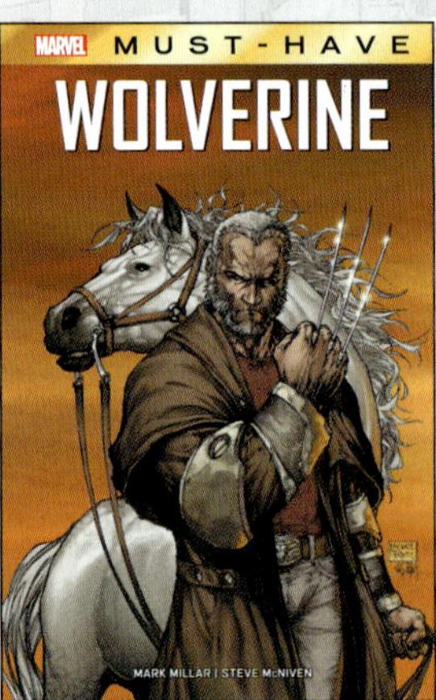

WOLVERINE: OLD MAN LOGAN

DEMNÄCHST

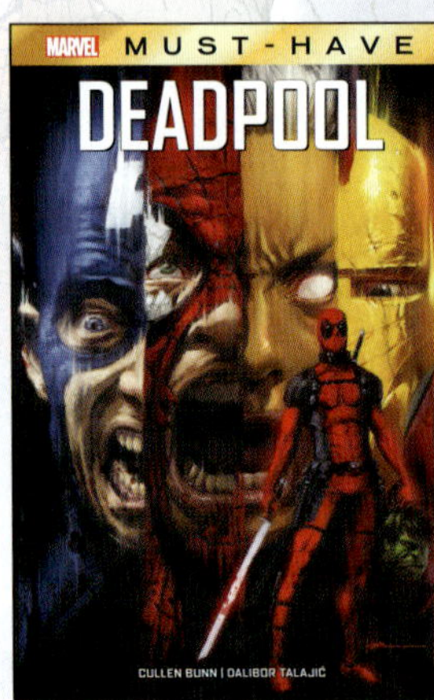

DEADPOOL KILLT DAS MARVEL-UNIVERSUM

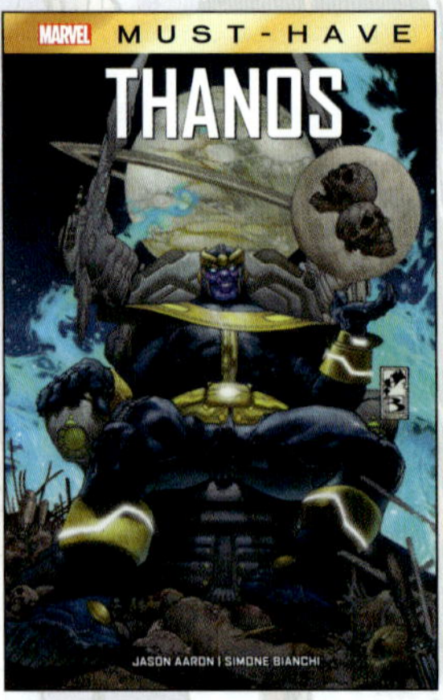

THANOS: DIE GEBURT EINES MONSTERS

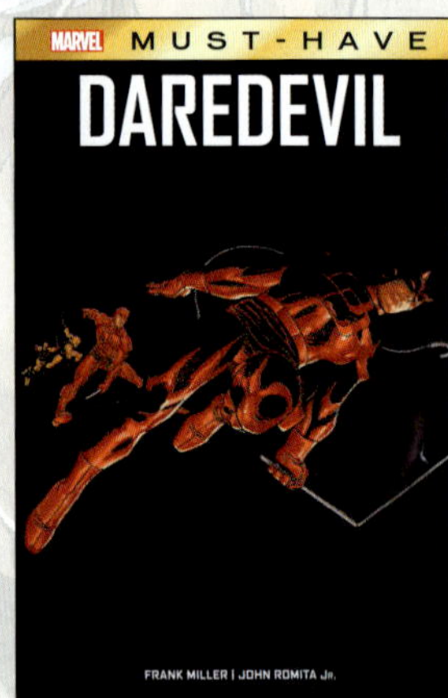

DAREDEVIL: DER MANN OHNE FURCHT